北齐徐显秀墓

壁画保护修复研究

汪万福　武光文　赵林毅　裴强强

武发思　郑秀清　刘　涛　李　铁　著

文物出版社

图书在版编目（ＣＩＰ）数据

北齐徐显秀墓壁画保护修复研究 ／ 汪万福等著．——
北京 ： 文物出版社，2016.12
ISBN 978-7-5010-4412-2

Ⅰ．①北… Ⅱ．①汪… Ⅲ．①墓室壁画－文物保护－
研究－太原市－北齐②墓室壁画－文物修整－研究－太原
市－北齐 Ⅳ．①K879.414

中国版本图书馆CIP数据核字(2015)第239027号

北齐徐显秀墓壁画保护修复研究

著　者：汪万福　武光文　赵林毅　裴强强
　　　　武发思　郑秀清　刘　涛　李　铁

责任编辑：杨新改
封面设计：李　红
责任印制：张道奇

出版发行：文物出版社
社　　址：北京市东直门内北小街2号楼
网　　址：http://www.wenwu.com
邮　　箱：web@wenwu.com
经　　销：新华书店
制版印刷：北京图文天地制版印刷有限公司
开　　本：889×1194　1/16
印　　张：25.5
版　　次：2016年12月第1版
印　　次：2016年12月第1次印刷
书　　号：ISBN 978-7-5010-4412-2
定　　价：560.00元

内容简介

本书针对徐显秀墓壁画原址保护面临的诸多问题，以《中国文物古迹保护准则》为指导，在全面评估保存现状及其价值的基础上，系统研究了徐显秀墓原址保护尤其是墓葬赋存环境、墓室结构稳定性和壁画病害特征等因素间的关联性。全书通过对徐显秀墓文物价值的认知、墓葬环境研究、壁画制作材料与工艺研究、壁画病害机理研究、修复材料与加固工艺筛选、墓室结构失稳研究、墓道土体锚固与裂隙注浆、植物根系对墓室结构影响及有害生物综合防治等系列研究和现场试验，形成了徐显秀墓的保护研究方法和保护技术。

该书集中体现了文物保护工程中科学研究贯穿于工程实践全过程的重要特点，为实现重要墓葬壁画原址保护进行了有益探索，同时拓展了同类遗址保护研究的方法与技术，有利于提升我国墓室壁画保护技术的科学化和规范化。

本书可供高等院校和研究院所中考古、文化遗产保护、环境、生物、土壤和结构工程等领域的广大师生和科研工作者参考。

徐显秀墓壁画全拼图

序

　　我国的古墓葬分布很广，历年来发掘出土了大量历史价值较高的珍贵文物，尤其是墓葬壁画，这是探讨不同时代、不同地区和社会阶层之间埋葬习俗以及所属时代社会生活状况的重要实物资料。太原徐显秀墓就是其中的重要一处，"它是迄今为止保存最完好的南北朝时期壁画墓，彩绘壁画保存完整，气势恢宏壮观，形象生动写实，色彩斑斓如新，画家对造型的把握，对色彩和线条的控制运用令人惊叹，是中国美术史上的杰作，代表了当时绘画的最高水平，蕴含了大量的历史文化信息。"这是"全国十大考古新发现"获奖评审词的评价。

　　古墓葬壁画的原址保护，至今仍是个世界难题，影响因素多，保护管理难。能做到良好的长期保存，又能长久对外开放展示的案例，少之又少。相反，保护失败的教训却不少。尤其在南方高温、潮湿多雨，地下水位高的地区，埋藏在地下的古墓葬环境，对壁画的保存十分不利，会造成壁画的浸泡、塌落、酥碱、空鼓、起甲等多种病害。在这种情况下，往往选择拆迁异地保存，原址回填。徐显秀墓虽然地处北方，但甬道与墓室壁画以砖墙为载体，上抹1~2厘米的白灰地仗层便制作壁画，而墓道、过洞、天井的壁画是在土墙上刷白灰水，在厚度仅1毫米的白灰层上直接作画，由此可见其保护的难度。以敦煌研究院为首的保护修复技术团队在保护修复工程中，坚持不改变文物原状及真实性、完整性、最小干预等原则，经过反复试验、论证和多角度多层面研究，对墓葬存在的沉降、变形等问题，壁画的起甲、空鼓、龟裂、颜料粉化、酥碱、植物根系破坏、鼠穴及生物危害等诸方面病害，进行详细深入的分析研究，并提出最佳的解决方案。在加固材料方面，通过筛选研究，选用低黏度、黏性适宜、无眩光、无变色、耐老化、透气性好并具有兼容性、可再处理性的优质材料。历时两年四个月的维修工程，经验收，质量合格，工艺成熟，技术参数翔实，资料记录完整，取得了可喜成果。被评为2012年度全国十佳文物维修工程。因此，徐显秀墓保护工程的完满竣工，并在此基础上总结相关成果的编辑出版，是值得庆贺的好事。

　　当然，这些成绩的取得，还有多方面的因素，首先是太原北齐壁画博物馆的大力支持、配合；其次，从墓葬开始考古发掘到实施原址保护的过程中，国内一些著名高校、科研机构都参与研究、评估和试验、保护工作。各级领导与专家多次亲临现场，解决困难与问题，指导工作，使整个工程得以顺利推进。"全国十大考古新发现"、"全国重点文物保护单位"、"全国田野考古奖"等称号的取得，都是大家齐心合力、共同努力的结果。

　　《北齐徐显秀墓壁画保护修复研究》一书是汪万福博士和他的敦煌研究院同事以及徐显秀壁画墓原址保护研究团队，从2007年至今针对这一课题潜心研究的成果。本书以中国文物古迹保护准则为指导，在全面评估徐显秀墓壁画价值的基础上，系统介绍国外在壁画墓原址保护领域的研究现状和发展趋势的同时，凸显我国文化遗产保护科技工作者在古墓葬原址保护理论体系方面的积极探索和工程实践。本书从墓葬环境研究入手，在分析墓葬赋存区域气候环境特征的基础上，重点研究由于降雨入渗导致土壤水分运移对墓葬遗址及墓葬壁画的影响，提出治水的关键技术；研究墓葬营建工艺，分析墓葬壁画结构、制作材料与工艺，以及壁画病害类型与成因机理，并结合室内模拟试验与现场试验，筛选出恰当的修复加固材料与加固工艺，为壁画科学保护提供理论依据和技术支撑；在墓道和墓室结构的加固研究中，经过多种加固方案的对比研究，通过专家咨询论证确定最佳方案，解决了墓道和墓室结构失稳等结构性隐患，对盗洞、墓道台阶及新墓葬的保护理念和处理措施非常值得借鉴；对空气微生物时空分布、群落结构以及壁画菌害成因进行了深入研究，并针对性地制定病害生物的防治措施；将探地雷达等无损检测技术运用到空鼓壁画的检测和灌浆加固效果的评价，以及墓葬周边与墓道土体植物根系的探测与评估，具有较好的推广应用前景；监测预警体系的初步构建，不仅在墓葬日常监测与保养维护中扮演着重要角色，而且在壁画墓预防性保护、遗址科学管理与可持续发展中将发挥重要作用。可见，研究工作与保护工程的并驾齐驱甚至深度融合是此专著的主要特色，在文物保护现场发现问题，应用现代科技手段分析问题，并通过工程措施解决问题，同时总结经验和不足，供其他保护工作者参考借鉴。这对于文物保护工作而言将会是一个良性发展模式，值得效法。

但是，我们的前程还任重道远，要充分估计到壁画墓葬保护与展示开放的复杂性与艰巨性，尤其是今后的管理与监测显得十分重要。我们已有前车之鉴，就以日本的高松塚墓葬保护为例，此墓葬壁画的时代，相当于我国的唐代，发现时色彩亮丽，制作精美，文化价值很高，采用了原址保护方案；其控制温湿度、防止污染气体等设备在当时是十分先进的，因此在几十年间都是成功的，曾是日本文物保护界的骄傲，也是各国同行考察的必看项目。但是到2005年，高松塚墓内的壁画因无法抑制表面霉菌的繁殖、颜料褪色等病害，最终放弃原址保护，随后进行古墓葬解体维修工程，此事例震惊了文物保护界。在当前，我们对墓葬壁画的小环境控制尚未完善的情况下，对壁画的健康状况就要做长期、细致的监测工作，同时要解决好保持温湿度稳定及通风调节等措施，还要防止因开放参观、观众带入的污染物与有害气体。总之，我们不能掉以轻心，要尽全力保护好这份珍贵遗产。

我希望本书的出版能够起到抛砖引玉的作用，使相关读者获得有益帮助，并进一步推动我国考古发掘现场的文物保护工作。也希望作者与他的研究团队能够继续坚持长期的保护研究与现场保护实践，在今后的工作中取得更大成绩，为不断丰富中国特色的文化遗产保护理论体系做出应有的贡献。

中国文化遗产研究院　黄克忠

2015年大暑于北京

目 录

附录

彩版目录

前　言

　　中华文明上下五千年，源远流长，留下了不同历史时期各具特色的优秀文化遗产，壁画墓就是其中的重要类型之一。目前我国已经发掘的自秦汉至明清时期的壁画墓有300多座。受自然环境、保存条件、保护技术等因素制约，20世纪70年代以前，我国对于发掘清理的壁画墓，主要采取封存回填式保护。70～80年代，在陕西、甘肃、河南、河北、山西、吉林等多个省份都开展了较多古墓考古发掘工作，大多采取对壁画揭取搬迁进行异地保护的方式。这种回填或搬迁异地的保护措施，使大量出土珍贵壁画得到了抢救性保护，但遗产本身信息的真实性与完整性未能得到充分体现。到20世纪90年代初，随着科技的发展，考古发掘与文物保护技术有了较大提高，特别是保护理念的不断更新，使壁画墓保护进入到探索原址保护发展的新阶段，并取得一定成效。

　　《国际古迹保护与修复宪章（威尼斯宪章）》、《中华人民共和国文物保护法》、《中国文物古迹保护准则》等国际宪章、国内准则、法规都明确指出："古迹不能与其所见证的历史和其产生的环境分离"，"建设工程选址，应当尽可能避开不可移动文物"，"必须原址保护，必须在发生了不可抗拒的自然灾害或因国家重大建设工程的需要，使迁移保护成为唯一有效手段时，才可原状迁移、异地保护"。在这个层面上，原址保护是国际宪章及相关法律法规对不可移动文物保护的基本原则和要求，且这一理念在实践中被越来越多的业内人士所接受。在国际宪章、国内相关法律法规的指导下，在文化遗产保护进入新常态和保护研究持续发展更新的背景下，有必要对壁画墓原址保护进行不断的探索和实践。

　　墓葬遗址原址保护面临的主要问题是环境控制不力、地下水作用和结构性破坏等，就徐显秀墓而言，在制约其原址保护的诸多因素中，解决墓室结构稳定和控制环境是其中的关键，对于墓葬壁画活动性破坏源的控制和根除尤为重要，对墓葬本身的结构形变、墓道和墓室的结构失稳，甚至坍塌区域的控制修缮是从宏观上保全墓葬壁画的重要途径。基于上述考量，借鉴前人在墓葬壁画保护方面的成功经验，研究团队从对徐显秀墓及其壁画价值认知开始，就墓葬所处地质环境特征、气候条件、土壤特性与水分状况、墓室结构的稳定性、墓道锚固、壁画保护修复、环境监测与控制等多角度出发，在综合研究的基础上，通过工程实施，有效地保护了墓葬及其壁画，并总结出一套适合墓室壁画原址保护的程序和技术方法。

　　本书共十一章，是在全面系统地记述和总结墓葬壁画保护修复技术和成果的基础上形成，是墓葬壁画原址保护技术和经验的总结。第一章绪论，介绍了遗址的环境及项目实施背景；第二章阐释北齐徐显秀墓及壁画的文物价值；第三章墓葬环境研究，重点论述徐显秀墓所在地的环境特征，分析环境因素对墓室结构及壁画的影响；第四章墓葬营建工艺及主要病害成因，全面分析了威胁墓室结构及壁画稳定性的主要因素；第五至七章重点从壁画保护、墓室及墓道结构加固措施、遗址地生物病害及防治等方面的研究入手，揭示了影响墓室结构、壁画稳定性的主要因素、采取的技术措施及解决方案，属于本书的核心内容；第八章为探地雷达在徐显秀墓保护中的应用，探索了探地雷达技术在壁画空鼓病害的探测及灌浆加固效果评价以及在墓道两侧土体中植物根系探测方面的应用；第九至十一章重点从工程设计和实施的角度介绍了项目设计思路与理念、项目实施过程和主要技术措施，全面记录了工程实施的全过程。全书集中体现了文物保护工程中科学研究贯穿于工程实践全过程的重要特点，尤其是在文物保护国际宪章和法律、法规的大框架下，为如何实现原址保护做了较多有益的探索，不仅有效地保护了墓室壁画，同时拓展了同类遗址保护研究的方法与思路，有利于提升墓室壁画保护进一步向科学化和规范化的方向发展。

由于墓室类型与结构的多样性及保存环境的复杂性，本书仅仅是我们对徐显秀墓进行原址保护的研究探索和技术总结。作者衷心希望能同国内外同行一道共同探讨壁画墓原址保护的有效途径，希望本书能得到专家同行的批评指正，以利于我们在今后的研究和工程实践中不断补充和完善，以不断提升我国墓室壁画保护的整体水平。

第一章 绪论

第一节 自然概况

（一）地理位置

　　山西省地处华北西部的黄土高原东翼，地理坐标为北纬34°34′～40°44′、东经110°14′～114°33′。境界轮廓略呈东北斜向西南的平行四边形。东西宽约385km，南北长约682km，全省总面积156700km²。东有巍巍太行山作天然屏障，与河北为邻；西、南以滔滔黄河为堑，与陕西、河南相望；北跨绵绵内长城，与内蒙古自治区毗连。其省会太原市位于山西省中央，太原盆地的北端，华北地区黄河流域中部，区域轮廓呈蝙蝠形，西、北、东三面环山，中南部为河谷平原，整个地形北高南低，平均海拔800m，市区位于汾河河谷平原上。而北齐徐显秀墓位于太原市迎泽区郝庄镇王家峰村的一片梨园内（北纬37°50′11.8″，东经112°36′42.2″）（图1-1），西距王家峰村约500m，东距马庄约800m，南侧500m有双塔变电站，北侧150m南内环引道高速路正在修建，西南距晋阳古城遗址约16km。

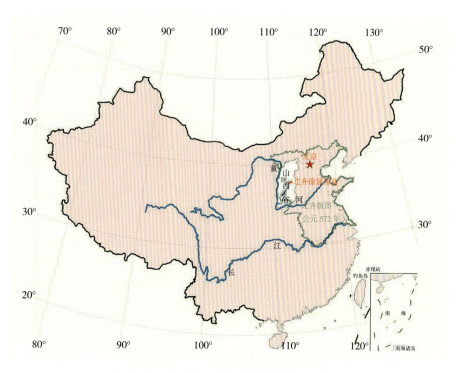

图1-1　北齐徐显秀墓地理位置示意图

（二）气候环境

徐显秀墓所处的太原市迎泽区深处大陆内部，属四季分明的大陆性气候中的季风暖温带气候区。冬春季节少雨干旱，夏季多雨高温。年平均气温9.5℃～10.3℃，1月均温–5.8℃～8℃，7月均温23℃～24.2℃。极端最高气温一般出现在6月上旬至7月底，为36.1℃～39.4℃。≥0℃积温3839℃～4132℃，≥10℃积温3297℃～3757℃，无霜期156～182天。全年相对湿度54%～61%，湿润系数0.60～0.95；4～5月份相对湿度最低，为40%～50%；8月份最高，在70%以上。全年日照时数为2560～2825小时，日照率在60%以上，年辐射总值较高，为32.4kcal/cm²。

（三）地质地貌

太原地区为山西高原的一部分，其地貌特征是北、西、东三面环山，中部和南部为汾河冲积扇平原，汾河自北而南贯穿全市，整个地形北部高、南部低，逐渐倾斜，呈簸箕形。北部山地为系舟山；东部山地（通称东山）是太行山脉的西麓延续部分；西部山地（通称西山）是吕梁山脉的东翼；中部和南部为相对凹陷形成的宽谷盆地，或沿构造线发育的河流深切形成的山沟谷地，或堆积黄土在水流作用下形成的沟壑梁峁，平原盆地占总面积的15%左右。

太原的地质构造是一个北东—南西向背斜构造，地层多倾向东或南东，局部稍有变化，较古老的岩层主要为太古代岩浆岩。西部主要岩层有石灰岩、砂页岩、变质岩和花岗岩；东山则以含煤层的砂岩为主；中部和南部的汾河冲积平原两翼以黄土为主，汾河及其支流两岸则为近代冲积层。

（四）土壤

在太原地区的生物气候条件下形成的水平地带性土壤为褐土，其成土母质多为黄土性物质，是种植业和林业利用较为理想的土壤。同时由于成土条件的不同，土壤类型表现为垂直性变化和局部性变化。其水平分布（由高地向低地）规律为：淡褐土—草甸褐土（浅色草甸土、盐化浅色草甸土）—沼泽土；其垂直分布（由高海拔向低海拔）规律为：山地草甸土（山地棕壤、山地生草棕壤）、山地淋溶褐土—山地褐土—褐土性土—淡褐土。

（五）水系

太原的地表水主要有河流水、湖泊水和水库水等。河流按照流向水系和河川径流的循环形式分别属于黄河水系、海河水系。汾河为黄河的一级支流，纵贯太原的长度为140km。流入汾河的支流发育较密集，呈网络交错，主要有涧河、大川河、凌井河、屯兰河、原平川河、杨兴河等45条内源河，另外有岚河、干河、潇河、象峪河、乌马河5条由外境流经太原、注入汾河的外源河。海河水系均分布在阳曲县境内。太原地区的天然湖泊有晋阳湖、清徐的东湖、清泉湖和清泉西湖，还有一些人工湖。水库主要有汾河水库。

太原地区的地下水地质单元是由断块隆起山地和断陷盆地组成的特殊水文地质单元。主要有四大类型，分别为：松散岩类孔隙水、碳酸盐岩类溶裂隙水、碎屑岩类裂隙孔隙水、基岩裂隙水。第一类主要分布在太原盆地内，第二类主要分布在太原盆地的边山区，第三类主要分布在太原的东、西山，第四类主要分布在太原的西北部山区。

（六）植被状况

该地区地势平坦，耕地连片，是太原市的重要蔬菜、果品生产基地。以农田植被、果园和人工林地为主的栽培植被占本小区总面积的40%以上。农田植被有谷子、玉米、杂粮，经济作物两年三熟；小麦、玉米、高粱、蔬菜两年三熟。果园主要有梨、山楂、苹果等。人工林地主要有箭杆杨、加杨、北京杨、旱柳、榆树、刺槐、国槐、侧柏等。

根据《中国植被》的划分系统，参考《山西植被》和《太原植被》，该地区属于暖温带落叶阔叶林地带—北暖温带落叶阔叶林亚地带—太原盆地冬小麦杂粮为主的两年三熟栽培植被区—太原南郊清徐小区。

第二节　徐显秀墓的发现及保护现状

魏晋南北朝是中华文化深刻变革、融合发展的重要时期。上承强大的秦汉帝国，下启繁荣的隋唐王朝，时间长达三个多世纪，是中国历史上政权更替最频繁的时期，北方少数民族所建立的政权对峙分立，战争频仍，给文化交流造成了障碍。但伴随着政权更迭、军事征服，带来了大规模的人口迁徙，推动了各地区之间文化艺术的相互影响和作用，也带动了中西文化交流的进一步加强，多元化的思想观念也彼此激荡和交流，为隋唐社会经济大繁荣、民族文化大融合奠定了基础。

这一时期，山西是中原农耕文明和北方游牧文明交融中心地区。而太原又是山西的中心，时称"晋阳"，是这一时期北方重要的战略要地。尤其是在东魏北齐时代，晋阳因其特殊的地理位置、民族融合的中心地位和经济发展水平，地位尤为突出。东魏权臣高欢雄才大略，以晋阳建大丞相府，实际操控北魏政权，进而控制北半个中国。其子高洋，于550年建立北齐，虽定都邺城，却延续其父的战略，以晋阳为别都，并逐步成为整个北方的政治经济文化中心。

高洋之后的高演、高湛均多次巡幸晋阳，并长年居住于晋阳。因此，北齐的政要显贵也将晋阳作为自己居住和活动的重要地点，甚至成为安身立命之地，北齐武安王徐显秀就是具有代表性的一位，他们生于斯，葬于斯，为晋阳文脉留下了珍贵的历史文化遗产。

2000年12月初，在太原市迎泽区郝庄镇王家峰村东1km处的一片梨园中（图1-2），村民发现有人在此盗掘，村委会立即报告文物主管部门。随后，太原市政府向山西省文物局和国家文物局进行了专题汇报。经国家文物局批准，成立了由山西省考古研究所和太原市文物考古研究所联合组成的王家峰北朝壁画墓考古队，同月25日徐显秀墓正式展开抢救性发掘工作，于2002年10月田野考古工作顺利结束（图1-3、1-4）。

徐显秀墓为平面近方形的砖室墓，由斜坡墓道、土顶过洞、天井和砖券甬道、墓室等组成（图1-5），总长约31m，距地面深8.1m。甬道内有浮雕石门，墓室约6m见方，西侧有长方形棺床。

图1-2　徐显秀墓在王家峰村东1km处的梨园中被发现

图1-3　坟堆土

　　墓志记载为北齐武平二年太尉、武安王徐显秀墓（图1-6），是目前已知北朝保存最为完整的壁画墓。墓中出土的300多平方米彩绘壁画，气势恢宏、色彩斑斓，是目前在山西、河北、河南、陕西、宁夏等省区已发现的北朝晚期砖构壁画墓中唯一保存完好的墓葬，为研究北朝晚期的葬俗、葬制，墓室壁画的规制、题材以及表现出来的衣饰、车饰、马具等细部，都提供了珍贵的图像资料。同时，对进一步了解当时墓室壁画绘制的技法和绘画艺术水平，以及中国绘画史的研究具有重要价值。2006年被国务院公布为第六批全国重点文物保护单位。

　　按照国保单位"四有"档案编制的要求，先后完成了保护规划、土地征用，明确保护范围，

图1-4　前期发掘现场

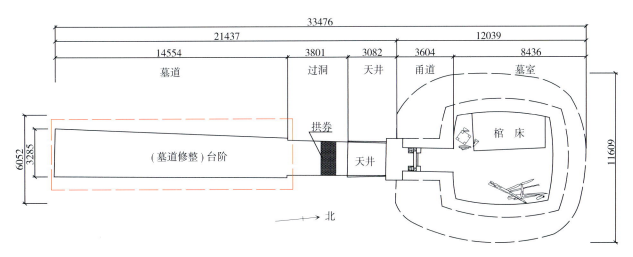

图1-5　徐显秀墓墓葬结构图（测量单位以mm计）

图1-6　徐显秀墓墓志盖及墓志（副本）

图1-7 清理壁画

图1-8 空鼓变形支顶保护

图1-9　临时帆布保护蓬

树立保护标志，建立文物保护档案，并指定太原市文物考古研究所具体负责。为了进一步加强遗址保护与利用工作，2009年底太原市政府批准成立了太原市徐显秀墓文物保管所，专门负责徐显秀墓的保护、研究、利用和管理。2011年9月，又更名为太原北齐壁画博物馆，定位更加明确。太原北齐壁画博物馆在太原市文物考古研究所工作的基础上，以墓葬原址保护和壁画馆建设为主要任务，开展了一系列工作。

徐显秀墓出土器物共计500余件，其中陶俑320余件，瓷器约200余件。除此之外，壁画是这次考古发掘最重要的收获之一。遍布全墓的彩绘壁画约330m²，基本保存完整。其中墓室壁画约210m²，具有明显的石灰地仗层。而绘制于墓道、甬道、过洞墙壁上的近120m²壁画是在墙体上刷白灰水，然后直接作画，没用地仗层，揭取异地保护的难度更大。同时考虑到这是至今发现保存较好的唯一一处北齐壁画墓，原址保存可以完整地保存遗址及其赋存环境，文物得到真实、完整保存，更加符合中国文物古迹保护准则的精神。基于上述考虑，决定原址保护，并获得国家文物局批准。

截至目前，徐显秀墓原址保护经过三个阶段。第一阶段是在发掘过程中，除对出土的器物进行清理外，还对墓室壁画进行清理加固（图1-7），对墓道壁画进行色彩保护，对照壁悬挂进行加固，并进行了冬季保温措施的实施。同时，对墓道植物根系采取化学措施进行了治理。第二阶段是太原市文物考古研究所在发掘工作结束后，采取了一系列有效措施对墓葬进行保护。主要措施有设立了保护工作站，修建了保护设施，派专人进行现场保护。同时对墓葬的保存环境进行监测，对墓葬封土堆上的盗洞进行保护治理，也进行了防雨排水等工作。邀请山西省农业科学研究院、太原理工大学、中国文化遗产研究院等相关单位专家对影响墓道、过洞、天井安全的植物根系及鼠洞、昆虫洞穴进行了治理，取得明显的效果；对空鼓变形土体进行了临时支顶（图1-8）；就墓葬壁画保护进行商讨。第三阶段是2007年以后，主要工作是修建保护管理用房，在墓上方搭建简易帆布篷(图1-9)，于2012年7月太原北齐壁画博物馆在帆布篷的外围又修建彩钢板房（图1-10），在很大程度上减缓了外界大气环境的剧烈变化对墓内微环境的影响，对墓内壁画的保存起到积极作用。

可以说，北齐徐显秀墓壁画的全面保护工作始于2007年，当年太原市文物考古研究所委托敦煌研究院现场勘察，并于2008年5月完成了《山西太原王家峰北齐徐显秀墓保护方案》。该方案于2009年12月通过了国家文物局的审批。2011年3月，受太原市徐显秀墓文物保管所的委托，敦煌研究院文物保护技术服务中心承担了"山西太原王家峰北齐徐显秀墓保护工程"，同年4月开工，2012年10月竣工，并通过施工单位自检和太原市文物局组织的专家初验。2013年8月工程通过山西省文物局组织的专家验收。2013年11月该工程荣获"2012年度全国十佳文物维修工程"。工程实施中，坚持了先试验后实施的原则；在整个施工过程中坚持科学研究，动态设计、信息化施工的理念；实施专家咨询制度与多学科的有机结合，确保工程质量与文物安全（彩版一至九）。

图1-10　修建的临时保护设施——彩钢板房

参考书目

常一民：《北齐徐显秀墓发掘记》，《文物世界》2006 年第 4 期。

刘晓香、杨方：《徐显秀墓壁画墓的科技保护工作》，《中国文化遗产》2008 年第 1 期。

渠传福：《太原南郊北齐墓壁画浅探》，《文物季刊》1993 年第 1 期。

山西省考古研究所、太原市文物考古研究所：《太原北齐徐显秀墓发掘简报》，《文物》2003 年第 10 期。

《太原植被》编辑委员会：《太原植被》，中国科学技术出版社，1991 年。

第二章　壁画研究

据徐显秀墓出土墓志，再结合史书零星记载，可知徐显秀名颖，忠义郡人，其祖、父都曾任北魏边镇官员，他追随高欢，逐步升迁，东魏时任帐内正都督，入北齐后，除骠骑大将军，封金门郡开国公。武成帝大宁初，出任宜州刺史。因作战勇猛，屡建功勋，封武安王。后主高纬时，历任徐州刺史、大行台尚书右仆射，拜司空公，再迁太尉。武平二年（571年）正月死于晋阳家中，享年70岁。当年十一月葬于晋阳城东北墓地，即此次发掘的太原王家峰墓葬。完整墓志的发现，加上墓葬壁画中墓主人夫妇和日常生活的真实展现，显示出该墓独特的史学研究价值。

徐显秀墓壁画是迄今为止发现保存最为完好的北齐时期高等级大型墓室壁画，壁画图像结构完整，人物情节丰富，反映内容复杂，生动地展现了北齐达官显贵奢华的生活场景。对我们全面了解北齐社会生活史、北齐墓室壁画的绘制技法、研究和解析中国绘画史等问题，具有重要的价值和意义。徐显秀墓壁画的价值主要表现在以下几个方面：

（1）包括徐显秀墓在内的北齐高等级墓葬在太原的发现，对理解古城晋阳在北齐政治格局和中古时期北方多元文化交融中的特殊位置有重要意义。

古城太原建城2500余年，旧称并州、晋阳，地处山西中部，三面环山，地理位置独特。在中国历史上，晋阳作为出击或抵御北方游牧民族的军事重镇，自古就是兵家必争之地，唐王朝即起兵于此，后统一天下，创盛世局面。北齐的都城虽然在邺城，但晋阳是高氏集团的实际政治中心，特殊的政治和文化背景使得这一区域的文化内涵别具特色。《北齐书·齐本纪·显祖文宣帝纪》中记载："并州之太原，青州之齐都，霸朝所在，王命是基。"可见晋阳在北齐的重要地位。北齐的历代皇帝频繁地奔波于晋阳和邺城二地，有齐一代，六个皇帝即有四个在晋阳即位，两个在晋阳驾崩。

532年，东魏权臣高欢在晋阳修建大丞相府。高欢及其子高澄、高洋相继掌握重权，于晋阳遥控朝政。晋阳逐渐成为凌驾于邺城之上的军事、政治中心。550年，高洋建立北齐，修建晋阳宫作为别都。高洋、高演、高湛均多次巡幸晋阳甚至常年居住于此。政要显贵自然也将晋阳作为自己居住和活动的重要地点甚至死后的安葬地，比如北齐东安王娄睿墓、武安王徐显秀墓在太原发现，即可佐证晋阳在北齐政治集团中的重要地位。

徐显秀墓壁画和随葬器物中保存大量的带有浓厚异域文化的图像元素，集中反映了晋阳地区北齐社会文化的多元性，以及这一时期晋阳地区与西域民族文化交融的深度和广度。

（2）独特的壁画构图方式和墓葬结构，对研究中国古代墓葬制度史和北齐墓葬整体研究有重要的学术价值。

在构图上，徐显秀墓壁画打破了自汉魏以来墓葬最常见的天上、仙界、人间的布局划分，也改变了汉魏以来流行的多层次画面相对独立的结构样式，展现了一种新的布局结构。整座墓的壁画在同一水平线上横向延伸，从墓室到墓道构成一幅完整的家居和出行仪仗图。这种构图形式使每一组绘画都能自然过渡到另一组画面，每一组画面都是整体壁画的一部分。墓室西壁和东壁的人马牛车等出行队伍分列在正北壁的左右两侧，形成了并立对称的两组画面。同时四壁画面内容前后相接，一直延伸到甬道部分的两位执鞭侍卫门吏，继而蔓延到斜坡墓道东西两壁的仪仗出行队伍，整个墓室壁画由北向南自然发展。这种构图方式对隋唐壁画墓有一定的影响，显示出徐显秀墓承前启后的重要意义。

经过20世纪50年代以来的文物普查与考古勘探，在邺城（今磁县、安阳及附近）、晋阳（今太原附近）发现的大量北朝墓葬中，北齐墓葬占大多数。汉代以墓室多少区别墓主身份的等级制度，到曹魏西晋时期逐渐发生变化。至北朝时期，墓葬的等级不再重视规模和墓室的数量，而是以墓室设施、随葬品组合、墓室装饰等作为新的等级标准，这套新的等级制度到北齐时期趋于严格。邺城、晋阳二地发现的北齐墓葬均为单室墓，墓室规模多在3~7米见方，墓葬的规模远不能

图2-1　徐显秀墓墓室正壁墓主人夫妇宴饮图

反映墓主身份的巨大差别，但在墓葬结构与设施上的等级之别十分明显。此外，随葬品和壁画在一定程度上也能反映墓葬的等级，徐显秀墓的发现再次验证了这一时代现象。

（3）徐显秀墓壁画是理解北齐达官显宦日常社会生活不可多得的图像史料。

徐显秀墓墓室约6米见方，壁画基本内容为墓主人夫妇的画像和日常生活：正面北壁画雍容华贵的墓主夫妇，手端漆杯坐于帷帐下的榻上。两人面前摆满了各式菜肴。两个侍女手捧漆杯，恭恭敬敬立于帐前两侧。帷帐外两侧前排是一支8人乐队，右边4名男乐伎，分别演奏铙钹、五弦、曲项琵琶和笛子；左边4名女乐伎，分别演奏响板、竖箜篌、笙和琵琶（图2-1）。西壁是墓主人准备出行的场面。青罗伞盖下一匹枣红骏马整装待发。骏马前面是4个三旒旗手、佩剑武士和马夫；后面是羽葆执事、捧官印者和肩扛胡床的随从人员（图2-2）。东壁是墓主夫人即将出行的场面，羽葆华盖之下，一辆豪华富丽卷棚顶牛车。车前驭手正在极力控制躁动的公牛，旁边一胡仆前后照看。车后是一群贴身侍女，分别捧着包袱、梳妆盒和披风，等待夫人上车（图2-3）。甬道内是执鞭佩剑站立的仪卫，墓门东侧执鞭门吏，墓室外是静静等待的仪仗队。由于多次被盗，各种随葬品和淤土层位混乱，绝大多数器物已不在原始位置，但器物的种类和数量仍很可观。出土各类陶俑近300件，瓷器200余件，主要器形有鸡首壶（图2-4）、尊、灯、盘、碗和圆扣

图2-2　徐显秀墓墓室西壁出行仪仗图

图2-3　徐显秀墓墓室东壁出行仪仗图

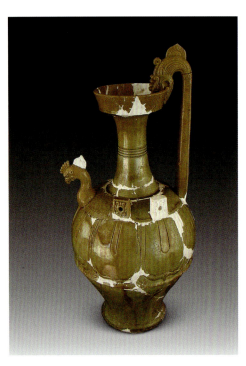

图2-4　徐显秀墓出土青瓷鸡首壶

盒等。这些珍贵文物反映出北齐时期贵族生活中已大量使用瓷器和彩釉器。这些图像是研究北朝特别是北齐达官显宦日常社会生活的重要资料。

（4）墓葬中大量带有中亚西域特色的图像因素，是研究北齐社会"胡化"的第一手资料。

北齐以鲜卑族立国，一反北魏时期的"汉化"政策，大力推行"胡化"，一时"胡化"之风渗透到社会文化的诸多方面。北齐西胡化的风气之盛，表现在那些鲜卑或鲜卑化贵族，沉溺于西域的歌舞、游戏与玩物中，甚至想做"龟兹国子"。当时北齐起用了大批西域胡人，专门从事游乐。《北齐书》卷五〇《恩倖传》有云："西域丑胡、龟兹杂技，封王者接武，开府者比肩。非直独守弄臣，且复多干朝政。……（齐王）犹以波斯狗为仪同、郡君，分其干禄。……又有何海及子洪珍皆为王，尤为亲要。洪珍侮弄权势，鬻狱卖官。又有史丑多之徒胡小儿等数十，咸能舞工歌，亦至仪同开府、封王。……胡小儿等眼鼻深嶮，一无可用，非理爱好，排突朝贵，尤为人士之所疾恶。"据此可知北齐朝廷西域胡人之多，说明北齐鲜卑贵人爱好西胡习俗到了何种程度！

元人郝经的《跋展子虔画齐后主幸晋阳宫图》：

盲人歌杀斛律光，无愁天子幸晋阳。

步摇高翘耆鸾皇，锦鞯玉勒罗妃嫱。

马后猎豹金琅珰，最前海青侧翅望。

龙旌参差不成行，旄头大蠹悬天狼。

胡夷杂服异前王，况乃更比文宣狂。

眼中不觉邺城荒，行乐未足游幸忙。

……

北齐皇室出行完全一幅北方少数民族景象，甚至有来自中亚的猎豹，胡风大盛。

文献记载如此，墓葬实物也可得到印证。徐显秀墓壁画中有大量带有浓厚中亚西域特征的图像，包括被专家学者们视为"胡风"、"胡画"的新画风（后论）、壁画中人物和马饰中出现的联珠纹样（图2-5）、随侍所持胡床、带有祆教艺术特征的"畏兽"图像、出土物中完全西方特征的戒指等，都是胡化社会背景下北齐显贵武安王现实生活的真实反映。同时在人物造型上呈现出

图2-5　徐显秀墓马饰上的联珠纹

图2-6　徐显秀墓壁画人物面部特征

风格化的特征，发式装束上具有鲜明的北方民族特点，人物大多着胡服，发际较高，圆额丰颐，长眉细目，鼻梁直挺，身形丰壮周圆，充分体现了胡人和鲜卑族的形象特征（图2-6）。

（5）徐显秀墓壁画是继北齐东安王娄睿墓壁画之后，了解北齐以"画圣"杨子华为代表的"简易标美"新画风的珍贵图像资料。

徐显秀墓壁画线条简洁，线与色的高度统一，是北齐时期流行的绘画风格。加上丰富的色彩表现、独特的晕染手法与简洁概括的线条相映生辉，似在"骨"、"肉"的相依相附中凸显出长圆丰满、浑厚有力的造型特征，构筑了富有立体感和质感、具有鲜明时代特征的人物形象，是北齐画圣杨子华一派"简易标美"新画风的真实体现。

"简易标美"是唐人对杨子华风格的描述。杨子华善画鞍马人物，在北齐画坛占有重要地位，深受帝王的重视，"非有诏不得与外人画"。唐人张彦远在论及魏晋到隋唐时期绘画上的关键人物时，曾说："其间，中古可齐上古，顾、陆是也；下古可齐中古，僧繇子华是也；近代之价可齐下古，董、展、杨、郑是也。国朝画可齐中古，尉迟乙僧、吴道玄、阎立本是也"，说明顾、陆代表了晋宋以来的传统，而张僧繇、杨子华则代表了北朝晚期的南北画风。杨子华在北齐高湛时任直阁将军、员外散骑常侍，被时人号为"画圣"。他是继承中原绘画传统而有所新创的画家，对隋唐绘画有较大影响。张彦远认为初唐的二阎就曾师法杨子华。关于杨子华的画迹，唯一可供参考的是现藏于美国波士顿美术馆的《北齐校书图》的宋代摹本。此画虽表现出较晚的笔墨因素，但在基本风格上仍保存了唐以前的气息。在徐显秀墓、娄睿墓等北齐墓室壁画中，画家生动地刻画了当时人物的形貌，人马造型简练概括，准确写实，神情各异；物象疏密相间，节奏鲜明，人物的向背呼应，在均衡统一中富有变化；用线紧匝有力，简洁生动，是具有代表性的北齐绘画作品。徐显秀墓壁画的出土充分展现了"多不可减，少不可逾"、"简易标美"的北齐新画风的面貌。这种绘画风格上承魏晋，下启隋唐，充分说明了北齐绘画的重要地位。

宋代郭若虚在《图画见闻志·论曹吴体法》中谈到："吴之笔其势圜转，而衣服飘举；曹之笔其体稠叠，而衣服紧窄。故后辈称之曰：吴带当风，曹衣出水。"曹仲达来自西域，以佛教造像闻名于世，亦为宫廷作画，与杨子华一样，在世俗绘画和宗教造像方面具有较大的影响。杨子华是继承传统又有所创新的画家，与本土匠师有着相同的承授关系，而曹仲达来自西域，他创造的"曹家样"以其外来风格的造型，独树一帜于当时，而徐显秀墓壁画中的人物形象就具有浓厚的异域色彩。"曹家样"的梵像其体稠叠，衣服紧窄，而壁画中人物着紧窄衣服的形象则以疏体的面貌出现，形成用笔简洁、形象丰满圆润、设色艳丽的人物画新风格。因此，徐显秀墓壁画的西域绘画特色与出自西域的曹仲达也许有很大联系，如果再加该墓的高级别及北齐地域与曹仲达的身份等诸多因素综合考虑，徐显秀墓壁画即使不是曹本人所绘，也应属曹家样画风之作，最终体现在杨子华一派的"简易标美"新画风中。

（6）徐显秀墓壁画中丰富的粟特美术图像，为粟特学和中西文化交流研究增添了新的资料。

在国际汉学和中国古代历史文化、考古艺术研究领域，中国文化与外来文明之间互动交融的关系，中国文化中的异族文化成分等课题，因为其具有鲜明的国际性、文化认同感、民族归属感而广泛受到国际学术界的关注，其中与此研究直接相关的粟特和中西文化交流史的研究可以说是首当其冲。近年来，随着太原隋代虞弘墓、西安北周安伽墓、史君墓、康业墓及洛阳隋安备墓的发现，为粟特研究和中西文化交流研究注入新的血液，而徐显秀墓因为从壁画图像内容到绘画艺术风格上强烈的胡风因素，也成为相关领域专家学者争相讨论的对象，如：① 墓室北壁壁画中端茶奉酒的二侍女衣裙和马鞍袱上，分别有以色笔直接点染成型的联珠纹圈菩萨和奇花异草装饰图案，这种典型萨珊波斯风格的图案，在中原地区的北朝壁画中是初次出现，比以前了解的时代（隋）更早。尽管不能确认壁画表现的图案是印染还是纺织，但其来自中亚地区无疑。② 墓室东壁壁画中女主人的两贴身侍女梳着一种前所未见的"发型"，其渊源似可追溯到印度阿旃陀佛教石窟壁画中，经过萨珊波斯，随粟特文化东渐而传入中国。③ 牛车顶棚之上悬置的联珠纹造型的宝镜状物件，虽然我们不能确知是何物且如何结构到车上，但其显然是作为某种标志物而占据显要位置的。传出土于山西太原、现藏于日本的Miho北齐浮雕石棺床上，其中牛车图像的车篷侧壁中央曾有一物件与此宝镜状物件极为相似，只是所处位置不同。众所周知，Miho浮雕画墓主人的袄教身份是确定无疑的。此物抑或为袄教人士的某种标志？此外，墓室顶部悬置一面铁镜，周围的壁画天穹部分涂成铅灰色，其上有放射状似的黄色条块。有学者认为黄色好像是镜子放射出的光芒。如果真是这样，那么此镜为袄教标志的可能性很大。④ 西壁壁画中的墓主坐骑，项下有镂雕莲花、忍冬和联珠纹的金属缨盖，在阿富汗的一大墓中，曾经出土过一件与此形制几乎完全相同的实物，其产地应该在中亚地区。壁画图像如此逼真，应该肯定现实中确有此物，甚至可能就是徐显秀的坐骑（有专家认为壁画中的骏马也来自西域）所佩。这样前所未见的珍贵物品，可能是

图2-7　徐显秀墓墓门门额浮雕神兽图像

粟特商人特别奉献的。⑤墓门浮雕的图像造型和雕刻技法，特别是石门扇上兽头怪鸟形象也有明显的外来风格（图2-7）。⑥墓室东北部清理出一枚镶嵌宝石的金戒指，变形双狮指环衔拱蘑菇状台面，联珠纹戒盘镶嵌碧玺，宝石戒面阴刻一神秘的人物图案，充盈着异国情调，应出自中、西亚甚至地中海地区（图2-8）。⑦部分瓷器如鸡首壶和瓷灯上也有相当数量联珠纹装饰。⑧从现有的材料来看，墓主夫妇宴乐图应该是在北齐晚期尤其是晋阳地区流行的图像样式，这一图像样式的出现继承了墓主夫妇宴饮图的传统样式，同时它与粟特人石撑画像中所见的图像样式存在相似性——均以墓主夫妇像为中心，人物坐在榻上对饮，两人前面摆放着食物，帷帐两侧站立有乐伎，正说明这一图像样式的流传是跨越不同文化的。它在一定程度上反映了这一时期不同性质文化之间的交流与互动对丧葬美术的影响。⑨在徐显秀墓壁画中出现了四对神兽图像，它们两两相对，具有相似的形貌特点，均为兽首人身鹰爪的怪兽，肩生双翼，后拖长尾，毛发高耸，面目狰狞可怖，手有三指，脚有两趾，两小腿后侧长有似尾巴状的毛发，下身着红色短裤，腰系白带。类似的神兽形象广泛出现于北朝的墓

图2-8　徐显秀墓出土蓝宝石戒指

葬美术、石窟雕绘乃至日用工艺美术品中，也见于南朝陵墓石碑上。它们双目凸而圆瞪，长舌外挑，露出白色的獠牙和门齿，三角形大耳直竖，其上两角外伸，头上的白色毛发也许因俯冲向下的冲力而向后背，一手臂探于头上，似在观察下面的动向。这些图像是反映中西文化交流和粟特美术的珍贵形象资料，是徐显秀墓在史料保存和学术研究上的重要价值。

（7）绘画中中西合璧、"胡画"技法的运用，在中国绘画艺术史上占有重要的地位。

在徐显秀墓壁画中，人物设色很有特点，避开大红大绿，全都是精致而有品位的"高级灰"，如浅赭、土黄、鸭蛋青、石绿、灰蓝、粉绿等，重色则以深赭、赭红、土红为主。人物面部轮廓先以淡墨勾勒，敷色后再根据眼角、眼窝、嘴角、颈项等部位的轮廓结构进行晕染，并运用不同饱和度的色彩、笔势的流转和用笔的轻重，使人物面部呈现出深浅浓淡的色彩差异，富于细微的变化。这些晕染部位多为片状，然后以或浓或淡的橘黄色作退晕色。当时的这种染低不染高的晕染技法具有一定的程式化，不考虑周围环境的映照及明暗和光源的来源，但能大体表现出人物面部某些部位的转折，使人物略微拉长的鹅卵形的面容有了一定的起伏变化，呈现出一种真实和生动感。同时，深浅不同的晕染色彩还能表现人物不同的面部肤色，使墓室壁画在面部的塑造上既统一又具有丰富的变化。当时的这种晕染手法已明显反映出当时的绘画对立体效果的追求。墓室北壁宴乐图中，人物多用黄、红及褐、赭等偏暖颜色，东西两壁出行人物多用青灰、蓝绿等偏冷的调和色。北壁色彩的纯度明显高于其他壁面，尤其是墓主夫妇衣服的颜色（图2-9、图2-10），基本上用原色描绘，东西两壁牛马的颜色纯度也较高，以此突出他们在各壁的中心地位。

东魏北齐时期曾流行过"胡画"，这种绘画与中原传统画法不同，是以胡桃油为调色剂作画，更近似于欧洲的油画，是以色彩见长的绘画，因其传自西域，故被时人称之为"胡画"。这种以色彩见长的绘画，我们今天在阿富汗的巴米扬石窟、塔吉克斯坦等地保存下来的绘画中还能看到。北齐的画家平鉴，曾"夜则胡画，以供衣食"，另一位著名画家祖珽："（祖）珽天性聪明，事无难学，凡诸伎艺，莫不措怀，文章之外，琴善音律，解四夷语及阴阳占候，医药之术尤是所长。……珽善为胡桃油以涂画，乃进之长广王"，平鉴仅夜作"胡画"就能使其衣食无忧，祖珽能以"胡画"敬献给长广王博取其欢心，可知胡画在当时应是受人欢迎，有一定市场和影响力。作为当时流行的一种绘画形式，北齐的职业画家对其绘画技法应不会陌生。随着以萨珊波斯为代表的西亚文化和以粟特龟兹为代表的中亚文化以各种方式进入北齐境内，这些地区流行的绘画也随着人员的流动迁移进入到北齐，甚至一些画家、画工也流散到北齐各地。在山西、河南等地发现的属于北齐至隋代粟特人的棺椁雕刻上，有明显的粟特祆教艺术的图像内容，其作者很可能是粟特的工匠。北魏时期，就有来自外国的僧人，以善画而闻名京洛，因"华、戎殊体，无以定其差品"，可能是他们所绘多为外国物象，而画法又与中原相异，所以难以将其与中原画家并置分品第高下。至北齐时期，画家中有来自中亚西域的胡人，如曹仲达、曹仲璞等，尤其是来自粟特曹国的曹仲达，作为胡人画家，在北齐画坛占有举足轻重的地位，是当时最著名的画家之一。后人特地将其所画佛像称之为"梵像"、"外国佛像"，以区别于其他中原画家。唐人曾记载相传天竺阿弥陀佛五十菩萨像，魏晋以前即传来洛阳，但因年代久远而殆将不见，"时有北齐画工曹仲达者，本曹国人，善于丹青，妙画梵迹，传模西瑞，京邑所推"。他虽曾师于南朝画家，但作为来自中亚地区的粟特人从西域摹写瑞像传至北齐，可以想见，他对于以色彩见长的西域绘画技法应该十分擅长，并将其熟悉的"胡画"手法融入绘画创作中。曹仲达的画风虽未形成主流，但他对外来艺术因素的吸收必然对当时的绘画创作产生影响。徐显秀墓壁画中统一的色调、丰富的色彩表现及人物面部明显的色彩晕染，说明传自西域的"胡画"、西域绘画的技法和观念曾给予北齐绘画以实实在在的影响。而这些外来的艺术因素，可能正是加速北齐新画风形成的催化剂，它们的加入，使北齐绘画呈现出不同以往的新特点，展现了胡化之风的时代特点。

（8）独具特色的色彩运用，成为徐显秀墓壁画重要的艺术特征。

在徐显秀墓壁画中，丰富的色彩表现是其艺术展现中的重要特点。墓道部分直接在白灰底上起稿填色，而墓室部分则在白灰墙面上涂底色后再起稿作画，整个画面笼罩在一种明快的黄灰色

图2-9　男墓主人徐显秀画像

调中，这样的表现手法不见于其他墓室壁画。墓室北壁宴乐图中的人物多用黄、红等暖色和褐、赭等一类中性偏暖的颜色画成，墓室东西两壁出行人物多用青灰、蓝绿等偏冷的调和色及褐赭、浅红、淡黄一类偏暖的调和色画成。北壁色彩的纯度明显高于其他壁面。尤其是墓主夫妇衣服的颜色，基本上用原色来描绘，东西两壁牛马的颜色纯度也较一般物象高，以此突出他们在各壁的中心地位。大量调和色的运用不仅在灰色中形成对比和统一，并与纯而鲜艳的原色一起构成了丰富的色彩表现。同时冷暖不同的调和色在画面中前后穿插、呼应，并通过色相、纯度和明度的微妙差别构成的色彩透视，造成人物之间一定的空间距离感，形成多层次、逐渐推移的视觉效果。在具体描绘中，徐显秀墓壁画中多用大的色块来表现人物，通过大的色块不仅廓清了人物的形体轮廓，使画面在用线造型的基础上增加了强烈的块面感，而且使得色彩更显浓烈。人物面部的色

图2-10　女墓主人画像

彩也在肉色的范围内充满了冷与暖、深与浅的丰富变化，这样一来既可以加强对人物面部的塑造，如徐显秀面部色彩较深，而其夫人肤色偏白，可见男女有别；也同样能够因色彩透视而造成人物之间的空间距离感，如其他人物。如此的色调表现并非徐显秀墓壁画的独创，它可能受到波斯绘画的影响（波斯色彩的绘画常以红色或金色作底，再以冷暖不同、纯度不同的色彩按一定规律搭配，使画面绚丽多彩而又色调统一。这样的方式影响到了当时龟兹地区的绘画，龟兹壁画中协调冷暖色相以使绘画统一在一种色调中的色彩观，与徐显秀墓大体一致），加之徐显秀墓处在丝路交通线上，其壁画独特的用色表现，说明了北齐绘画在用色上的复杂性和多元性。

（9）完整的大型场景墓室壁画，是研究北朝墓葬绘画技法的第一手资料，具体包括起稿、用色、晕染和线条等多项技法的展现。

①起稿：徐显秀墓墓道的壁画多直接起稿填色，在极为粗糙的墙面上，以简练粗放的用笔准确地捕捉物象的轮廓动态。墓室壁画则先以淡色起稿，然后再填色，最后用重色勾定物象的结构轮廓。

②用色：色彩上徐显秀墓壁画广泛吸收了西域画法，色泽艳丽，注重大的色调，在暖灰的统一色调中采用色彩晕染、明暗的映衬、远近的对比等手法，增强人物形象的立体感和整个画面的真实感，这在当时的确是具有创新精神的。

③晕染：在徐显秀墓壁画中，人物先以淡墨勾勒轮廓，然后敷色，再在面部的眼窝、眼角、嘴角、颈项等低凹处进行晕染（见图2-10），根据这些部位的轮廓结构，以或淡或重的橘黄色作退晕色，晕染部位多为片状，随着眼部、嘴角等结构的转折而运笔，富于细微的变化，因用笔的轻重、色彩的饱和度及笔势的流转而呈现出深浅浓淡的色彩差异。这种染低不染高的色彩晕染还见于同时期太原出土的娄睿墓中，但在其他墓室壁画中均未发现，应该不是中原旧有的绘画传统，而是北齐新出现的文化因素。

④线条：徐显秀墓壁画在用线造型的手法上，充分显示了以线为造型基础的中原绘画传统。不同于汉晋乃至北魏墓葬壁画中常见的舞动飘逸的长线条，或是前期流行的顾陆一派如行云流水般有转无波的圆弧线条，或"循环超忽"，或平行排列、紧密细致，注重线条本身的形式美感，徐显秀墓壁画的线条在组合上较以前简括，依物象的轮廓结构行笔，笔势随对象形体轮廓和动态的变化而起伏。如人物袖子的轮廓和褶皱，用连续屈曲的线条一笔而就，显示出极强的写实技巧。画家以简练的笔触准确捕捉人物的动态造型，隐然可见透视之意，似乎已谙写生之法，颇有些速写味道，墓道壁画尤其如此，不起稿一笔到位，几乎不见修改痕迹，已达到唐人论画作时所说的"笔才一二，像已应焉"的艺术水平。

（10）不常见的持鞭门吏形象，构成该墓壁画独特的构图关系和人物形象。

徐显秀墓室门外东西两侧各立一执鞭门吏，高1.7米以上，东侧门吏着橘红色窄袖右衽长衫，双手举鞭于面前；西侧门吏着黄色窄袖右衽长衫，一手执鞭过肩，二人偏南面相对而立。二人神态拘谨，身体略侧身下视，有唯诺之感，与常见墓葬此处位置为孔武有力的武士形象，执兵器守门者大有不同。此处执鞭的二门吏形象独特，执鞭而不执武器，用意不明，可以认为是徐显秀墓中出现的"原创性"图像，有重要的研究价值。

（11）徐显秀墓壁画反映独特而多元的宗教因素，为研究北齐时期的宗教信仰提供重要的史料。

　　对于徐显秀墓中反映的宗教因素，除学术界广泛讨论的祆教外，另有以壁画中莲花、联珠纹菩萨纹样所代表的佛教因素，还有墓门怪兽、瑞鸟反映的道教影子，联系到北齐灭道教扬佛教的现象，暗含佛道之争。特别是有学者根据墓葬中仅发现墓主人少量人骨、并混合小孩等其他人骨现象，推测徐显秀夫妇葬仪渗透了祆教的葬式，如果此说有一定道理，结合壁画中其他大量的祆教图像，是否可以认为徐显秀本人在北齐社会胡化的风潮下，信仰来自中亚的拜火教，如此则为汉人信仰外来宗教提供重要的资料佐证，是研究中土外来宗教传播与信仰不可多得的资料。

参考书目

磁县文化馆：《河北磁县北齐高润墓》，《考古》1979 年第 3 期。

盖广慧：《浅析太原北齐徐显秀墓壁画》，《美术学刊》2011 年第 12 期。

金维诺：《曹家样与杨子华风格》，《美术研究》1984 年第 1 期。

金维诺：《北齐绘画遗珍》，《中国艺术》创刊号，1985 年。

金维诺：《南梁与北齐造像的成就与影响》，《艺术史研究》（第一辑），中山大学出版社，1999 年。

郎保利、渠传福：《试论北齐徐显秀墓的祆教文化因素》，《世界宗教研究》2004 年第 3 期。

李梅田：《北齐墓葬文化因素分析》，《中原文物》2004 年第 4 期。

李欣复、纪燕：《魏晋南北朝艺术精神新论》，《西北师大学报》（社会科学版）2009 年第 9 期。

刘静平：《太原市郊北齐墓壁画与北齐绘画艺术成就》，《文物世界》2005 年第 1 期。

龙真、檀志慧：《徐显秀墓：北齐贵族生活的生动写照》，《中国文化遗产》2008 年第 1 期。

罗世平：《青州北齐造像及其样式问题》，《美术史研究》2000 年第 3 期。

罗世平：《北齐新画风》，《文物》2003 年第 10 期。

罗世平：《太原北齐徐显秀墓壁画中的胡化因素——北齐绘画研究札记（一）》，《艺术史研究》（第五辑），
　　中山大学出版社，2004 年。

渠传福：《太原南郊北齐墓壁画浅探》，《文物季刊》1993 年第 1 期。

渠传福：《徐显秀墓与北齐晋阳》，《文物》2003 年第 10 期。

荣新江：《略谈徐显秀墓壁画的菩萨联珠纹》，《文物》2003 年第 10 期。

山东省文物考古研究所：《济南市东八里洼北朝壁画墓》，《文物》1989 年第 4 期。

山东省文物考古研究所、临朐县博物馆：《山东临朐北齐崔芬壁画墓》，《文物》2002 年第 4 期。

山西省考古研究所、太原市文物管理委员会：《太原市北齐娄叡墓发掘简报》，《文物》1983 年第 10 期。

山西省考古研究所、太原市文物管理委员会：《太原南郊北齐壁画墓》，《文物》1990 年第 12 期。

山西省考古研究所、太原市文物考古研究所：《太原北齐徐显秀墓发掘简报》，《文物》2003 年第 10 期。

史玲：《北朝时期畏兽图像的初步研究》，中央美术学院 1998 年硕士学位论文。

史树青：《从娄叡墓壁画看北齐画家手笔》，《文物》1983 年第 10 期。

汤池：《高润墓壁画简介》，《考古》1973 年第 3 期。

汤池：《北齐画迹的重大发现》，《文物》1983 年第 10 期。

汤池：《磁县发现东魏北齐大型壁画墓的启迪》，《文物》1996 年第 9 期。

王天麻、邓林秀、陶正刚：《娄叡墓壁画略说》，《中国艺术》创刊号，1985 年。

文丹：《徐显秀墓壁画图像和风格的初步研究——兼论北齐新画风》，中央美术学院 2004 年硕士学位论文。

吴焯：《克孜尔石窟壁画画法综考——兼谈西域文化的性质》，《文物》1984 年第 12 期。

吴智江：《图像的意义——北齐徐显秀墓壁画的艺术语言及相关文化探索》，太原理工大学 2010 年硕士学位论文。

宿白、史树青等：《笔谈太原北齐娄叡墓》，《文物》1983 年第 10 期。

宿白：《关于河北四处古墓的札记》，《文物》1996 年第 9 期。

宿白：《青州龙兴寺窖藏所出佛像的几个问题——青州城与龙兴寺之三》，《文物》1999 年第 10 期。

杨树文、邬建华：《北齐徐显秀墓壁画中的"胡化"因素再探讨》，《昌吉学院学报》2013 年第 5 期。

杨校俊：《东魏、北齐墓葬的考古学研究》，《考古与文物》2000 年第 5 期。

郑岩：《北齐徐显秀墓壁画像有关问题》，《文物》2003 年第 10 期。

中国社会科学院考古研究所、河北省文物研究所邺城考古工作队：《河北磁县湾漳北朝墓》，《考古》1990 年第 7 期。

第三章　墓葬环境研究

第一节　区域气候环境特征

1. 降雨量

根据1954～1994年太原市气象站资料统计，全市年平均降雨量为477.2mm，最多年为749.1mm（1969年），最少年为276.6mm（1986年）。

1995～2004年太原市气象资料显示（图3-1），年平均降雨量363.95mm，最多年为646.6mm（2002年），最少年为141.8mm（1999年）。一年中降雨量分布很不平均，主要集中在7～9月。

距离徐显秀墓大约300m处设有一座自动雨量站，根据1979～2007年该站气象资料，王家峰村多年平均降雨量414.5mm，最大年降雨量为621.0mm（1996年），最小年降雨量241.3mm（1997年），极值比为2.6。降雨多集中在7、8、9三个月，占全年降雨量的70%。月最大降雨量为238.4mm（1996年8月），日最大降雨量72.8mm（1982年8月2日），历年日最大降雨量80.4mm，历年10min最大降雨量72.8mm。多年平均蒸发量为1644.91mm，无霜期170天左右。最大冻土深度1.06m。

2008年7月1日～2009年6月30日一个完整周期年的降雨曲线如图3-2（a）；2011年7月1

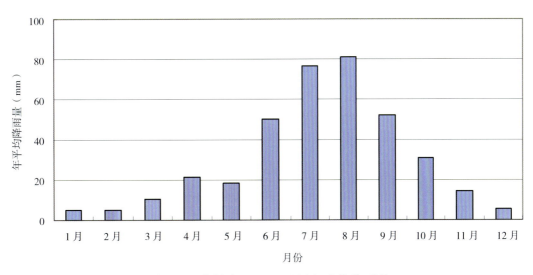

图3-1　太原市1995～2004年平均降雨量

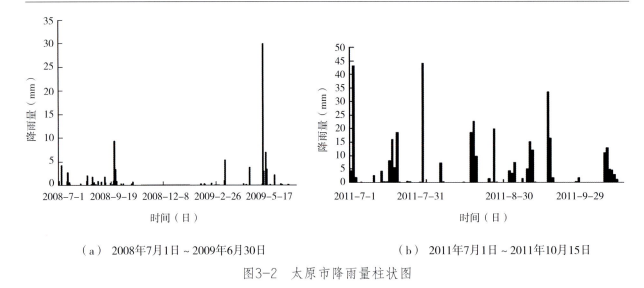

（a）2008年7月1日～2009年6月30日   （b）2011年7月1日～2011年10月15日

图3-2　太原市降雨量柱状图

日～2011年10月15日期间的总降雨量为371.1mm，对应的降雨动态曲线如图3-2（b）。

太原市大气污染主要为煤烟污染，污染源来自煤炭加工转化行业，主要有烟尘、二氧化硫、一氧化碳和氮氧化物等污染物。废气污染导致该地区降雨酸度偏高，这类雨水对墓葬保护造成安全隐患。

2. 空气温湿度

太原市处于中纬度大陆性季风气候区域，属暖温带半干旱大陆性季风气候。总的特点是四季分明，春季多风较干燥，夏季多雨无酷暑，秋季温和天晴朗，冬季少雪不严寒。一年中大部分时间在大陆性气团控制之下，雨季时间较短，干燥期较长，雨热同季，区域气候差异明显。冬季受亚洲大陆冷高压影响，多风少雪，寒冷时间较长，一般初终日期为10月26日至翌年3月31日，日数158天，气温低于10℃，最低温度为-25.5℃（1958年1月16日）；春季风多雨少，空气干燥，气温回升快，一般初终日期为4月1日至6月5日，日数66天，气温10℃～22℃；夏季雨量集中，日照充足，气候炎热，一般初终日期为6月6日至8月20日，日数为76天，气温高于22℃，最高气温39.4℃

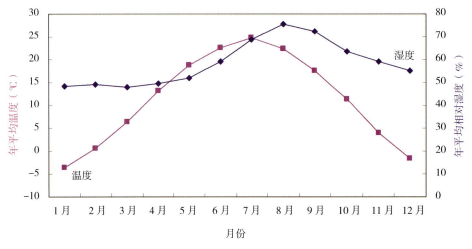

图3-3　太原市1995～2004年平均温湿度图

（1955年7月4日）；秋季前期雨水较多，后期晴朗凉爽，冷空气活动频繁，一般初终日期为8月21日至10月25日，日数为66天，与春季同长。

根据1954～1994年太原市气象站温湿度统计数据，多年来月平均温度为-5℃～25℃，相对湿度的月平均值为50%～75%（图3-3）。

与图3-2相对应，2008年7月1日～2009年6月30日一个完整周期年的大气温度曲线如图3-4；2011年7月1日～2011年10月15日的气温动态曲线如图3-5。

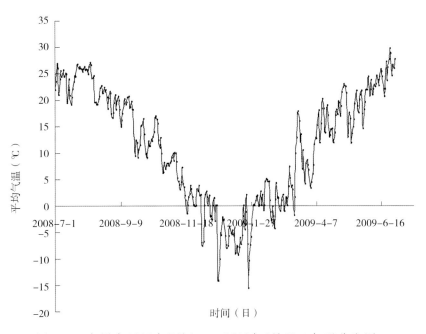

图3-4　太原市2008年7月1日～2009年6月30日气温曲线图

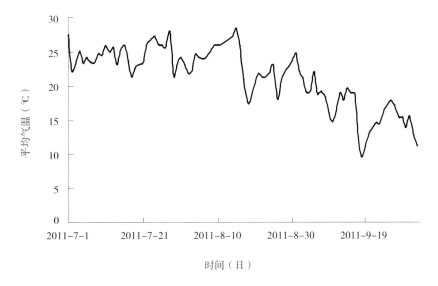

图3-5　太原市2011年7月1日～2011年10月3日气温曲线图

第二节　墓葬微环境监测与分析

环境温度、湿度及空气流动状况等因素与墓葬保存及壁画病害类型、程度以及产生机理有密切关系，因此，明确墓室内微环境特征及其变化规律，研究墓室内部、墓道和外部温湿度之间的关系，结合墓室及墓道保存文物病害的类型，查找墓室内外环境变化与文物病害产生及发展间的关联性，不但可为墓室内保存文物的病害机理研究提供基础数据，还可为相关部门制定病害防治措施提供一定的理论依据。徐显秀墓葬壁画的保存环境相对封闭，遗址内空气流通缓慢，不同空间的空气温度、湿度差异较大，导致墓道、甬道和墓室内的壁画病害种类和程度不尽相同。为探索遗址内微环境的时空变化特征，以及与文物病害之间的关联，我们通过在不同位点布设温湿度探头采集环境数据进行相关研究。

1. 监测位点布设

在彩钢板房入口处、篷布棚内、墓道入口、甬道入口、墓室地面、墓室壁披转接处、墓室穹顶七处（图3-6）布设温湿度自动监测记录仪，监测温湿度的年度季节变化。

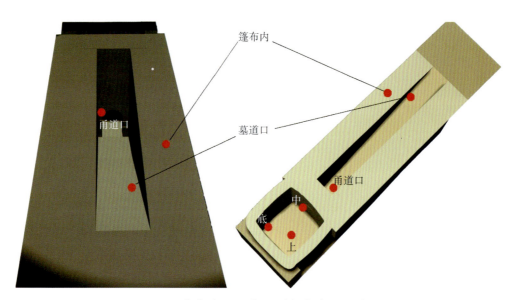

图3-6　墓葬内温湿度监测位点布设示意图

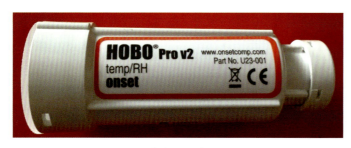

（a）记录仪

（b）HOBO数据传输线

图3-7　温湿度监测仪

2. 监测仪器

选用美国ONSET公司生产的HOBO U23-001温湿度记录仪（图3-7），该仪器的技术参数见表3-1。

表 3-1　HOBO U23-001 温湿度记录仪技术参数一览表

内存	存储 43000 个数据
范围	温度：-40℃ ~ 70℃（-40° F ~ 158° F）
	相对湿度：0% ~ 100%
精度	温度：± 0.18℃，在25℃
	相对湿度：± 2.5%，在 10% ~90%
尺寸	10.2cm × 3.8cm (4.0 in × 1.5 in)
通讯连接	USB 连接端口（BASE-U-4）

3. 数据采集

对空间各监测点的温湿度进行24小时连续监测，数据采集密度为1次/30分钟。

4. 结果与分析

（1）温度

图3-8为徐显秀墓2012年9月至2014年6月期间墓室内外温度变化曲线图，结果表明，徐显秀墓内外各个监测点温度主要受到外界环境影响较大，四季变化明显。温度年变化趋势成明显的倒"V"字形，各个监测点在每年1月和12月温度达到最低值，然后随着天气变暖逐渐回升，到每年8月份温度达到最高值。

彩钢棚入口、墓道口、甬道口、墓室内的温度波动依次减缓，其平均温度分别为11.89℃、10.79℃、8.94℃、9.46℃；最高温度分别为35.21℃、17.18℃、25.7℃、21.56℃；最低温度分别为-9.13℃、-3.21℃、-1.3℃、-0.26℃。最低温度的变化趋势依次为彩钢棚入口>墓道口>甬道口>墓室内，而最高温度的变化趋势依次为彩钢棚入口>墓道口>墓室内>甬道。这说明在外界温度发生剧烈变化时，受到彩钢棚和墓道的缓冲，墓室内温度变化相对比较平稳，即墓道和彩钢棚对墓室内的温度变化起到了一定的缓冲作用。

墓室内部上中下三个监测点的温度变化曲线表明（图3-9），墓室内温度变化趋势从墓室顶部到底部（从上到下）依次降低，墓室内的最高温度、最低温度、平均温度变化趋势依次为墓室穹顶>墓室中部>墓室底部，这与温度在室内空间的分布规律相一致。墓室内温度变化主要随着墓道口和墓道中温度的变化而变化，虽然彩钢棚入口和墓道口温度变化趋势较为剧烈，但相比较而言，墓室内温度变化却相对比较平稳，因此彩钢棚不仅对墓道和甬道的温度变化有一定的缓冲作用，同时也对墓室内的温度变化有一定缓冲作用。

在冬季，彩钢棚入口、墓道口、甬道口、墓室内中间（与甬道口正对处）、墓室底部的最低

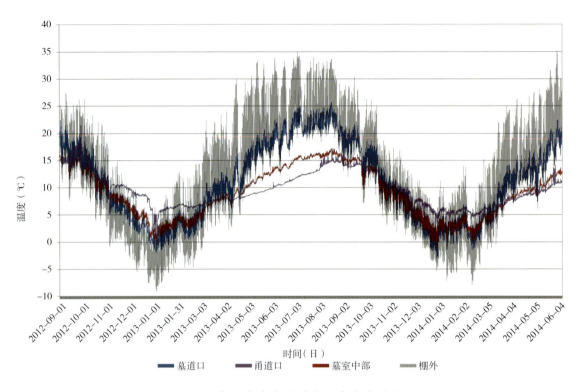

图3-8　墓室内外各监测点温度变化曲线图

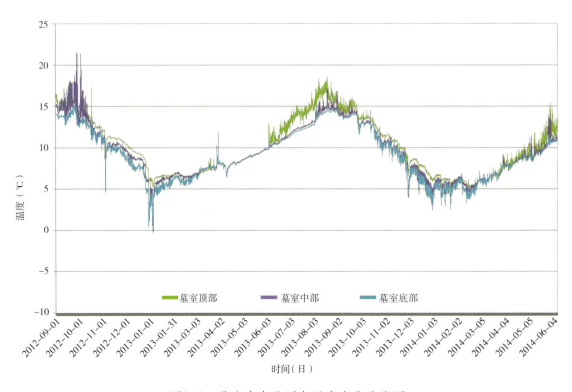

图3-9　墓室内各监测点温度变化曲线图

温度分别为-9.13℃、-3.21℃、-1.29℃、-0.26℃和1.5℃。由此可见，彩钢棚入口、墓道口、甬道口、墓室内中间（与甬道口正对处）在冬季都有结冻现象，这种冻结的土体在春季随着外界温度逐渐升高而解冻，在墓道口、甬道口以及墓室中部存在产生冻—融循环现象的可能性，从而增加土体及壁画表面裂缝、酥碱和脱落等病害发生的风险。

因此，在冬季外界温度比较低时，适当增加墓道以及墓室内的供暖措施，使得墓道和墓室内温度在0℃以上，缓解冻—融问题的发生，从而降低温度对墓道和墓室内文物保存的威胁程度。

（2）相对湿度

图3-10、3-11是各个监测点相对湿度变化曲线图，由图可知，彩钢棚入口处相对湿度在受到外界降雨、降雪和空气温度的影响而变化非常剧烈，墓道口、甬道口、墓室底部、墓室中部、墓室顶部的相对湿度变化幅度逐渐平缓，其平均相对湿度分别为76.2%、86.7%、81.4%、82.9%和94.5%，在每年1月各个监测点相对湿度最低，然后逐渐升高和波动。

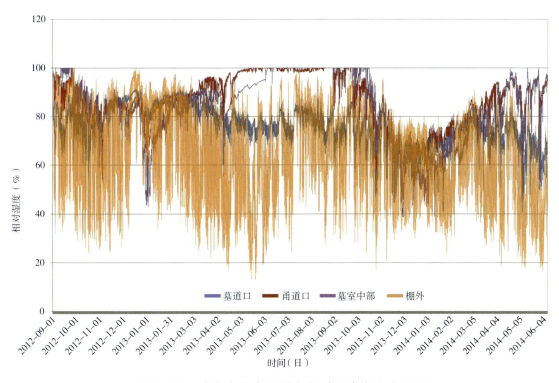

图3-10 墓室内外各监测点相对湿度变化曲线图

墓室内相对湿度依照上、中、下的梯度逐渐递减（图3-11），整个墓室相对湿度较高，平均相对湿度在85%左右，墓室顶部相对湿度较为稳定，相对湿度变化比较平缓，但墓室顶部相对湿度常年最高，除一年中3～6月有所下降以外，其他时间基本为100%，呈饱和状态。

整个墓室内相对湿度在50%～100%范围内浮动，特别是在夏季变化更加剧烈，这样剧烈的湿度变化对文物安全存在威胁。研究结果表明，相对湿度的高低与壁画内可溶盐的运移有着直接关系，可溶盐在相对湿度达到其潮解点（NaCl潮解点为75%）就开始潮解，当相对湿度低于其潮解

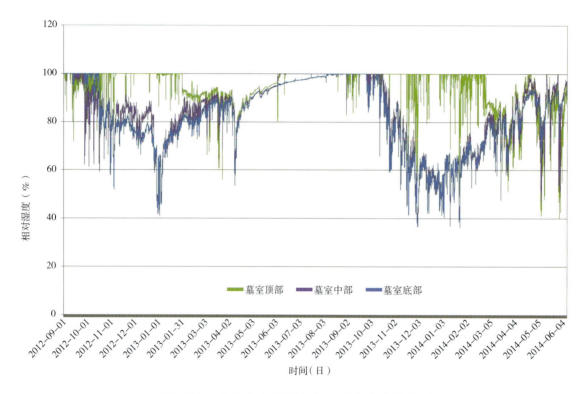

图3-11 墓室内各监测点相对湿度变化曲线图

点时，潮解的可溶盐就结晶析出，随着壁画水汽运移，潮解后的可溶盐在壁画表面、支撑体与白粉层之间富集，结晶析出的可溶盐体积膨胀增大，从而导致支撑体或壁画表面出现酥碱、疱疹、颜料层脱落等病害。

夏季7、8月份，甬道内最高温度在25℃以上，再加上高的相对湿度（甬道内平均相对湿度80%以上），这种环境条件很容易造成微生物（霉菌）的滋生和侵蚀，危害壁画保存。因此夏季无降雨天气，应打开彩钢棚窗户，增加墓室内外空气交换速率，降低壁画微生物病害发生的风险。

（3）温度与相对湿度之间的变化关系

温度的变化一直影响着相对湿度的变化，一般温度与相对湿度呈负相关，即当温度升高时，相对湿度随之降低；温度降低时，相对湿度随之升高。徐显秀墓遗址各监测点中，彩钢棚入口（图3-12）和墓道口监测点（图3-13）保持温度与相对湿度变化呈负相关；但是在甬道口和墓室内，温度与相对湿度的变化呈正相关（图3-14、3-15），分析原因主要是影响相对湿度的因素除温度外，还有绝对湿度和露点温度。从图3-14和图3-15可以看出，当甬道口、墓室内温度达到一年中最低值时，其相对湿度也随之下降，这主要是甬道口和墓室内温度降低，但相对还是高于露点温度，在这个时间段，甬道口和墓室内没有凝结水的形成，所以相对湿度也随之降低。

（4）温度与露点温度

图3-16～图3-20分别是墓道口、甬道口、墓室顶部、墓室中部、墓室底部温度与露点温度变化曲线图，图中表明，墓道口和墓室底部一年四季温度高于露点温度，也就是说在墓道口、墓室底部不会有结露现象发生，即没有凝结水产生。但是在甬道口、墓室顶部、墓室中部以及墓室底

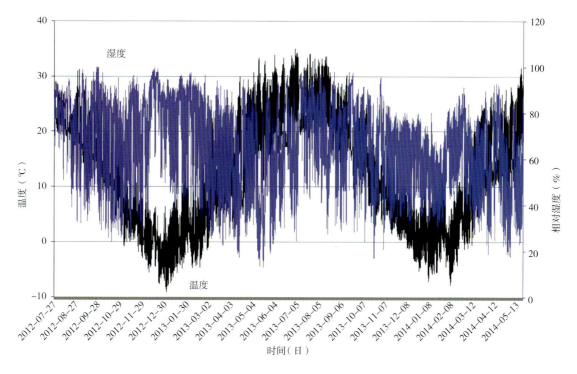

图3-12　彩钢板房入口处温湿度变化曲线图

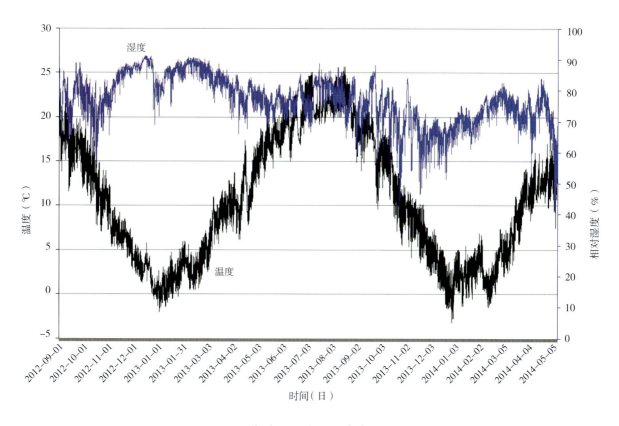

图3-13　墓道入口处温湿度变化曲线图

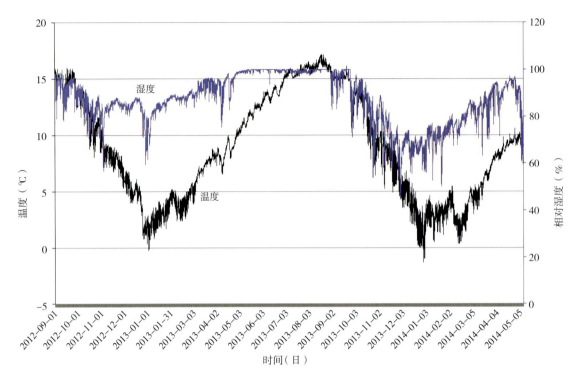

图3-14　甬道入口处温湿度变化曲线图

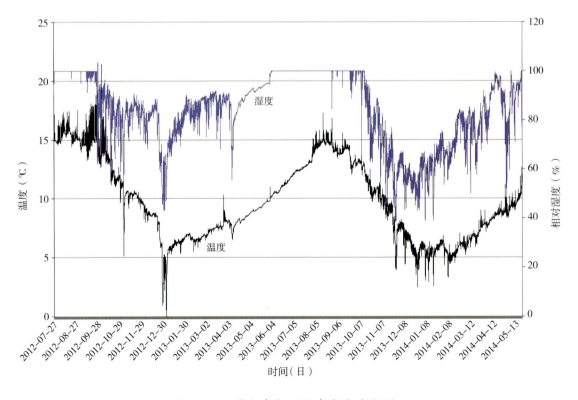

图3-15　墓室中部温湿度变化曲线图

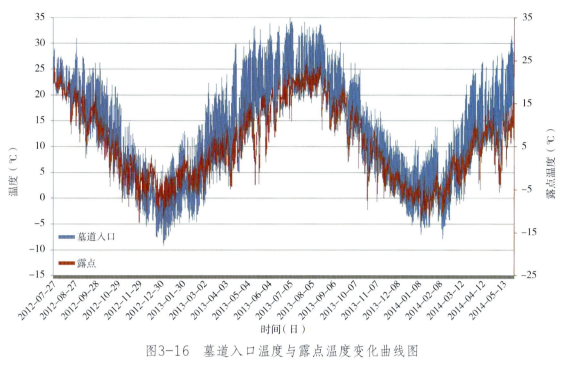

图3-16 墓道入口温度与露点温度变化曲线图

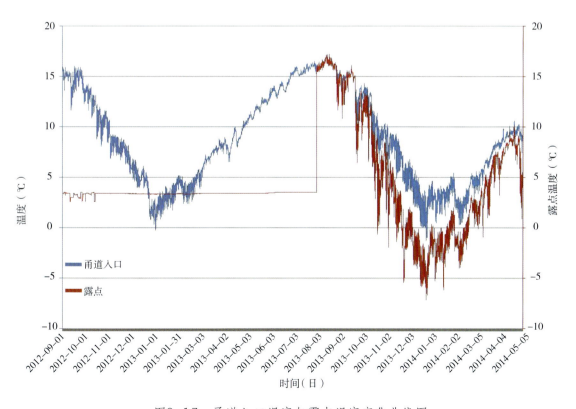

图3-17 甬道入口温度与露点温度变化曲线图

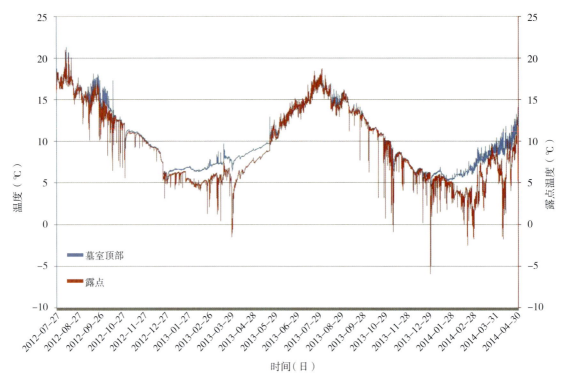

图3-18　墓室顶部温度与露点温度变化曲线图

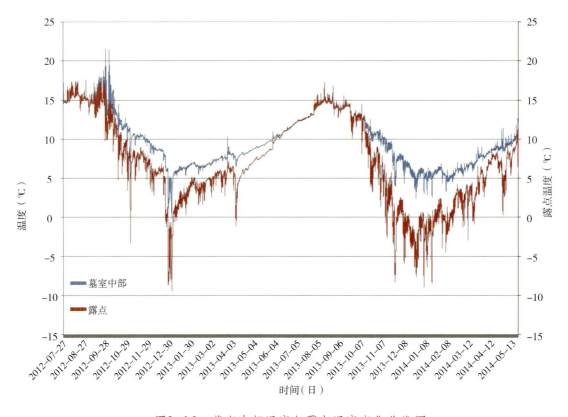

图3-19　墓室中部温度与露点温度变化曲线图

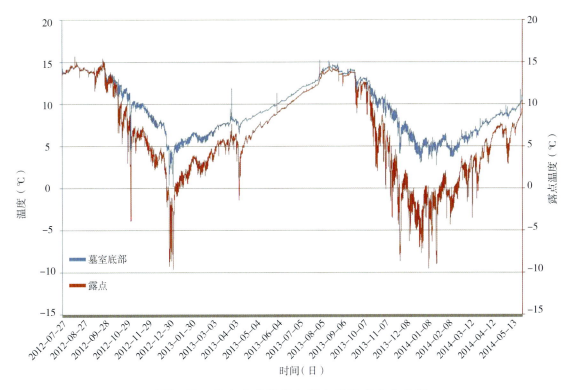

图3-20　墓室底部温度与露点温度变化曲线图

部，在每年的7、8月都是露点温度高于空气温度，说明该几个点在每年7月和8月都会发生结露现象，即有凝结水的产生，这也就解释了每年7月和8月，在甬道口石质门口上和墓室顶部通风口以及底部有水珠形成，而且墓室顶部有小水滴掉落地面，同时也解释了甬道口、墓室顶部、墓室中间、墓室底部相对湿度基本是100%，达到饱和状态的原因之一。甬道口、墓室内有液态水形成，使得整个甬道口和墓室内的相对湿度达到饱和值（100%），但是随着空气温度升高和露点温度降低，在空气温度大于露点温度时，结露现象结束，墓室内外相对湿度随之降低。研究结果表明，可溶盐的潮解—结晶循环是壁画酥碱、疱疹、起甲、颜料层脱落的主要原因。

5. 小结

1）徐显秀墓墓室内外温度变化受到彩钢棚内外温度的变化而随之变化，彩钢棚对墓道和墓室内温度变化起到一定的缓冲作用。一年中1月份，彩钢棚、墓道和墓室中部温度低于零度，从而使得墓道和墓室内发生冻融现象的风险增加，也增加了墓室及墓道内壁画产生裂缝、酥碱和脱落等病害风险。

2）彩钢棚入口、墓道口、甬道口、墓室顶部的相对湿度依次升高，其平均相对湿度分别为64.1%、76.2%、86.7%、94.5%。各个监测点相对湿度变化曲线锯齿状变化明显，但是墓道和墓室内相对湿度变化曲线剧烈较缓和，即彩钢棚和墓道对墓室内相对湿度的变化也具有缓冲作用。

3）甬道口、墓室顶部、墓室中部和底部，在每年7月和8月露点温度高于空气温度，即有结露现象发生（凝结水形成），之后随着露点温度降低，结露现象结束；结露诱发的可溶盐的潮解—结晶循环可能加重壁画酥碱、疱疹等病害程度。

第三节　墓葬土体的分层特性

徐显秀墓位于汾河东岸黄土台塬区，该地区二叠系以上地层由老到新依序如下：

（1）二叠系红色砂页岩互层，钻孔揭露厚度60m；

（2）新近系上新统棕红色黏土、砂质黏土、夹薄层砂层及砂砾石层，厚约47m；

（3）第四系下更新统浅黄、灰黄及灰褐色砂层和砂砾石为主，夹少量棕黄、灰黄、灰紫色粉砂、粉质黏土薄层，厚度约20m；

（4）第四系中更新统褐色、灰褐色粉质黏土与细砂互层（以粉质黏土为主），厚度约30.5m；

（5）第四系上更新统褐黄色、黄色粉土，厚5～10.2m。

徐显秀墓在发掘过程中发现墓葬壁画，为了不影响发掘工作的正常进行，太原市文物考古研究所采用玻璃幕布对照壁壁画进行了围幕保护。随着考古发掘工作的进一步深入，考虑到墓道两侧土体已产生裂隙，2002年9月太原市文物考古研究所委托山西省建筑科学研究院在墓道两侧挖9.2m深的探井各一个，以确定墓葬土体的物理力学性质。

根据探井野外记录及室内土工试验结果，墓葬场地的地层为第四系沉积地层，在9.2m的探井深度范围内，场地土的岩性构成及分布如下：

第1层为耕土层，呈褐黄色，含云母、煤屑、植物根、少量有机物等，厚0.3m，结构松散，具湿陷性。

第2层为湿陷性粉土层，呈浅黄色，从地表下0.3～6.4m，平均层厚6.05m，含云母、煤屑、植物根、氧化铁等，多虫孔、多孔隙。稍密、稍湿，中低压缩性土，具湿陷性。

第3层为湿陷性粉质黏土层，呈褐红色，从地表下6.3m以下，开挖探井未穿透该层，含云母、煤屑、植物根、钙质菌丝、氧化铁等，多虫孔、多孔隙。坚硬状，低压缩性土，具湿陷性。

2010年8月，太原市文物考古研究所委托山西省地质工程勘察院对拟建的太原王家峰北齐徐显秀墓保护展示工程场地进行岩土工程详细勘察工作，在建筑物周边及角点部位共布设取土试样探井5个、取土标贯钻孔6个和标准贯入试验孔7个（图3-21）。

取土试样探井采用人工挖掘，一次性挖至预定深度，5个探井的深度均为20m，自地面以下1.0m开始，每间隔1.0m取土样一件；控制性取土标贯钻孔的孔深为20～25m，自地面以下开始，每间隔2.0m采用双管单动法取土样一件；一般性标准贯入试验孔的孔深为15～20m，采取干法回转钻进，每间隔2.0m测试一次，采用N63.5kg自动落锤，分别记录每贯入30cm的锤击数。

勘察结果表明，场地地基土主要由杂填土、黄土状粉土、黄土状粉质黏土和粉质黏土等组成，为第四系松散堆积物。在勘察深度内，按照不同的岩土类型并结合现场原位测试结果，场地土可划分为四层（图3-22、图3-23）。

第1层为素填土，底面埋深0.4～0.6m，平均厚度0.53m。褐黄色，稍湿，松散。以耕土为主，含大量砖屑、煤屑和植物根系等，均匀性较差，明显表现出欠压密性。

第2层上部为黄土状粉土，底面埋深5.70～6.70m，最大厚度6.20m，最小厚度5.10m，平均层厚5.40m。褐黄色，稍湿，密密状态。土质较纯，含云母、煤屑、白色菌丝和氧化物等，有虫孔发

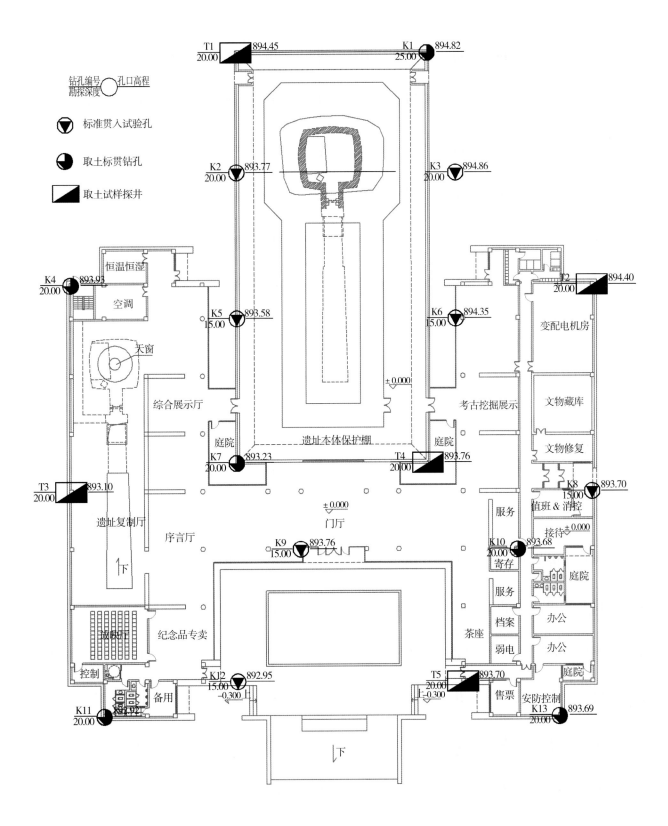

图3-21　墓葬场地勘探点平面布置图（测量单位以m计）

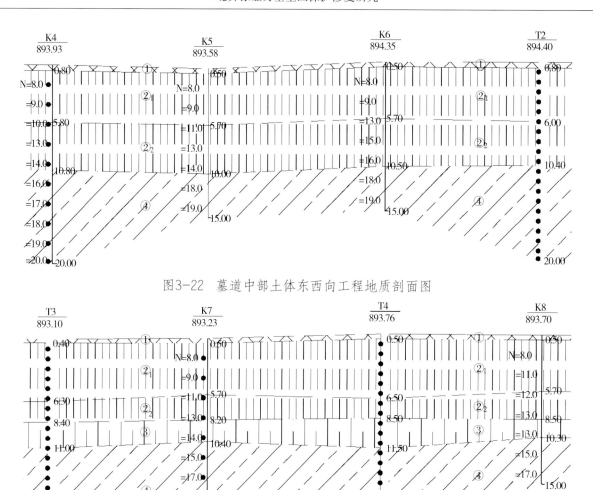

图3-22　墓道中部土体东西向工程地质剖面图

图3-23　墓道南侧土体东西向工程地质剖面图

育，夹零星姜石，局部夹薄层粉质黏土，不属于新近堆积黄土。压缩系数平均0.888MPa^{-1}，为高压缩性粉土。

　　第2层下部为黄土状粉土，底面埋深8.20～10.80m，最大厚度5.10m，最小厚度1.70m，平均层厚3.41m。褐黄色，稍湿，稍密状态。土质较纯，含云母、煤屑、白色菌丝和氧化物等，局部夹薄层粉质黏土。压缩系数平均0.546MPa^{-1}，为高压缩性粉土。

　　第3层为黄土状粉质黏土，底面埋深10.30～13.20m，最大厚度4.80m，最小厚度1.80m，平均层厚2.95m。褐黄或褐红色，稍湿，坚硬状态。土质较纯，含云母、煤屑、白色菌丝和氧化物等，夹有较多姜石。压缩系数平均0.510MPa^{-1}，为高压缩性粉质黏土。

　　第4层为粉质黏土，勘察深度内的终止层位，未揭穿。最大底面埋深25.00m，最大揭露厚度为14.40m。褐红色，稍湿，坚硬状态。以粉质黏土为主，土质较纯，含云母、煤屑、白色菌丝及氧化物等，局部夹薄层粉土。压缩系数平均0.297MPa^{-1}，为中等压缩性粉质黏土。

　　勘察工作总共取得土样162件，其中钻孔原状土样62件（接近或达到Ⅱ级土样标准），探井原状土样100件（达到Ⅰ级土样标准）。按照土工试验方法标准（GB/T 50123-1999），测试162件原状土样的物理力学指标（表3-2），并对62件探井原状土样补充湿陷试验。

2011年7月，太原理工大学在徐显秀墓东南侧50.4m挖一土壤剖面，最大深度12.0m，底部1.0m×1.6m。分层共取土样23组，测试土壤初始含水率（图3-24）、土壤干容重（图3-25）、颗粒粒径级配（图3-26、图3-27）、有机质含量（图3-28）。

根据土壤物理性质，在垂向上将土壤剖面分为7层，并对土壤进行分层描述。

表 3-2　墓葬土体土工试验成果统计表

孔号	土样编号	取样深度（m）	含水率（%）	湿密度（g/cm³）	干密度（g/cm³）	孔隙比	液限（%）	塑限（%）	凝聚力（kPa）	摩擦角（°）	土体命名
K1	K1-1	2.00	9.2	1.37	1.25	1.160	27.5	17.0	/	/	粉质黏土
	K1-2	4.00	8.6	1.48	1.36	0.989	28.2	17.0	/	/	粉质黏土
	K1-3	6.00	9.2	1.41	1.29	1.099	26.1	15.9	/	/	粉质黏土
	K1-4	8.00	9.3	1.71	1.56	0.726	23.7	14.1	/	/	粉土
	K1-5	10.00	11.4	1.63	1.46	0.859	29.2	16.7	/	/	粉质黏土
	K1-6	12.00	16.1	1.78	1.53	0.774	29.0	16.8	/	/	粉质黏土
	K1-7	14.00	14.2	1.84	1.61	0.682	28.4	16.7	/	/	粉质黏土
	K1-8	16.00	12.2	1.88	1.68	0.617	27.7	17.0	/	/	粉质黏土
	K1-9	18.00	12.7	1.98	1.76	0.543	27.4	16.7	/	/	粉质黏土
	K1-10	20.00	13.6	2.00	1.76	0.539	27.5	16.9	/	/	粉质黏土
	K1-11	22.00	14.6	1.94	1.69	0.601	27.6	17.2	/	/	粉质黏土
	K1-12	24.00	14.2	2.02	1.77	0.532	27.3	17.0	/	/	粉质黏土
K4	K4-1	2.00	9.2	1.76	1.61	0.681	27.6	16.9	/	/	粉质黏土
	K4-2	4.00	6.4	1.56	1.47	0.848	26.4	16.0	/	/	粉质黏土
	K4-3	6.00	7.2	1.45	1.35	0.989	27.5	20.1	/	/	粉土
	K4-4	8.00	8.5	1.63	1.50	0.804	26.3	15.8	/	/	粉质黏土
	K4-5	10.00	12.3	1.74	1.55	0.749	27.5	16.3	/	/	粉质黏土
	K4-6	12.00	12.8	1.98	1.76	0.544	27.9	16.3	/	/	粉质黏土
	K4-7	14.00	14.2	1.98	1.73	0.569	29.1	16.5	/	/	粉质黏土
	K4-8	16.00	15.3	1.98	1.72	0.584	28.0	16.0	/	/	粉质黏土
	K4-9	18.00	15.2	2.04	1.77	0.530	27.8	16.7	/	/	粉质黏土
	K4-10	20.00	13.7	1.95	1.72	0.586	29.3	16.3	/	/	粉质黏土
K7	K7-1	2.00	9.3	1.33	1.22	1.235	28.5	16.2	/	/	粉质黏土
	K7-2	4.00	9.0	1.60	1.47	0.846	28.0	17.0	/	/	粉质黏土
	K7-3	6.00	6.2	1.42	1.34	1.019	27.1	17.7	/	/	粉土
	K7-4	8.00	9.8	1.65	1.50	0.803	27.4	16.1	/	/	粉质黏土
	K7-5	10.00	12.1	1.83	1.63	0.660	27.4	15.9	/	/	粉质黏土
	K7-6	12.00	15.8	1.96	1.69	0.601	27.7	16.3	/	/	粉质黏土
	K7-7	14.00	14.8	1.98	1.72	0.577	30.2	16.8	/	/	粉质黏土
	K7-8	16.00	14.6	2.06	1.80	0.508	27.9	16.4	/	/	粉质黏土
	K7-9	18.00	15.5	2.02	1.75	0.555	29.7	16.9	/	/	粉质黏土
	K7-10	20.00	16.2	1.85	1.59	0.708	29.2	16.8	/	/	粉质黏土

孔号	土样编号	取样深度（m）	含水率（%）	湿密度（g/cm³）	干密度（g/cm³）	孔隙比	液限（%）	塑限（%）	凝聚力（kPa）	摩擦角（°）	土体命名
K10	K10-1	2.00	9.0	1.62	1.49	0.817	27.5	18.2	/	/	粉土
	K10-2	4.00	8.6	/	/	/	27.3	17.5	/	/	粉土
	K10-3	6.00	7.1	1.42	1.33	1.036	27.4	18.1	/	/	粉土
	K10-4	8.00	9.6	1.58	1.44	0.873	26.6	17.6	/	/	粉土
	K10-5	10.00	15.5	1.90	1.65	0.647	28.7	17.9	/	/	粉质黏土
	K10-6	12.00	18.1	1.62	1.37	0.983	32.3	19.1	/	/	粉质黏土
	K10-7	14.00	16.5	2.00	1.72	0.584	32.9	19.5	/	/	粉质黏土
	K10-8	16.00	14.6	2.00	1.75	0.553	28.2	17.6	/	/	粉质黏土
	K10-9	18.00	15.5	1.90	1.65	0.641	27.7	18.0	/	/	粉土
	K10-10	20.00	18.1	1.72	1.46	0.861	29.2	18.5	/	/	粉质黏土
K11	K11-1	2.00	8.6	1.62	1.49	0.810	27.4	18.3	/	/	粉土
	K11-2	4.00	9.6	1.56	1.42	0.897	28.5	18.9	/	/	粉土
	K11-3	6.00	9.0	1.52	1.39	0.936	26.5	17.2	/	/	粉土
	K11-4	8.00	12.6	1.48	1.31	1.062	28.6	18.4	/	/	粉质黏土
	K11-5	10.00	12.4	1.70	1.51	0.792	27.1	17.1	/	/	粉土
	K11-6	12.00	13.0	1.64	1.45	0.860	27.1	17.4	/	/	粉土
	K11-7	14.00	16.0	1.96	1.69	0.604	30.9	20.1	/	/	粉质黏土
	K11-8	16.00	16.9	1.82	1.56	0.734	27.9	18.0	/	/	粉土
	K11-9	18.00	15.2	2.02	1.75	0.546	30.4	19.9	/	/	粉质黏土
	K11-10	20.00	16.5	1.64	1.41	0.925	28.5	18.2	/	/	粉质黏土
K13	K13-1	2.00	8.4	1.78	1.64	0.644	27.0	18.2	/	/	粉土
	K13-2	4.00	8.5	1.70	1.57	0.730	28.4	18.4	/	/	粉土
	K13-3	6.00	7.4	1.38	1.28	1.101	28.2	18.4	/	/	粉土
	K13-4	8.00	8.4	1.58	1.46	0.852	24.9	16.9	/	/	粉土
	K13-5	10.00	11.6	1.54	1.38	0.957	27.2	17.8	/	/	粉土
	K13-6	12.00	13.1	1.54	1.36	0.990	27.3	17.2	/	/	粉质黏土
	K13-7	14.00	15.1	1.66	1.44	0.879	29.5	18.3	/	/	粉质黏土
	K13-8	16.00	14.7	1.87	1.63	0.662	28.2	17.7	/	/	粉质黏土
	K13-9	18.00	12.8	1.84	1.63	0.655	26.0	17.0	/	/	粉土
	K13-10	20.00	16.3	1.79	1.54	0.761	28.3	17.9	/	/	粉质黏土
T1	T1-1	1.00	4.6	1.27	1.21	1.216	24.7	17.3	91.1	26.10	粉土
	T1-2	2.00	5.7	1.31	1.24	1.179	27.0	17.1	/	/	粉土
	T1-3	3.00	6.3	1.38	1.30	1.080	27.7	19.2	44.6	21.32	粉土
	T1-4	4.00	5.4	1.43	1.36	0.983	25.1	17.3	/		粉土
	T1-5	5.00	5.2	1.39	1.32	1.036	26.8	19.2	10.5	21.86	粉土
	T1-6	6.00	7.4	1.52	1.42	0.908	28.2	19.3	/	/	粉土
	T1-7	7.00	7.1	1.52	1.42	0.909	25.4	14.9	92.3	16.40	粉质黏土
	T1-8	8.00	7.0	1.54	1.44	0.869	25.4	17.8	/	/	粉土
	T1-9	9.00	7.7	1.48	1.37	0.965	25.7	17.6	84.4	26.94	粉土
	T1-10	10.00	9.0	1.58	1.45	0.876	26.9	14.9	/	/	粉质黏土

孔号	土样编号	取样深度（m）	含水率（%）	湿密度（g/cm³）	干密度（g/cm³）	孔隙比	液限（%）	塑限（%）	凝聚力（kPa）	摩擦角（°）	土体命名
T1	T1-11	11.00	12.4	1.61	1.43	0.899	29.0	17.0	82.5	23.16	粉质黏土
	T1-12	12.00	12.6	1.54	1.37	0.989	29.0	17.1	/	/	粉质黏土
	T1-13	13.00	14.8	1.73	1.51	0.805	29.0	17.0	39.9	30.30	粉质黏土
	T1-14	14.00	15.1	1.74	1.51	0.799	30.6	17.1	/	/	粉质黏土
	T1-15	14.80	15.1	1.72	1.49	0.820	31.6	18.5	95.2	16.95	粉质黏土
	T1-16	16.00	14.9	1.68	1.46	0.860	30.8	17.3	26.9	24.35	粉质黏土
	T1-17	17.00	12.4	1.62	1.44	0.880	28.6	17.2	/	/	粉质黏土
	T1-18	18.00	13.2	1.62	1.43	0.894	29.0	17.2	50.6	21.86	粉质黏土
	T1-19	19.00	13.0	1.68	1.49	0.823	27.6	17.2	/	/	粉质黏土
	T1-20	20.00	13.7	1.68	1.48	0.834	28.6	17.5	77.3	18.16	粉质黏土
T2	T2-1	1.00	8.3	1.36	1.26	1.150	26.8	16.9	81.5	12.33	粉土
	T2-2	2.00	10.5	1.48	1.34	1.023	28.6	18.4	/	/	粉质黏土
	T2-3	3.00	12.0	1.39	1.24	1.184	29.3	18.4	29.2	20.10	粉质黏土
	T2-4	4.00	10.0	1.46	1.33	1.042	28.8	18.8	/	/	粉土
	T2-5	5.00	9.9	1.44	1.31	1.053	27.6	20.3	16.7	24.63	粉土
	T2-6	6.00	14.8	1.55	1.35	1.015	30.3	17.8	/	/	粉质黏土
	T2-7	7.00	10.0	1.61	1.46	0.845	25.8	17.2	66.5	17.21	粉土
	T2-8	8.00	8.7	1.60	1.47	0.841	27.1	16.7	/	/	粉质黏土
	T2-9	9.00	9.6	1.61	1.47	0.845	26.8	16.7	75.6	14.08	粉质黏土
	T2-10	10.00	10.6	1.57	1.42	0.909	28.6	18.0	/	/	粉质黏土
	T2-11	11.00	14.9	1.62	1.41	0.929	30.4	17.4	71.4	15.44	粉质黏土
	T2-12	12.00	15.9	1.64	1.42	0.929	31.6	17.6	/	/	粉质黏土
	T2-13	13.00	16.0	1.67	1.44	0.889	29.6	17.5	55.1	21.03	粉质黏土
	T2-14	14.00	15.7	1.69	1.46	0.862	29.9	17.3	/	/	粉质黏土
	T2-15	15.00	14.3	1.72	1.50	0.808	29.6	16.5	85.0	15.81	粉质黏土
	T2-16	16.00	14.4	1.70	1.49	0.830	30.5	17.8	47.3	24.19	粉质黏土
	T2-17	17.00	13.1	1.58	1.40	0.940	28.2	16.9	/	/	粉质黏土
	T2-18	18.00	13.2	1.60	1.41	0.917	28.1	16.8	72.0	16.35	粉质黏土
	T2-19	19.00	12.6	1.64	1.46	0.861	28.8	17.1	/	/	粉质黏土
	T2-20	19.80	14.2	1.64	1.44	0.894	28.4	16.5	35.3	18.02	粉质黏土
T3	T3-1	1.00	6.6	1.35	1.27	1.124	27.2	19.6	/	/	粉土
	T3-2	2.00	7.5	1.35	1.26	1.158	28.5	18.0	91.8	16.07	粉质黏土
	T3-3	3.00	8.3	1.39	1.28	1.104	28.0	18.3	/	/	粉土
	T3-4	4.00	6.9	1.46	1.37	0.977	26.7	17.3	41.8	23.94	粉土
	T3-5	5.00	6.6	1.38	1.29	1.093	28.5	18.1	/	/	粉质黏土
	T3-6	6.00	7.7	1.35	1.25	1.162	28.6	17.6	95.4	11.43	粉质黏土
	T3-7	7.00	8.9	1.50	1.38	0.967	26.7	16.2	/	/	粉质黏土
	T3-8	8.00	8.9	1.48	1.36	0.994	27.4	16.7	83.1	18.74	粉质黏土
	T3-9	9.00	10.7	1.39	1.26	1.158	27.6	17.0	/	/	粉质黏土
	T3-10	10.00	9.6	1.52	1.39	0.954	27.6	16.9	82.5	17.69	粉质黏土

孔号	土样编号	取样深度（m）	含水率（%）	湿密度（g/cm³）	干密度（g/cm³）	孔隙比	液限（%）	塑限（%）	凝聚力（kPa）	摩擦角（°）	土体命名
T3	T3-11	11.00	11.4	1.56	1.40	0.935	27.8	17.2	/	/	粉质黏土
	T3-12	12.00	16.6	1.76	1.51	0.802	31.3	17.7	73.5	19.59	粉质黏土
	T3-13	13.00	15.8	1.66	1.43	0.897	30.4	17.0	/	/	粉质黏土
	T3-14	14.00	15.3	1.63	1.41	0.924	31.1	17.5	47.4	20.46	粉质黏土
	T3-15	15.00	14.9	1.63	1.42	0.917	30.1	17.1	/	/	粉质黏土
	T3-16	16.00	14.6	1.64	1.43	0.901	30.5	17.4	68.2	19.01	粉质黏土
	T3-17	17.00	14.6	1.64	1.43	0.901	30.4	17.7	/	/	粉质黏土
	T3-18	18.00	14.1	1.64	1.44	0.892	28.7	16.8	73.6	17.10	粉质黏土
	T3-19	19.00	14.3	1.62	1.42	0.919	29.6	17.1	/	/	粉质黏土
	T3-20	20.00	14.2	1.65	1.44	0.883	30.0	16.5	68.4	19.51	粉质黏土
T4	T4-1	1.00	5.9	1.39	1.31	1.057	26.2	16.8	78.7	17.87	粉土
	T4-2	2.00	10.2	1.44	1.31	1.066	28.4	18.6	/	/	粉土
	T4-3	3.00	10.6	1.43	1.29	1.088	27.8	18.1	21.2	23.67	粉土
	T4-4	4.00	9.0	1.46	1.34	1.016	25.4	16.9	/	/	粉土
	T4-5	5.00	9.4	1.44	1.32	1.051	26.6	17.4	12.8	25.10	粉土
	T4-6	6.00	14.4	1.55	1.35	0.993	28.6	18.9	/	/	粉土
	T4-7	7.00	14.6	1.54	1.34	1.017	26.9	15.9	52.4	20.79	粉质黏土
	T4-8	8.00	9.0	1.58	1.45	0.863	25.8	16.8	/	/	粉土
	T4-9	9.00	10.0	1.58	1.44	0.887	26.7	15.0	61.8	25.89	粉质黏土
	T4-10	10.00	8.6	1.57	1.45	0.868	26.5	17.1	/	/	粉土
	T4-11	11.00	12.3	1.62	1.44	0.879	28.3	17.4	93.8	19.31	粉质黏土
	T4-12	12.00	12.9	1.58	1.40	0.936	28.0	17.0	/	/	粉质黏土
	T4-13	13.00	13.8	1.67	1.47	0.847	28.6	18.3	98.7	15.26	粉质黏土
	T4-14	14.00	15.2	1.75	1.52	0.791	29.1	16.6	/	/	粉质黏土
	T4-15	15.00	12.6	1.68	1.49	0.810	26.9	17.2	57.4	20.90	粉土
	T4-16	16.00	13.0	1.65	1.46	0.856	28.0	17.4	/	/	粉质黏土
	T4-17	17.00	13.5	1.66	1.46	0.853	27.9	17.6	38.8	21.67	粉质黏土
	T4-18	18.00	12.9	1.64	1.45	0.866	26.7	15.1	/	/	粉质黏土
	T4-19	19.00	13.3	1.79	1.58	0.715	27.1	17.0	91.8	14.00	粉质黏土
	T4-20	20.00	13.8	1.68	1.48	0.836	27.8	17.5	/	/	粉质黏土
T5	T5-1	1.00	5.6	1.39	1.32	1.051	26.0	17.8	/	/	粉土
	T5-2	2.00	6.0	1.45	1.37	0.974	26.2	17.3	76.3	27.04	粉土
	T5-3	3.00	6.7	1.31	1.23	1.199	26.5	18.1	/	/	粉土
	T5-4	4.00	4.8	1.44	1.37	0.958	24.2	16.7	79.6	24.24	粉土
	T5-5	5.00	3.5	1.39	1.34	1.003	26.5	19.1	/	/	粉土
	T5-6	6.00	4.3	1.37	1.31	1.048	25.9	18.7	45.0	23.41	粉土
	T5-7	7.00	7.2	1.58	1.47	0.825	23.2	16.0	/	/	粉土
	T5-8	8.00	8.1	1.50	1.39	0.939	25.2	18.2	68.3	17.52	粉土
	T5-9	9.00	10.1	1.55	1.41	0.918	26.0	16.2	/	/	粉土
	T5-10	10.00	12.0	1.60	1.43	0.890	27.1	17.5	40.4	22.50	粉土

续表3-2

孔号	土样编号	取样深度（m）	含水率（%）	湿密度（g/cm³）	干密度（g/cm³）	孔隙比	液限（%）	塑限（%）	凝聚力（kPa）	摩擦角（°）	土体命名
T5	T5-11	11.00	14.0	1.58	1.39	0.963	29.6	17.8	/	/	粉质黏土
	T5-12	12.00	15.0	1.68	1.46	0.855	28.1	17.5	101.6	15.10	粉质黏土
	T5-13	13.00	14.0	1.62	1.42	0.907	27.6	17.4	/	/	粉质黏土
	T5-14	14.00	14.2	1.62	1.42	0.903	27.8	19.4	55.7	22.40	粉土
	T5-15	15.00	14.1	1.61	1.41	0.921	28.1	17.7	/	/	粉质黏土
	T5-16	16.00	16.2	1.74	1.50	0.810	29.1	18.2	77.7	15.60	粉质黏土
	T5-17	17.00	14.0	1.61	1.41	0.912	26.8	18.7	/	/	粉土
	T5-18	18.00	14.2	1.68	1.47	0.842	29.2	18.2	62.8	21.41	粉质黏土
	T5-19	19.00	14.3	1.65	1.44	0.870	28.8	20.6	/	/	粉土
	T5-20	19.80	14.2	1.69	1.48	0.824	26.9	18.7	60.8	18.81	粉土
平均值			11.66	1.63	1.46	0.87	27.96	17.43	64.08	20.05	/
极大值			18.10	2.06	1.80	1.24	32.90	20.60	101.60	30.30	/
极小值			3.50	1.27	1.21	0.51	23.20	14.10	10.50	11.43	/

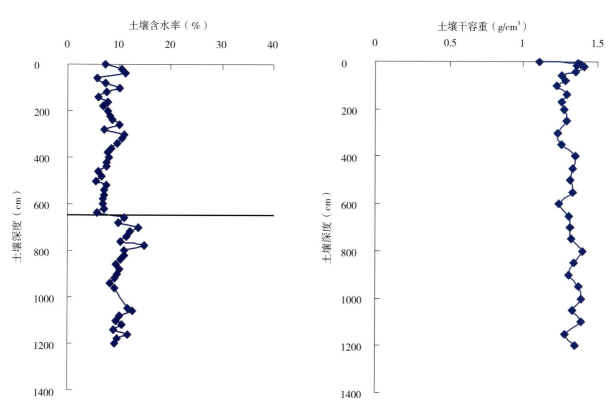

图3-24 不同深度土壤含水率　　　　　图3-25 不同深度土壤干容重

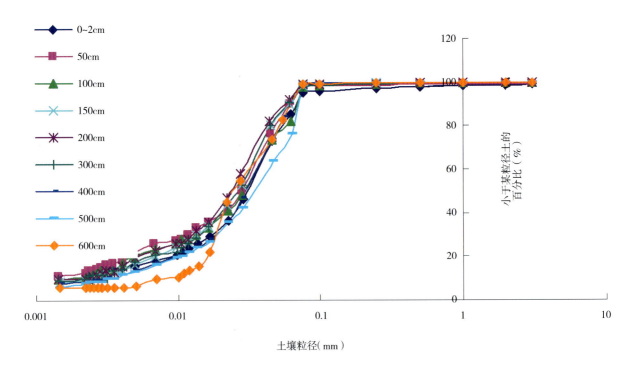

图3-26　0～6.0m深度内土壤颗粒粒径级配曲线图

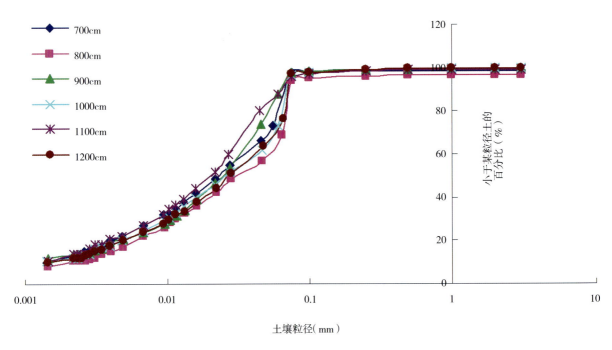

图3-27　7.0～12.0m深度内土壤颗粒粒径级配曲线图

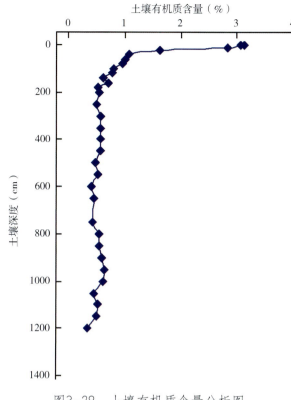

图3-28　土壤有机质含量分析图

第1层，0～0.4m，褐黄色耕作土：稍湿，松散，含大量砖屑、煤屑和植物根系等，均匀性较差，明显表现出欠压密性。

第2层，0.4～2.0m，褐黄色粉质黏土：可见虫孔，含云母、氧化物、煤屑等，夹有少量姜石。

第3层，2.0～3.5m，褐黄色粉质黏土：含云母、虫孔、氧化物，土质均匀，较纯。

第4层，3.5～4.0m，褐黄色粉质黏土：含云母、虫孔、氧化物，夹有少量姜石。

第5层，4.0～6.5m，褐黄色粉质黏土：含云母、虫孔、氧化物，土质均匀纯净。

第6层，6.5～8.0m，褐黄色粉质黏土：稍湿，上层坚硬，局部夹薄层粉质黏土，夹有零星姜石，下层钙质丝逐渐呈稍密状态，夹有较多姜石。

第7层，8.0～12.0m，褐红色粉质黏土：局部夹薄层粉土，稍湿呈坚硬状态，白色钙质结核随深度增加而变大，直径2～3cm居多，最大直径约5cm，钙质丝较密。

第四节　降雨入渗对墓葬的影响

为保障北齐壁画博物馆建成以后的安全使用，避免遭受地表降雨入渗及土壤水分运动的影响和破坏，太原市徐显秀墓文物保管所于2011年7月委托太原理工大学，就山西太原王家峰北齐徐显秀墓建筑保护区降雨入渗及土壤水分迁移规律进行现场试验与理论分析研究，为徐显秀墓及其附属工程布局和地面防护措施的决策提供科学依据。

现场试验于2011年7月1日～10月15日在墓葬东、东南的梨园中进行，其位置如图3-29所示。试验期间，总降雨量为371.1mm，土壤平均累计蒸发量为287.52mm，累计蒸发量与累计降雨量具有相同的变化规律（图3-30）。

因为降雨量直接影响土壤含水率的大小，进而影响土壤向大气的输水能力。相同的大气蒸发能力条件下，土壤含水率越高，土壤向大气的输水能力越强，相应的蒸发量也越大，反之亦然。

为了研究墓葬周围分层土壤在持续积水条件下的入渗特性及其在垂向上的变化规律，在墓室东侧（见图3-29）现场人工开挖探井，从地表到12m深度内进行地表积水条件下的双环一维垂直入渗试验，确定地表土壤在积水条件下的累积入渗量、入渗率和稳渗率。

入渗实验仪器为双套环单点入渗仪，内环直径26cm，外环直径60cm。入渗环内供水用量筒进行计量，并由水位指针控制水位，积水层厚度2cm。入渗结束时间由相对稳定入渗条件控制，即

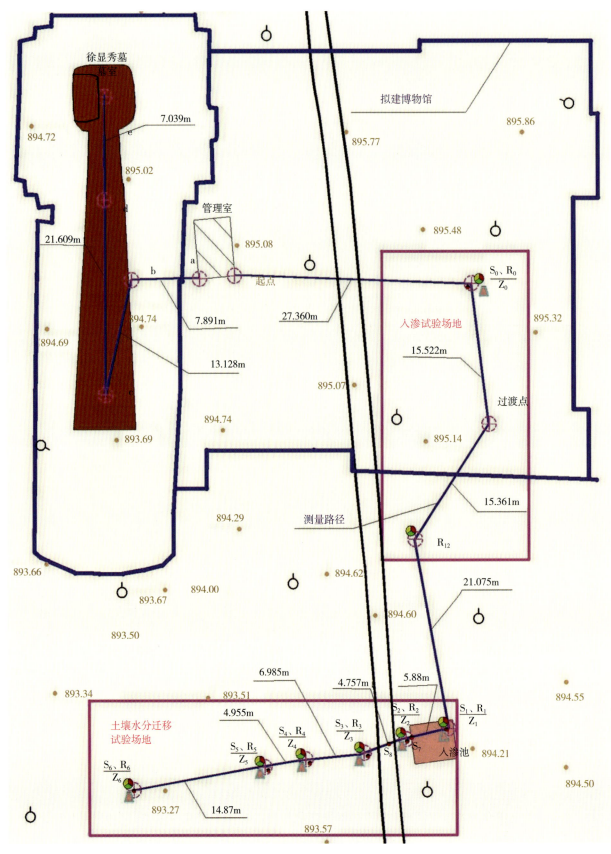

图3-29 入渗试验和土壤水分迁移试验场地示意图

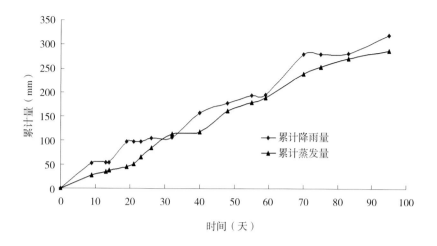

图3-30　累计蒸发量与累计降雨量对比曲线

表 3-3　各土壤层界面 90min 累积入渗量结果表

土层编号	深度（cm）	累积入渗量（mm）	土层编号	深度（cm）	累积入渗量（mm）
1	0	119.34	9	300	99.4
2	20	118.87	10	400	133.85
3	40	101.74	11	500	127.63
4	60	158.05	12	600	113.79
5	80	157.56	13	700	74.55
6	100	141.43	14	830	85.29
7	150	110.51	15	1000	76.05
8	200	97.64	16	1200	82.21

入渗率达到相对稳定时结束。一般采用90min为入渗结束时间。土壤剖面分层累积入渗量见表3-3，600cm和830cm处入渗曲线见图3-31～3-33，沿土壤剖面的稳定入渗率变化曲线见图3-34。

土壤水分迁移的空间尺度及其动态变化直接影响古墓的防护和壁画的安全。为了了解徐显秀墓周围土体水分的再分布过程及迁移转化规律，太原理工大学在土壤入渗特性分析的基础上，于2011年7月12日～10月15日雨季期间现场测定了自然降雨条件和人为控制入渗条件下不同深度、不同时间的土壤含水率。

自然降雨条件下土壤水分动态监测点位于墓葬东侧相距约40m的梨园中（见图3-29），试验结果（图3-35）表明：地表附近60cm深度范围之内，受降雨、蒸发的影响，土壤含水率变化剧烈；60cm以下土壤含水率剖面分布的基本特征变化较小。在自然降雨和蒸发条件下，土壤湿润峰在60～100cm深度范围内变化，降雨、蒸发等气象要素在试验期内的最大影响深度小于1m。

为了了解在极端降雨条件下，场地土壤水分沿垂直方向和水平方向的运移状况，在墓室东南

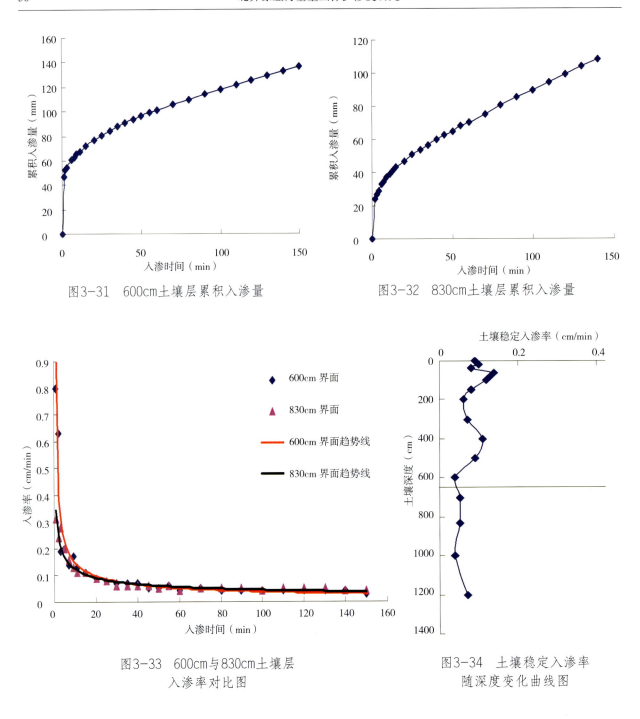

图3-31 600cm土壤层累积入渗量

图3-32 830cm土壤层累积入渗量

图3-33 600cm与830cm土壤层
入渗率对比图

图3-34 土壤稳定入渗率
随深度变化曲线图

侧相距43m处构筑5m×5m的正方形入渗池，进行水分迁移试验，入渗池与墓室顶部高差为7m。2011年7月12日一次性灌水20m³，灌水入渗时间持续26小时，相当于26小时内降雨量800mm，试验期间自然降雨281.4mm，两者相加远大于最大年降雨量，之后沿水平和垂直剖面动态取样监测土壤含水率，最大取样深度12m。

结果表明（图3-36～图3-41）：入渗池灌水后水分迁移主要集中在入渗池附近，距离池中心8m及更远处监测点的土壤含水率基本与自然降雨观测点的变化趋势相同，即这些监测点土壤含水率仅与降雨、蒸发等气象因素相关，受入渗池入渗水分迁移的影响甚微。

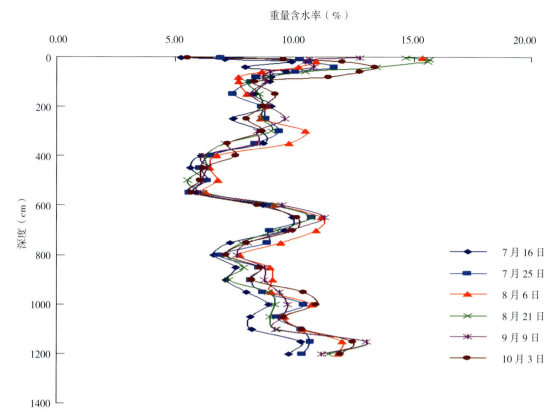

图3-35　自然降雨条件下不同时间含水率变化

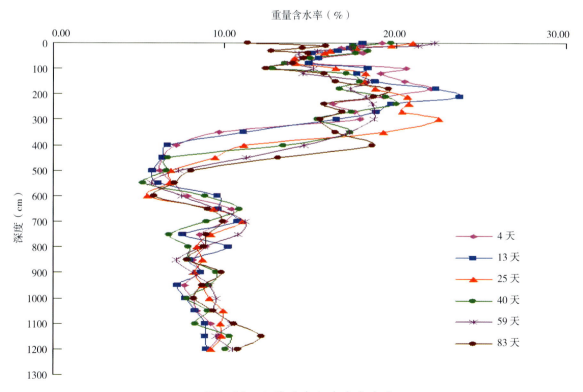

图3-36　入渗池中心含水率变化

重量含水率（%）

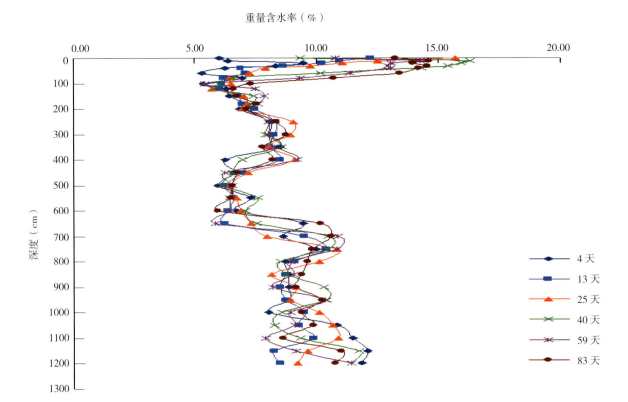

图3-37 水平3m处含水率变化

重量含水率（%）

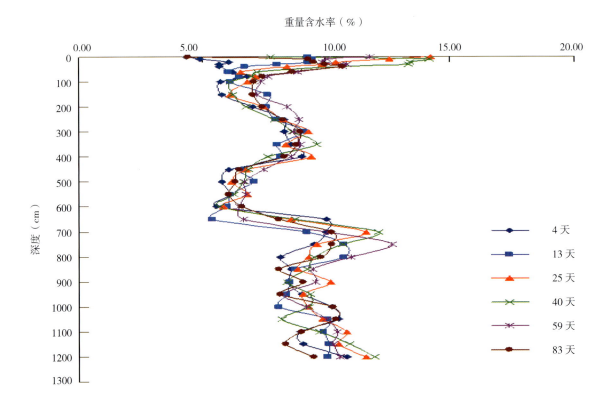

图3-38 水平8m处含水率变化

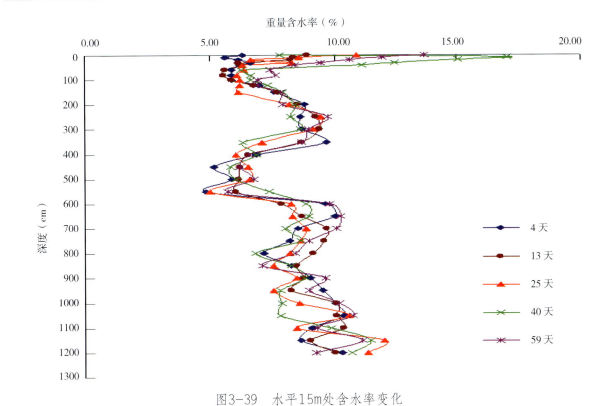

图3-39 水平15m处含水率变化

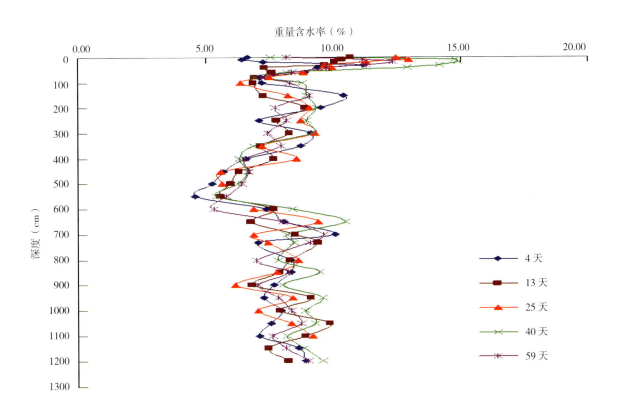

图3-40 水平22.5m处含水率变化

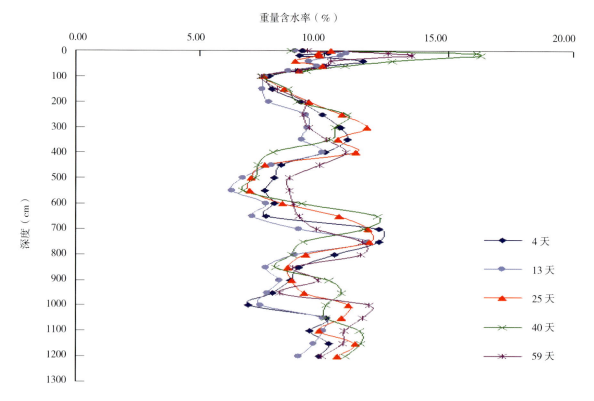

图3-41　水平32.5m处含水率变化

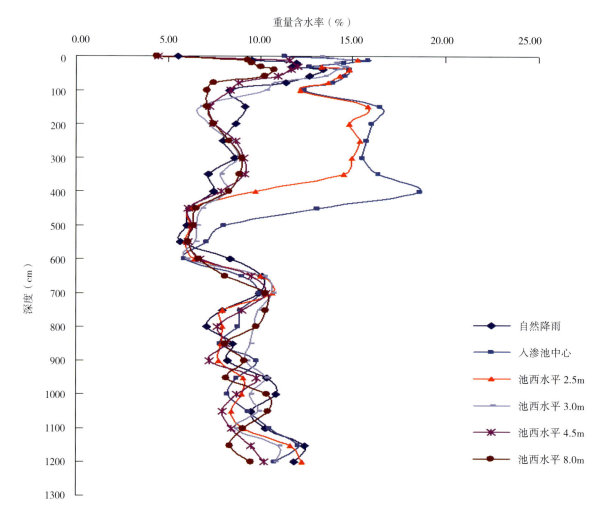

图3-42　灌水83天后各监测点土壤含水率变化曲线

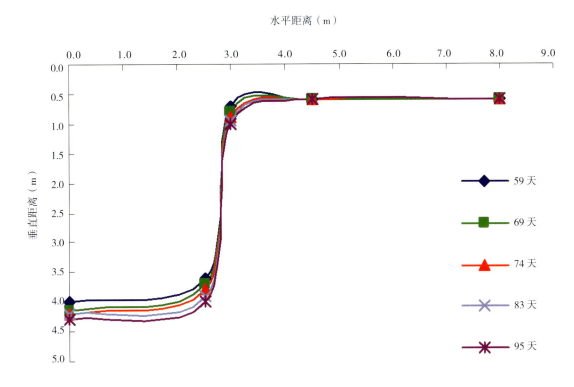

图3-43　入渗池附近土壤湿润峰动态变化曲线

由于墓葬周围黄土的垂直节理发育，土体的垂向透水性较强，在入渗池灌水与降雨双重作用下，土壤水分运动以垂直迁移为主，水平迁移距离在距入渗池5.0m内（图3-42、图3-43）。

鉴于徐显秀墓所具有的历史、文化艺术和科学价值，为安全起见，保护区范围应大于入渗水平影响范围。墓址区地形东北高、西南低，东北方向为地表径流和地下水的来水方向，因此东侧与北侧保护区范围需适当加大，避免上游水分入渗后对墓址产生影响。据此确定保护区边界与墓址最小距离：东侧为90m，西侧为22m，南侧为27m，北侧为42m。在此基础之上，对墓葬周边区域采取地面硬化、设置截洪沟及排水沟等措施，以减少墓葬周边降雨及短时地表径流的入渗，保持墓内微环境的相对恒定。

参考书目

蔡树英、杨金忠：《考虑不动水体存在时区域水盐动态预测预报方法》，《武汉水利电力大学学报》1993年第6期。

曹伯勋：《地貌学及第四纪地质学》，中国地质大学出版社，1995年。

李红寿、汪万福、张国彬等：《用拱棚法对极干旱区沙地水分来源的定性分析》，《中国沙漠》2010年第30卷第1期。

李红寿、汪万福、张国彬等：《极干旱区深埋潜水蒸发量的测定》，《生态学报》2010年第30卷第24期。

任理、李春友、李韵珠：《粘性土壤溶质运移新模型的应用》，《水科学进展》1997年第12期。

武海霞：《降雨强度对土壤水分再分布的影响》，《人民长江》2010年第41卷第9期。

张国彬、薛平、侯文芳等：《游客流量对莫高窟洞窟内小环境的影响研究》，《敦煌研究》2005 年第 4 期。

郑彩霞、秦全胜、汪万福：《敦煌莫高窟窟区林地土壤水分的入渗规律》，《敦煌研究》2001 年第 3 期。

郑丽媛、邢述彦、郑秀清等：《不同降雨强度下黄土台塬区土壤水分再分布规律》，《水电能源科学》2012 年第 30 卷第 12 期。

郑秀清、樊贵盛、邢述彦：《水分在季节性非饱和冻融土壤中的运动》，地质出版社，2002 年。

第四章　墓葬营建工艺及主要病害成因

第一节　墓葬营建工艺

在人类漫长的进化过程中，最初并没有丧葬的观念，只是当社会生产力发展到一定阶段，人类的思维能力有了一定的提高之后，社会结构有了一定的规范，有意识埋葬死者的行为才开始出现。丧葬行为的产生，除了出于亲情关爱之外，"灵魂不死"观念的产生也是重要的因素。中国古人基于人死而灵魂不灭的观念，普遍重视丧葬，上至帝王将相，下至富裕百姓，认为死人有知，与生人无异，"事死如事生"的厚葬之风一以贯之。墓室构造主要有土筑、砖石、木椁结构。早期由于受生产力发展水平低下的限制，广泛采用的是土筑墓室，它一直沿用到西汉时期。石构墓室的起源比土筑墓室稍晚，但由于其耐用坚固不腐蚀，一经出现就广为流行。西汉时期，石构墓室已被修建得异常规范和富丽堂皇了。从西汉中期开始，石构墓室开始由人工垒筑向人工就山开凿发展，其中又以"画像石墓"最有特点。但是由于石构墓室建造困难，花费极大，东汉以后便日渐减少。到东晋南朝时代，除在云南、贵州等多石地区较流行外，全国其他地区已很少出现。砖构墓室出现在战国时代，到了西汉时代逐渐取代土筑墓室而占主导地位。魏晋南北朝时期，砖构墓室相当普遍，一些大型墓葬砌造复杂，还生产了专门为修建墓室而制造的墓砖。东魏北齐时期，依墓室建筑材料，墓葬可分为砖室墓、石室墓和土洞墓三种。

汉代是我国墓葬建筑发展史上的重要时期，这一时期更多将砖石应用在墓葬中，不但增强了墓室结构的整体稳定性，而且扩大了墓室空间，墓室逐渐从单一的结构演变成如拱券结构、四角攒尖顶结构、叠涩顶结构、四隅券进式穹隆顶结构等多种形制。早期的拱券结构、四角攒尖顶结构、叠涩顶结构各有其特点和缺憾，如拱券是一种有推力的结构，自身空间高度不大，比较适宜长方形墓室平面布局，且在荷载的作用下跨度越大推力也越大，早期的拱券顶结构没有正确掌握矢高和跨度的比例关系，结构不稳，顶部坍塌较多；四角攒尖是一种较不稳定的锥体结构；叠涩顶在我国较早出现，顶部结构为圆形，自重相对较大；四隅券进式穹隆顶是两汉最晚兴起的一种新型墓室结构形式，是在四角攒尖和砖筑叠涩顶结构的基础上发展而来。这种结构不但消除了其他结构的自身缺陷，而且顶部弧圆较为自然，空间高度适中，符合人们对墓室建筑价值取向的基本要求。其拱券顶和穹隆顶对后来的南北朝至唐宋砖室墓甚至地上砖石建筑等都有深远的影响。徐显秀墓的甬道和墓室皆为砖砌，为典型的穹隆顶条砖砌体结构。

北齐时期虽历时较短，但特殊的时代背景，特定的地理区域，使其文化内涵独具特色，而徐显秀墓是北齐典型的墓葬之一。它是目前在太原发现的同时期墓葬中保存最完整的大型壁画墓，为研究这一时期墓葬营造技术及对隋唐墓葬制度的影响、墓葬壁画艺术的发展提供了重要资料。

　　自徐显秀墓发掘以来，先后由渠传福、张庆捷、郎保利、郑岩、罗世平等学者，从壁画、陶俑、随葬明器、金银器、墓志等方面深入探讨了北齐墓葬文化因素、墓葬壁画和器物的艺术特色，然而针对墓葬建筑形制和结构特征的研究相对较少。目前考古报告尚未出版，我们仅以2003年发表的《太原北齐徐显秀墓发掘简报》和此次工程结构加固拆砌过程认为，徐显秀墓营造主要经过选择墓地、开挖墓道至墓室、砌筑墓室（地面—墓壁—穹隆顶砌筑）、墓室墓道上抹地仗层、绘画、夯筑封土等程序。该墓坐北朝南，墓向185°，由墓道、过洞、天井、甬道和墓室五部分组成，全长35m，北宽2.7m，南宽3.8m。墓室平面呈弧边6.3m见方，墓室高15m。墓道平面为梯形，长14.554m，坡度为23°，墓道南部宽3.35m，北端顶部宽2.75m，最深处6.1m；天井长2.3m，宽2.5m，天井向下4.2m处两壁内收形成一个1~2cm的平直二层小台；墓门门簪五枚，为莲花形浮雕，石门为细砂石浮雕，门下无枢，直接置于门槛、门枕石上，门框高1.73m、宽0.23m、厚0.17m，其上刻有宝相莲花、摩尼宝珠、忍冬纹等图案，门槛长1.19m、高0.34m、

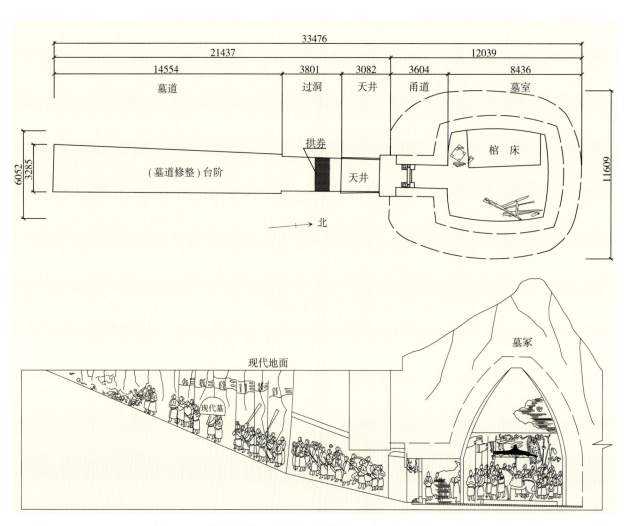

图4-1　徐显秀墓平、剖面结构图（测量单位以mm计）

厚0.22m，门枕石东西各一，长0.9m，宽0.4m，门墩部分雕刻为狮头形象，其上施彩绘；甬道长3.604m，墓室为双层青砖丁顺互层砌筑，黏土青砖规格为：35cm×17cm×6cm，墓室地面满铺青砖，墓室整体砌筑为拱券顶。墓道、过洞、天井两壁只是在土墙壁上粉刷了一层厚约1～2mm的白灰，画面墙壁凹凸不平，仍然保留原有的工具痕迹，壁画直接绘于其上。甬道部分和墓室均为青砖砌筑而成，于砖壁涂抹厚3～10mm的白灰泥地仗，壁画直接绘制于白灰泥地仗层上（图4-1）。

现存的墓室纵剖面由外至内主要由夯土封土层、两层条砖砌体（结构挡墙和内饰墙面）、白灰泥地仗层、绘画层和墓室空间组成（图4-2）。墓冢封土为夯筑填土，夯层厚10～15cm，墓室和甬道砖砌体壁面挡

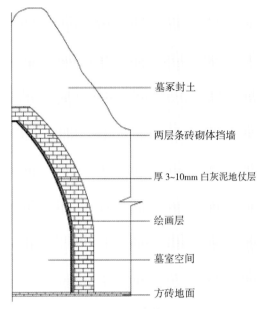

图4-2 墓室结构示意图

墙均采用三顺一丁砌筑而成，甬道为5组顺砖和5组丁砖，在1.8m处起券形成拱顶，甬道顶部为三券三伏；墓门顶部为二券二伏，整体比甬道略高；墓室为8组顺砖和8组丁砖，在2.88m处内收穹隆顶，弧形收进为高度5.4m，整体收进2.75m，每一延长米收进0.54m，每一批砖悬挑0.05m，且两层砖砌体独立成层，外层砖砌体主要为墓室湿陷性黄土区域的结构性挡墙，第二层砖砌体除了加强墓室结构的整体稳定性和强度外，更多的是为确保内饰墙面的平整。地面错缝平铺青砖一道，地砖下采用三合土夯筑一道，防止地下水上升对墓室的影响。该墓室采用双层独立砖砌体砌筑，墓室结构的强度和整体稳定性好，虽然因被盗数次，农田灌溉水顺延盗洞流进墓室，墓室砖砌体局部扭曲变形，但是墓室结构整体稳定，且能够保存相对完整的壁画画面，足以说明徐显秀墓墓室结构的显著特点。

第二节 壁画制作材料分析

（一）颜料分析

为研究壁画颜料的使用情况，我们对徐显秀墓壁画的部分颜料进行采样，共采集红、黄、白、黑色等颜料样品11个。

（1）分析方法：X射线衍射法。

（2）分析仪器及条件：日本Rigaku D/Max 2500V X射线衍射仪，转靶40 kV、100mA；$\theta/2\theta$连续扫描。

（3）分析结果：徐显秀墓壁画主要使用红、黄、橙、白、黑等颜色，从X射线衍射分析结果来看，这些颜料大多为矿物颜料，其中黄色颜料和一个红色颜料样品的显色成分未检出（表4-1）。红色主要以朱砂和土红为主，白色为方解石和石英，黑色中检出有碳酸铅。图4-3、图4-4为部分颜料样品的X射线衍射谱图。

表 4-1　墓葬壁画颜料样品 X 射线衍射分析结果

样品编号	取样位置	颜色	矿物成分	显色成分
1	距地面 72cm，距南壁 26cm（东壁第二人）	黄色	方解石、石英	未检测出
2	距地面 33cm，距南壁 51cm（东壁第四人左脚）	棕色	石英、石膏、方解石	未检测出
3	距地面 67cm，距南壁 102cm（东壁第六人裙）	黑色	碳酸铅、方解石、石英	碳酸铅
4	距地面 73cm，距南壁 157cm（牛腿）	红色	石膏、方解石、石英	未检测出
5	距地面 95cm，距东壁 18cm（北壁第二人裙）	红色	方解石、朱砂、石英	朱砂
6	距地面 51cm，距东壁 58cm（北壁第三人靴）	灰色	方解石、石英	未检测出
7	距地面 72cm，距北壁 35cm（东壁北—南第二人）	棕色	碳酸铅、石英	未检测出
8	距地面 162cm，距北壁 119cm（东壁北—南六人）	黑色	碳酸铅、方解石、石英	未检测出
9	距地面 159cm，距西壁 32cm（南壁西—东第二人）	棕色	碳酸铅、朱砂、方解石	朱砂
10	距地面 143cm，距西壁 32cm（北壁西—东第三人琵琶）	白色	方解石、石英	方解石
11	距地面 148cm，距北壁 27cm（西壁北—南第二人上衣）	白色	石英、方解石	方解石

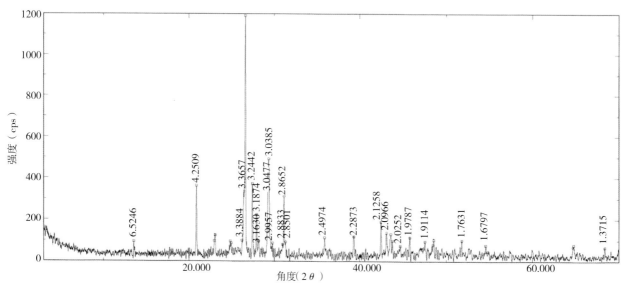

图4-3　壁画红色颜料（样品编号5）的X射线衍射谱图

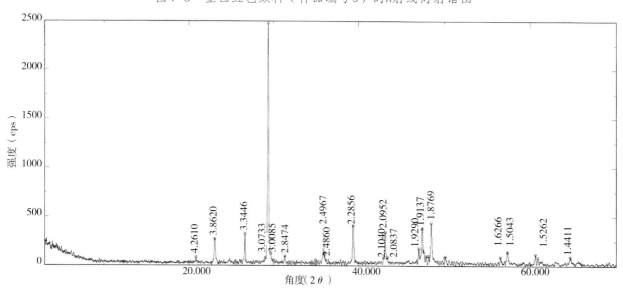

图4-4　壁画白色颜料（样品编号10）的X射线衍射谱图

（二）地仗制作材料分析

在现状调查的同时，为了研究壁画地仗的制作材料，我们对墓道部分病害地仗进行采样，共采集地仗样品4个。

地仗土样X射线衍射分析结果见表4-2。图4-5、图4-6和图4-7是部分地仗样品及当地土样、粉尘（脱落地仗）的X射线衍射谱图。

表4-2　壁画地仗样品的X射线衍射分析结果

样品编号	取样位置	样品描述	矿物成分
TY-XXXM-Y-1	墓道西壁 距墓口 3.5m，距地表 1m	地仗	石英、伊利石、绿泥石、长石、方解石、角闪石
TY-XXXM-Y-2	墓道东壁 距墓口 4m，距地表 1m	地仗	石英、长石、绿泥石、云母、方解石
TY-XXXM-Y-3	墓道西壁 距墓口 8.5m，距地表 5m	地仗	石英、绿泥石、长石、方解石、云母
TY-XXXM-Y-4	过洞顶部	脱落残块	石英、方解石、长石、绿泥石、伊利石

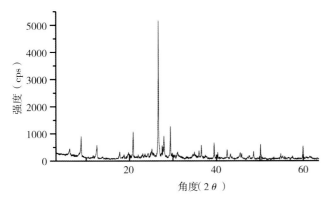

图4-5　TY-XXXM-Y-1地仗样品的X射线衍射谱图　　图4-6　TY-XXXM-Y-3地仗样品的X射线衍射谱图

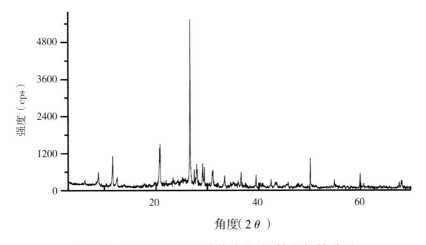

图4-7　TY-XXXM-Y-4脱落地仗的X射线衍射谱图

第三节　壁画病害类型及成因分析

（一）墓道、过洞和天井壁画

1. 壁画制作工艺

墓道、过洞和天井部分壁画，是在两侧挖凿的土墙壁上粉刷白灰水形成的一层厚约1mm白石灰层上直接作画（图4-8）。画面凹凸不平，还留有当时挖凿的痕迹（图4-9）。

2. 病害类型及分布

墓道、过洞和天井壁画的病害类型（图4-10）主要有起甲、酥碱、空鼓、颜料层脱落和壁面污染等（图4-11、图4-12）。鼠洞和昆虫洞穴（图4-13）沿墓壁和回填土结合部位纵横交错，使墓壁酥松，壁画层剥蚀。

由过洞顶部盗洞进入的污水在壁画表面形成黑淤泥层，壁画表面污染严重（图4-14）。过洞顶部已完全塌毁，导致墓道照壁壁画出现断裂、错位、残损等病害（图4-15）。

3. 壁画病害产生机理

墓道、过洞和天井部分壁画病害产生的原因除震动、水等因素之外，还有以下几方面的原因：

（1）地仗土墙体疏松造成地仗土墙体变形断裂。

（2）原有的回填夯土清理后，支撑墓道的支撑力消失，墓壁向墓道方向膨胀变形，造成墓道壁面产生空鼓变形病害。

（3）墓葬附近植物根系生长、变形，影响了墓道墙体的坚固，加速了墓道、过洞、天井部分病害的产生与发展。

（4）错综复杂的鼠洞和昆虫洞穴，是空鼓病害产生的重要原因。

（5）治理草木根的施药孔，在人为或地震因素的影响下，也是产生断裂、空鼓病害的重要原因之一。

①颜料层　②石灰层　③土体

图4-8　墓道壁画结构图

图4-9　土体挖凿痕迹

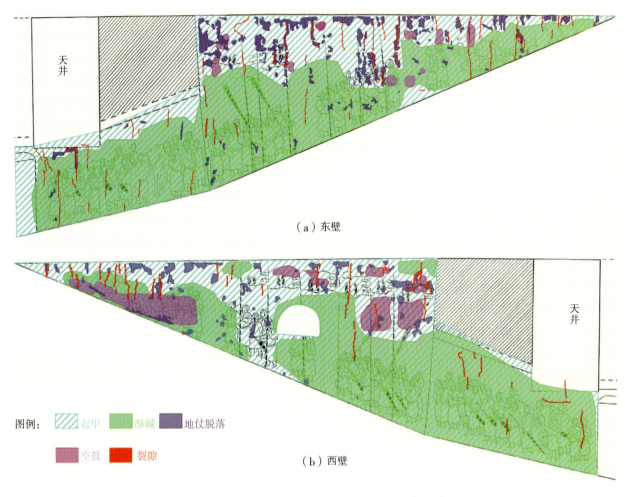

（a）东壁

图例：　起甲　酥碱　地仗脱落

　　　　空鼓　裂隙

（b）西壁

图4-10　墓道、过洞和天井壁画病害分布示意图

图4-11　起甲病害现状

图4-12　颜料层粉化脱落现状

（6）墙体内所含的易溶盐遇水溶解并产生运移，失水后结晶，再遇水后又继续溶解、运移、结晶，周而复始的过程形成了酥碱病害。

（7）起甲脱落病害由两种原因造成，一是地仗过于疏松，二是颜料层内的胶结材料老化，失

图4-13　鼠虫害病害现状

图4-14　泥水污染壁画现状

图4-15　断裂错位残损现状

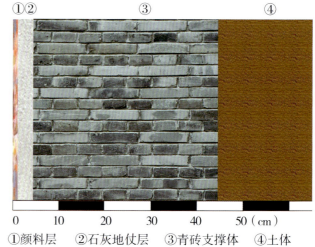

0　　10　　20　　30　　40　　50（cm）
①颜料层　②石灰地仗层　③青砖支撑体　④土体
图4-16　甬道及墓室壁画结构图

去黏结强度而导致。

（二）甬道及墓室壁画

1. 壁画制作工艺

甬道及墓室壁画是以青砖墓壁为载体，其上再抹1～2cm厚的白石灰为地仗层，然后着色制作而成（图4-16）。

2. 病害类型及分布

调查结果表明，甬道和墓室壁画主要存在空鼓、变形、酥碱、起甲、脱落、污染等病害，特别是空鼓、变形、酥碱、起甲病害严重（表4-3），同一区域的壁画同时存在多种病害。

甬道因长期受压，墙壁变形，致使壁画与墙体分离、脱落（图4-17）；甬道内因盗墓者人为

表 4-3 墓葬壁画病害初步统计表（单位：m²）

病害种类 位置	空鼓壁画	起甲病害	酥碱壁画	脱落壁画	严重空鼓
墓室东壁	21.00		29.22		4
墓室西壁	22.46		25.75		10
墓室南壁	17.75		8.80	6.15	6
墓室北壁	22.16		27.12		11
墓室顶	65.77		44.96		
甬道西壁	6.02		3.86	2.66	
甬道东壁	5.97		2.30	2.65	
墓道西壁	29.14	18.67	43.87		
墓道东壁	21.32	20.17	64.59		
墓道照壁	2.30				
合 计	213.89	38.84	250.47	11.46	31
病害面积	514.66				

注：因同一区域的壁画同时存在多种病害，所以按病害统计的病害面积要大于实际保存壁画面积。

图 4-17 甬道壁画变形、脱落现状

破坏，壁画亦大面积脱落（图4-18）。

　　墓室壁画出土时外观尚好，但在沉降等多种因素的影响下，产生了大面积空鼓、酥碱、起甲、颜料层粉化脱落、污染、变形等多种病害（图4-19）。空鼓严重的已脱离砖墙约10cm（图

图4-18　甬道壁画严重空鼓病害现状

图4-19　墓室壁画空鼓、变形病害现状

图4-20　墓室壁画严重空鼓病害现状

图4-22　墓室壁画颜料层酥碱、起甲病害现状

图4-21　墓室壁画地仗脱落病害现状

图4-23　墓室壁画颜料层粉化病害现状

4-20），并出现大面积脱落现象（图4-21）；起甲、酥碱严重（图4-22），壁画颜料粉化脱落严重（图4-23），部分壁画已经产生变色现象。

3. 壁画病害产生机理

徐显秀墓甬道和墓室壁画起甲、酥碱、空鼓和地仗脱落等病害产生的主要原因有以下几点：

（1）沉降：由于墓葬出现不均匀沉降，造成墓室墙壁变形，致使壁画与墙体分离、脱落。

（2）震动：如地震或其他原因造成的微震动等。

（3）水：如雨水、土壤内部存在的水分，主要是灌溉时沿盗洞进入墓葬的水分。

（4）附着力：地仗材料疏松造成地仗层内聚力及附着力降低。

（5）纤维：地仗层中缺少纤维材料，致使地仗层强度减弱，同时也影响地仗层内聚力及附着力。

（6）重心：墓室上部壁画附着在穹顶的弧面上，壁画地仗层重心也随之向下，支撑力相应减小，造成壁画的不稳定性。

（7）甬道内因盗墓者破坏，造成壁画大面积脱落。

对地仗样品的含盐量及种类分析测试结果表明，地仗样品中易溶盐含量较高。根据调查分析及以往研究成果，酥碱病害的产生与地仗土的物理力学性能、所含易溶盐的种类以及易溶盐的活动、壁画所处的环境等因素有关。同时，壁画在绘制过程中颜料内要掺加一定量的动物胶或植物胶作为胶结材料，由于此类胶结材料是有机物，主要成分为蛋白质，在光和湿度等因素的作用下会产生不同程度的老化、收缩变形，使得颜料层产生龟裂起甲，乃至粉化脱落。与墓道壁画污染原因相同，甬道和墓室内的壁画污染病害也是由盗洞进入的灌溉水造成的。

（三）壁画颜色变化

壁画的颜料变色是一个极其错综复杂的问题，也是壁画保护中的一大难题。徐显秀墓壁画的各种颜料没有做色度检测，只能通过照片比对，观察在视觉范围内的色度变化。因为拍摄时所用相机、光线不尽相同，所以对颜色的对比造成较大的困难。

（a）2001~2002年

（b）2007年4月25日

（c）2012年4月18日

图4-24　墓室北壁西侧乐伎颜色变化

墓室内所有侍女的面部由白色变为褐色，如同色斑一样，2002年拍摄的照片侍女面部和其他男性面部颜色相同，但在2012年拍摄的照片发现侍女面部变色较为严重（图4-24、图4-25）。

考古发掘时，宴饮图东侧捧盘侍女的红色服饰比较鲜艳，可清晰地看出装饰图案，现变成红褐色，装饰图案也由白色变为灰褐色（图4-26）。墓室西壁马背上的波斯锦图案比较清晰，现在变得模糊不清（图4-27）；墓室东壁备车图中侍女的服饰由鲜艳变得暗淡（图4-28）。

第四节　墓葬土体变形破坏

目前墓葬处于相对稳定的状态，但墓道两壁裂隙发育，纵横交错的裂隙将其切割成独立的块体。墓道顶部距墓壁约80cm附近各有一条平行于墓壁的垂直贯通性裂隙，裂隙宽达3cm左右，该裂隙加剧了墓道两侧的破坏（图4-29、图4-30）。

影响土体稳定的因素除墓道开挖于粉质黏土层，其力学强度指标较低，墓道两侧土体在上部荷载及自重应力作用下，形成鼓胀式破裂，易导致墓道发生倾倒式、错断式、拉裂式的破坏，危及遗址安全等内因外，还有外因，主要表现在：

（1）墓葬形制：墓道狭长，两面边缘临空垂直面，在外力作用下，墓道临空面有充足的活动和运移空间。

（2）振动作用：地震和人为活动振动是影响遗址本体稳定的主要外力作用。

（3）冻融循环：墓葬处于地下，土体含水率较高，冻融循环作用对遗址本体产生了一定的影响。

（a）2001～2002年

（b）2012年4月

图4-25　墓室北壁宴饮图颜色变化

（a） 2001～2002年　　　　　　　　　　　（b） 2012年4月18日

图4-26　墓室北壁捧盘侍女颜色变化

（a）2001～2002年　　　　　　　　　　　（b）2012年4月18日

图4-27　墓室西壁波斯锦图案颜色变化

（a）2001~2002年 （b）2012年4月18日

图4-28 墓室东壁侍女服饰颜色变化

图4-29 墓道壁贯通裂隙

图4-30 墓道顶部贯通裂隙

第五节　甬道和墓室青砖砌体残损破坏

（一）结构

甬道为青砖白灰砌成的券形结构，南北分别与天井及墓室相连。墓室为穹隆顶砖券单室结构，墓室西部有砖砌棺床，棺床紧贴墓室西壁，棺床北侧边缘砌砖大部分残缺，底部留有砖砌痕迹。

（二）病害类型及分布

甬道砌体结构存在局部变形、部分砖块被压碎、断裂，局部外闪，幸有甬道北端的封门墙才得以保存。墓室墙壁有不均匀沉降现象，墙壁变形断裂（图4-31），边缘处所铺地砖因墓壁下沉而倾斜。

甬道变形、断裂病害主要分布在券顶部分（图4-32），特别是与墓室相连的北端最为严重。

墓室的沉降变形、砖块断裂病害主要集中在东南角、西北角，分别下沉0.2m和0.18m，墙面下沉引起地面严重变形（图4-33）。南壁中部变形、砖块断裂也非常严重。

（三）病害产生机理

甬道、墓室结构存在严重的沉降、变形、砖块断裂等病害。

沉降主要是由盗洞灌入甬道和墓室的水引起。承载甬道及墓室墙体的基础部分，受水浸泡变得松软，加之甬道、墓室墙体和坟冢重量的原因，在自重力作用下逐渐下沉，地基不同区域在水浸泡作用下，密实程度和强度的差异造成不均匀的沉降现象。

变形断裂是由于不均匀沉降造成了甬道及墓室的扭曲变形。同时严重的扭曲变形，造成墙体局部区域压碎或拉裂，地震等其他外因也加速了变形断裂病害。

第六节　小结

徐显秀墓是目前在山西太原发现的同时期墓葬中保存最完整的大型壁画墓，具有极高的历史、艺术和科学价值。

长期以来，在国内外已发现的地下墓葬中，由于环境控制不力、地下水作用和结构性破坏等诸多问题，严重影响遗址的保存和有效利用。徐显秀墓也是如此，其甬道和墓室墙体的基础部分，因受水浸泡，地基出现不均匀沉降，砖砌墙

图4-31　墓室墙壁变形断裂

图4-32 甬道口坍塌现状　　　　　　　图4-33 墓室地面变形情况

体局部受力不均而产生扭曲变形，局部应力集中致使大部分砖块压碎，形成明显压碎痕迹。墓室及墓道壁画出现不同程度的空鼓、变形、酥碱、起甲、污染等多种病害，甚至局部脱落；墓道也在人为和自然应力作用下发育有贯通裂隙，随时都有倒塌的危险，亟须采取措施加以保护。

参考书目

北京市文物研究所编：《北京地区辽金墓葬壁画保护研究》，科学出版社，2008 年。

常一民：《太原市神堂沟北齐贺娄悦墓整理简报》，《文物季刊》1992 年第 3 期。

董永刚：《太原北齐徐显秀墓墓葬形制、壁画等几个问题的研究》，山西大学，2011 年。

樊锦诗：《〈中国文物古迹保护准则〉在莫高窟项目中的应用——以〈敦煌莫高窟保护总体规划〉和〈莫高窟第 85 保护研究〉为例》，《敦煌研究》2007 年第 105 卷第 5 期。

国家文物局编：《中华人民共和国文化遗产保护法律文件选编》，文物出版社，2007 年。

河北省博物馆等：《河北平山北齐崔昂墓调查报告》，《文物》1973 年第 11 期。

胡薇：《唐墓壁画载体的特殊性及传统工艺》，《文博》2011 年第 3 期。

蒋璐：《中国北方地区汉墓研究》，吉林大学 2008 年博士学位论文。

老戡：《北齐徐显秀墓壁画管见》，《国画家》2006 年第 4 期。

老戡：《关于北齐徐显秀墓和娄叡墓壁画画法、作者的商榷》，《美术观察》2006 年第 7 期。

李梅田：《北齐墓葬文化因素分析——以邺城、晋阳为中心》，《中原文物》2004 年第 4 期。

联合国教科文组织世界遗产中心、国际古迹遗址理事会、国际文物保护与修复研究中心和中国国家文物局主编：《国际文化遗产保护文件选编》，文物出版社，2007 年。

刘丹：《徐显秀墓志、库狄迴洛夫妇墓志校释》，南京大学 2011 年硕士学位论文。

刘静平：《太原市郊北齐墓壁画与北齐绘画艺术成就》，《文物世界》2005 年第 1 期。

刘尊志、原丰：《徐州汉代墓葬制度的形成与发展浅析》，《平顶山学院学报》2007 年第 1 期。

卢轩、罗黎、付文斌：《墓葬壁画保护的一些"细节"问题》，《文博》2011 年第 3 期。

祁英涛：《永乐宫壁画的揭取方法》，《文物》1960 年第 8~9 期。

山西省考古研究所、山西博物院、朔州市文物局等：《山西朔州水泉梁北齐壁画墓发掘简报》，《文物》2010 年第 12 期。

山西省考古研究所、太原市文物考古研究所：《太原北齐徐显秀墓发掘简报》，《文物》2003 年第 10 期。

山西省考古研究所等：《太原市南郊北齐壁画墓》，《文物》1990 年第 12 期。

太原市文物考古研究所：《太原北齐狄湛墓》，《文物》2003 年第 3 期。

太原市文物考古研究所：《太原北齐贺拔昌墓》，《文物》2003 年第 3 期。

太原市文物考古研究所：《太原北齐库狄业墓》，《文物》2003 年第 3 期。

太原市文物考古研究所编：《北齐徐显秀墓》，文物出版社，2005 年。

陶正刚：《山西祁县白圭北齐韩裔墓》，《文物》1975 年第 4 期。

王夫子：《殡葬文化学——死亡文化的全方位解读》，中国社会出版社，1998 年，第 35~43、84~126 页。

王贵祥：《东西方的建筑空间：传统中国与中世纪西方建筑的文化阐释》，百花文艺出版社，2006 年。

汪万福、马赞峰、李最雄等：《空鼓病害壁画灌浆加固技术研究》，《文物保护与考古科学》2006 年第 18 卷第 1 期。

王玉山：《太原市南郊清理北齐墓葬一座》，《文物》1963 年第 6 期。

吴智江：《图像的意义——北齐徐显秀墓壁画的艺术语言与相关文化探索》，太原理工大学，2010 年。

杨景龙、马赞峰：《墓葬壁画地仗层加固修复技术研究》，《中国文物科学研究》2014 年第 1 期。

杨忙忙：《唐墓壁画环境监测与分析研究》，《考古与文物》2010 年第 6 期。

杨效俊：《东魏、北齐墓葬的考古学研究》，《考古与文物》2000 年第 5 期。

张基伟、贺林：《关中地区唐代壁画墓的保护与研究——以蒲城唐高力士墓为例》，《文物》2013 年第 7 期。

张玉、刘照建：《徐州地区西汉陶俑的发现及初步研究》，《东南文化》2002 年第 11 期。

张月峰、雷金鸣：《涿州元代墓葬壁画的保护技术研究》，中国文物保护技术协会第三次学术年会论文集，2004 年。

张卓远、王伟：《中国砖石建筑溯源——对汉代画像砖石墓葬的再认识》，《文物建筑》（第 4 辑），科学出版社，2010 年。

周国信：《古代壁画颜料的 X 射线衍射分析》，《美术研究》1984 年第 3 期。

朱希祖：《六朝陵墓调查报告》，中央古物保管委员会编印，1935 年。

Caldararo N L. An outline history of conservation in archaeology and anthropology as presented through its publications. *Journal of the American Institute for Conservation*, 1987, 26(2): pp.85–104.

Jokilehto J. Authenticity in restoration principles and practices. *Bulletin of the Association for Preservation Technology*, 1985, 17(3,4), pp.5–11.

Kiyani M Y. *Architecture art history of Iran in Islamic period*. 1998, Tehran : SAMT university publication .

Mazaheri M. Tombs in Iran Islamic period and it's influences on Indian Gurkaniyan tombs. *The Effect of Art* 2004, 24 : p.21.

Moshtagh Kh. *Iranian Art and Architecture*. 2008, Tehran : Azad Andishan .

Plenderleith H J. A history of conservation . *Studies in Conservation*,1998,43(3): pp.129–143.

第五章 保护修复材料与工艺研究

第一节 修复材料筛选的一般原则

壁画保护修复材料筛选一般遵循"最大兼容，最小干预"的原则，选用低黏度、高黏性、无眩光、无变色、透气性强、耐老化以及良好的可逆性和可操控性的黏结材料。尽可能利用当地材料以增强其相容性，辅之以必要的添加材料和胶黏剂。

依据修复材料的筛选原则，确定实验性能稳定且适合保护修复各种壁画病害的材料：

（1）使用丙烯酸乳液及有机硅丙烯酸乳液，修复壁画颜料层龟裂、起甲、粉化等病害。

（2）依据酥碱病害程度、层位等具体情况，分别使用丙烯酸乳液及有机硅丙烯酸乳液等材料修复酥碱病害。

（3）根据现场试验选用熟石灰和当地土配制灌浆材料，修复空鼓病害壁画。

（4）选用当地黏土调制的灌浆材料，修复墓道墙体的空鼓部分。

第二节 修复材料物性指数测定

1. 拟选修复材料基本概况

针对徐显秀墓壁画起甲、颜料层粉化、酥碱等病害特征，借鉴石窟壁画及墓葬壁画保护实践，我们拟选择常用修复材料纯丙烯酸乳液、有机硅丙烯酸乳液、聚醋酸乙烯乳液、AC33乳液、明胶（表5-1）等为徐显秀墓壁画保护修复材料，进行模拟实验，确定最佳修复材料与材料配比。

2. 模拟壁画地仗试块制备

为了测试分析修复材料的渗透性、透气性等特性，方便操作与测试工作顺利进行，研究人员在国家古代壁画与土遗址保护工程技术研究中心实验室，模拟制作了古代敦煌壁画试块进行研究。敦煌壁画的地仗层一般由粗泥层、细泥层和白粉层组成，粗泥层参加的纤维一般为麦秆，细泥层参加的纤维一般为麻、棉花等，壁画制作时，颜料用以牛皮胶为主、混有植物胶作黏合剂。本次实验制作的圆形模拟壁画地仗试块也分三层，完全按照古代敦煌壁画地仗制作工艺和材料制作而成。同时，大量研究结果表明，引起莫高窟壁画地仗酥碱病害的可溶盐主要以NaCl为主，因此，本次实验制作了NaCl含量分别为2%、4%、6%和8%的模拟壁画地仗试块，按照古代敦煌壁画地仗制作的材料沙子与澄板土比例为36:64（W/W）的比例适当加入麻丝，用去离子水和泥，充分

表 5-1　拟选修复材料基本性能描述

产品名称	性能	生产厂家
丙烯酸乳液	是由丙烯酸类单体聚合而成，无毒性、无腐蚀性，不燃烧、属水性物质非危险品，耐候性强	兰州知本化工科技有限公司
有机硅丙烯酸乳液	是将含有不饱和键的有机硅单体与丙烯酸类单体聚合而成,具有耐水、耐酸、耐候性好、耐碱、抗沾污、涂膜不泛黄、耐紫外线、抗老化、胶膜致密、坚韧、硬度高、抗水白化性极好等特点	兰州知本化工科技有限公司
聚醋酸乙烯乳液	是以乙酸乙烯酯为主单位的高分子乳状液。该乳液无毒、无味、无腐蚀、无环境污染、非易燃易爆，是木材、纸张、纤维等多孔性材料黏结的理想材料	汉港环保白乳胶
AC33乳液	环保、无味，具有良好的耐老化性和耐沾污性	贝罗修复科技（北京）有限公司
明胶	是一种从动物的结缔或表皮组织中的胶原部分水解出来的蛋白质。它具有许多优良的物理及化学性质，形成可逆性凝胶、黏结性、表面活性等；明胶加温至35℃以上就会与水形成均匀的溶液	凯通化学试剂有限公司

搅拌均匀后制成（表5-2）。待试块干燥后，用生石灰水在表面涂刷两遍、晾干，然后，选择矿物颜料石青、石绿、朱砂、铅丹、土红、群青、石膏和石灰，加入适量1%（W/W）骨胶溶液，在制好的模拟壁画地仗试块上每种颜料分别涂刷两遍，晾干后备用（图5-1）。

表 5-2　模拟古代敦煌壁画地仗试块制作材料配比表

试块规格		NaCl（g）	澄板土（g）	沙（g）	麻（g）	麦秆（g）	去离子水（g）
直径为70mm圆形试块	粗泥层	2 4 6 8	64	36	—	3	25
	细泥层	2 4 6 8	64	36	3	—	25

3. 材料性能测试

材料性能测试主要是对拟选材料进行表面张力、黏度、渗透性、透气性等的测试。

（1）表面张力

使用型号为JZ-200A的自动界面张力仪对修复材料的表面张力完成测试。仪器符合JB/T9388–1997《界面张力仪技术条件》、ISO1409：1995《塑料、橡胶、聚合物分散体和胶乳表面张力测定》和SH/T1156–92《合成胶乳表面张力测定法》等标准要求。

配制一定浓度的待测液，将一标准规定的铂金环浸入被测液体中一定位置，升降机带动盛有

（a）　　　　　　　　　　　　　　　　　（b）

（c）　　　　　　　　　　　　　　　　　（d）

（e）　　　　　　　　　　　　　　　　　（f）

图5-1　古代敦煌壁画制作材料及模拟壁画地仗试块制作过程
（a）澄板土　（b）麻　（c）麦草秸　（d）和好的泥　（e）制作模拟壁画地仗试块　（f）制作好的壁画模拟试块

被测液的玻璃器皿下降，将铂金环从被测液体中拉出，铂金环在这一过程中的受力情况由微力传感器测出并经过测量及显示系统体现出来，其最大值即为被测液体的实测张力值P，实测张力值乘以校正因子F得出被测液体的实际张力值V，即：

$$V=P \cdot F$$

校正因子F的大小取决于实测值P、液体密度、铂金丝和环的半径，即：

$$F=0.7250+\sqrt{\frac{0.01452P}{C^2(D-d)}+0.04534-\frac{1.679}{R/r}}$$

P：显示的读数值mN/m

C：环的周长6.00cm

R：环的半径0.955cm

D：待测液体的密度g/mL

d：气体的密度g/mL

r：铂金丝的半径0.03cm

测试结果见表5-3。

由表5-3可以得出，在一定温度下，相同浓度的不同修复材料中，明胶的表面张力最大，丙烯酸乳液和有机硅丙烯酸乳液表面张力较为接近，表面张力最小的为聚醋酸乙烯乳液和AC33。

表 5-3　一定温度下不同浓度、不同修复材料表面张力对比表

修复材料名称	浓度（%）	实测张力值（P）（mN/m）	实际张力值（V）（mN/m）	温度（℃）
丙烯酸乳液 （固含量50%）	0.5	63.83	55.06	20.2
	1.0	59.73	51.13	20.2
	1.5	58.00	49.47	20.2
有机硅丙烯酸乳液 （固含量50%）	0.5	64.73	55.93	20.3
	1.0	59.67	51.05	20.3
	1.5	59.77	51.14	20.3
聚醋酸乙烯乳液 （固含量50%）	0.5	52.4	44.11	20.5
	1.0	55.7	47.22	20.5
	1.5	57.7	49.09	20.5
AC33乳液 （固含量50%）	0.5	56.23	47.85	20.2
	1.0	56.10	47.71	20.2
	1.5	53.73	45.49	20.2
明胶	0.5	67.57	58.61	20.2
	1.0	63.63	54.81	20.2
	1.5	57.30	48.79	20.2

（2）黏度

黏度测试使用的测试仪器为美国Brookfield博力飞DV-Ⅱ+可编程控制式黏度计。美国Brookfield公司生产的旋转黏度计是黏度测定的世界标准。DV-Ⅱ是博力飞Brookfield公司黏度计系列中的实验室仪器，它可以与博力飞Brookfield产品系列的其他配件如超低黏度承接器、小量样品承接器、升降平台、螺旋承接器、恒温水浴或加热器等一起使用。DV-Ⅱ+可编程控制式黏度计测定相当广范围的液体黏度，黏度范围与转子的大小和形状以及转速有关，因此，对应于一个特定的转子，在流体中转动而产生的扭转力一定的情况下，流体的实际黏度与转子的转速成反比，而

剪切应力与转子的形状和大小均有关。对于一个黏度已知的液体，弹簧的扭转角会随着转子转动的速度和转子的几何尺寸的增加而增加，所以在测定低黏度液体时，使用大体积的转子和高转速组合，相反，测定高黏度的液体时，则用细小转子和低转速组合。

DV-II+可编程控制式黏度计采用液晶显示，显示信息包括黏度、温度、剪切应力/剪切率、扭矩、转子号/转速等。测试结果见表5-4。

表 5-4 不同浓度、不同修复材料在转速为 100RPM 时黏度的数值

修复材料名称	浓度（％）	转子型号	转速（RPM）	扭矩（％）	黏度（cp）	温度（℃）
丙烯酸乳液	0.5	0 号	100	22.00	1.33	20.2
	1.0	0 号	100	22.10	1.33	20.2
	1.5	0 号	100	22.20	1.33	20.2
有机硅丙烯酸乳液	0.5	0 号	100	20.50	1.22	20.3
	1.0	0 号	100	20.30	1.24	20.3
	1.5	0 号	100	21.10	1.22	20.3
聚醋酸乙烯乳液	0.5	0 号	100	20.20	1.22	20.5
	1.0	0 号	100	20.60	1.24	20.5
	1.5	0 号	100	20.10	1.21	20.5
AC33	0.5	0 号	100	21.20	—	0.5
	1	0 号	100	21.20	—	1
	1.5	0 号	100	21.20	—	1.5
明胶	0.5	0 号	100	26.10	1.57	21.2
	1.0	0 号	100	30.00	1.80	21.2
	1.5	0 号	100	39.70	2.38	21.2

由表5-4中可以得出，相同浓度的不同修复材料中，明胶的黏度最大，其次为丙烯酸乳液，聚醋酸乙烯乳液和有机硅丙烯酸乳液黏度比较接近，AC33黏度最小，低于检出限。

（3）渗透性

选择不同浓度的加固材料，采用相同的体积来加固不同含盐量的模拟壁画地仗试块，通过记录完全渗透所需时间来确定修复材料的渗透性快慢。测试结果见表5-5。

对不同浓度的丙烯酸乳液、有机硅丙烯酸乳液、聚醋酸乙烯乳液、明胶溶液渗透加固不同含盐量的模拟试块，通过加固渗透时间的对比发现：

1）同一种加固材料相同浓度下对相同含盐量的模拟试块加固时，从不同颜料涂层的渗透效果来看，铁红颜料的渗透性最好，其次依次是朱砂、石绿、石青和铅丹。

2）对试块表面加固后，从试块表面盐析出程度来看，明胶材料加固后模拟试块基本没有盐析出，而丙烯酸乳液、有机硅丙烯酸乳液、聚醋酸乙烯乳液加固过的试块表面都有不同程度的盐析出。总体来说，用11mL的黏结材料加固直径为7cm、厚度为1.2cm的模拟试块效果都不太理想。

3）通过对丙烯酸乳液、有机硅丙烯酸乳液、聚醋酸乙烯乳液、明胶溶液渗透性对比发现，相同含盐量的模拟试块、同一种修复材料，浓度越低渗透性越好；相同浓度的同一种修复材料，模拟试块的含盐量越大渗透性越好，但是由于8%含盐量的模拟试块表层有一层盐壳，刚开始渗透软化表层需要一定的时间，渗透性明显降低。

表 5-5 不同浓度、不同修复材料对含盐量不同的试块渗透性测试表

修复材料名称	浓度 (%)	模拟试块含盐量	修复材料体积（mL）	所需时间（min）
丙烯酸乳液	0.5	2% NaCl	11	46
		4% NaCl	11	40
		6% NaCl	11	28
		8% NaCl	11	33
	1.0	2% NaCl	11	47
		4% NaCl	11	46
		6% NaCl	11	42
		8% NaCl	11	43
	1.5	2% NaCl	11	47
		4% NaCl	11	46
		6% NaCl	11	43
		8% NaCl	11	44
有机硅丙烯酸乳液	0.5	2% NaCl	11	31
		4% NaCl	11	33
		6% NaCl	11	30
		8% NaCl	11	32
	1.0	2% NaCl	11	37
		4% NaCl	11	42
		6% NaCl	11	31
		8% NaCl	11	32
	1.5	2% NaCl	11	47
		4% NaCl	11	54
		6% NaCl	11	36
		8% NaCl	11	42
聚醋酸乙烯乳液	0.5	2% NaCl	11	42
		4% NaCl	11	38
		6% NaCl	11	32
		8% NaCl	11	36
	1.0	2% NaCl	11	30
		4% NaCl	11	50
		6% NaCl	11	32
		8% NaCl	11	28
	1.5	2% NaCl	11	44
		4% NaCl	11	52
		6% NaCl	11	32
		8% NaCl	11	36
明胶	0.5	2% NaCl	11	106
		4% NaCl	11	56
		6% NaCl	11	36
		8% NaCl	11	48
	1.0	2% NaCl	11	190
		4% NaCl	11	93
		6% NaCl	11	33
		8% NaCl	11	37
	1.5	2% NaCl	11	207
		4% NaCl	11	72
		6% NaCl	11	53
		8% NaCl	11	231

4）四种修复材料渗透性最差的为明胶，另外三种渗透性差别不是很大。明胶的渗透性差与明胶的表面张力大、黏度大是分不开的，但是我们发现，明胶乳液在水浴锅中控制其温度不超过60℃时，随着温度的升高，渗透性逐渐增大，所以可通过降低明胶的浓度、增加明胶乳液的温度来解决渗透性差的问题。

（4）透气性

透气性是选择修复材料的一个重要指标。我们选取不同浓度和不同种类的加固材料，采用相同的体积来加固不同含盐量的模拟试块，加固完成后，待试块干燥，将试块放到装有100g纯净水的烧杯上，用石蜡将周边封严，然后进行定期称重（每隔24小时进行称量一次，共计10次），最后计算出重量差，从而判断出修复材料透气性的差异（表5-6）。

由表5-6可以看出，相同的模拟试块、相同浓度的修复材料，明胶的透气性最好，有机硅丙烯酸乳液和丙烯酸乳液的透气性次之，聚醋酸乙烯乳液的透气性最差；相同浓度的同一种修复材料，含盐量越大，透气性越好。

综合以上实验，通过对不同浓度的丙烯酸乳液、有机硅丙烯酸乳液、聚醋酸乙烯乳液以及AC33和明胶的表面张力、黏度、渗透性和透气性测试对比发现，AC33的黏度太小，加固后表面强度较低，不建议使用；而明胶具有表面张力大、渗透性差、强度大等的特点，对温度要求较高，不适宜现场使用；聚醋酸乙烯乳液的透气性差，修复后表面易成膜；丙烯酸乳液和有机硅丙烯酸乳液具有黏度、渗透性、透气性适中等优点，结合修复实践，认为丙烯酸乳液和有机硅丙烯酸乳液适合于壁画颜料层粉化、起甲、酥碱等病害的修复加固，可在现场进一步试验，以进一步优化修复材料的配比。

第三节　壁画修复材料及工艺

（一）起甲壁画修复材料及工艺

1.起甲壁画修复材料

（1）材料及配比

① 以丙烯酸乳液为黏结剂的加固材料

丙烯酸乳液是兰州知本化工科技有限公司专门为敦煌研究院研制的壁画修复材料。在徐显秀壁画保护修复中，用纯净水稀释，分别用浓度为0.5%、1%、1.5%的稀释液进行现场试验。

② 以有机硅丙烯酸乳液为黏结剂的加固材料

有机硅丙烯酸乳液也是兰州知本化工科技有限公司专门为敦煌研究院研制的壁画修复材料，在黏结剂中加入了渗透剂。在徐显秀壁画保护修复中，用纯净水稀释，分别用浓度为0.5%、1%、1.5%的稀释液进行现场试验。

③ 以丙烯酸乳液和有机硅丙烯酸乳液以1:1混合为黏结剂的加固材料

用纯净水稀释，分别用浓度为0.5%、1%、1.5%的稀释液进行现场试验。

（2）试验区域分区及修复加固效果

将试验区域分九个区（图5-2），各区范围均为20cm×20cm，每个区用不同配比和不同浓度

表 5-6　不同浓度、不同修复材料在不同含盐量的模拟试块加固后透气性数据对比

加固材料	NaCl 含量（%）	浓度（%）	试块初始重量（g）	10 天后质量（g）	重量差（g）
明胶	2	0.5	281.81	274.26	7.55
		1.0	281.56	273.76	7.80
		1.5	284.92	277.36	7.56
	4	0.5	284.10	277.27	6.83
		1.0	286.81	280.19	6.62
		1.5	279.77	273.08	6.69
	6	0.5	288.46	280.96	7.50
		1.0	274.41	266.72	7.69
		1.5	286.86	279.54	7.32
	8	0.5	269.31	260.18	9.13
		1.0	263.49	255.16	8.33
		1.5	271.80	263.74	8.06
聚醋酸乙烯乳液	2	0.5	298.43	293.07	5.36
		1.0	280.92	275.22	5.70
		1.5	285.37	280.89	4.48
	4	0.5	280.87	273.21	7.66
		1.0	282.27	275.02	7.25
		1.5	281.52	275.98	5.54
	6	0.5	288.49	279.75	8.74
		1.0	284.61	279.17	5.44
		1.5	285.39	280.37	5.02
	8	0.5	264.10	255.58	8.52
		1.0	280.40	273.41	6.99
		1.5	279.27	271.82	7.45
有机硅丙烯酸乳液	2	0.5	289.70	284.13	5.57
		1.0	300.91	294.76	6.15
		1.5	286.87	280.96	5.91
	4	0.5	276.65	268.09	8.56
		1.0	288.46	281.31	7.15
		1.5	289.02	282.80	6.22
	6	0.5	288.63	282.52	6.11
		1.0	291.06	284.67	6.39
		1.5	275.08	268.58	6.50
	8	0.5	258.40	250.63	7.77
		1.0	259.91	251.80	8.11
		1.5	262.66	254.29	8.37
丙烯酸乳液	2	0.5	286.52	280.10	6.42
		1.0	293.80	288.12	5.68
		1.5	283.37	276.56	6.81
	4	0.5	292.09	285.90	6.19
		1.0	288.19	281.58	6.61
		1.5	282.21	274.00	8.21
	6	0.5	298.78	293.25	5.53
		1.0	281.71	275.27	6.44
		1.5	283.35	277.09	6.26
	8	0.5	270.17	261.46	8.71
		1.0	273.85	265.01	8.84
		1.5	270.12	261.83	8.29

的黏结剂进行渗透加固（表5-7）。

（3）初步结论

经过对以上9个区域加固试验的对比分析，可以得出如下结论：

A区：0.5%的丙烯酸乳液对颜料层加固效果较好，对石灰层（地仗层）加固效果不理想。

B区：0.5%的有机硅丙烯酸乳液渗透性较好，对颜料层和石灰层的加固效果均不理想。

C区：0.5%的丙烯酸乳液和0.5%有机硅丙烯酸乳液1:1混合，渗透效果和加固效果都比较好，但对疏松的石灰层加固效果较差。

图5-2　试验区域分区示意图

表5-7　起甲壁画加固效果对比

区域	加固材料配比			渗透性描述		黏结性描述	
编号	材料及配比	浓度（%）	用量（mL）	颜料层	地仗层	颜料层	地仗层
A 区	丙烯酸	0.5	30	好	较好	较好	较差
B 区	有机硅丙烯酸	0.5	30	好	好	较差	差
C 区	丙烯酸、有机硅丙烯酸体积比 1:1	0.5	30	好	好	好	较好
D 区	丙烯酸	1	35	较好	较差	较好	较差
E 区	有机硅丙烯酸	1	34	好	好	较好	较差
F 区	丙烯酸、有机硅丙烯酸体积比 1:1	1	40	好	较好	好	较好
G 区	丙烯酸	1.5	46	较好	差	较好	差
H 区	有机硅丙烯酸	1.5	35	较好	较差	较好	差
I 区	丙烯酸、有机硅丙烯酸体积比 1:1	1.5	30	较好	较差	较好	较差

图5-3　试验修复加固效果图

D区：1%的丙烯酸乳液渗透性较差。

E区：1%的有机硅丙烯酸乳液对颜料层的渗透性较好，对石灰层的渗透性较差。

F区：1%的丙烯酸乳液和1%的有机硅丙烯酸乳液渗透性较差，但对疏松的石灰层加固效果良好。

G区、H区、I区：渗透效果都不理想。

综上所述，单独的丙烯酸和有机硅丙烯酸，对地仗和颜料层同时加固起不到很好的加固效果，应采用两种材料混合使用；0.5%丙烯酸乳液和0.5%有机硅丙烯酸乳液1:1混合是理想的颜料层起甲加固材料。当石灰层较为疏松时，1%丙烯酸乳液和1%有机硅丙烯酸乳液1:1混合是理想的加固材料（图5-3）。

2. 起甲壁画修复工艺

起甲壁画的修复工艺包括除尘、棉纸封护、注射黏结剂、回贴颜料层、揭去封护棉纸、滚压壁画、喷涂加固和软胶辊滚压画面八道关键工序。

（1）除尘

用软毛排笔或小的吹吸尘器轻轻地将起甲壁画表面的尘土清除干净，然后用洗耳球将起甲撬起的小片颜料层之下、裂隙间的尘土吸干净。这一工序必须细心，不能在起甲部位留下尘土，否则就会影响起甲颜料层与地仗的黏结效果，同时也会污染壁画表面。

（2）棉纸封护

对于颜料层大片翘起的严重部位，可用0.5%羟甲基纤维素将事先裁剪好的棉纸条粘贴在起甲颜料层容易断裂的两侧，待干燥后，再用洗耳球清除起甲颜料层背部尘土，这样可有效防止操作过程中的颜料层脱落，起到预防性保护的效果。

（3）注射黏结剂

用配置好的0.5%的丙烯酸乳液与0.5%的有机硅丙烯酸乳液以体积比1∶1混合液进行起甲壁画的修复。注射黏合剂的部位，一般选择在壁画起甲的裂口处，注射时注射器的针头不能停在画面表层，应伸进起甲画面的底部。如画面上有鼓起的小泡，应在不重要的部位将针头插入泡内注射黏合剂。若起甲面积较大时，只靠裂口处注射黏合剂达不到渗透起甲颜料层的目的，这时需在适当部位用注射器的针头新刺小孔，通过小孔眼向起甲颜料层下部注射黏合剂。注射黏合剂的过程中要特别注意，在画面上划分小块（约10cm²），按次序一块一块地注射，每块注射2~3遍，每遍注射黏合剂要适量。若注射黏合剂过多，黏合剂流在画面上会污染壁画，同时，起甲颜料层在注射黏合剂的过程中会瞬间软化而掉落；若注射黏合剂过少，起甲颜料层渗透不充分，会影响修复加固效果。在实际操作过程中，若有小片颜料层掉落，一定设法将其贴回原处；若有黏合剂留在画面上，应立即用柔软的棉纸吸附干净，否则壁画表面容易出现炫光。

（4）回贴颜料层

待注射的黏合剂被地仗层吸收后，用自制的竹刀、木刀或不锈钢修复刀，将起甲画面轻轻压贴回地仗层。对采用棉纸条事先进行了预防性保护的起甲壁画，我们在回贴时连同棉纸一起轻轻回贴。颜料层回贴时一定要用力适当，若用力过大，会压碎颜料层，或使画面局部凹下而变形；若用力过小，起甲的颜料层不能与地仗层紧密黏结，影响修复效果。

（5）揭去封护棉纸

颜料层回贴后，用毛笔蘸温纯净水涂刷在预保护棉纸表面，轻轻去除棉纸，然后用棉纸多次吸附颜料层表面的羟甲基纤维素，尽量将其去除干净。

（6）滚压壁画

将用修复刀局部压过的起甲壁画再用棉球排压，确保与地仗紧密结合。滚压的方向应从颜料层未裂口处向开裂处轻轻滚压，这样能将原起甲壁画内部的空气排出干净，不会产生气泡，壁画表面也不会被压出皱褶。使用的棉球是用质地细而白的绸缎包扎脱脂棉制成，直径一般以5cm左右为宜。这种棉球一般不能用纱布、粗纹布或塑料膜包扎。纱布、粗纹布包扎的棉球滚压时会在壁画上留下纹印，塑料布因光滑不透气，容易把小片起甲的颜料层黏附下来，而白色绸缎包扎脱脂棉制成的棉球可以有效避免上述两种情况的发生，同时也不会对壁画色彩造成影响。

（7）喷涂加固

这是一道防止因人为因素在修复过程中对遗漏部分进行补救的最后程序，在我国早期壁画修复中较常使用，目前在修复实践中需根据实际情况灵活掌握。主要是对颜料层粉化和颜料层粉化脱落严重的画面，一般采用1%的明胶对颜料层进行最后一遍的喷涂加固，必要时可以增加1~2遍，提高颜料层中胶结材料的内聚力。这样，既可对修复中的遗漏部分进行全面修复加固，又可增加整个画面的表面强度，增强画面的整体修复效果。

（8）软胶辊滚压画面

待喷涂加固画面达到70%的干燥程度后，将白色绸缎（同制作棉球材料）铺在画面上，用软胶辊慢慢滚压，这样可以将局部使用棉球滚压的壁画表面统一，保证壁画的整体修复效果。滚压时用力要均匀，以防壁画上出现滚痕或将颜料黏在白绸上。需要特别注意的是，画面干燥的程度不能超过80％，否则软胶辊滚压的过程可能会压裂或压碎画面，甚至导致颜料层再次脱落。

（二）空鼓壁画灌浆材料及工艺

1. 空鼓壁画灌浆材料

（1）材料及配比

灌浆材料选用改性阿嘎土（DAA）、粉煤灰、改性料礓石（DAL）、熟石灰和当地土不同配比进行试验（图5-4~图5-7）。

① 改性阿嘎土、粉煤灰、当地土质量比2：1：1，水灰比0.7。

② 改性料礓石、粉煤灰、当地土质量比2：1：1，水灰比0.5。

③ 熟石灰、当地土质量比3：1，水灰比0.6。

④ 熟石灰、当地土质量比3：1，黏结材料为浓度10％的丙烯酸乳液，水灰比0.6。

⑤ 熟石灰、当地土质量比3：1，黏结材料为浓度20％的丙烯酸乳液，水灰比0.6。

图5-4　改性阿嘎土称重

图5-5　改性料礓石称重

图5-6　熟石灰称重

图5-7　黏结力试验

（2）确定试验区域及结果对比分析

在实验室测试的基础上，在墓室选择一处典型空鼓区域进行现场试验（图5-8~图5-11），观察分析结果表明：

① 含有改性阿嘎土的灌浆材料的流动性好，但含水率较大。

② 含有改性料礓石的灌浆材料的密度较大，初凝较快。

③ 含有熟石灰的灌浆材料的兼容性很好，收缩率较小，干燥时间短，强度适中。

（3）初步结论

通过试验，认为空鼓壁画灌浆材料的骨料为熟石灰和当地土按质量比3∶1混合、黏结剂为浓度10%的丙烯酸乳液、水灰比为0.6时，其试块的强度适中，具有较好的可操作性，黏结强度也能达到加固空鼓壁画的目的；同时此种填料及配比更接近于地仗材料，具有较好的兼容性。

2. 空鼓壁画灌浆加固工艺

空鼓壁画的灌浆加固工艺主要由除尘、内窥镜检查、开设注浆孔、埋设注浆管、支顶壁画、灌浆、灌浆效果检查和修复注浆孔关键工序组成。

（1）除尘

所使用工具、设备及方法基本与起甲壁画除尘一样，但空鼓壁画一般范围较大，需要花费更多的时间与精力。同时也要注意起甲、酥碱、空鼓等多种病害并存的情况，采取更加有效的措施对颜料层进行预防性保护，防止在操作过程中可能造成的壁画颜料层及残块掉落。

图5-8 开孔

图5-9 埋设针头

图5-10 灌浆

图5-11 支顶

（2）空鼓内部探察

选择空鼓壁画地仗破损处，用内窥镜探察壁画地仗与支撑体之间空鼓内部结构及杂物，为下一步清理内部杂物、保证壁画复位做准备。

（3）去除壁画空鼓内部杂物

依据内窥镜探察情况，在画面破损、裂隙或次要部位，用手术刀切开大小适度的方孔，用专用修复工具将空鼓壁画内部的地仗残块等杂物清理干净。

（4）钻注浆孔

视壁画空鼓程度及面积大小合理布设注浆孔。注浆孔一般选在地仗破损、裂缝或颜料层脱落处，以保证壁画画面的完整。注浆孔孔径1~1.5cm，用手摇钻在壁画表面开注浆孔，同时做好画面防尘工作。在同一壁面上，孔的分布应呈不规则三角形，一方面可实现顺利灌浆，另一方面保证壁画与墙体黏结更牢固，提高壁画整体稳定性。

（5）埋设注浆管

选用直径合适的透明塑胶管做注浆管，在每个注浆孔内尽量多插入几根，呈上下左右分布，以利于浆液流动并确保均匀分布。

（6）支顶壁画

用带有保护层的棉纸和KC-X60及用KC-X60制成的黏土垫的透气性顶板，对壁画进行支顶。

（7）灌浆

灌浆前用压缩空气将空鼓部位的尘土清除干净，用100mL医用注射器由下而上，把浆液顺注浆管压入壁画空鼓部位。用100mL注射器吸取配制好的浆液，由下向上依次灌浆。通过手敲以及注射浆液时的压力可判断浆液是否填满。灌浆时还需用壁板支顶壁画，以防止壁画鼓起甚至脱落。壁板要等到浆液完全凝固干燥后，经过认真检查方可移去。

（8）锚固补强

为确保空鼓壁画加固效果，结合灌浆，还需进行锚固补强。在具体操作时，应视壁画空鼓状况而定，一般通过灌浆能够解决的尽量少用或不用锚杆，以免影响壁画的完整性。

（9）修补注浆孔

壁画干燥后，去除支顶壁板，用和原壁画地仗相同的材料，填补注浆孔，干燥后补色做旧。

（10）补色做旧

一般限于所修补的注浆孔和裂缝，对于脱落的壁画则不应进行还原性补色。选用与壁画相同的矿物颜料调配进行补色，做到"修旧如旧"时亦应有所区别。

（三）酥碱壁画修复材料及工艺

1. 酥碱壁画修复材料

经过反复模拟试验，结合徐显秀墓酥碱壁画的特点，筛选出0.5%的丙烯酸乳液与0.5%的有机硅丙烯酸乳液以体积比1:1混合。

2. 酥碱壁画修复工艺

（1）除尘

用洗耳球将酥碱起甲壁画背面的尘土和细沙小心吹干净，然后用软毛笔将壁画表面的尘土清除干净。应注意的是盐害壁画的颜料层非常脆弱，地仗层酥软粉状脱落较多，在除尘时一定要格外小心，掌握好力度，既要清除粉尘，又要保留粉化的地仗层。

（2）填垫泥浆

酥碱壁画地仗粉状脱落和缺失较多，颜料层大片悬浮，若直接注射黏结剂回贴，则会使颜料层低陷，画面凹凸不平影响美观。具体的方法是：用较长针头的注射器将丙烯酸乳液与有机硅丙烯酸乳液的混合液，多次注入地仗缺失部位，使胶液向地仗里层渗透；用较长针头的注射器或滴管将掺有1/3细沙的稀泥浆（脱盐）均匀地填充于地仗缺失部位。填垫泥浆的量要严格掌握，过多过少都会影响颜料层的回贴效果（酥碱地仗层没有缺失的可不采取此工艺）。

（3）注射黏结剂

待填垫的泥浆半干燥时，用注射器将丙烯酸乳液与有机硅丙烯酸乳液混合液沿悬浮颜料层的边沿注入酥碱的地仗部位（2～3遍）。

（4）回贴颜料层

待胶液被填垫的泥浆和地仗层吸收后，用垫有棉纸的修复刀将悬浮的颜料层轻轻回贴原处。

（5）再次注射黏结剂

待悬浮的颜料层回贴原处后，对颜料层表面注射1%丙烯酸乳液与1%有机硅丙烯酸乳液混合液（1～2遍），进行颜料层二次补强。

（6）滚压

稍干后用垫有棉纸的棉球对颜料层进行滚压。

（7）压平壁画

用垫有棉纸的较大木质修复刀对壁画压平压实，注意力度，避免在壁画表面留下刀痕。

（8）敷贴吸水脱盐垫

壁画压平压实后，立即用透气性顶板将吸水脱盐垫（棉纸+两层KC-X60+KC-X60泥垫+2cm厚的海绵）敷贴在壁画表面，对壁画进行脱盐处理。

（9）更换吸水脱盐垫

开始时每天更换两次吸水脱盐垫，随着壁画逐渐干燥，应减少更换次数，用非接触式红外线测温仪，测定加固区域和相邻的非加固区域的温度。如果两区域温差相差约0.2℃～0.3℃时，即壁画基本干燥，为防止盐分在壁画表面聚集，对壁画继续支顶一周左右，期间不再更换吸水脱盐垫。

（10）二次脱盐

壁画干燥后，在壁画凹凸不平的凹部，有白色结晶盐生成，这时应对壁画进行二次脱盐处理。方法是将高强度吸水纸裁剪成5cm×5cm的方形小块，用保护笔浸湿敷贴在壁画表面，用软海绵使纸块与壁面充分结合，结晶盐就吸附在纸块上，待纸块干燥后取下。经过3～4次的吸附，壁画表面的结晶盐将被清除。

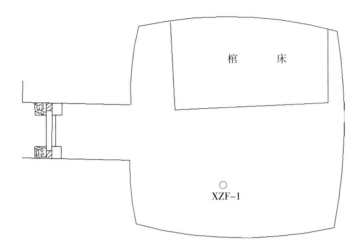

图5-12　墓室土样采集部位（1个垂直孔）

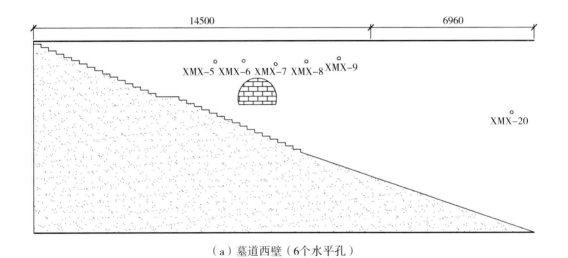

（a）墓道西壁（6个水平孔）

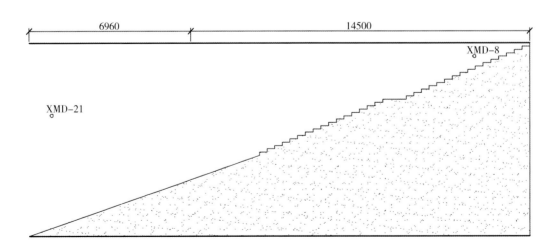

（b）墓道东壁（2个水平孔）

图5-13　墓道两壁土样采集部位（共8个水平孔）（测量单位以mm计）

第四节 土体锚固与裂隙注浆技术研究

（一）墓道锚固区土体基本试验

1. 土体含水率

由于徐显秀墓处于地下，墓内相对湿度长期处在90%以上，为了准确判定墓内水汽来源以及墓内湿气与墓外大气湿气的运移规律，我们对墓葬不同空间部位的土体进行采样，测定其含水率，为墓内文物保存提供科学依据。

依据墓道两侧土体加固过程中的锚孔位置为取样点，分别在墓室（主室）内地面（图5-12）、墓道两侧水平（图5-13）和垂直（图5-14）的方向每隔20cm取土样；水平方向最深取土样到3m，垂直方向最深取土样到2.4m。

试验采用烘干法测试土壤质量含水率，这是测试土壤剖面某点处水分含量的简单、易行、较

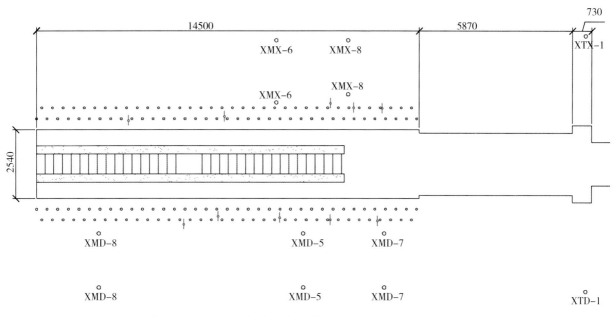

图5-14 墓道顶两侧台地土样采集部位（12个垂直孔）（测量单位以mm计）

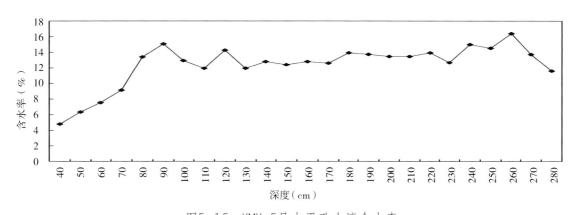

图5-15 XMX-5号水平孔土壤含水率

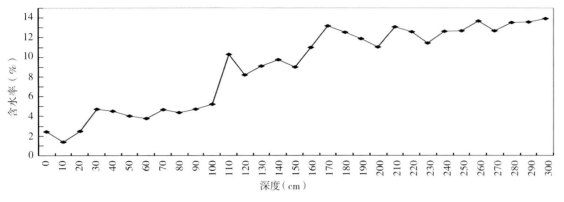

图5-16　XMX-6号水平孔土壤含水率

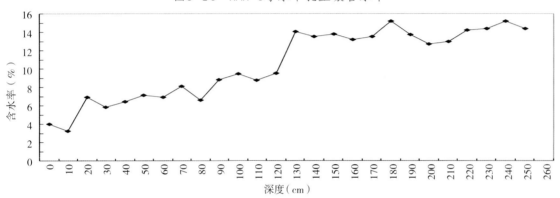

图5-17　XMX-7号水平孔土壤含水率

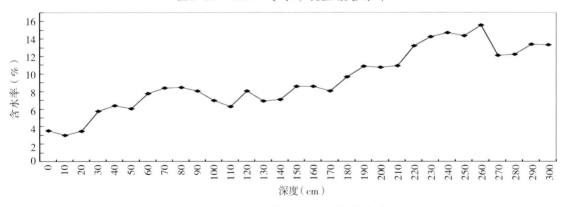

图5-18　XMX-8号水平孔土壤含水率

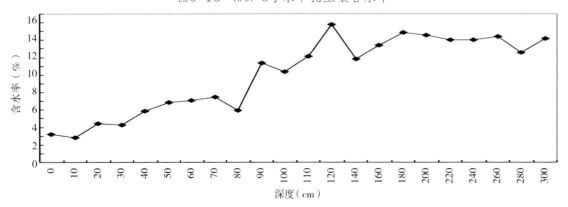

图5-19　XMX-9号水平孔土壤含水率

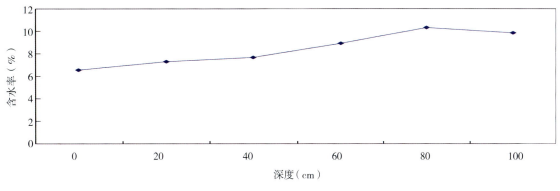

图5-20　XMX-20号水平孔土壤含水率

为准确的方法。采取土样，在现场用天平秤称取土样的重量，以105℃将土样烘30min至恒重，称重后计算出土样的质量含水率。

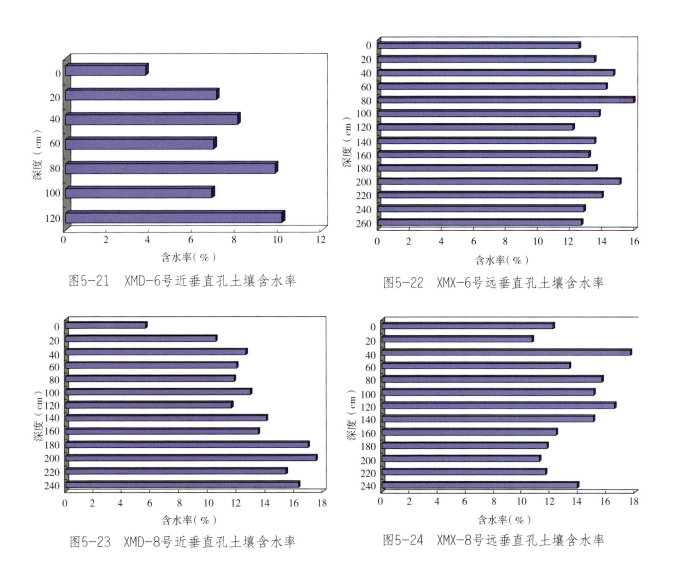

图5-21　XMD-6号近垂直孔土壤含水率　　　　图5-22　XMX-6号远垂直孔土壤含水率

图5-23　XMD-8号近垂直孔土壤含水率　　　　图5-24　XMX-8号远垂直孔土壤含水率

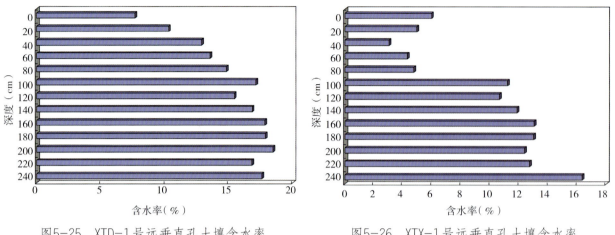

图5-25　XTD-1号远垂直孔土壤含水率　　　　　图5-26　XTX-1号远垂直孔土壤含水率

从各个孔中所取土样的含水率来看（图5-15～图5-26），在水平方向，随着水平深度的递增，墓道东西两侧的土壤含水率依次升高，墓室两侧篷布棚内土壤的含水率变化比较小，但是在水平170cm以上，受到棚外降雨影响，土壤含水率逐渐升高，同时观测时间正好遇到降雨。因此，墓道两侧土壤的动态含水率主要受降雨与蒸发等气象因素的影响，水分水平迁移影响宽度约在170cm范围内。

垂直方向，在距离墓道两侧130cm位置、近地表100cm以上，土壤含水率变化比较小；但是在距离墓道两侧330cm位置处，受到外界降雨、近地表蒸发、田间灌溉的影响，土壤含水率变化比较大。

墓室内，由于墓室地面100cm以上全部是三合土夯筑，土层比较坚硬，很难取到土样，但是从取得的土样来看，墓室内土壤含水率比较高，在地面40cm以下，土壤含水率已经接近饱和。

总体而言，在墓道两侧的水平方向上（图5-27），水平深度170cm范围内土壤含水率变化比

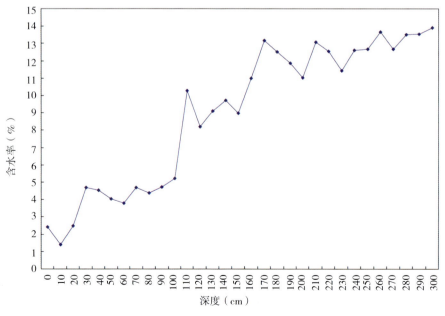

图5-27　墓道西壁水平方向土壤含水率

较小，水平170cm以上土壤含水率变化较大。

试验结果表明：0～10cm内土壤含水率的最大差值近1%；20cm处的最大差值为0.06%；30cm处的最大差值为2.27%；40cm处的最大差值为2.04%；50cm处的最大差值为1.6%；60cm处最大差值仅1.35%；70cm处最大差值为2.25%；80cm处最大差值为1.96%；90cm处最大差值为2.28%；100cm处最大差值为2.8%；110cm处最大差值为7.85%；120cm处最大差值为5.76%；130cm处最大差值为6.66%；140cm处最大差值为2.8%；150cm处最大差值为7.3%；160cm处最大差值为8.56%；170cm处最大差值为10.74%；300cm处最大差值为11.49%。

在墓道两侧台地的垂直方向上（图5-28），在距离墓道两侧130cm位置，深度140cm范围内土壤含水率变化比较小，140cm以下土壤含水率分布的变化较大。0～20cm内土壤含水率的最大差值达近0.16%；40cm处的最大差值为1.19%；60cm处的最大差值为1.6%；80cm处的最大差值为2.69%；100cm处的最大差值为2.82%；120cm处最大差值仅3.87%；140cm处最大差值为7.6%；160cm处最大差值为8.77%；180cm处最大差值为10.35%；240cm处最大差值为11.55%。距离墓道两侧330cm处，由于此处与篷布棚的距离只有20cm，因此从0～260cm处，土壤含水率一直很高，在80cm处达到最大值15.9%。

徐显秀墓的土壤含水率主要受降雨、近地表蒸发、田间灌溉、地下土壤间毛细现象的影响，随着垂直深度的递增，土壤含水率逐渐升高。由于墓室被土壤包围，毛细水汽通过土壤孔隙、土壤和砖块间空隙运移到墓室内，这是墓室内相对湿度比较高的一个主要原因。

2. 土体颗粒度分析

在徐显秀墓现场共取土样18个，其中水平方向不同深度样品5个、垂直方向不同深度样品13个，运用激光粒度仪进行土体颗粒度分析实验（图5-29；表5-8）。

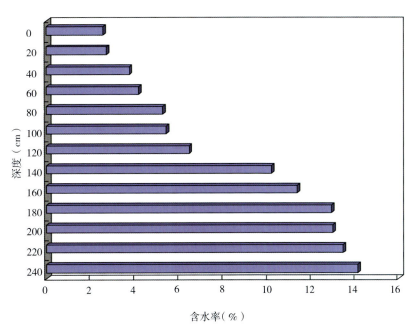

图5-28　墓道东壁垂直方向土壤含水率

表 5-8　土样粒度参数表

样品编号	中值粒径（$M_d/\mu m$）	平均粒径（$M_z/\mu m$）	分选系数（S_0）	分选性	偏度（S_{k1}）	对称性	峰度（kg）	尖锐程度
XMD- 水平 -20	13.523	13.213	1.183	好	−0.123	负偏	1.204	尖锐
XMD- 水平 -40	34.864	40.825	1.787	好	0.401	很正偏	0.937	正态
XMD- 水平 -60	17.675	30.519	1.432	好	0.795	很正偏	2.274	很尖锐
XMD- 水平 -80	16.000	19.933	1.410	好	0.616	很正偏	0.986	正态
XMD- 垂直 -0	46.623	51.446	1.631	好	0.263	正偏	0.768	平坦
XMD- 垂直 -20	58.597	64.357	1.271	好	0.390	很正偏	0.825	平坦
XMD- 垂直 -40	50.342	51.874	1.465	好	0.137	正偏	1.013	正态
XMD- 垂直 -60	49.123	50.600	1.581	好	0.106	正偏	0.880	平坦
XMD- 垂直 -80	49.607	52.680	1.649	好	0.210	正偏	0.880	平坦
XMD- 垂直 -100	329.719	335.035	2.362	好	0.079	近对称	0.618	很平坦
XMD- 垂直 -120	15.160	20.362	1.668	好	0.591	很正偏	2.137	很尖锐
XMD- 垂直 -140	54.357	67.724	2.043	好	0.469	很正偏	1.173	尖锐
XMD- 垂直 -160	440.93	391.730	1.534	好	−0.261	很负偏	0.883	平坦
XMD- 垂直 -180	472.23	464.342	1.384	好	−0.028	近对称	0.843	平坦
XMD- 垂直 -200	635.647	601.651	1.161	好	−0.379	很正偏	0.961	正态
XMD- 垂直 -220	337.343	348.763	1.268	好	0.115	正偏	1.122	尖锐

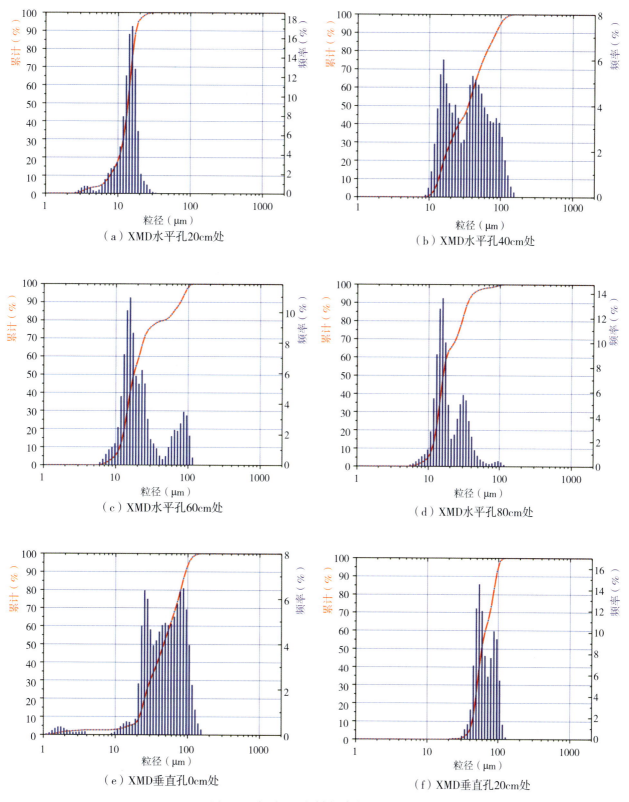

图5-29（1）　土样粒度频率和累计曲线

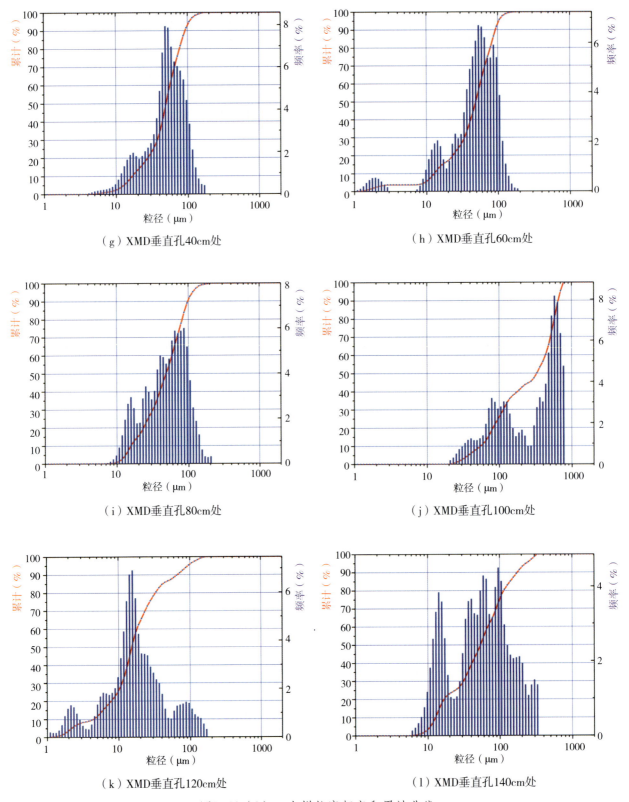

（g）XMD垂直孔40cm处　　　　　　　　　　（h）XMD垂直孔60cm处

（i）XMD垂直孔80cm处　　　　　　　　　　（j）XMD垂直孔100cm处

（k）XMD垂直孔120cm处　　　　　　　　　　（l）XMD垂直孔140cm处

图5-29（2）　土样粒度频率和累计曲线

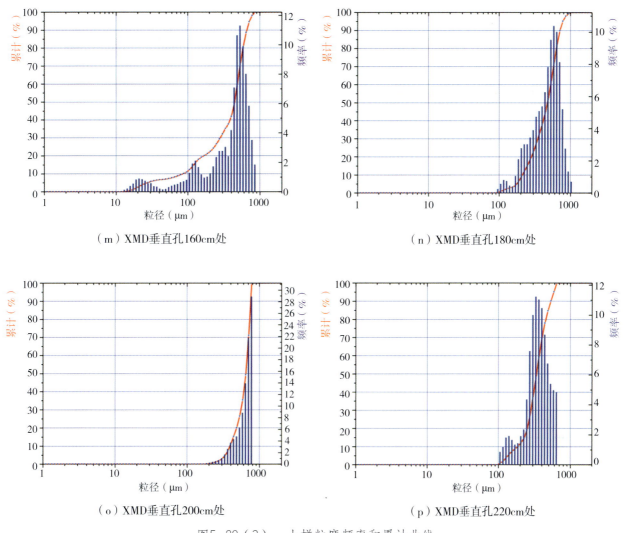

（m）XMD垂直孔160cm处　　　　　　　　　（n）XMD垂直孔180cm处

（o）XMD垂直孔200cm处　　　　　　　　　（p）XMD垂直孔220cm处

图5-29（3）　土样粒度频率和累计曲线

　　根据图5-29中土壤粒度频率和累计曲线，结合表5-8中粒度参数，可以看出，取自徐显秀墓的土壤样品频率曲线多呈现单峰，沉积来源较为单纯，个别土壤样品频率曲线呈现双峰，为混合沉积。该系列土壤分选系数均较小，平均为1.552，说明土壤的分选性好，粒级少，主要粒级突出，百分含量高。水平方向取得的土壤细颗粒含量较高，平均中值为20.516μm，平均粒径均值为26.122μm，XMD-水平-20对称性呈现负偏外，其他均呈现很正偏，表明在其平均粒径左右粗颗粒所占百分比较高，峰形则表现为尖锐和正态两种，存在一定的差异。

　　整体而言，水平所取的土壤粒度参数差别不大，应为同一沉积来源。垂直方向取得的土壤粗颗粒含量较高，平均中值为211.64μm，平均粒径均值为208.38μm。较为明显的差别是在前80cm深度取得的土壤颗粒较为细小，平均粒径在60μm左右波动；在100cm深度，土壤粗颗粒含量突然升高，平均粒径达到335μm；在120～140cm深度，土壤颗粒又呈现出与前80cm类似的性质；而后直到220cm深度，土壤粗颗粒含量均较高，平均粒径普遍大于300μm。粒度频率曲线对称性和峰形尖锐程度也表现出相同的规律。因此，垂直方向的土壤样品沉积来源较为复杂，初步可以认定为在前80cm和120～140cm的土壤沉积来源类似，而100cm处和160～220cm深度的土壤沉积来源类似。

3. 土体单轴抗压强度

在徐显秀墓墓道的不同位置取四块生土制成70.7mm×70.7mm×70.7mm的试块（图5-30），对其进行单轴抗压强度试验（图5-31）。

试验结果表明，墓道东西两壁四块原状土试样的单轴抗压强度的峰值分别为0.26MPa、0.39MPa、0.18MPa和0.18MPa，平均值约0.26MPa。

（a）测试前土样二

（b）测试后土样二

（c）测试前土样三

（d）测试后土样三

图5-30 墓道两侧原状土试块

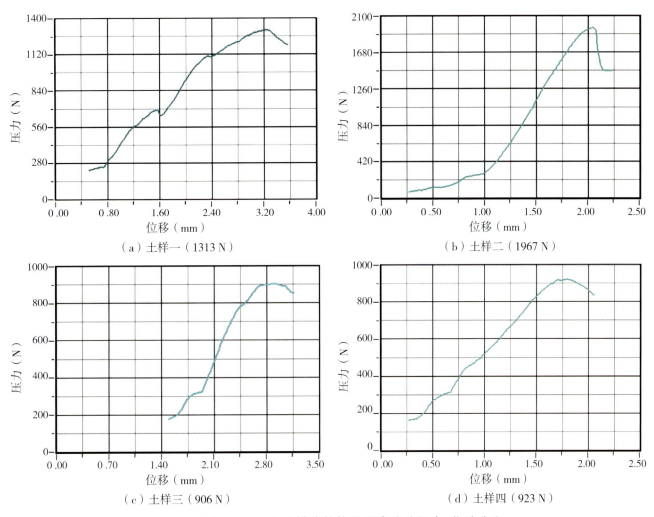

（a）土样一（1313 N）

（b）土样二（1967 N）

（c）土样三（906 N）

（d）土样四（923 N）

图5-31　原状土试样单轴抗压强度试验压力-位移曲线

（二）墓道两侧土体裂隙变形监测

（1）为了防止裂隙变形对文物造成不良影响，工程实施前，在墓道顶部安装变形监测仪器，对裂隙发育进行监测（图5-32）。

（2）变形检测仪器为百分表，由桂林精宓量具量仪有限责任公司生产，规格0～10mm，百分表杆体植入裂隙两侧，距离裂隙10cm，墓道顶部两侧各安装5个（图5-33）。

（3）通过对徐显秀墓墓道顶部两侧裂隙变形监测，发现裂隙没有明显变化，百分表读数变化在±0.05mm以内，比较稳定（图5-34）。

（三）注浆材料的强度特征

将改性料礓石和石英砂按一定质量比均匀混合后作为骨料（图5-35），以一定水灰比拌制锚孔注浆材料和土体裂隙注浆材料。配方一中，改性料礓石与石英砂的质量比为1∶1，水灰比为0.5；在配方二中加大活性成分改性料礓石的权重，与石英砂的质量比调整为2∶1，水灰比增至0.6。将两种配方的浆液结石体（图5-36）在相同条件分别养护3、7、14和28天后，测试浆液结石

（a）墓道西侧　　　　　　　　　　　　　　　　（b）墓道东侧

图5-32　墓道顶部两侧裂隙

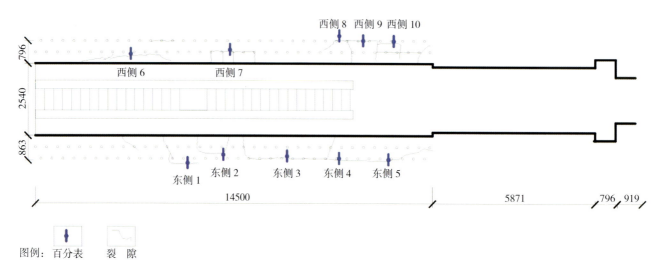

图例：百分表　　裂　隙

图5-33　百分表位置图

体试块在不同龄期条件下的抗压强度（图5-37、图5-38）。

　　试验结果表明，采用配方一制备的注浆材料结石体在3天龄期时，单轴抗压强度约0.12MPa，7天和14天龄期时的强度分别增至0.21MPa和0.53MPa。配方二的结石体在3天、7天和14天龄期时的强度分别为0.08MPa、0.45MPa和0.92MPa。在28天龄期时，配方一和配方二的材料强度分别为2.13MPa和2.07MPa。

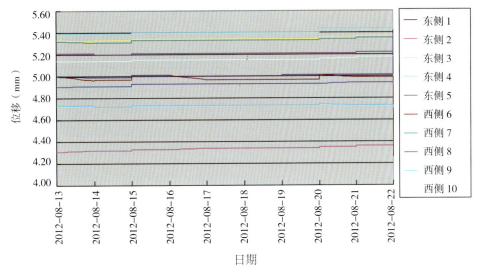

图5-34　百分表监测曲线图

（a）300目改性料礓石　　　　　（b）100目石英砂

图5-35　注浆材料的骨料成分

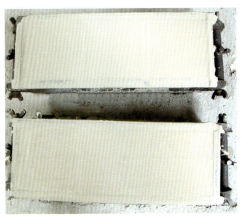

（a）模具内成型　　　　　（b）脱模后

图5-36　注浆材料结石体的制备

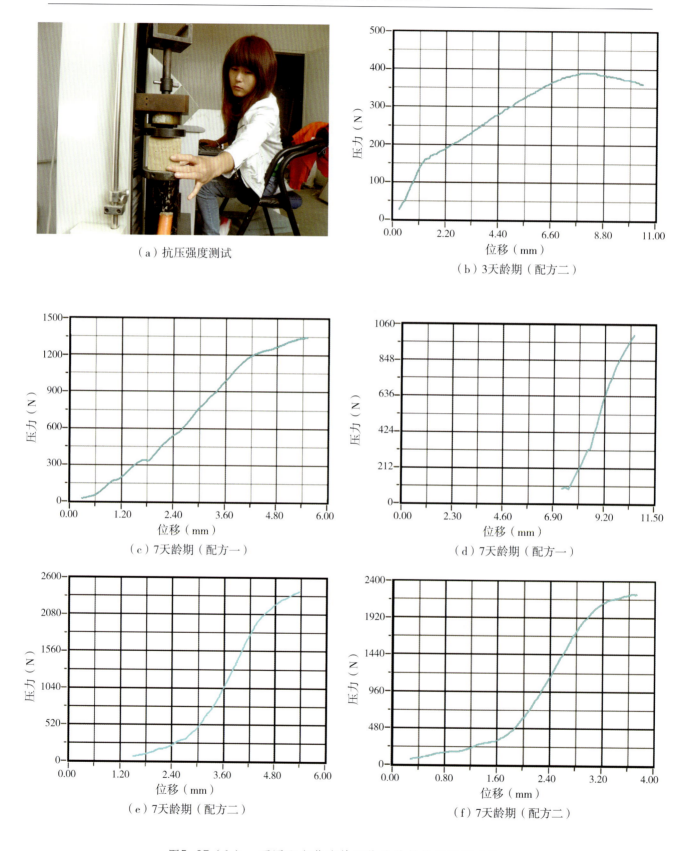

（a）抗压强度测试

（b）3天龄期（配方二）

（c）7天龄期（配方一）

（d）7天龄期（配方一）

（e）7天龄期（配方二）

（f）7天龄期（配方二）

图5-37（1）　不同配方浆液结石体的单轴抗压强度曲线

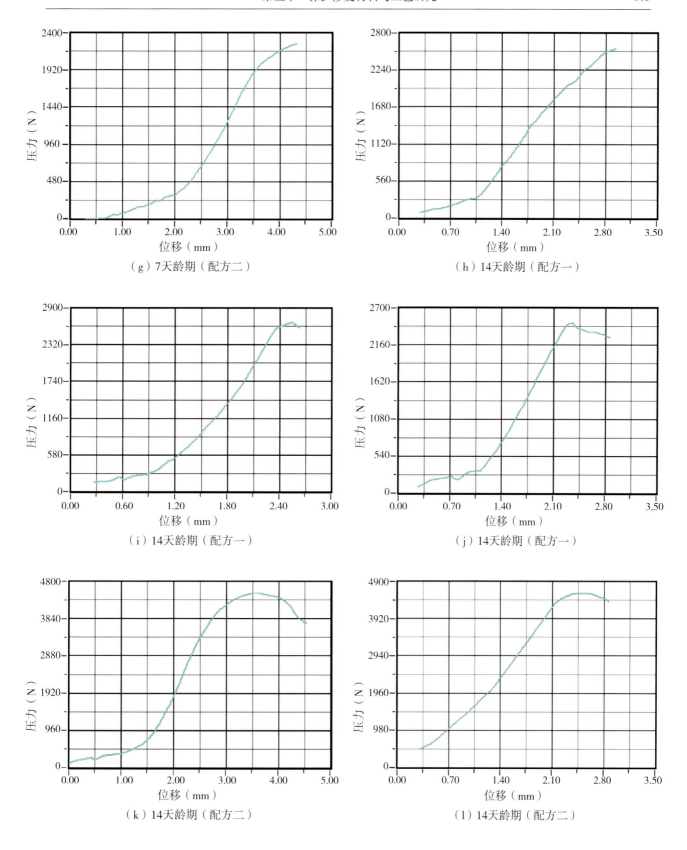

图5-37（2） 不同配方浆液结石体的单轴抗压强度曲线

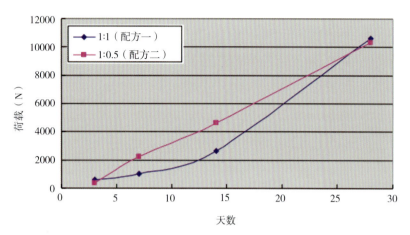

图5-38　不同龄期两种配方浆液结石体的强度变化

图5-39　HC-30型锚杆综合参数测定仪

（四）锚固试验

墓道经考古发掘后，两侧台地的土体发生二次卸荷变形，加之后期人为活动的影响，两侧均出现张开程度不同的贯通裂隙，严重威胁墓道及壁画的安全。加之墓葬附近植物生长，根系的蔓延引起局部结构变形，治理植物根系的施药孔在人为和自然因素的影响下，加速了墓道两侧裂隙的发展与变化。我们选择与遗址本体土质相同、环境条件一致的断面，进行现场锚固试验。

1.试验材料和设备

（1）用玻璃纤维增强乙烯基酯增韧全螺纹塑料锚杆（简称"玻璃纤维锚杆"或"玻璃钢锚杆"）作为土体锚固工程的杆体材料，直径25mm、长度150cm。

（2）选用图5-35所示两种配方的注浆材料进行对比试验。

（3）试验所用的锚杆拉拔仪是北京海创高科科技有限公司生产的HC-30型一体式锚杆综合参数测定仪，它由手动泵、液压缸、智能压力数值显示器及带快速接头的高压油管等部分组成（图5-39），主要用于锚杆、钢筋、膨胀螺栓等锚固件的锚固力测试。

2.现场试验

（1）开孔（图5-40、图5-41；表5-9）

人工成孔，孔径70mm，倾角10°~15°，孔深100cm，成孔后清理孔洞中的杂土。

（2）植入锚杆（图5-42）

在距离玻璃纤维锚杆两端1/3处各绑定一个简易对中支架，将锚杆杆体植入锚孔中，保证杆体与锚孔共中轴线。放置锚杆的同时，一并插入两根注浆管，一个作为注浆用，一个作为排气孔。

（a）锚固试验现场

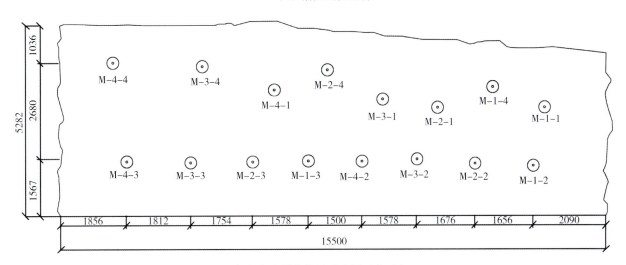

（b）右壁锚孔位置示意图（南壁）

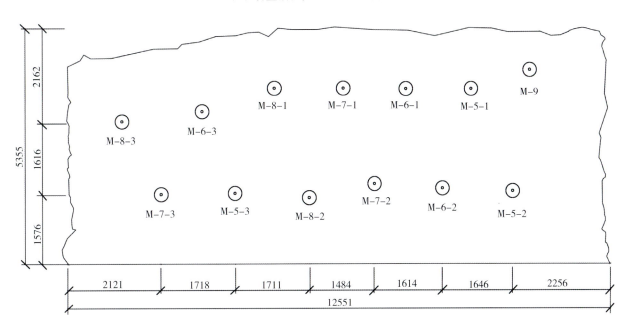

（c）左壁锚孔位置示意图（东壁）

图5-40　锚孔位置示意图（测量单位以mm计）

（a）掏孔

（b）成孔后

图5-41　人工成孔

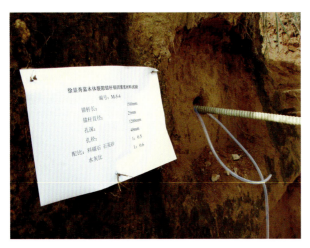

图5-42　植入锚杆

图5-43　锚孔注浆

　　每组锚杆基本试验包含三根平行锚杆的极限拉拔试验，总共8组试验（表5-9）。同时，预留四根锚杆用作拉拔试验后的开槽检验，并在现场长期留存一根M-9号锚杆。

　　（3）注浆

　　采用100mL注射器人工注浆，随着浆液的推进，慢慢向外抽注浆管，浆液灌满后约10分钟，用另一条注浆管进行补浆（图5-43）。

　　（4）锚杆基本试验曲线

　　锚孔注浆后，在浆液结石体的固化龄期为3天、7天、14天和28天时进行极限拉拔试验（图5-44）。拉拔试验结果见图5-45、图5-46。

　　（5）锚杆破坏断面观察

　　经过开挖，观察锚杆杆体与浆液、浆液与土体的结合情况（图5-47）。

表 5-9 锚杆钻孔施工记录

锚杆编号	人工成孔		锚孔注浆					
	耗时（min）	倾角（°）	注浆日期	水灰比	改性料礓石/石英砂质量比	注浆开始时间	注浆终止时间	注浆量（mL）
M-1-1	14	12	2012-8-13	0.5	1∶1	10:26	10:29	2650
M-1-2	18	13	2012-8-13	0.5	1∶1	11:33	11:36	2600
M-1-3	14	10	2012-8-13	0.5	1∶1	10:39	10:42	2680
M-1-4	15	12	2012-8-13	0.5	1∶1	11:45	11:48	2630
M-2-1	15	12	2012-8-13	0.5	1∶1	10:50	10:55	2600
M-2-2	17	14	2012-8-13	0.5	1∶1	11:00	11:04	2650
M-2-3	20	11	2012-8-13	0.5	1∶1	11:08	11:12	2600
M-2-4	15	12	2012-8-13	0.5	1∶1	11:15	11:19	2660
M-3-1	16	10	2012-8-13	0.5	1∶1	11:24	11:37	2700
M-3-2	20	13	2012-8-13	0.5	1∶1	11:40	11:44	2580
M-3-3	20	12	2012-8-13	0.5	1∶1	11:50	11:55	2600
M-3-4	18	12	2012-8-13	0.5	1∶1	11:58	12:01	2650
M-4-1	17	10	2012-8-13	0.5	1∶1	12:03	12:07	2700
M-4-2	16	14	2012-8-13	0.5	1∶1	12:10	12:13	2800
M-4-3	18	12	2012-8-13	0.5	1∶1	12:15	12:18	2660
M-4-4	19	10	2012-8-13	0.5	1∶1	12:20	12:24	2690
M-5-1	12	10	2012-8-21	0.6	2∶1	8:26	8:30	2300
M-5-2	14	12	2012-8-21	0.6	2∶1	8:05	8:12	2600
M-5-3	11	10	2012-8-21	0.6	2∶1	7:56	8:02	2300
M-6-1	12	13	2012-8-21	0.6	2∶1	8:43	8:51	2300
M-6-2	13	12	2012-8-21	0.6	2∶1	9:02	9:07	2200
M-6-3	15	12	2012-8-21	0.6	2∶1	9:10	9:18	3000
M-7-1	17	10	2012-8-21	0.6	2∶1	9:45	9:54	2400
M-7-2	15	11	2012-8-21	0.6	2∶1	10:04	10:12	2500
M-7-3	19	13	2012-8-21	0.6	2∶1	10:21	10:29	2700
M-8-1	16	12	2012-8-21	0.6	2∶1	10:35	10:41	2400
M-8-2	17	10	2012-8-21	0.6	2∶1	10:45	10:52	2500
M-8-3	19	13	2012-8-21	0.6	2∶1	10:55	11:01	2700
M-9	18	12	2012-8-21	0.6	2∶1	11:15	11:23	2500

（a）工作照

（b）压力传感器和位移传感器

图5-44　锚杆拉拔试验现场

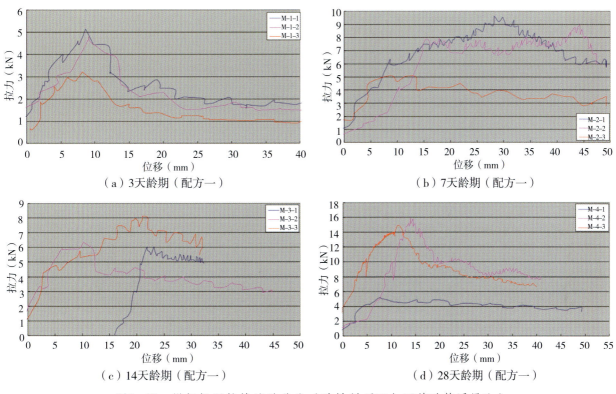

（a）3天龄期（配方一）　　　　　　　　（b）7天龄期（配方一）

（c）14天龄期（配方一）　　　　　　　　（d）28天龄期（配方一）

图5-45　锚杆极限拉拔试验曲线（改性料礓石与石英砂等质量比）

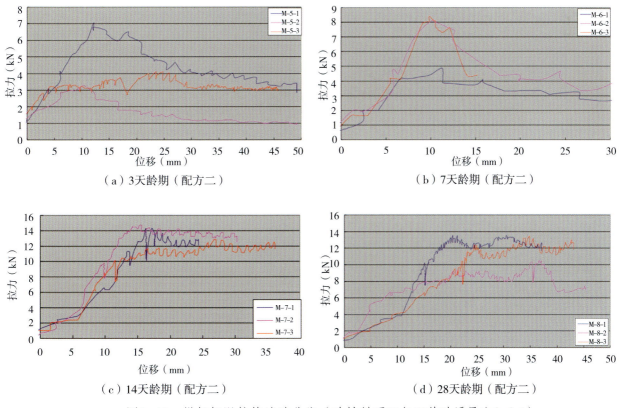

（a）3天龄期（配方二）　　　　　　　　（b）7天龄期（配方二）

（c）14天龄期（配方二）　　　　　　　　（d）28天龄期（配方二）

图5-46　锚杆极限拉拔试验曲线（改性料礓石与石英砂质量比1:0.5）

（a）横截面　　　　　　　　　　　　　（b）开槽后的纵断面

图5-47　杆体—浆体—土体之间黏结状况

3. 试验小结

通过徐显秀墓土体锚固基本试验可以看出改性料礓石和石英砂1∶0.5配比的强度略大于改性料礓石和石英砂1∶1配比的强度，但改性料礓石、石英砂1∶0.5配比的水灰比为0.6，而改性料礓石、石英砂1∶1的配比的水灰比为0.5，含水率小于前者，徐显秀墓土体潮湿，过洞、天井上部酥碱严重，在对徐显秀墓进行土体锚固时带进去的水分越少越好。

从锚杆破坏断面试验观察锚杆与浆液、浆液与土体的结合情况看，改性料礓石、石英砂1∶0.5的配比收缩率大于改性料礓石、石英砂1∶1的配比。

从浆液试块抗压强度看，改性料礓石、石英砂1∶0.5的配比在3天、7天、14天的时候强度远远大于改性料礓石、石英砂1∶1配比的强度，但到28天的时候两者强度趋于接近。再通过对徐显秀墓土体试块的抗压强度测试，两种浆液的强度大于土体的强度。

综上所述，改性料礓石、石英砂1∶1、水灰比0.5的配比强度适中，含水率低，收缩小，适合在徐显秀墓土体锚固中做注浆材料。

参考书目

陈港泉、Michael Schilling、李燕飞等：《纸条检测法对第85窟壁画空鼓灌浆脱盐效果的评估》，《敦煌研究》
　　2007年第5期。

陈允适、李武：《古建筑与木质文物维护指南》，中国林业出版社，1995年。

段修业：《对莫高窟壁画制作材料的认识》，《敦煌研究》1988年第3期。

段修业、傅鹏、付有旭等：《莫高窟16窟酥碱悬空壁画的修复》，《敦煌研究》2005年第4期。

范宇权、陈兴国、胡之德：《莫高窟壁画早期保护技术的比较研究》，《敦煌研究》2005年第5期。

范宇权、李最雄、于宗仁等：《修复加固材料对莫高窟壁画颜料颜色的影响》，《敦煌研究》2002年第4期。

郭宏、李最雄、宋大康等：《敦煌莫高窟壁画酥碱病害机理研究之一》，《敦煌研究》1998年第3期。

郭宏、李最雄、宋大康等：《敦煌莫高窟壁画酥碱病害机理研究之二》，《敦煌研究》1998 年第 4 期。

郭宏、李最雄、宋大康等：《敦煌莫高窟壁画酥碱病害机理研究之三》，《敦煌研究》1999 年第 3 期。

黄冠华、叶自桐、杨金忠：《一维非饱和溶质随机运移模型的谱分析》，《水利学报》1995 年第 11 期。

靳治良、陈港泉、钱玲等：《基于莫高窟成盐元素相关系探究壁画盐害作用机理》，《化学研究与应用》2009 年第 21 卷第 4 期。

李实：《高速液相色谱技术在壁画分析中的应用》，《敦煌研究》1992 年第 4 期。

李实：《敦煌壁画中胶结材料的定量分析》，《敦煌研究》1995 年第 3 期。

李云鹤、李实、李铁朝等：《聚醋酸乙烯乳液和聚乙烯醇在壁画修复中的应用研究》，《敦煌研究》1990 年第 3 期。

李燕飞、赵林毅、王旭东等：《山西介休后土庙彩塑病害机理的室内实验研究》，《敦煌研究》2009 年第 6 期。

李燕飞、王旭东、赵林毅等：《山西介休后土庙彩塑修复材料的室内筛选研究》，《敦煌研究》2010 年第 6 期。

李云鹤：《莫高窟壁画修复初探》，《敦煌研究》1985 年第 2 期。

李最雄：《丝绸之路石窟壁画彩塑保护》，科学出版社，2005 年。

罗世平：《埋藏的绘画史——中国墓室壁画的发现和研究综述》，《美术研究》2004 年第 4 期。

马清林、陈庚龄、卢燕玲等：《潮湿环境下壁画地仗加固材料研究》，《敦煌研究》2005 年第 5 期。

马清林、周国信、程怀文等：《炳灵寺石窟彩塑、壁画颜料的分析研究》，《考古》1996 年第 7 期。

祁英涛：《中国古代壁画的揭取与修复》，《河南文博通讯》1980 年第 4 期。

渠传福：《太原南郊北齐墓壁画浅探》，《文物季刊》1993 年第 1 期。

汪万福、苏伯民、青木繁夫：《几种壁画修复材料物性指数的实验测试》，《敦煌研究》2000 年第 1 期。

汪万福、马赞峰、李最雄等：《空鼓病害壁画灌浆加固技术研究》，《文物保护与考古科学》2006 年第 1 期。

汪万福、赵林毅、杨涛等：《西藏古建筑空鼓病害壁画灌浆加固效果初步检测》，《岩石力学与工程学报》2009 年第 S2 期。

汪万福、李波、樊再轩等：《甘肃武山水帘洞石窟群壁画保存现状及保护对策》，《敦煌研究》2010 年第 6 期。

赵林毅、李燕飞、于宗仁等：《丝绸之路石窟壁画地仗制作材料及工艺分析》，《敦煌研究》2005 年第 4 期。

赵林毅、汪万福、马赞峰等：《西藏罗布林卡壁画病害成因及防治对策》，《中国藏学》2009 年第 3 期。

赵林毅、李燕飞、范宇权等：《莫高窟第 3 窟壁画制作材料与工艺的无损检测分析》，《敦煌研究》2010 年第 6 期。

第六章 墓道、墓室结构加固研究

第一节 墓道加固

墓道经开挖后，失去了墓室土层的支顶，加之后期人为活动和自然外力等的影响，两侧逐渐出现不同程度的贯通裂隙，严重威胁墓道及壁画的安全。同时，墓葬附近植物生长，根系的蔓延引起局部结构变形，治理植物根系的施药孔，在人为和自然力的影响下，加速了墓道两侧裂隙的发展与变化（图6-1）。

（一）影响土体稳定的因素

1）土的性质：墓道构造为粉质黏土层，抗压强度1~3MPa，抗剪强度1~3MPa，力学强度较低。

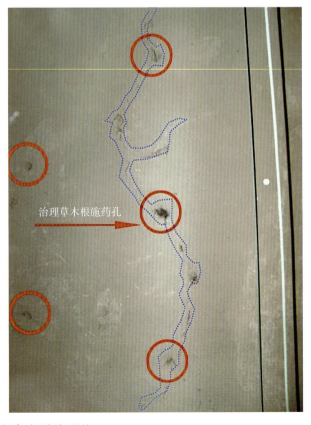

图6-1 施药孔与发育裂隙现状

2）墓葬形制：墓道狭长，两面边缘临空垂直面，在外力作用下，墓道临空面有充足的活动和运移空间。

3）振动作用：地震和人为活动振动是影响遗址本体稳定的主要外力作用。

4）冻融循环：墓葬处于地下，土体含水率较高，而该墓葬地处中纬度大陆性季风气候区域，冬季受亚洲大陆冷高压影响，多风少雪，寒冷时间较长，长期的冻融循环，对遗址本体产生了一定的影响。

5）其他因素：在人为外力作用下，墓道两侧上部受到不均匀外力及墓道自重应力作用下，形成鼓胀式破裂，易发生倾倒式、错断式、拉裂式的破坏。

（二）剖面的选择

（1）剖面选择

根据裂隙现状及墓道病害情况，在墓道两侧分别选一个剖面，位置尽量靠近墓室。1-1剖面选在东侧墓道，一条平行于墓道侧面的裂隙沿墓道贯通，裂隙最宽处大约2cm，深度约3m；2-2剖面选在西侧墓道，多条裂隙切割墓道壁，主裂隙贯通，张开度较小，裂隙最宽处大约8mm，深度约3.72m（图6-2、图6-3）。

（2）基本假定

1）土体为均质土体。

2）黏聚力c、内摩擦角φ的值选择实验数据的最小值。

3）基本物理参数参照试验数据的最小值。

4）发育规模较大的裂隙按贯通来考虑。裂隙所在位置认为完全自由，即与裂隙后土体不存在约束。

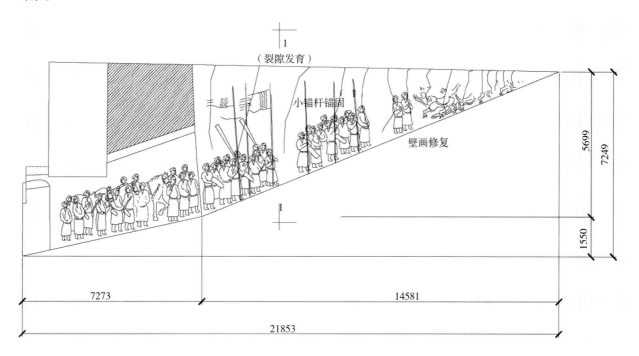

图6-2　1-1剖面（测量单位以mm计）

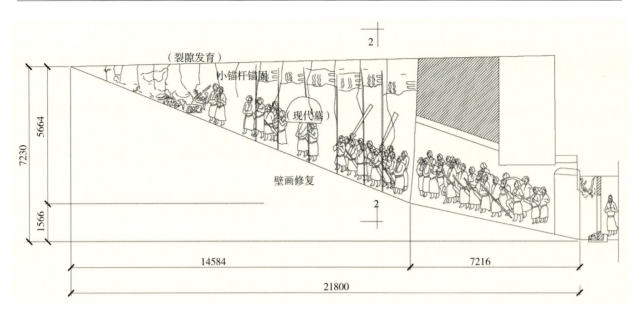

图6-3　2-2剖面（测量单位以mm计）

5）锚杆锚固力取极限锚固力的1/3作为设计锚固力。

6）土体最大允许抗拉强度（要进行微裂隙影响的折减）取试验数据最小值。

7）微裂隙对c、φ影响的折减以《岩体质量评价标准》的要求进行折减。

8）由于各种原因已破碎的土层，其抗压强度取松散土体的最低值。

9）墓道顶面及临空面为自由面。

10）在计算过程中，后缘边界裂隙深度在墓道立面有表露的按实际深度计算，对于计算剖面中后缘边界裂隙深度未表露者，其深度参照靠近墓道边缘裂隙深度。

11）地震力的破坏作用考虑最不利的组合：垂直地震力与水平地震力，按8度地震进行地震荷载作用下的稳定性计算。

12）稳定系数取2.5。

（三）稳定性计算及分析

1）倾倒式破坏计算公式如下：

$$K = \frac{W \times a}{f \times \dfrac{h_0}{3} + F \times \dfrac{h}{2}} \qquad （公式6-1）$$

式中　K—稳定性系数

　　　W—崩塌体重力。W=长×宽×高×密度×g

　　　a—转点A至重力延长线的垂直距离，等于崩塌体宽的一半

　　　h_0—裂隙深度

　　　h—土体厚度

　　　f—静水压力。$f = 5h_0^2$

F—水平地震力。$F=0.16 \times W$

2）根据设计要求，按照2.5的安全系数，反算所需锚固力

$$N_\text{t}= \frac{2fh_0}{3h} + F - \frac{2Wa}{k_\text{s}h} \qquad （公式6-2）$$

3）根据设计要求，动荷载系数取1.5，锚杆倾角取15°，最大所需反力

$$R_\text{max}=1.5N_\text{t}/\cos15° \qquad （公式6-3）$$

① 1-1剖面计算分析

1-1剖面中，崩塌体长、宽、高分别为2.2、0.8、5.7m，裂隙深度h_0=4.3m，土体厚度h=0.8m，a=2.2/2=1.1，按照公式6-1计算

$$K= \frac{157.3 \times 1.1}{5 \times \frac{4.3^3}{3} + 0.16 \times 157.3 \times \frac{0.8}{2}} =1.21$$

K=1.21<2.5，因此遗址本体不稳定，存在安全隐患，需要采取措施保护。由公式6-2，推算所需锚固力：

$$N_\text{t}= \frac{2 \times 5 \times 4.3^3}{3 \times 0.8} + 0.16 \times 157.3 - \frac{2 \times 157.3 \times 1.1}{2.5 \times 0.8} =183.41$$

$R_\text{max}=1.5N_\text{t}/\cos15° =1.5 \times 183.41/0.9659=284.83$

$n=R_\text{max}/150=284.83/150=1.9$（根）

② 2-2剖面计算分析

2-2剖面中，崩塌体长、宽、高分别为2.03、0.75、5.4m，裂隙深度h_0=3.72m，土体厚度为h=0.75m，a=2.03/2=1.015，此处取1.05，按照公式6-1计算：

$$K= \frac{128.91 \times 1.05}{5 \times \frac{3.72^3}{3} + 0.16 \times 128.91 \times \frac{0.75}{2}} =1.44$$

K=1.44<2.5，因此遗址本体不稳定，存在安全隐患，需要采取措施保护。由公式6-2推算所需锚固力：

$$N_\text{t}= \frac{2 \times 5 \times 3.72^3}{3 \times 0.75} + 0.16 \times 128.91 - \frac{2 \times 128.91 \times 1.05}{2.5 \times 0.75} =105.04$$

$R_\text{max}=1.5N_\text{t}/\cos15° =1.5 \times 105.04/0.9659=163.12$

$n=R_\text{max}/150=163.12/150=1.09$（根）

墓道剖面稳定性分析与抗力计算情况见表6-1。

（四）锚杆布置图

锚固方式采用梅花布孔方式，锚杆布置以垂直（或大角度相交）坍塌面穿过裂隙，采用木质

表 6-1　墓道剖面稳定性分析与抗力计算情况

序号	崩塌体形状（m）			裂隙深度（m）	地层、裂隙特征	倾斜破坏稳定性数（K）	安全系数为2.5的抗力（R_{max}）	3米锚杆根数（根）
	长	宽	高					
1	2.2	0.8	5.7	4.3	粉土夹薄层砂层，多条裂隙切割崖体呈薄板状，裂隙最宽 2~4cm，深 4m	1.21	284.83	1.90 根
2	2.03	0.75	5.4	3.72	粉土夹薄层砂层，多条裂隙切割崖体呈薄板状，裂隙最宽 2~4cm，深 4m	1.44	163.12	1.09 根

锚杆或玻璃纤维锚杆（图6-4）。

（五）锚孔注浆时的安全防范措施

1）注浆已满时在注浆部位发生溢浆现象，要做好壁画表面的防护措施。

2）注浆过程中，由于墓道墙面有空洞（动、植物洞穴），浆液随空洞在注浆位置附近发生漏浆现象，实时监控浆液注入量。

3）由于施工工艺及操作不当，浆液张力过大或浆液浸泡墓道局部软弱墙体，墓道墙体沿已经开裂的缝隙张开而造成的漏浆现象，应分段由下而上注浆。

针对以上三种主要的安全隐患，施工中我们采取有效措施进行预防性保护，具体措施如下：

a）安装变形监测仪器，实施监测施工过程，防止造成不良影响。

b）注浆时在墓道壁画表面铺设棉纸一层，然后在表面悬挂线毯一道，防止溢出浆液污染墓道壁画。

c）在锚固注浆施工过程中，整体观察，严格执行"一孔一锚"制度，注浆时安排工作人员对工作面进行监测，15分钟后无漏浆现象发生，方可进行下一道工序。同时一次注浆量不能太大，如果发现注浆量已超过设计注浆量的10%时，要停工观察，观察无漏浆后继续实施注浆。

2012年5月国家文物局在《关于徐显秀墓壁画馆设计方案的批复》中，再次提到"墓室保护工程中应慎用钢筋、水泥砂浆锚杆；补充洞顶坍塌部位钢结构支撑体的设计样纸和工艺说明"。我院根据国家文物局文物保函[2009]1558号意见，针对提出两个方面的问题，项目负责人组织设计人员再次进行现场踏勘，分析讨论，并形成了补充建议。

（六）锚杆的选用

此次设计针对遗址本体病害及环境特征，对于裂隙发育、局部失稳已经存在倾斜或倾斜坍塌趋势的墓道两侧采用不超过3m的玻璃纤维锚杆（图6-5），浆液采用改性料礓石（DAL）与粉煤灰按照质量比1:1混合、水灰比为0.4的浆液作为填料。此锚杆已在内蒙古元上都及新疆北庭故城遗址取得成功应用。该材料具有耐潮、耐腐蚀、强度大等特点，比较适合潮湿环境失稳遗址本体的加固（表6-2）。

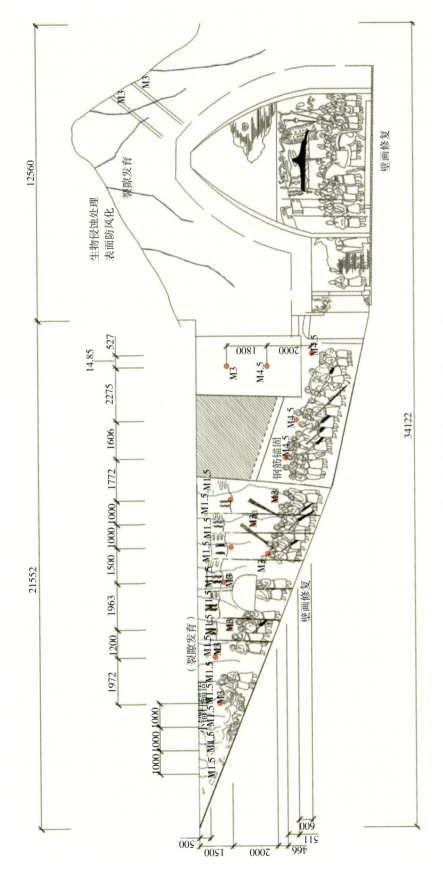

图6-4　锚杆平面布置图（测量单位以mm计）

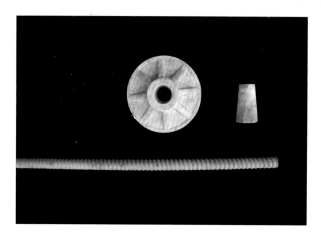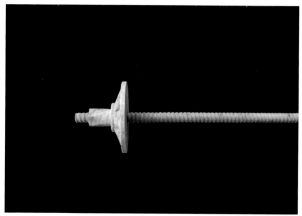

图6-5　玻璃纤维锚杆

表6-2　2m长玻璃纤维锚杆性能指标

抗拉强度（MPa）	抗剪强度（MPa）	扭矩（N·m）	锚固力（kN）	尾部连接部位及螺纹螺母承载力（kN）	托盘承载力（kN）
244	75	40	58.8	58.8	58.8

第二节　墓室局部沉降坍塌的保护

（一）墓室概况

20世纪80年代，当地农民引水灌溉时发现水大量失去，后发现此墓后才怀疑是水倒灌进了墓室；同时，据考古发掘记载，墓门上、盗洞处都有水痕，积水由封门砖缝渗入，地面积水约30cm。甬道及墓室墙体的基础部分，受水浸泡地基不均匀沉降，墙体局部受力不均，扭曲变形，局部应力集中致使大部分砖块压碎、坍塌（图6-6～图6-8）。

（二）研究方案

（1）方案一：局部拆除砖砌体砌补支顶

1）施工工艺

① 采用刚柔性相结合的结构支顶墓室拱门洞口，偏向西侧。支顶过程中确保壁画的安全。

② 拆除拱券下东侧歪闪青砖砌体，下部留有70cm高，拆除过程中尽量留有马牙茬，确保新砌补砖砌体与原有结构很好地连接，提高墙体的整体稳定性。

③ 拆除过程中，采取多种防护措施确保墙体的稳定。

④ 采用同样砖砌体，素土浆砌筑，待达到一定强度后拆除所有的支顶措施。

⑤ 砖砌体表面大面积修复，确保墙体观感。

⑥ 布设变形监测点，长期观测墓室墙体的整体稳定，必要时采取针对性措施加以保护（图

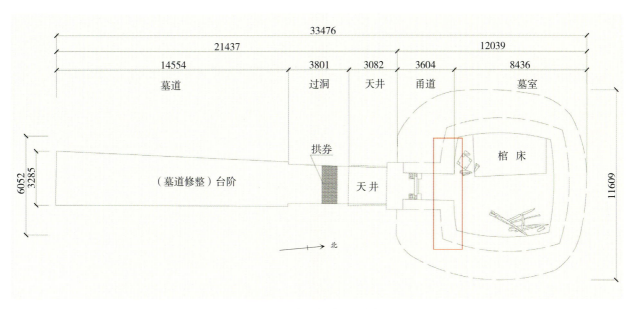

图6-6　墓室坍塌区域位置图

图6-7　墓室积水情况

图6-8　墓室坍塌情况

6-9、图6-10）。

2）优点

采用砖结构恢复拱券，一定程度上起到支顶和稳定墓室过道的作用。其优点为：

① 采用砖砌体结构恢复拱券是理想的结构，满足原材料、原工艺、最小干预最大兼容的保护性原则。有效恢复拱圈砖砌体结构，更是对传统工艺技法和建筑形制的继承和再现。

② 拆除区域较小，难度较小，实现力更强。

③ 拆除过程中相对支顶范围较小，安全系数较高。

④ 不涉及壁画揭取和回贴，降低施工难度。

⑤ 砌补量较小。

3）不足

① 原结构中留有压碎砖块，局部应力较集中，在外力作用下，结构可能出现较大变形。

② 新砌体与原砖砌体结合不够紧密。

（2）方案二：隐蔽钢结构结合砖砌体支顶

1）施工工艺

① 临时支护。采用刚柔性相结合的结构支顶墓室拱门洞口，先偏向西侧。支顶过程中确保壁画的安全。

② 揭取壁画。在确保壁画安全的前提下揭取拱券顶部及西侧门洞壁画。

③ 歪闪坍塌区域青砖拆除。局部拆除青砖砌体，拆除过程中尽量留有马牙茬，拆除后及时补砌，确保新砌补砖砌体与原有结构很好连接，提高墙体的整体稳定性。

④ 防护措施。拆除过程中，采取多种防护措施确保墙体的稳定。

⑤ 安装支顶钢结构。

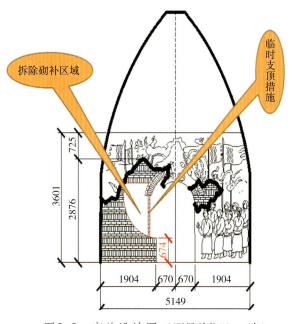

图6-9　实施设计图（测量单位以mm计）

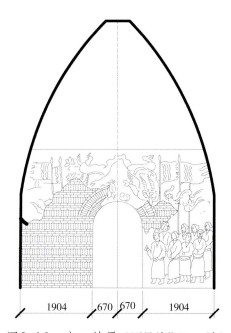

图6-10　完工效果（测量单位以mm计）

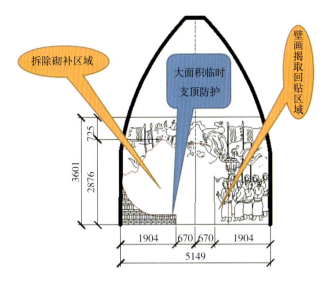

图6-11　实施设计图（测量单位以mm计）

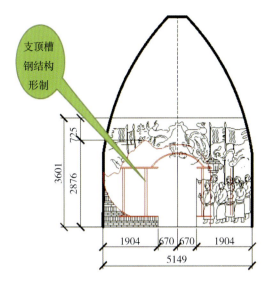

图6-12　实施设计图（测量单位以mm计）

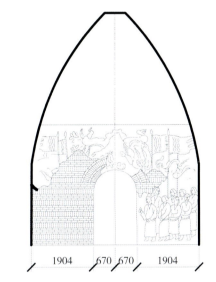

图6-13　完工效果（测量单位以mm计）

⑥青砖砌补。采用同样砖砌体，素土浆砌筑，待达到一定强度后拆除所有的支顶措施（图6-11~6-13）。

2）优点

采用砖砌体结构结合钢材支顶恢复拱券，根本上解决墓室墙体及甬道的稳定，有效地保护加固失稳墙体及拱券结构。其优点为：

①采用砖砌体结构恢复拱券是理想的结构形制，满足原材料、原工艺、最小干预最大兼容的保护性原则。有效恢复拱券砖砌体结构，更是对传统工艺技法和建筑形制的继承和再现。

②根治遗址本体存在的安全隐患。

3）不足

①采用钢结构结合砖砌体结构，给施工带来了一定的难度。主要表现为：a）由于壁画地仗为石灰，壁画揭取及回贴过程中容易破坏，且揭取面积较大，对壁画影响比较大。b）拆除过程中墓室变形比较大，如果对过洞拱券再次拆除，应考虑拆除过程中引起墓室局部应力的变化等诸多问题，风险较高，需做好相应的防护措施。c）为确保拆除砖砌体过程中的安全，必须安设变形监测装置和专人观测，分析过洞及周围的变形情况。d）一边拆除，一边支顶过洞，偶然因素较多，保证过洞整体稳定性较难。e）待拆除一侧过洞砖砌体后，稳妥布设支顶钢架，砌补过程要隐蔽钢构件，砌补厚度只有35cm，隐蔽贴补施工相对比较困难，每一步操作均有很大风险。

②采用钢结构及砖砌体结构施工复杂，周期长。

③采用钢结构及砖砌体结构支顶，施工难度大，风险大。

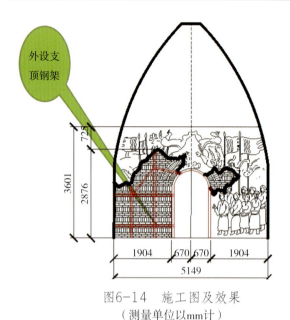

图6-14　施工图及效果
（测量单位以mm计）

（3）方案三：外设钢结构支顶

1）施工工艺

① 采用外设钢结构支顶。

② 在砖砌体外侧布设钢结构框架，支顶严重变形的砖砌体。

③ 为使其与砖砌体更好结合，节点处设置长45cm的支顶架深入砖砌体。

④ 局部拆除青砖砌体并进行必要的修补。

⑤ 钢结构基础埋深不小于50cm，并采用三合土。

⑥ 所有钢构件均采用防腐措施（图6-14）。

2）优点

① 对本体的干扰最小，能有效恢复拱券外形，同时将拱券通过钢结构支顶形成整体，从而有效保护拱券。

② 采用钢结构拱券支顶，施工及风险难度较小。

③ 操作工艺简单、造价低。

3）不足

① 严重影响墓室观感。

② 整体稳定性不强，外力作用下，局部压碎砖砌体仍然会发生较大变形。

（三）方案比选与强度验算

徐显秀墓墓室的补砌加固工作，是在总结前人研究基础上的一次尝试，也是原址保护壁画的探索。为了防止墓室结构的再次变形和碎裂鼓胀，我们采用置换补砌方式恢复墓室砖砌体的整体稳定和支顶强度。

采用砖结构恢复拱券，在确保壁画不因结构加固揭取破坏的同时，也恢复了墓室破坏坍塌区域的砖砌体强度。

研究发现，徐显秀墓墓葬区域范围基本为黄土地层，由于垂直节理发育、透水性强及含水性差，一般透水不含水，场地地基土主要由杂填土、黄土状粉土、黄土状粉质黏土和粉质黏土等组成，为第四纪松散堆积物。在0～12m范围内土的干密度在（1.3~1.4）g/cm^{3}之间，内摩擦角在30°～35°之间。

（1）青砖物理力学性质

黏土烧制的青砖，一般是在900℃～1100℃,并且要持续烧制8～15小时，期间要加水冷却，使得黏土中含有的铁在不完全氧化的过程中生成低价铁（FeO），在缺氧冷却的条件下形成强度和红砖差不多，但其抗氧化性、抗水化和大气与盐害侵蚀性能都优于红砖。其强度一般均大于10MPa，吸水率小于20%。

（2）强度验算

试验表明，砌体的抗压强度均低于砌体块体本身的强度，原因是砌体本身由于灰缝厚度不一，砂浆饱和度与均匀程度等因素导致砌体本身处于不均受压状态，因此砌体结构破坏一般都是局部受压或受拉破坏。为了方便计算，将实际墓室结构进行简化，墓冢封土自重按照规则棱台计算，棱台顶部直径2m，底部直径12m，并取墓室1m宽范围内的拱券结构按照刚性方案计算，墓室砖砌体不同剖面承受的最大剪应力和弯矩，墓室结构如图6-15，其简化结构如图6-16所示。

1）墓冢土体自重线性均布荷载

$$G_s=[1/3 \pi h (r^2+R^2+rR) \gamma]/L=217.62kN/m$$

式中的r代表墓冢顶部半径取0.855m，R为墓冢封土底部半径为3.945m，h为墓冢封土的高度取4.631m，γ为土壤的天然重力密度，取18kN/m³，L为受力线性长度取7.889m。

2）砖墙自重

$$G_{0上}= \gamma_0 dh=19 \times 0.72 \times 5.264=72.01kN$$

$$G_{0下}= \gamma_0 dh=19 \times 0.72 \times 2.794=38.22kN$$

其中砖砌体的容重γ_0取19kN/m³，墙体厚度d为0.72m，墙体高度h为8.058m。

3）土壤侧压力

$$q_s= \gamma \times 1 \times h \times \tan^2 (45° - \frac{\varphi}{2}) =39.31kN/m$$

式中的γ为土壤的天然重力密度，取18kN/m³，l为计算单位长度，h为墓室开挖深度，φ为土的内摩擦角，取35°。

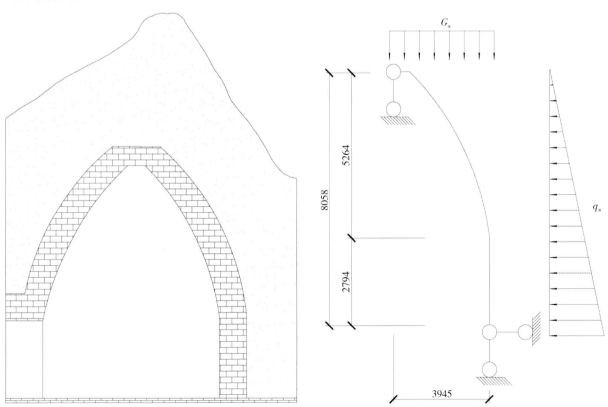

图6-15 墓室结构剖面　　　　　图6-16 墓室剖面受力简图（测量单位以mm计）

4）跨中最大弯矩位置及最大弯矩

弯矩最大值的位置即为剪力V为零的位置，以上端铰支座A为坐标原点，下端为B，剪应力为零的位置距原点的距离为X。

墓冢封土等效计算，

$h_1 = G / \gamma = 204.85/18 = 11.38 \text{m}$

$q_{Gs} = \gamma h_1 \tan^2 \left(45° - \dfrac{\varphi}{2} \right) = 55.30 \text{kN/m}$

拱券砖砌体等效计算，

$h_2 = G_{0上} / \gamma = 72.01/3.217 \times 18 = 1.24 \text{m}$

$q_{G_{0上}} = \gamma h_2 \tan^2 \left(45° - \dfrac{\varphi}{2} \right) = 6.03 \text{kN/m}$

等效均布荷载引起的支座反力

$R_A = R_B = 1/2 \left(q_{Gs} + q_{G_{0上}} \right) H = 261.04 \text{kN}$

墓室周围土侧向压力引起的支座反力

$R_A = 1/6 \left(q_s H \right) = 58.94 \text{kN}$

$R_B = 1/3 \left(q_s H \right) = 117.89 \text{kN}$

$e_1 = \dfrac{d}{2} - 0.4 \left(10 \sqrt{\dfrac{d}{f}} \right) = 268 \text{mm}$

$e_2 = e_1/2$

当A端弯矩$M = \dfrac{1}{2} G_s e_1 + G_{0上} e_2 = 29.16 + 9.65 = 38.81 \text{kN}$时

$R_A = -R_B = M/H = 38.81/8.058 = 4.82 \text{kN}$

则当全部荷载作用时，$R_A = 261.04 + 58.94 + 4.82 = 324.8 \text{kN}$

令$\sum_V = 0$

$324.8 + 38.81X - \dfrac{1}{2} \times 217.62 X^2 = 0$

$X = 1.915$

$M_{max} = 324.8 \times 1.915 - 261.04 \times 1.915^2/2 - 43.89 \times \left(1.915/8.058 \right) \times 1.915^2 - 38.81 = 66.28$

$N_1 = G_s + G_{0上} + G_{0下} = 217.62 + 72.01 + 38.22 = 327.85 \text{kN}$

$e = \dfrac{M}{N_1} = 66.28/327.85 = 202 \text{mm}$

$e/H = 202/8058 = 0.025$

$\beta = H/d = 8058/720 = 11.19$

相对应的$\varphi = 0.75$，$A = 0.72$，$f = 1.38 \text{N/mm}^3$

$N = \varphi A f = 0.75 \times 0.72 \times 1.38 = 745 \text{kN}$

最大破坏面处的抗力745kN远远大于其变形产生的内力330.31kN，因此，仅采用砖砌体支护足以满足强度和稳定性要求。

（四）研究结论

徐显秀墓墓室结构病害的突显和发展受保存环境等多重因素影响，采用方案一完全可以满足结构需求，在采取措施时，必须遏制导致墓室结构变形的活性源，并对结构本体进行必要的补强加固，提高整体稳定性。建议通过合理控制墓室温湿度控制因墓室环境变化引起的结构变形和位移。墓室结构的稳定是墓室壁画修复的前提和保障，在保护实施过程中一定要遵循先结构后表面的基本原则和程序。徐显秀墓墓室结构的加固技术研究对类似墓葬结构的加固具有重要意义。

第三节　盗洞、墓道台阶及新墓葬的保护

（一）墓室盗洞的处理

墓室盗洞（图6-17）的处理原则是确保墓室结构稳定的前提下，考虑其对墓室环境调节的可能性。在有效保护的前提下，可防止盗洞的再次坍塌。我们坚持最小干预的原则，将墓室盗洞保留，一是历史信息的有效保护；二是未来新建筑实施时，防止盗洞再次进水；三是为进一步评估和实现墓室内环境控制提供有利条件。

（二）墓道台阶的保护

原则上保留现有墓道台阶形制（图6-18、图6-19），但对现有红砖全部更换，对缺失区段按照现有台阶形制补齐：采用240mm×120mm×53mm青砖补砌；台阶高度控制为120mm，台阶宽度为240mm（图6-20）。

（三）墓道西侧新墓葬的保护

原则上保留现有墓道西侧原有的新墓葬形制，将现有红砖全部更换，采用240mm×120mm×53mm青砖补砌，补砌方式与现有红砖砌补方式一致（图6-21）。

图6-17　盗洞现状

图6-18　墓道现状

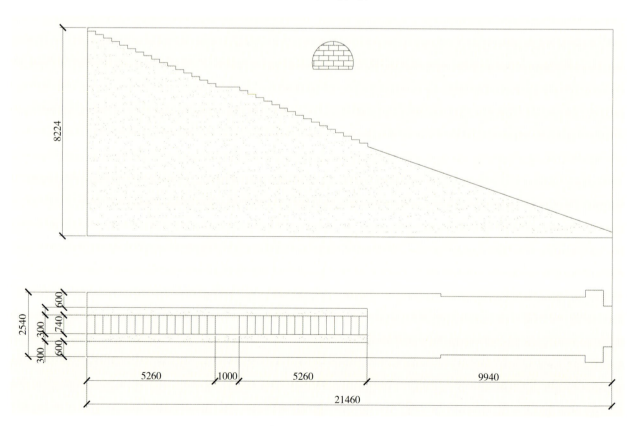

图6-19　墓道现状（测量单位以mm计）

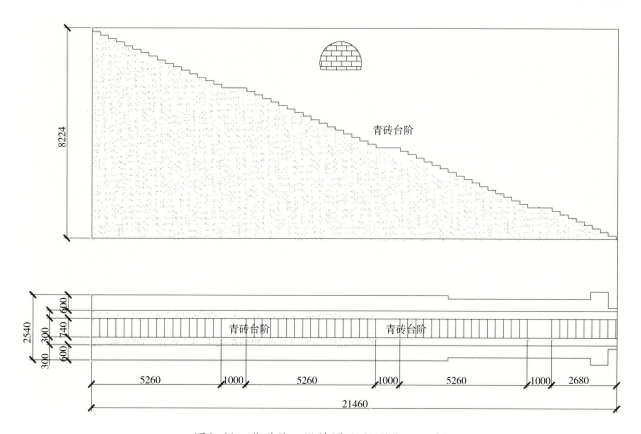

图6-20 墓道施工设计图（测量单位以mm计）

图6-21 墓道西侧的新墓葬

参考书目

程良奎：《岩土锚固的现状与发展》，《土木工程学报》2001 年第 34 卷第 3 期。

程良奎：《岩土锚固》，中国建筑工业出版社，2003 年。

程良奎：《岩土锚固—土钉—喷射混凝土原理、设计与应用》，中国建筑工业出版社，2008 年。

付国彬：《锚杆与围岩相互作用关系及锚固力研究》，中国矿业大学 1999 年博士学位论文。

顾金才、郑全平：《预应力锚索对均质岩体的加固效应模拟试验研究》，《华北水利水电学院学报》1994 年第 3 期。

顾金才、明治清、沈俊：《预应力锚索内锚固段受力特点现场试验研究》，《岩石力学与工程学报》1998 年第 17 期（增）。

贾金青：《深基坑预应力锚杆柔性支护法的理论及实践》，中国建筑工业出版社，2006 年。

敬登虎、赵国栋、穆保岗等：《南京上坊六朝古墓安全性分析与加固治理》，《特种结构》2009 年第 2 期。

陆世良、汤雷、杨新安：《锚杆锚固力与锚固技术》，煤炭工业出版社，1998 年。

陆寿麟：《文物的科学研究和文物保护修复的原则》，《文物科技研究》（第一辑），科学出版社，2004 年。

雒长安：《唐墓壁画的发掘与保护》，《文博》1997 年第 4 期。

孟强：《从墓葬结构谈狮子山西汉墓的几个问题》，《东南文化》2002 年第 3 期。

祁英涛：《中国古代壁画的揭取与修复》，《河南文博通讯》1980 年第 4 期。

任非凡：《南竹加筋复合锚杆锚固机理研究》，兰州大学 2009 年博士学位论文。

苏自约：《岩土锚固技术的新发展与工程实践》，人民交通出版社，2008 年。

孙均：《中国岩土工程锚固技术的应用与发展》，中国建筑工业出版社，1996 年。

熊厚金：《国际岩土锚固与灌浆新进展》，中国建筑工业出版社，1996 年。

闫莫明、许祯祥、苏自约：《岩土锚固技术手册》，人民交通出版社，2004 年。

张乐文、汪稔：《岩土锚固理论研究之现状》，《岩土力学》2002 年第 23 卷第 5 期。

张卓远：《河北定县"石立方"汉代墓葬建筑探析》，《文物春秋》2010 年第 4 期。

赵其华：《岩土支挡与锚固工程》，四川大学出版社，2008 年。

中国岩石力学与工程学会岩石锚固与注浆技术专业委员会：《锚固与注浆技术手册》，中国电力出版社，1999 年。

Ahmed E A, EI-Salakawy E F, Benmokrane B. Tensive capacity of GFRP postinstalled adhesive anchors in concrete. *Journal of Composites for Construction*,2008,12(6): pp.596-607.

Barley A D. The single bore multiple anchor system. In *Intern Conf:Ground Anchorage and Anchored Structures*,London, 1997:pp.65-75.

Benmokrane B, Chekired M, Xu H X. Monitoring behavior of grouted anchors using vibrating-wire gauges. *Journal of Geotechnica Engineering*,1995: pp.466-475.

Benmokrane B, Zhang B R, Chennouf A. Tensive properties and pullout behaviour of AFRP and CFRP rods for grouted anchor applications. *Construction and Building Materials*,2000:14: pp.157-170.

Bjomfot F, Stephansson O. Interaction of grouted rock bolts and hard rock masses at variable loading in a test drift of the Kiirunavaara Mine, In Proceedings of the International Symposium on Rock Bolting,Rotterdam,1984:pp.377-395.

Bjomfot F, Stephansson O. Mechanics of grouted rock bolts-field testing in hard rock mining. Report BeFo 53:1/84,Swedish Rock Engineering Research Foundation,1984.

Bjurstrom S. Shear strength of hard rock joints reinforced by grouted untensioned bolts. In *3rd ISRM Congress*,Denver,USA, 1974:pp.1194-1199.

Briaud J L, Powers W F, Weatherby D E. Should grouted anchors have short tendon bond length. *Journal of Geotechnical and Geoenvironmental Engineering*,1998,124(2):pp.110-119.

Dight P M. A case study of the behaviour of rock slope reinforced with fully grouted mck bolts. In *International Symposium on*

Rock Bolting,Abisko,Sweden,1983:pp.523–538.

Dight P M. *Improvements to the Stability of Rock Walls in Open Pit Mines* [Ph.D]. Australia:Monash University,1982.

Dunham D K. Anchorage tests on strain gauged resin bonded bolts. *Tunnels and Tunnelling*,1976:pp.73–76.

Farmer I W. Stress distribution along a resin grouted rock anchor. *International Journal of Rock Mechanics and Mining Science & Geomechanics Abstracts*,1975,12: pp.347–351.

Freeman T J. The behaviour of fully–bonded rock bolts in the Kidder experimental tunnel. *Tunnels and Tunnelling*, 1978:pp.37–40.

Gaziev E G, Lapin L V. Passive anchor reaction to sheafing stress on a rock joint. *III International Symposium on Rock Bo Ring*, Abisko,Sweden,1983:pp.101–108.

Greenwood D A, Mcnulty T A. Ground anchorages:shear tube anchors. In Prec. Inst. Cir. Eng. Part1,1987:pp.591–599.

Hibino S, Motijama M. Effects of rock bolting in jointy rock,*In International Symposium on Weak Rock*,Tokyo,Japan,1981: pp.1057–1062.

Hobst L, Zajic J. *Anchoring in Rock and Soil*. Oxford:Elsevier Science &Technology,1983.

Holmberg M, Stille H. The mechanical behaviour of a single grouted bolt. *In International Symposium on Rock Support in Mining and Underground Construction,Sudbury*,Canada,1992:pp.473–481.

Hsu S C, Chang C M. Pullout performance of vertical anchors in gravel formation. *Engineering Geology*,90: pp.17–29.

Hyett A J, Bawden W F, Reichert R D. The effect of rock mass confinement on the bond strength of fully grouted cable bolts, *International Journal of Rock Mechanics and Mining Sciences & Geomechanics Abstracts*,1992,29(5):pp.503–524.

Kim N K. Performance of tension and compression anchors in weathered soil. *Journal of Geotechnical and Geoenvironmental Engineering*,2003,129(12): pp.1138–1150.

Martin L B, Hadj–Hassen F, Tijani M.A new experimental and analytical study of fully grouted rockbolts. *45th US Rock Mechanics/Geomechanics Symposium*, San Francisco,2011:pp.211–242.

Ozbakkalogu T, Saatcioglu M. Tensile behaviour of FRP anchors in concrete. *Journal of Composites for Construction*, 2009, 13(2): pp.82–92.

Pells P. The behaviour offully bonded rockbolt. In *3rd ISRM Congress*,Denver,USA,1974:pp.1212–1217.

Smoltczyk U. *Geotechnical Engineering Handbook*. Berlin:Ernst & Sohn,2003.

Stillborg B. *Experimental Investigation of Steel Cables for Rock Reinforcement in Hard Rock*[Ph.D]. Sweden:Lulea University,1984.

Ukhov S B, Kornilov A M, Kotov P B. Evauation of the load–carrying capacity of anchors in rock. *Gidroteckhnicheskoe Stroitel'stvo*,1975,3: pp.14–19.

Zhang B R, Benmokrane B, Chennouf A. Prediction of tensile capacity of bonded anchorages for FRP tendons. *Journal of Composites for Construction*,2000: pp.39–47.

Zhang B R, Benmokrane B, Ebead U A A. Design and evaluation of fiber–reinforced polymer bond–type anchorages and ground anchors. *International Journal of Geomechanics*,2006,6(3): pp.166–175.

Zhu H H, Yin J H, Yeung A T, et al. Field pullout testing and performance evaluation of GFRP soil nails. *Journal of Geotechincal and Geoenvironmental Engineering*,137(7): pp.633–642.

第七章 墓葬微生物监测与病害生物防治研究

第一节 引言

生物退化和生物降解是古代壁画保存和保护过程中普遍存在的问题，直接威胁到其长久保存和安全展陈。生物退化，又称生物腐蚀或生物侵蚀，是指由于生物活动性导致非生命物质的内在价值受到削弱。而生物降解一般指微生物的分解作用。生物体的生长、活动、代谢和分解作用可削弱古代壁画内在价值（包括历史、艺术和科学价值），这种变化可以是物理（机械）的、化学的或美学的。

在壁画诸多病害中，壁画的生物退化和生物降解问题一直以来都是文物保护工作者关注的焦点，包括法国拉斯科洞穴壁画、西班牙阿尔塔米拉洞穴壁画、埃及图坦卡蒙墓壁画、日本高松冢古坟壁画、意大利原罪地下墓室壁画以及我国敦煌莫高窟壁画等多处世界遗产地及古迹遗址地壁画都曾遭到或仍面临着包括细菌、真菌和藻类的侵蚀和破坏。近些年，随着微生物分子生态学研究的发展，对于微生物侵蚀壁画机理的相关研究也在不断深入。然而，侵蚀壁画的这些微生物到底来自哪里，它们对于壁画的腐蚀是一个缓慢的渐变过程还是一个突发的事件？微生物种类很多，参与壁画退化的微生物类群主要有哪些？就壁画的微生物侵蚀而言，外界环境因子是否与这一侵蚀过程密切相关？在文物保护中，如何才能对侵蚀壁画的微生物进行有效防治？针对这些问题，国内外研究者开展了大量研究工作，对于壁画微生物及其侵蚀机理的认识也在逐渐深入。

（一）古代壁画的微生物退化

研究表明，引起古代壁画微生物退化和微生物降解的微生物可能包括：外源性污染（如空气生物学转运及沉降）和壁画本身土著微生物，它们在一定条件下爆发或缓慢作用。为此，我们从文物附存环境中空气微生物和壁画微生物研究的两个方面分别进行概述。

（1）壁画保存环境中空气微生物研究

空气生物学旨在研究大气中的生物来源的微粒及有机物的被动运输过程。在文化遗产保存环境空气中，存在着大量如细菌、真菌和藻类孢子等生物体微粒，当它们丰度较高且周围环境适合其生长繁殖时，就可引起与其接触材料的生物侵蚀。文化遗产保护中的空气微生物研究，是为了评估构成这些历史、艺术和考古文物的材料受到空气微生物腐蚀的危险性。当孢子等落到文物表面后，只有环境条件合适时，它们才能侵染。首先是在经历空气转运过程中的外界胁迫后，这些孢子还应具有活性，并且能够存活。因此，空气生物学研究应及时应用到文化遗产的保护中，空气中生物体的存在，尤其是当它们丰度较高时，并且当材料特点和周围环境适合微生物生长的生态和营养需求时，可引起生物腐蚀。

空气微生物对壁画的可能影响很早就引起了研究者的关注，如在对绘制于16世纪的意大利布雷西亚湿壁画上采集到的空气沉积物样品研究表明，异养细菌、真菌、氨化菌、硫氧化菌都能在空气中被检测到，而在劣化壁画表面其丰度更高。真菌和硫氧化菌数量因气候环境变化存在差异，一些真菌可以在富含孔雀石（石绿）和赤铁矿（铁红）的颜料上生长，但很难在褐铁矿表面生长；有些真菌可把石绿转化成蓝色。通过分离培养，发现文物保存环境中获得的空气微生物主要有杆菌Brachybacterium、链霉菌属Streptomyces及曲霉属Aspergillus、枝孢属Cladosporium，这与造成壁画等藏品腐蚀的微生物相似或相同，因此人们认为空气微生物是壁画微生物侵蚀的重要来源。

在秦始皇陵兵马俑博物馆，连续监测十一黄金周期间馆内微生物的变化情况发现十一期间空气微生物浓度显著上升；在同一天的不同时段，随着人流密度变化，空气中微生物浓度呈正相关。这表明同一地点不同时段空气微生物并不同，这主要是受游客的巨大影响。

近年来，汪万福等对莫高窟洞窟及窟区中空气微生物进行了全面的调查研究，在持续一年的跟踪调查中，发现窟区空气微生物的分布主要受季节、降水、大风和游客流量的影响。与此同时，马旭等对莫高窟16号洞窟空气微生物进行了较为系统的研究，马燕天等对比分析了莫高窟洞窟内外微生物分布的差异，提出游客数量是影响空气微生物分布的重要因子。莫高窟空气细菌多样性研究表明：主要的优势类群依次为詹森菌属Janthinobacterium、假单胞菌属Pseudomonas、芽孢杆菌属Bacillus、鞘氨醇单孢菌属Sphingomonas、微球菌属Micrococcus、微杆菌属Microbacterium、柄杆菌属Caulobacter和玫瑰单孢菌属Roseomonas，群落组成因采样时间、地点的不同而有差异；空气中可培养主要真菌为枝孢属、镰刀菌属Fusarium、青霉菌 Penicillium、链格孢属Alternaria及曲霉属，在属的水平上真菌群落的组成与采样时间及地点有显著相关性。

（2）壁画本体的微生物侵蚀研究

壁画微生物研究发端于20世纪60年代，对法国旧石器时代拉斯科洞穴（Lascaux Cave）壁画的研究，其遭受微生物侵蚀的原因可能是照明光源、空调设备的使用、游客访问、后期考古洞穴改造工程改变了洞穴原有环境，还有杀菌剂的不当使用等，造成不同类型微生物的大肆蔓延。

研究表明，壁画微生物主要以青霉属、曲霉属、枝孢霉属和侧齿霉菌Engyodontium为优势属的真菌；以芽孢杆菌属、节细菌属Arthrobacter、微球菌属和假单胞杆菌为优势属的细菌；以念珠藻Nostoc、鞘丝藻Lyngbya和绿球藻Chlorophycus为主的藻类；以链霉菌属和诺卡氏菌属Nocardia为主的放线菌；壳状地衣等类群。

20世纪60年代，研究人员在拉斯科洞穴岩画表面发现有藻类的生长，这主要是由于游客的影响。2001年，拉斯科洞穴又受到细菌的威胁，主要由假单胞菌构成。随后，文物保护工作者进行了杀菌处理，出乎意料的是导致了另一种微生物爆发——轮枝菌属Verticillium及齿梗孢属Scolecobasidium在壁画上形成了黑色菌斑。此外，镰刀菌属也成为拉斯科洞穴一大威胁。2002

年，Schabereiter-Gurtner等人首次在阿尔塔米拉洞穴内采集壁画颜料样品，研究者采用克隆文库方法并结合DGGE技术进行微生物类群分析，发现变形菌门和放线菌门为优势种群。意大利弗朗西斯洞穴中，壁画上的生物膜主要由γ-变形菌*Gammaproteobacteria*以及硫杆菌属*Thiobacillus*构成。美国的风洞，优势类群主要由γ-变形菌、硫杆菌属及酸杆菌属*Acidobacteria*构成。

我国对莫高窟壁画微生物的研究始于20世纪90年代。冯清平等人通过培养分离鉴定发现，细菌包括葡萄球菌属*Staphylococcus*、链球菌属*Streptococcus*、产碱杆菌属*Alcaligenes*、黄单胞菌属*Xanthomonas*、足球菌属*Pediococcus*和芽孢杆菌属等6个属，其中，优势菌为芽孢杆菌属和产碱杆菌属。霉菌有5个属，包括青霉属、曲霉属、枝孢属、链格孢属、根霉属*Rhizopus*，优势菌为青霉属。这些手段在一定程度上对揭示莫高窟壁画腐蚀微生物的种类和腐蚀特性分析起到关键作用。武发思等运用构建分子克隆文库的技术对敦煌莫高窟第98窟壁画表面菌斑进行了微生物类群的分析，发现壁画的白色污染物中存在大量具有微生物特征的结构体，主要隶属于肠杆菌属*Enterobacter*、埃希菌属*Escherichia*、固氮菌属*Azotobacter*、沙雷氏菌属*Serratia*和克雷伯菌属*Klebsiella*；埃希菌属和肠杆菌属为优势属，与人类活动关系密切，两者分别占克隆文库中总序列的46.8%和35.1%。马燕天等研究发现，在莫高窟壁画表面的微生物中，一部分来自于壁画材料本身，包括一些土壤中常见的微生物，如类芽孢杆菌*Paenibacillus*、*Tumebacillus*、*Halothermothrix*、*Gracilimonas*、*Alternaria*、*Cladosporium*等，另一部分则具有空气来源的背景，如毛壳菌属*Chaetomium*、毛球菌属*Trichococcus*、隐球菌属*Cryptococcus*、茎点霉属*Phoma*等，表明空气微生物与壁画表面微生物存在直接联系。

墨西哥萨恩洛克大教堂壁画遭受严重的微生物腐蚀，研究发现其上存在大量的光合营养类群，以地衣及藻类为主，它们在墙壁形成了黑色生物菌膜。而在葡萄牙斐迪南二世的宫殿中也有许多精美的文物，微生物在其上定殖并形成相应斑点，主要的微生物类群为枝孢属和青霉属。

在墓室壁画微生物研究方面中，对埃及图坦卡蒙墓室的研究可谓成果丰硕。2013年，Vasanthakumar等人对墓室壁画表面的棕色菌斑进行了系统研究，结果表明可能是存在于壁画表面的青霉属导致该现象。此外，厚壁菌门、放线菌门及拟杆菌门等细菌类群也有分布。进一步研究表明，这些类群已无生物学活性，由此推测壁画上的棕色菌斑很有可能是早期带入墓室的微生物群体，而非现代后期产生的新的生物学问题。西班牙塞维利亚墓室中，芽孢杆菌属是占优势地位的细菌类群，此外，节细菌属、微球菌属、链霉菌属、鞘氨醇单胞菌属*Sphingomonas*等也有不同丰度的存在。对罗马地下墓室的研究发现，受游客扰动影响，墓室内形成了许多生物膜，严重影响了墓室的美学价值。伊特鲁利亚墓室中，壁画表面发现有许多微生物附着。研究表明，这些微生物以根瘤菌为主，怀疑是从墓室外部生长进墓室内的植物根系引发了该微生物类群。意大利的圣芳济教会墓室，作者发现了许多嗜盐微生物类群。圣卡利斯图斯地下墓室的类群主要为放线菌，这些类群的出现主要与地下环境中原有的蓝藻有关。这一自养型微生物为异养型类群提供了生命所需的有机营养。

就不同环境下保存的壁画而言，墓室环境壁画所面临的微生物侵蚀与退化问题则更为严重和复杂。究其原因，土壤本身是微生物资源的储藏库，地下高湿度和低空气交换等环境特点亦非常有利于墓室壁画中微生物的滋生和侵染。为了阻止或减缓病害微生物对珍贵壁画的进一步劣化，多种杀灭剂曾被广泛应用到壁画病害菌的防治中，然而防护现状却依然不容乐观，这在很大程度上被归因于当前对于壁画病害微生物群落本底水平及其附存环境的调查和研究依然不够全面和细致。

自20世纪90年代开始，我国研究人员使用基于培养的手段对甘肃酒泉丁家闸十六国墓和嘉峪关新城魏晋墓、河南密县汉墓、陕西长安唐墓、西安曲江翠竹园西汉墓等几处墓室壁画病害微生物进行了分离和鉴定；然而，利用分子生物学技术研究墓室壁画微生物的报道还较少，仅见对我国北方5世纪墓室壁画和嘉峪关魏晋墓壁画病害微生物群落组成和结构特征的检测分析。当前，文物保护领域已基本达成共识，即要建立针对壁画微生物病害的有效防护体系，对于壁画微生物群落特征的详尽分析是必不可少的，与依赖于培养的传统方法相比，构建克隆文库等现代分子生物学技术在壁画微生物生态学研究中更具优势。

（二）微生物参与的颜料色变机理研究

色变是古代壁画的主要病害之一，光、热、水分和微生物等因子都可能参与到壁画色变过程。节细菌属被认为是入侵俄罗斯Rostov教堂壁画上的先锋类群，这导致含铅颜料的氧化，形成褐色—黑色铅氧化物斑点。分离菌株的反接实验也证明了这一点，这些菌株在含铅颜料，如铅白、含铅赭石、铅红的矿物培养基上可以很好地生长，同时形成褐色沉淀，伴随着铅的氧化，这就为细菌导致二价铅氧化成为四价铅（PbO_2）的假设提供了强有力的证据。

微生物也会造成其他颜料不同程度的色变，典型微生物有链霉菌属。先前的研究表明，链霉菌属可引起多种壁画腐蚀症状，例如岩石表面的色变、化学蚀变以及由于菌丝生长侵入壁画层所造成的物理改变。链霉菌属的腐蚀能力源自链霉菌属可以产生很多种类的酶，这些酶可以将复杂的聚合物降解为短链聚合物并作为碳源被链霉菌属所利用。与色变相关的颜料化学腐蚀通常被看作是链霉菌属生长定殖造成的壁画损坏的一种指示现象。由于链霉菌属能够产生大量的与壁画成分反应的代谢产物，如有机和无机酸、酶、硫化氢和生物色素，因此，链霉菌属参与了壁画色变过程。

研究表明，链霉菌属产生的硫化氢可以同矿物颜料石青（Azurite blue）反应，古埃及木乃伊盒和衣领上的石青转变成黑色的铜蓝（Covellite）。同样有报道显示，石青蓝可以被转变为绿色的草酸铜（Copper oxalate），而草酸是微生物一种分解代谢的产物。链霉菌属菌株形成的生物膜具有很强的保水性，导致壁画表面的湿度上升，石青可能被转化成孔雀绿。有人指出，链霉菌属菌株会产生羧酸和柠檬酸，这可能会通过颜料的化学变化引起壁画的色变。类似的酸化活性同样造成了9世纪意大利Vercelli图书馆中稿件的色变。壁画的改变依赖于颜料的化学结构，比如以Cu为底物的颜料比Fe为底物的颜料对酸更敏感。Strzelczyk指出链霉菌属比其他菌属更易于在含高浓度汞、砷、铜和铅的壁画表面生长、定殖。另外，一些链霉菌属菌株的酶活性包括色变特性，通过产生过氧化物酶作为靛蓝和湖蓝这些有机颜料的强氧化剂。过氧化物酶活性以前有报道可以将红色偶氮染料褪色。链霉菌属菌株的生长定殖可以引起不可逆的菌斑和色变壁画表面，产生类红萝卜素，例如红色、橙色、黄色、粉色以及紫罗兰色，还有黑色素伴随黑色以及棕色。

综上所述，多数情况下细菌为侵蚀壁画先锋种类。微生物对壁画的侵蚀和破坏主要体现在美学价值降低和壁画的结构性破坏两个方面。在美学价值降低方面，主要表现为颜料层褪色、污斑、绘画表面形成生物膜等几种形式。结构性破坏则表现在菌丝体生长引发的机械性损伤、破坏。结构性损坏同样也会影响到壁画的美学价值，且美学价值降低多以壁画材质的腐蚀退化为前期。

本研究主要采用微生物学传统培养方法和基于分子生物学手段，对徐显秀墓空气、壁画表面和壁画基质的细菌、真菌多样性及分布特征进行研究，分析影响遗址地空气微生物和壁画微生物的主要因素。同时，通过菌害壁画样品的克隆文库构建等分子手段分析霉变壁画与无明显霉变壁画中真菌群落组成差异，明确壁画优势病害菌，并通过墓室环境监测分析，揭示影响壁画霉变的关键环境因子。相关研究结果将为墓室壁画微生物病害的监测与综合防治提供重要的参考依据，在壁画保护和修复实践中具有重要的指导意义。

第二节　研究方法与技术

（一）样品采集

（1）空气微生物采集

本研究组于2011年，使用国际通用的空气微生物采样器（Buck Bio-Culture™ Sampler）于墓室一层（包括东、南、西、北四壁）、墓室二层（穹顶）东壁、甬道、墓道底部、墓道上部和户外环境等9个位点采集空气微生物样品于90mm的培养基平板上。可培养细菌选择R$_2$A培养基，可培养真菌选择PDA培养基。采样过程中每次更换培养基时用75%的酒精对采样器进行整体消毒。每组样品均包括三个重复，共采集到54个平板。单个平板采样时间为5分钟，空气流量设置为30L/分钟，采样位点如图7-1所示，采样器距离地面1.25m，距离壁画面1m。

Buck Bio-Culture™ Sampler采样器是模拟人呼吸道的解剖结构和空气动力学生理特征，采用惯性撞击原理设计制造而成。该采样器前键盘主要由三个功能键组成（图7-2）：功能开关（ON-OFF），定时（1、2、5、10分钟样本），校准（CAL模式，增加流量，减少流量）。该采样器操作简单，可提供可选择和持续不断的样本流量。每分钟采集气流量为传统式Anderson采集器的4倍，可节省采样时间。具有校正简单、30～120LPM可调式超大气流量等特点，具体特性如表7-1所示。

（2）壁画微生物采集

对应空气微生物样品的采样地点，根据国际国内微生物样品采集相关要求，我们使用无菌棉签和无菌解剖刀于壁画的破损处采集样品，分别采集得到壁画表面样品和壁画基质样品（图7-3），采样过程应尽可能避免对壁画本体造成损伤。无菌棉签轻轻擦拭壁画表面得到的样品部分直接划在R$_2$A和PDA平板上，部分用无菌水洗脱后涂布。无菌解剖刀采集的壁画基质样品保存在2mL离心管中。徐显秀墓壁画颜料层很薄，用无菌解剖刀采集的样品，可能包含壁画的颜料层、地仗层等结构的基质材料，因此总体称为壁画基质样品。

基于《中国文物古迹保护准则》中最小干预原则和壁画本体的实际情况，壁画上采得的样品量相对有限。本次共在壁画表面采集到红色颜料样品5个，壁画基质样品包括红色颜料样品5个，白色

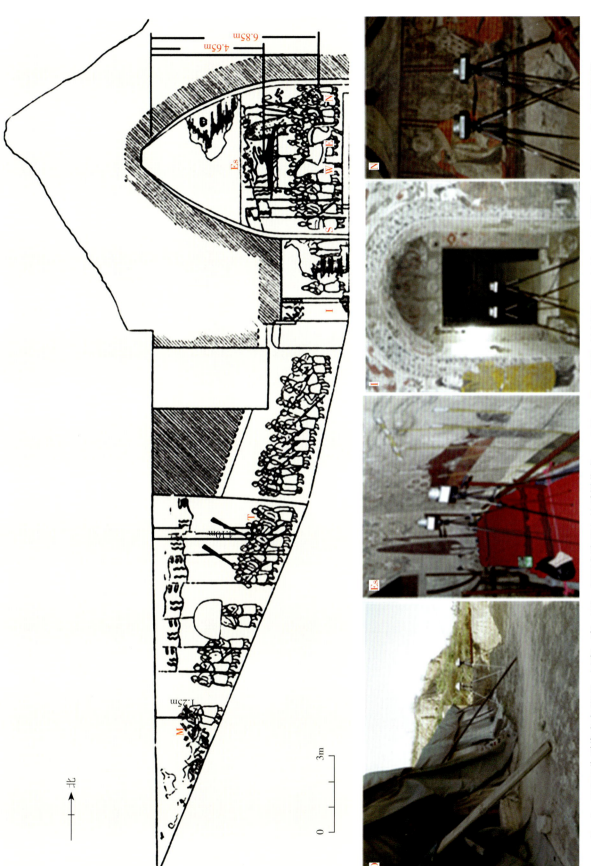

E、S、W和N分别代表在墓室一层东、南、西、北四个墙壁上的采样点，-6.85m　Es：墓室二层东壁，-4.65m　T：墓道底部，-6.85m　M：墓道上部，-4.1m　O：户外，+1.25m　I：甬道，-6.85m

图7-1　空气微生物样品采样位点分布图

图7-2　Buck Bio-Culture™ Sampler
取样器外观图

表 7-1　Buck Bio-Culture™ Sampler 特性表

原理	流量	精度	运行时间
撞击法	30 ~ 120 LPM	± 5%	6 ~ 8 小时
兼容性	重量	孔径	尺寸
90mm 培养皿	1.19kg	280 孔 / 1mm	13.3cm × 15.2cm × 10.2cm

说明：本采样器体积小，便于携带，操作简单，性能稳定，采样头消毒容易，运行时间：100 LPM：8 小时，120 LPM：6 小时，三脚架，可 90° 取样。

a ~ d 为红色和白色颜料处壁画基质样品取样；e 和 f 分别为红色和白色颜料处壁画取样

图7-3　壁画样品采样位点图

图7-4　墓道西壁主要霉变区域（A，箭头所示虚线框内）及壁画表面白色霉变物（B）

颜料样品2个，黑色颜料样品2个。采样期间温度11℃～14℃，相对湿度为73%～78%。用封口膜封住培养皿和离心管口后于4℃保存，2天内处理空气样品，壁画样品置于-20℃保存备用。

　　针对菌害壁画，主要在霉变区域和无明显霉变区域分别采样。2013年8月，在徐显秀墓壁画病害现状调查时，项目组首次发现墓道西壁壁画表面（图7-4A）出现疑似白色絮状霉变污染物（图7-4B），面积约2m²，霉变区无绘画内容。同年10月，项目组利用无菌解剖刀分别采集了白色霉变与无明显霉变区域壁画样品，并置于无菌Eppendorf管中，带回实验室后其中一部分样品用于扫描电子显微镜分析，另一部分样品用于基因组总DNA提取。

（二）可培养微生物计数与分离纯化

　　空气微生物样品和壁画表面样品的PDA平板置于25℃恒温培养箱培养48～72小时后计数。壁画基质样品，取20mg置于1.5mL的离心管中，加入980μL高压灭菌处理过的生理盐水以及适量的玻璃珠，涡旋振荡10分钟。吸取800μL振荡后的悬浊液加入50mL的PYGV培养基中，15℃、150rpm摇培20～30天已活化和富集微生物。

　　空气微生物浓度用每立方米空气菌落形成单位（CFU/m³）表示；壁画表面样品用每平米克隆形成单位（CFU/皿）表示，即每个平皿上的菌落数；壁画基质样品用每克颜料层样品菌落形成单位（CFU/g）表示。其中空气真菌和细菌微粒浓度计算式如下：

$$C(\mathrm{CFU/m^3}) = \frac{T \times 1000}{t(\min) \times F(L/\min)}$$

式中，C为空气微生物浓度；T是菌落数；t是采样时间；F是采样空气流速。

　　根据微生物菌落、孢子、菌丝等形态对其进行初步的鉴定和分类，再用R_2A和PDA培养基分离、纯化、培养微生物菌落，直至单个纯菌落。

　　PYGV培养基配方（g/L）：葡萄糖0.25g，蛋白胨0.25g，酵母提取物0.25g，蒸馏水1000mL，115℃灭菌30分钟。

R$_2$A培养基为：酵母提取物0.5g，示蛋白胨proteose peptone （Becton, Dickinson and Company, NJ, USA） 0.5g，酸水解酪素（Difco Lab., Detroit, MI）0.5g，葡萄糖0.5g，可溶性淀粉0.5g，K$_2$HPO$_4$ 0.3g，MgSO$_4$·7H$_2$O 0.05g，丙酮酸钠0.3g，琼脂15g，加蒸馏水至1000mL（pH7.2）。

PDA培养基配方（g/L）：马铃薯汁1000mL，葡萄糖20g，琼脂15g。

（三）基于分子技术的菌种鉴定

（1）单菌落细菌DNA提取与16S rDNA扩增

所有经过纯化的单菌落直接用于DNA的提取。细菌基因组DNA的提取采用了两种方法，冻融法和酚–氯仿法。优先采用反复冻融的方法直接提取细菌DNA，用于PCR扩增的模板。具体的步骤如下：

首先用LB液体培养基在试管中活化菌株，在摇床160rpm摇菌过夜。在无菌的Eppendorf管中加入菌悬液1mL，于8000rpm离心10分钟。然后弃去上清液，再加入100μL TE，进行物理破壁。然后用液氮反复冻融，至少冻融3次。冻融后，再于10000rpm离心10分钟。取上清液作为PCR模板备用。

细菌样品以专一性引物27F/1492R对所提样品DNA进行扩增。

（2）真菌DNA提取与ITS区扩增

真菌菌株使用PDA培养基培养。经过培养获得真菌的菌体后，在2mL的Eppendorf管中使用液氮快速冷冻，然后快速研磨，在研磨结束后再采用酚–氯仿法提取DNA。

真菌基因组DNA的扩增以引物ITS1/ITS4对所提DNA样品进行扩增。

（3）限制性片段长度多态性（RFLP）分析

将扩增后的PCR产物取10μL，按表7–2加入酶切体系，在37℃水浴锅中保温4小时，用2.5%的琼脂糖凝胶进行检测，然后成像、对比、分析。对所有菌株的PCR产物进行限制性内切酶片段长度多态性分析（RFLP），并筛选出酶切图谱，差异明显的菌株进行16S rDNA和ITS基因扩增和测序。

（4）克隆及序列测定比对

使用AxyPrep DNA凝胶回收试剂盒，将获得的不同酶切谱型的PCR产物进行纯化回收，具

表 7–2　细菌与真菌 PCR 产物酶切体系

细菌酶切体系（a）	Bsu R Ⅰ	0.25 μL
	Hin 6 Ⅰ	0.25 μL
	Buffer tango	1.5 μL
	ddH$_2$O	3.0 μL
	PCR 产物	10.0 μL
真菌酶切体系（b）	Bsu R Ⅰ	0.25 μL
	Hinf Ⅰ	0.25 μL
	Buffer R	1.5 μL
	ddH$_2$O	3.0 μL
	PCR 产物	10.0 μL

体步骤按照试剂盒操作说明书进行。再完成目的片段与载体连接，制备感受态细胞，并将目的片段转化插入感受态细胞；通过克隆斑筛选，片段大小合适阳性克隆菌液送测序公司测序，并提交核酸序列，获得NCBI登录号。利用BLAST程序在GenBank序列数据库中与已知类群细菌的16S rRNA及真菌的ITS基因序列进行比较。用ClastalX和MEGA 5.0软件包（Molecular Evolutionary Genetics Analysis）中的双参数模型计算遗传距离，用邻接法（Neighbor-joining Method）、最大简约法和最小进化法推演系统发生关系，并将所测序列及其相似序列进行遗传关系研究，构建系统发育树。

（四）壁画菌害样品 SEM 分析

分别取少量霉变与无明显霉变壁画样品，固定于导电胶带上，在真空环境下（<5pa）喷金90s（I=40mA），完成制样后使用扫描电子显微镜（JSM-6610LV, JEOL. Ltd.）分析供试样品中病害菌体的微观形态特征。

（五）壁画菌害样品克隆文库构建

（1）克隆文库样品总DNA提取：称取霉变与无明显霉变壁画样品各25mg，使用PowerSoil™（MOBIO Laboratories, Solanabeach, CA, USA）DNA提取试剂盒，结合FastPrep®-24样品处理系统（MP, USA），根据操作说明分别完成样品基因组总DNA提取，分装后置于-70℃保存备用。

（2）目标片段扩增：合成真菌通用引物ITS1（5'-TCCGTAGGTGAACCTGCGG-3'）和ITS4（5'-TCCTCCGCTTATTGATATGC-3'），完成真菌rRNA基因内转录间隔区（ITS）的扩增。反应体系（25μL）包括2.5μL 10×缓冲液，2.5×10^6U/L的 *Taq* 聚合酶（Tiangen Co., Beijing, China）0.2 μL，dNTP终浓度0.2mmol/L，$MgCl_2$终浓度2.5mmol/L，引物终浓度0.2μmol/L，及2.0μL DNA模板（约含5ng DNA）。扩增程序为：94℃ 5min；94℃ 1min，55℃ 1min，72 ℃ 1min，共30个循环；72 ℃ 10min。用1.2%琼脂糖凝胶电泳检测扩增片段的大小与特异性。

（3）克隆文库构建：取3μL经琼脂糖DNA纯化试剂盒（Tiangen）纯化后扩增产物，与pGEM-T载体（Promega）于4℃过夜连接，连接产物克隆至 *Escherichia coli* DH-5α感受态细胞中（Tiangen）。根据蓝白斑筛选实验（LB培养基中AMP浓度为100mg/L，X-Gal为20 g/L, IPTG为200 g/L）构建真菌ITS序列克隆文库。

（4）测序与嵌合体检测：分别挑取150～200个白斑，利用通用引物T7/SP6扩增验证阳性克隆子中插入的片段大小。验证无误后的克隆斑挑至装有液体LB培养基的离心管中（含Amp 100mg/L），过夜振荡培养（37 ℃, 150 r/min）后送交测序公司完成测序（Shanghai Majorbio Bio-technology Co., Ltd.）。所得有效序列全部提交至NCBI数据库GenBank中。

（5）序列比对及系统发育树构建：所得序列在GenBank数据库中进行比对，获得其最相似的参考序列。通过MEGA 6.06软件中的邻接法分析构建克隆文库所得典型序列与其相似序列间系统发生树。

（6）群落结构分析：统计系统发育树下相同种属相关序列总量，计算其在克隆文库中所占百分比，完成群落组成与结构分析。

（7）遗址环境监测：为配合徐显秀墓保护工程，项目组已于2011年在遗址地不同位置安装了美国Onset HOBO数据记录仪，用于监测温度和相对湿度的变化，记录仪数据采集频次为每半小时1次。在壁画菌害的环境诱因分析中选择了临近采样位置的墓道下甬道入口处环境数据。

（六）统计分析

实验中所有数据均以Excel 2007和SPSS 16.0进行编辑分析，对部分数据进行了一维方差（ANOVA）分析和相关性分析。主成分分析采用PAST 2.03进行分析（http://folk.uio.no/ohammer/past/）。

第三节　可培养微生物群落组成与结构特征

（一）空气与壁画可培养细菌群落

（1）壁画可培养细菌多样性

研究发现，壁画中可培养细菌序列属于3门23个属。厚壁菌门Firmicutes（81.5%）所占比例最大，为绝对优势群落。其次为放线菌门Actinobacteria（18.1%）和变形菌门Proteobacteria（0.4%）。优势类群为芽孢杆菌属（81.4%）、细杆菌属Microbacterium（14.2%）以及节细菌属（3.6%）[图7-5（a）、（c）]。

在壁画样品中，培养出了大量其他属细菌，例如葡萄球菌属Staphylococcus、短波单胞菌属Brevundimonas、考克氏菌属Kocuria、链霉菌属、马西利亚菌属Massilia、鞘氨醇单胞菌属、不动杆菌属Acinetobacter、乳球菌属Luteococcus、微球菌属Micrococcus、小单胞菌属Luteococcus、棒状杆菌属Corynebacterium、短杆菌属Brevibacterium、Naumannella、迪茨氏菌属Dietzia、微杆菌属Exiguobacterium、德库菌属Desemzia、假单胞菌属、类芽孢杆菌属、杆菌属Brachybacterium及纤维菌属Cellulosimicrobium等。

壁画中可培养细菌的群落结构在不同取样地点差异较大，其中优势菌属如图7-6（a）。在墓室中，一共培养得到20个属，其中节细菌属（36.7%）是最主要的优势类群，其次为细杆菌属（29.5%）和芽孢杆菌属（26.5%）。在墓（甬）道中，一共培养得到10个属，其中芽孢杆菌属（87.4%）和细杆菌属（12.5%）占有绝对优势。

（2）空气可培养细菌多样性

在空气中，可培养细菌属于3门13个属。墓葬空气环境中，大多数可培养细菌序列属于厚壁菌门（55.3%），其次为变形菌门（25.1%）和放线菌门（19.6%）[图7-5（b）、（d）]。其中8个优势类群总浓度超过99%，包括溶杆菌属Lysobacter（23.7%）、芽孢杆菌属（23.5%）、短芽孢杆菌属（22.0%）和细杆菌属（19.4%）。其他培养得到的空气细菌有类芽孢杆菌属（4.4%）及葡萄球菌属（4.2%）等。不同地点中，空气可培养细菌群落结构均无显著差异（p>0.05）[图7-6（b）]。墓室中总共得到10个属，墓（甬）道中培养得到8个属，外环境空气中培养得到9个属。其中芽孢杆菌属、细杆菌属、短芽孢杆菌属和溶杆菌属普遍存在于三个采样位点中。外环境空气中，芽孢杆菌属（9.0%）、细杆菌属（12.3%）和溶杆菌属（15.6%）的浓度比例低于其他两

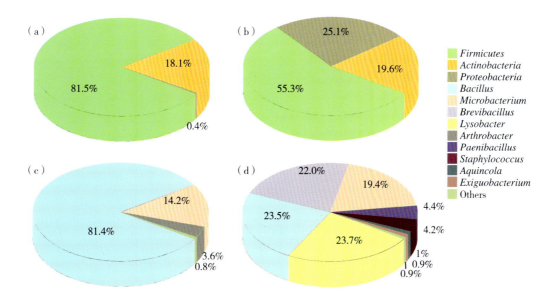

（a）壁画可培养细菌优势门百分比 （b）空气可培养细菌优势门百分比
（c）壁画可培养细菌优势属百分比 （d）空气可培养细菌优势属百分比

图7-5 徐显秀墓壁画、空气可培养细菌优势门属百分比图

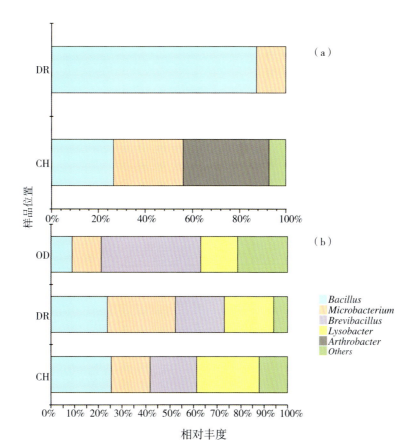

（a）不同位点壁画细菌优势属相对丰度 （b）不同位点空气细菌优势属相对丰度
（CH：墓室；DR：墓（甬）道；OD：外环境）

图7-6 徐显秀墓不同位点壁画、空气细菌优势属相对丰度

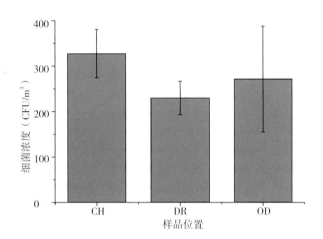

CH：墓室；DR：墓（甬）道；OD：外环境；误差线代表
平均值±标准误

图7-7　徐显秀墓葬不同位点空气细菌浓度

个采样位点，如墓室中芽孢杆菌属（25.5%）、细杆菌属（16.4%）和溶杆菌属（26.6%），墓（甬）道中芽孢杆菌属（23.8%）、细杆菌属（28.5%）和溶杆菌属（21.0%）。短芽孢杆菌属浓度在外环境（41.8%），高于墓（甬）道（20.7%）以及墓室内浓度（19.4%）。墓室空气中可培养细菌平均浓度为（3.28±0.53）×10² CFU/m³，墓（甬）道空气中可培养细菌平均浓度为（2.30±0.36）×10² CFU/m³，外环境空气中可培养细菌平均浓度为（2.71±0.1）×10²CFU/m³。外环境空气可培养细菌浓度与墓室（p=0.623）及墓（甬）道（p=0.731）均无显著差异（图7-7）。

（3）可培养细菌群落统计分析

在徐显秀墓葬中，空气可培养细菌群落多样性（香农威纳指数）在不同地点存在显著差异。墓室空气中可培养细菌多样性指数0.67±0.10，墓（甬）道空气中可培养细菌多样性指数为0.71±0.16；外环境空气中可培养细菌多样性指数为1.37±0.02。外环境细菌多样性显著高于墓室（p=0.01）和墓（甬）道（p=0.02）。但壁画可培养细菌多样性在不同地点无显著差异（p=0.483）。其中墓室细菌群落多样性指数为2.20±0.19，墓（甬）道细菌多样性指数为1.43±0.74。所得结果见图7-8。主成分分析（PCA）结果表明空气中可培养细菌群落结构在墓葬

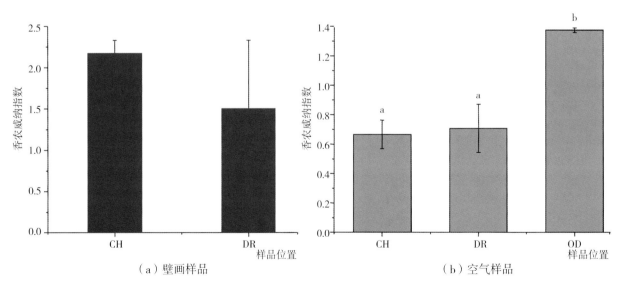

（a）壁画样品　　　　　　　　　　（b）空气样品

CH：墓室；DR：墓（甬）道；OD：外环境；误差线代表平均值±标准误

图7-8　徐显秀墓葬不同位点壁画及空气细菌香农威纳指数

内外存在显著差异（图7-9）。

（4）空气与壁画可培养细菌群落对比

结果表明，同时存在于空气及壁画可培养细菌微生物群落中的类群有6个种，其中3个种属于芽孢杆菌属，为*Bacillus frigoritolerans*、枯草芽孢杆菌*Bacillus halotolerans*、沙福芽孢杆菌*Bacillus safensis*；1个种属于微杆菌属，为微小杆菌*Exiguobacterium mexicanum*；1个种属于细杆菌属 *Microbacterium trichothecenolyticum*；1个种属于微球菌属*Micrococcus yunnanensis*。在壁画细菌群落中，*Bacillus frigoritolerans*（74%）是最优势的类群，其余种所占比例均低于10%，如*Microbacterium trichothecenolyticum*（10%）、沙福芽孢杆菌（0.3%）、枯草芽孢杆菌（0.2%）、*Micrococcus yunnanensis*（<0.1%）、*Exiguobacterium mexicanum*（<0.1%）。而空气细菌群落中，除沙福芽孢杆菌（19%）外，其他类群所占比例均在5%以下，例如*Microbacterium trichothecenolyticum*（4.4%）、*Exiguobacterium mexicanum*（0.9%）、*Micrococcus yunnanensis*（0.6%）、*Bacillus frigoritolerans*（0.2%）和*Bacillus halotolerans*（0.1%）。

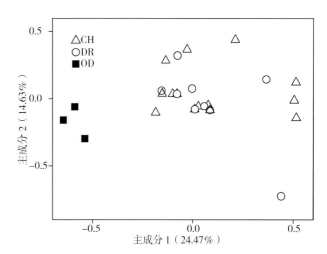

CH：墓室；DR：墓（甬）道；OD：外环境

图7-9　徐显秀墓葬不同位点
空气细菌群落主成分分析（PCA）

在墓葬壁画表面，最优势类群为芽孢杆菌属（81.4%）。在墓葬空气中，可培养细菌主要由溶杆菌属（23.7%）、芽孢杆菌属（23.5%）和短芽孢杆菌属（22%）组成。墓葬室内和室外的空气中，细菌群落组成结构有明显差异。

（二）空气与壁画可培养真菌群落

（1）真菌类群及其空间差异性

RFLP分析后得到62条不同的谱型（空气35条，壁画样品27条），将其测序后全部提交NCBI数据库，通过 BLAST 序列比对，选择 NCBI 数据库中与本次分析测序得到序列相似度最高的序列，构建徐显秀墓室空气和壁画真菌病害18S rDNA 及其相似序列间系统发生关系树（图7-10中仅列出具有代表性的序列）。从图7-10可以看出，所有序列分属于子囊菌门Ascomycota和担子菌门Basidiomycota 2个门。子囊菌门包括4个纲9个目16个属，分别是：粪壳菌纲（Sordariomycetes）、锤舌菌纲（Leotiomycetes）、散囊菌纲（Eurotiomycetes）、座囊菌纲（Dothideomycetes），环境样品只有3个纲，无锤舌菌纲。同时从空气样品中分离鉴定得到少量担子菌门的红酵母属*Rhodotorula*（只有空气样品中得到，0.23%）。本次分析得到的序列与NCBI数据库中序列相似性极高。除了青霉属*Penicillium*包含的4个物种相似性约为97%外，其余的16个属的相似性都达到了100%。

（2）可培养真菌浓度

空气样品，壁画表面样品和壁画基质样品共有3个属，即青霉属*Penicillium*、枝孢属*Cladosporium*

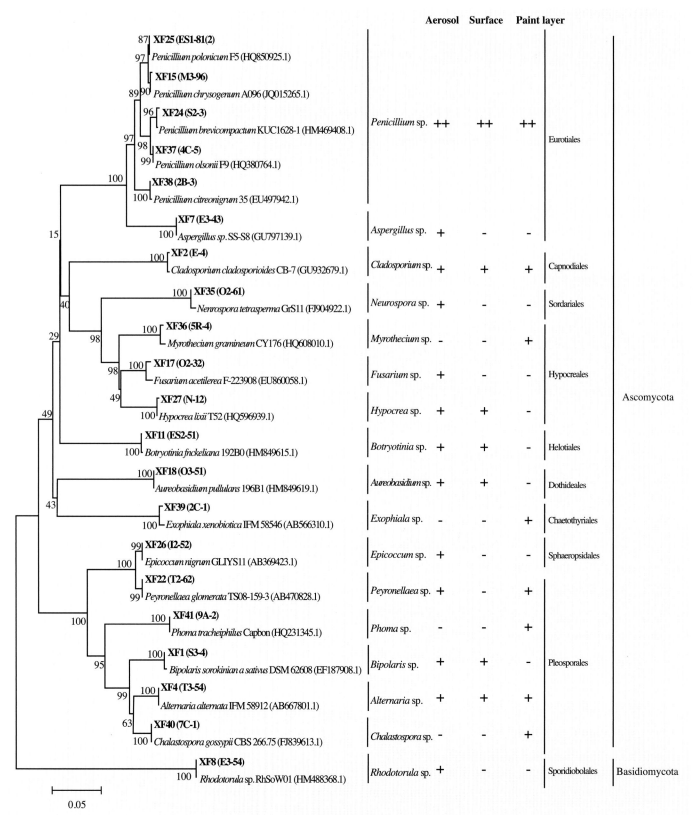

注：+和-表示样品中真菌的浓度。++，很多；+，存在；-，没有

图7-10　徐显秀墓可培养真菌系统发育树

和链格孢属*Alternaria*，并且这3个属在3个样品中占有优势，总和分别为86.35%、88.67%、68.46% [图7-11（b）]。

经一维方差分析和多重比较后发现，墓室二层空气真菌在整个墓葬大气环境中浓度最高 3.1309 ± 0.043 CFU/m³，显著高于其余地点的浓度，其余几个地点间浓度差异不大 [图7-12（a）]。白色颜料上的真菌浓度LgCFU为 4.1948 ± 1.76875，显著高于红色颜料和黑色颜料的真菌浓度；而红色（ 2.088 ± 0.24109 ）和黑色颜料（ 2.0712 ± 1.11693 ）真菌浓度十分相似，统计学差异不显著（图7-12）。

（3）真菌多样性的空间差异性

发现的这17个属在空气、壁画表面和壁画内部的分布和数量比例上存在显著差异。如图7-11（a）所示，空气有13个属，壁画表面有7个属，壁画基质8个属。空气中青霉属、枝孢属和链格孢属所占百分比依次为 $49.52 \pm 8.30\%$、$23.80 \pm 6.31\%$ 和 $13.02 \pm 3.31\%$，壁画表面样品中分别为 $70.78 \pm 9.44\%$、$10.71 \pm 5.00\%$、$7.18 \pm 2.29\%$，壁画基质样品中分别为 $57.10 \pm 11.43\%$、$7.38 \pm 4.38\%$

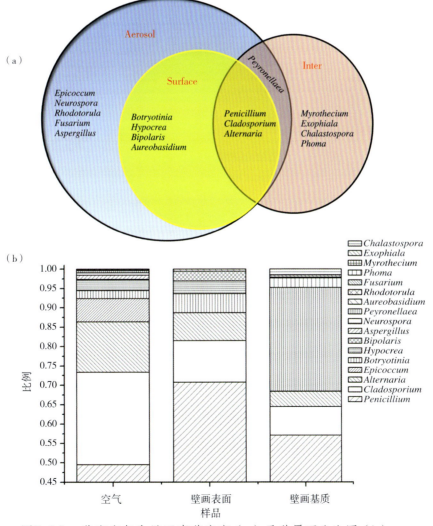

图7-11　墓室空气和壁画真菌病害（a）及种属百分比图（b）

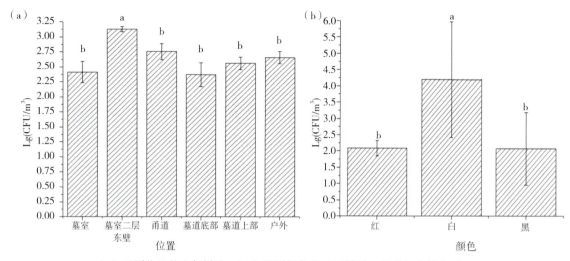

（a）不同位置的空气样品　（b）不同颜色的壁画样品，显著性差异水平0.05

图7-12　徐显秀墓空气真菌浓度

表7-3　DCA总体参考量

轴	1	2	3	4
特征值	0.183	0.149	0.115	0.102
梯度长度	2.595	2.905	2.512	2.404
累积方差（%）	2.3	4.1	5.5	6.8

表7-4　真菌浓度与环境参数间的相关性分析

因子	Correlation	lgCFU	Shannon H	*Penicillium*	*Cladosporium*	*Alternaria*	*Botryotinia*	*Bipolaris*	*Peyronellaea*	来源
相对湿度	Pearson	0.528	−0.656	0.397	0.139	−0.743	0.682	0.507	−0.617	空气
温度	Pearson	−0.494	0.809	−0.566	−0.1	0.828*	−0.605	−0.515	0.75	空气
深度	Pearson	0.021	−0.495	0.686	0.769	−0.888*	0.299	0.475	0.055	空气
相对湿度	Pearson	−0.27	−0.589	0.276	0.003	0.231	0.341	0.229	0.031	壁画
温度	Pearson	0.254	0.568	−0.298	−0.029	−0.252	−0.345	−0.23	−0.015	壁画
颜色	Spearman's rho	−0.02	−0.299	−0.02	0.06	0.462	0.075	0.569	−0.261	壁画

*. 显著性差异水平 0.05（2 侧检验）。

和3.98 ± 2.63%，*Peyronellaea* spp.在壁画基质样品中所占比例也较大，为26.78 ± 11.36%。此外，只出现在壁画中或者只出现在空气中有9个物种。空气样品特有5个属附球菌属*Epicoccum*（6.06 ± 4.78%）、曲霉属（甬道底部1.10 ± 1.05%）、链孢霉属*Neurospora*（0.62 ± 0.39%）、红酵母属*Rhodotorula*（0.23 ± 0%）、镰刀菌属（墓室南壁0.05%），这5个稀有属只占8.06%。IS特有4个属茎点霉属*Phoma*（2.45 ± 1.41%）、漆斑菌属*Myrothecium*（0.15%）、外瓶霉属*Exophiala*（0.60 ± 0.50%），*Chalastospora*（1.5583 ± 0.01%）这3个稀有属占4.77%。

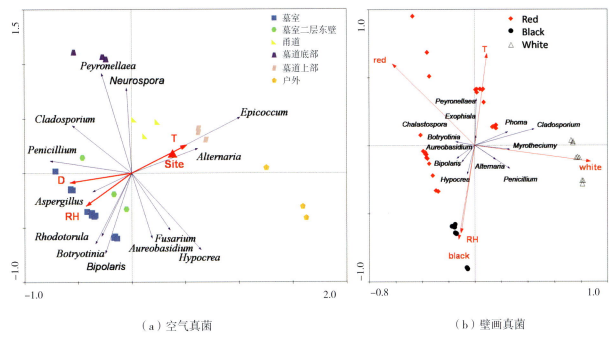

（a）空气真菌　　　　　　　　　　　　　（b）壁画真菌

蓝色细箭头表示物种，红色粗箭头表示连续型环境参数变量，红色实心三角形表示名义型环境参数变量，符号表示取样位点；T表示温度，RH表示相对湿度，D表示深度；red、black、white表示壁画上颜料样品的颜色为红、黑、白

图7-13　徐显秀墓室真菌RDA分析

（4）环境参数对真菌群落组成的影响

1）环境参数对真菌浓度和优势物种的影响

DCA数据预分析中，梯度长度（lengths of gradients，即采样得分值范围除以所有物种内标准差的平均值）< 3（表7-3），表明群落数据可以使用线性模型，如RDA和PCA分析。

Pearson Correlation 或 Spearman's rho 相关性分析显示无论是壁画还是空气样品真菌总浓度和环境参数间没有统计学上的显著相关，青霉属和枝孢属也显示不显著相关。只有空气样品中的链格孢属与温度显著正相关，与深度显著负相关（ $p < 0.05$ ）（表7-4）。

2）环境参数对真菌群落的影响

RDA分析显示物种与环境因子间高度相关（RDA前两轴空气与环境参数相关性为0.818和0.630；壁画中为0.454和0.463）；并且它们间的累积方差，空气为92.7%，壁画为80.9%；环境参数能解释其对空气真菌群落的影响，但不能解释对壁画真菌群落结构的影响。RDA 3序图（图7-13），不同地点的空气样品和不同颜色的壁画样品均聚集在不同位置，呈现较好的梯度排序，并且各个样品重复性好、相似性高。相对湿度（RH）和温度（T）对真菌群落结构的影响是负相关的（两矢量夹角约为180°），这与实际情况相符。而RH、T对不同物种的影响是不同的。例如，大气低温、高RH有利于青霉属、枝孢属和链格孢属的生长繁殖。影响空气真菌群落结构的主要环境参数是RH、T和深度，而影响壁画真菌群落结构的参数主要是颜料。

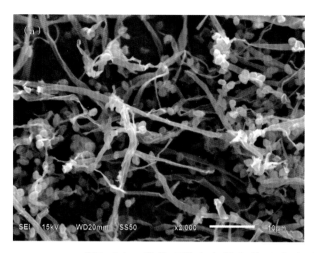

图7-14　墓道西壁白色霉变壁画（a）与无明显霉变壁画样品（b）扫描电镜图

第四节　壁画真菌分子克隆文库构建与菌害成因分析

（一）菌害壁画扫描电镜分析

通过对墓道西壁白色霉变样品与无明显霉变样品的扫描电镜分析（图7-14），确定了霉变壁画样品中存在大量菌丝体，菌丝体分枝形成分子孢子梗，分生孢子呈倒洋梨形，长约1.5～2.0μm，宽约1.0～1.5μm。无明显霉变样品中菌丝体结构不可见，具有微生物特征的结构体也很少，多数为壁画地仗层中土壤颗粒物。

（二）阳性克隆的筛选及测序比对

提取样品基因组总DNA，基于通用引物ITS1/ITS4扩增真菌ITS区，扩增产物经割胶纯化后，构建克隆文库。本研究中，利用蓝白斑筛选实验及二次扩增验证，霉变壁画克隆文库得到片段大小（600 bp左右）合适的阳性克隆斑129个，无明显霉变壁画获得阳性克隆斑135个，摇培菌液全部送至测序公司完成了插入片段序列测定。

经测序后霉变壁画克隆文库共得到片段大小合适的序列103条（提交至NCBI数据库序列号：KP063332～KP063434），无明显霉变壁画克隆文库共得到序列106条（序列号：KP063435～KP063540）；通过BLAST比对，确定了本研究中典型序列与NCBI数据库中相似度最高序列的科属、种和分离源等信息（表7-5）。结果显示，白色霉变壁画克隆文库序列主要与白色侧齿霉菌*Engyodontium album*和枝顶孢菌*Acremonium* sp.具有较高的相似度，两者分别隶属于虫草菌科Cordycipitaceae和肉座菌科Hypocreaceae；对比相似序列的分离源信息发现，这些序列主要分离自潮湿墙壁和海洋藻类等样品中。无明显霉变壁画克隆文库序列主要与无绒毛青霉菌*Penicillium laeve*、曲霉菌*Aspergillus* sp.等具有较高的相似度，分别隶属于曲霉科Aspergillaceae、毛壳菌科Chaetomiaceae和虫草菌科等5个科，曲霉科占据优势，相似序列主要分离自海沙、墙壁和根际土等样品中。

表 7-5 壁画病害真菌 ITS 区克隆文库典型序列比对分析

典型序列 （序列号）	科	属	分离源	相似度 （%）	序列号
xh1 （KP063332）	Cordycipitaceae	*Engyodontium album*	墙壁	99	KC311469
xh55 （KP063386）	Hypocreaceae	*Acremonium* sp.	海洋藻类	99	HQ914906
xnh40 （KP063474）	Chaetomiaceae	*Chaetomium globosum*	植物	97	JX981455
xnh78 （KP063512）	Aspergillaceae	*Aspergillus versicolor*	泥炭	99	AJ937754
xnh61 （KP063495）	Aspergillaceae	*Aspergillus penicillioides*	海沙	99	HQ914939
xnh1 （KP063435）	Aspergillaceae	*Penicillium griseofulvum*	根际	99	GU566212
xnh19 （KP063453）	Cordycipitaceae	*Engyodontium album*	墙壁	99	KC311469
xnh55 （KP063489）	Aspergillaceae	*Penicillium laeve*	基因组 DNA	96	KF667369
xnh39 （KP063473）	Debaryomycetaceae	*Candida parapsilosis*	食物	99	GQ395610
xnh43 （KP063477）	Pleosporineae	*Alternaria chlamydosporigena*	基因组 DNA	99	KC466540

（三）系统发生树构建

选择两个文库中典型序列及与之相似程度最高的NCBI数据库中参照序列，构建徐显秀墓霉变壁画与无明显霉变壁画样品中真菌ITS区克隆文库中典型序列及其相似序列间分类学系统进化树，从图7-15可以看出，所有序列均属于子囊菌门Ascomycota。

（四）群落组成与结构特征比较

霉变及无明显霉变样品克隆文库中真菌主要属及其所占百分比如图7-16。霉变壁画克隆文库序列包括2个属，分别为白色侧齿霉属、枝顶孢属，其中白色侧齿霉属为优势属，占文库中序列总数的98.1%；无明显霉变壁画样品克隆文库序列包括6个属，青霉属、曲霉属、链格孢属、假丝酵母属Candida、毛壳菌属Chaetomium和白色侧齿霉属，其中青霉属为优势属，占文库中序列总数的77.4%。由此可见，霉变壁画及无明显霉变壁画中真菌群落组成具有较大差异，优势类群各不相同。

（五）真菌区环境温度与相对湿度变化

本研究对2012年8月至2013年8月墓道下部环境温度和相对湿度进行了连续监测（图7-17），分析发现，墓道下部监测位置温度具有明显的季节性变化特征，最低温出现在1月，为−0.3℃；最

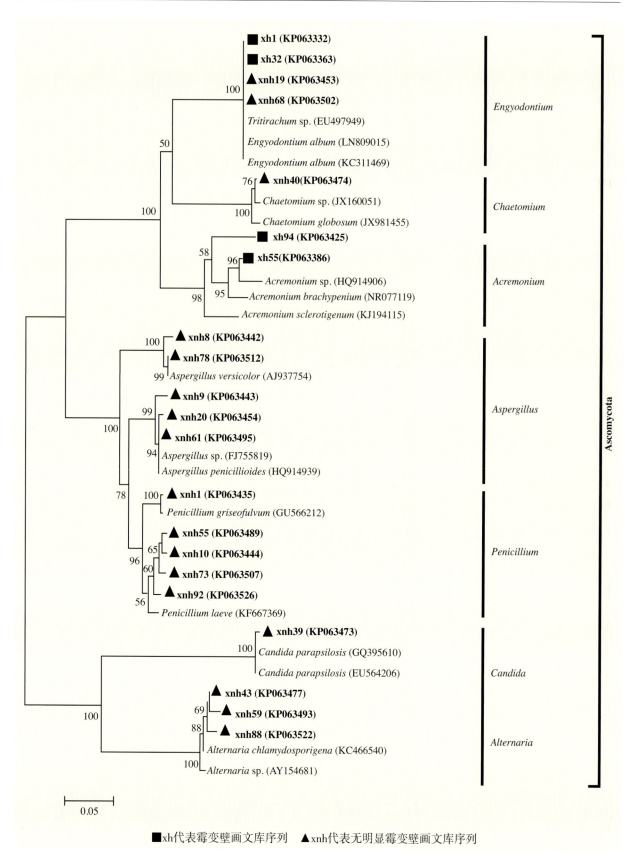

图7-15　壁画真菌克隆文库系统进化树

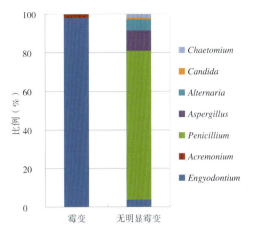
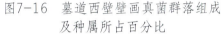

图7-16　墓道西壁壁画真菌群落组成
及种属所占百分比

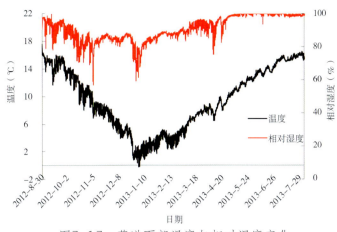

图7-17　墓道下部温度与相对湿度变化

高温出现在8月，为17.6℃；相对湿度长期维持在80%以上，5～8月甚至经常性地达到100%。由此可见，监测点周围局部微环境具有常年阴凉潮湿的特点。

第五节　病害生物综合防治试验

（一）试验材料

一次性灭菌注射器（10mL），雾化喷壶（15mL），移液枪（1mL），灭菌枪头（1mL），广谱pH试纸，标签纸，观察记录表，数码相机，卷尺，色卡，无菌刀片，无菌刀柄，无菌离心管（2mL、10mL），一次性无菌手套，加厚口罩，防护服，工作服。

（二）抢救性防护杀菌剂筛选

在确定优势病害菌为白色侧齿霉菌（*Engyodontium album*）的基础上，项目组分别在实验室和壁画保存现场，针对壁画优势病害菌筛选研究不同类型复配型杀灭剂抑菌能力（表7-6），在实验室条件根据抑菌圈大小筛选杀灭剂和最佳浓度（图7-18），并开展现场试验筛选（图7-19）。

实验室抑菌圈试验及现场试验均表明，编号为6-SL的杀菌剂，即双氯酚（0.5%，溶于75%乙醇）对于白色侧齿霉菌的抑制能力和杀灭能力均最强；且使用75%酒精作为溶剂后，其更容易溶解，75%酒精本身具有杀菌能力，并且渗透性很好，能将起杀灭作用的灭菌成分带入壁画更深层，有利于病害菌的长期防治。在上述大量试验研究的基础上，我们决定选用双氯酚（0.5%，溶于75%乙醇）对墓道西壁及甬道东壁等病害区域进行现场施工操作（图7-20），喷洒量控制在0.5mL /cm²壁画、分2～3次雾化喷洒，尽早杀灭病害菌，减少病害菌孢子的进一步扩散。

表 7-6 筛选杀灭剂名称及使用浓度

编号	常见杀灭剂	最佳建议使用浓度及溶解性
1-YC	乙醇	75%
2-JQ	甲醛（35%~38% 福尔马林）	0.5%，75% 乙醇
3-WE	戊二醛	2% 碱性水溶液（用 0.3% NaHCO$_3$ 调 pH 到 7.5 ~ 8.8），pH=9 即迅速聚合。加异戊醇提高杀灭力。
4-MD	霉敌	0.02%~0.3% 水溶液（25° 水中溶解度 0.02%），溶于乙醇、丙酮。0.04%，溶于 75% 乙醇
5-BC	苯扎氯胺	0.2%，溶于 75% 乙醇
6-SL	双氯酚 / 菌霉净	0.5% 难溶于水，易溶于醇类。0.5%，溶于 75% 乙醇
7-BB	苯并咪唑	0.4% 微溶于冷水、乙醚，稍溶于热水，易溶于乙醇、酸溶液、强碱溶液。0.4%，溶于 75% 乙醇

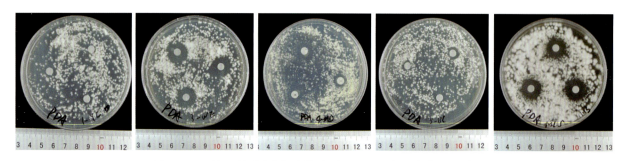

图7-18 基于抑菌圈试验筛选杀灭剂及其最佳使用浓度

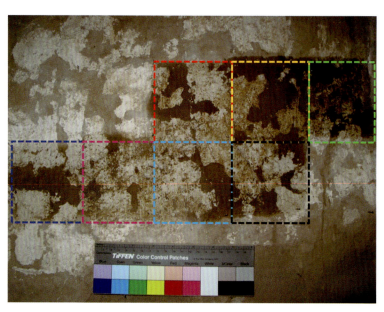

（a）杀灭剂现场试验位置 　　　　　　　（b）最佳使用浓度现场试验

图7-19 杀灭剂位置及最佳使用浓度现场试验

图7-20　墓道西壁病害菌区域杀灭现场施工

（三）前期除草试验研究

2001年4月，太原市文物考古研究所清理出墓道和天井，在对墓道壁画及其周围进行调查后认为对墓葬土体构成直接影响的有周边梨树、小灌木和杂草，其中梨树共三棵，墓道西边、墓道东南角和墓道西北角各一棵。灌木及主要杂草分属7科10种：（1）灌木：枸杞（茄科）；（2）多年生杂草：甘草（豆科）、萝摩（萝摩科）、田旋花（旋花科）、青杞（茄科）、艾蒿（菊科）、阿尔泰狗娃花（菊科）、芨芨草（禾本科）；（3）一年生杂草：鸡眼草（豆科）、麦仁珠（茜草科）。

对壁画表面的调查结果表明，梨树、灌木、多年生草本植物深土宿根的根系较深，影响较大，使墓道墙壁土壤龟裂、剥落，致使壁画破损。而一年生草本植物由于根系较浅，只对位于表层上的壁画产生影响。同时，邻近土壤中的杂草根系和地面杂草对壁画也有潜在的影响。

试验研究的目的是一方面杀灭暴露在壁画表面的根、茎，另一方面清除邻近土壤中的根系和地面上的杂草，针对不同情况分别处理：

（1）对于在墓道墙壁上露出的根系，将药剂涂于其新剪出的截面，使根系内吸传导药剂而致死。

（2）对于距墓地较近的树木，采用灭生性药剂茎叶喷雾与传导性药剂灌根相结合的方法，使其停止生长。

（3）对于墓道周围土壤中的杂草根系，则在墓道周围土壤中打孔进行药剂点射，使土壤中的根系从点射中心开始死亡，逐渐向边缘扩展，形成无草圈。

（4）对于墓地周围的地面杂草，使用具有传导性的药剂进行茎叶喷雾，杀灭杂草。

山西省农业科学院植物保护研究所在除草过程中，分墓道东西两壁、墓道东西两台地、墓葬外围土体等三个区域分别处理。先将墓道墙壁上露出的根系和茎剪出新的截面，用毛笔将浓度1:1的毒莠定水剂（四川绵阳利尔化工有限公司）均匀涂抹于截面。

在墓道东西两台地挖凿直径2cm、深100～150cm、行间隔55cm、列间隔分别为30、40、50cm的孔200个，用浓度1:200的森泰水可溶剂（江苏新沂农药有限公司）将孔灌满。第一次施药后，用细土将孔填充20～30cm；隔20～30天后进行第二次施药，第二次施药后，仍用细土将孔填充20～30cm，以此类推，直至填满为止。同时，将三棵梨树的根部树皮环割，并在梨树根挖孔，用浓度1:5～1:8的森泰水可溶剂给梨树灌根。

在墓葬外围区域，用工农—16型喷雾器将浓度1:50的森草净水剂（西安近代化研究所化工厂）均匀喷洒于杂草茎叶表面、梨树叶面及地面。

施药6天后，墓道壁画上暴露的根、茎已萎缩，截面变为褐色；三棵梨树均表现为树叶萎缩、变黄，环割树皮处变为褐色；篷布棚内杂草已变黄，渐枯死。施药后30天，墓道壁画上暴露的根、茎已枯萎，截面变为黑褐色；三棵梨树树叶已枯萎，变为黑褐色；篷布棚内地面杂草已枯萎，但没有新生杂草；围墙以内、篷布棚以外地面有少量新生杂草。药后70天，墓道壁画上暴露的根、茎已死亡；三棵梨树已死亡；篷布棚内杂草死亡，没有新生杂草；围墙以内、篷布棚以外有较多新生杂草。

药后6天、30天、70天对杂草的防治情况进行调查的结果表明：该防治方法有效控制了墓葬周围杂草、灌木及梨树根系对壁画的破坏，达到了预期的防治目的。

第六节　小结

本章结合传统培养技术和基于分子生物学研究手段，对徐显秀墓室空气样品、壁画表面样品和壁画基质样品进行可培养细菌、真菌的分离鉴定。同时对可培养细菌、真菌的多样性、空间分布及其影响因素（环境因子）进行分析，并对菌害壁画样品进行了克隆文库构建和真菌群落组成分析。主要研究结果如下：

（1）在墓葬壁画表面，优势类群为芽孢杆菌属（81.4%）。在墓葬空气中，可培养细菌主要由溶杆菌属（23.7%）、芽孢杆菌属（23.5%）和短芽孢杆菌属（22%）组成。墓葬室内和室外的空气中，细菌群落组成结构有明显差异。

（2）空气样品、壁画表面样品和壁画基质样品中可培养真菌的优势菌种属均为青霉属、毛壳菌属和链格孢属。其他真菌包括链孢霉属、附球菌属、曲霉素等14个属。影响空气真菌多样性的主要环境参数是相对湿度、温度和取样深度，而影响壁画真菌多样性的参数为颜料。不同采样位点的空气样品和不同颜色颜料的壁画样品均聚集在不同位置，呈现较好的梯度排序，各个样品的平行间可重复性好、相似性高。

（3）霉变壁画表面有大量菌丝体，分生孢子大小为（1.5～2.0）μm×（1.0～1.5）μm。霉变壁画克隆文库序列分别与NCBI数据库中白色侧齿霉属和枝顶孢属真菌具有较高的相似度，白色侧齿霉菌为优势病害菌（98.1%）；无明显霉变壁画克隆文库序列分别与包括青霉属、曲霉属、链格孢属、假丝酵母属、毛壳菌属和白色侧齿霉属真菌高度相似，无绒毛青霉菌为优势菌（77.4%）；霉变与无明显霉变壁画中真菌群落组成差异较大；白色侧齿霉菌是引起墓道壁画霉变的主要病害菌；墓道下部相对湿度常年较高是诱发壁画霉变的关键环境因子。

（4）双氯酚（0.5%，溶于75%乙醇）对于病害菌白色侧齿霉菌的抑制能力和杀灭能力均最强。双氯酚对壁画病害区域杀灭处理取得了较好的效果。建议保持壁画附存环境的相对稳定，减少遗址环境空气的人为扰动，以及在天气晴好时适当地自然通风透气，有效降低壁画微生物病害的发生。

参考书目

陈红歌、贾新成：《密县汉墓霉变壁画霉菌的分离鉴定》，《敦煌研究》1996 年第 3 期。

冯清平、马晓军、张晓君等：《敦煌壁画色变中微生物因素的研究——I. 色变壁画的微生物类群及优势菌的检测》，《微生物学报》1998 年第 38 卷第 1 期。

葛琴雅、李哲敏、孙延忠等：《壁画菌害主要种群之分子生物学技术检测》，《文物保护与考古科学》2012 年第 24 卷第 2 期。

郭爱莲、单暐、杨文宗：《陕西长安南礼王村出土壁画的微生物类群鉴定》，《文物保护与考古科学》1997 年第 9 卷第 1 期。

马旭、毛琳、马燕天等：《拉斯科洞穴史前壁画微生物生态学研究进展》，《敦煌研究》2010 年第 6 期。

马燕天、武发思、马旭等：《史前洞窟阿尔塔米拉 (Altamira Cave) 壁画微生物群落研究进展》，《敦煌研究》2011 年第 6 期。

汪万福、冯虎元、潘建斌：《西北地区土遗址周边植物图册》，科学出版社，2015 年。

武发思、汪万福、贺东鹏等：《嘉峪关魏晋墓腐蚀壁画细菌类群的分子生物学检测》，《敦煌研究》2011 年第 6 期。

武发思、汪万福、贺东鹏等：《嘉峪关魏晋墓腐蚀壁画真菌群落组成分析》，《敦煌研究》2013 年第 1 期。

武发思、汪万福、马燕天等：《敦煌莫高窟第 98 窟壁画表面菌斑的群落结构分析》，《微生物学通报》2013 年第 40 卷第 9 期。

张慧、敬言、晁开等：《墓葬壁画霉菌的分离与鉴定》，《甘肃科学学报》1998 年第 10 卷第 2 期。

赵凤燕、严淑梅、李华：《西安曲江翠竹园西汉壁画墓霉菌分析研究》，《文博》2010 年第 5 期。

郑国钰、马清林：《甘肃酒泉、嘉峪关壁画墓霉菌分离鉴定与防治研究》，《文物保护与考古科学》1996 年第 8 卷第 1 期。

Abdel–Haliem M E F, Sakr A A, et al. Characterization of Streptomyces isolates causing colour changes of mural paintings in ancient Egyptian tombs. *Microbiological Research*, 2013, 168: pp.428–437.

Agostino A, Boccaleri E, et al. Evidence for the degradation of an alloy pigment on an ancient Italian manuscript. *Journal of Raman Spectroscopy*, 2006, 37: 1160–1170.

Allemand L . Qui sauvera Lascaux? *Recherche*, 2003, 363:pp.26–33.

Altschul S F, Gish W, Miller W, et al. Basic local alignment search tool. *Journal of Molecular Biology,*1990,215: pp.403–410.

An K D, Kiyuna T, Kigawa R, et al. The identity of *Penicillium* sp. 1, a major contaminant of the stone chambers in the

Takamatsuzuka and Kitora Tumuli in Japan, is *Penicilliumpaneum*. *Antonie van Leeuwenhoek*, 2009, 96(4): pp.579–592.

Bastian F, Alabouvette C, Jurado V, et al. Impact of biocide treatments on the bacterial communities of the Lascaux Cave. *Naturwissenschaften*, 2009, 96(7): pp.863–868.

Bastian F, Alabouvette C, Saiz–Jimenez C.Bacteria and free–living amoeba in the Lascaux Cave. *Research in Microbiology*, 2009, 160: pp.38–40.

Bastian F, Jurado V, Nováková A, et al. The microbiology of Lascaux Cave. *Microbiology*, 2010, 156(3): pp.644–652.

Berdoulay M, Salvado J C. Genatic characterization of microbial communities living at the surface of building stones. *Letters in Applied Microbiology*, 2009, 49: pp.311–316.

Chelius M K, Beresford G, Horton H, et al. Impacts of alterations of organic inputs on the bacterial community within the sediments of Wind Cave, South Dakota, USA. *International Journal of Speleology*, 2012, 38: pp.1–10.

Chelius M K, Moore J C. Molecular phylogenetic analysis of archaea and bacteria in Wind Cave, South Dakota. *Geomicrobiology Journal*, 2004, 21: pp.123–134.

Chen Y P, Cui Y, Dong J G. Variation of airborne bacteria and fungi at Emperor Qin's Terra–Cotta Museum, Xi'an, China, during the "Oct. 1" gold week period of 2006. *Environmental Science and Pollution Research*, 2010, 17: pp.478–485.

Ciferri O. Microbial degradation of paintings. *Applied and Environmental Microbiology*, 1999, 65(3): pp.879–885.

Cuezva S, Fernandez–Cortes A, Porca E, et al. The biogeochemical role of *Actinobacteria* in Altamira Cave, *Spain*. *FEMS Microbiology Ecology*, 2012, 81(1): pp.281–290.

Cuezva S, Sanchez–Moral S, Saiz–Jimenez C, et al. Microbial Communities and Associated Mineral Fabrics in Altamira Cave, Spain. *International Journal of Speleology*, 2009, 38: pp.83–92.

De Leo, IeroF, ZammitA, et al. Chemoorganotrophic bacteria isolated from biodeteriorated surfaces in cave and catacombs. *International Journal of Speleology*, 2012, 41: pp.125–136.

Diaz–Herraiz M, Jurado V, Cuezva S, et al. Deterioration of an Etruscan tomb by bacteria from the order *Rhizobiales*. *Scientific Reports*, 2014, 4: p.3610.

Drahl C. For cave's art, an uncertain future. *Chemical & Engineering News*, 2011, 89(43): pp.38–40.

Dupont J, Jacquet C, Dennetiere B, et al. Invasion of the French Paleolithic painted cave of Lascaux by members of the *Fusarium solani* species complex. *Mycologia*, 2007, 99: pp.526–533.

Engel A S. Microbial diversity of cave ecosystems. In: Barton, L L, Loy A, Mandl M (Eds.), *Geomicrobiology: Molecular and Environmental Perspective*, Vol. 4, Springer–Verlag, New York, 2010, pp. 219–238.

Estellés R D, Ros J L, Amat G C, et al. Actinomicetos en la pinturas murales de la Capilla de la Comunión de la Basilica de los Desamparados de Valencia. Actas Congreso Restauración de Bienes Culturales, is Murcia Consejería de Educación y Cultura, *Dirección General de Cultura*, 2006, 2: pp.1164.

Fang Z, Ouyang Z, Zheng H, et al. Concentration and size distribution of culturable airborne microorganisms in outdoor environments in Beijing, China. *Aerosol Science and Technology*, 2008, 42: pp.325–334.

Gonzalez I, Laiz L, Hermosin B, et al. Bacteria isolated from rock art paintings: the case of Atlanterra shelter (south Spain). *Journal of Microbiological Methods*, 1999, 36: pp.123–127.

Goodfellow M, Williams S T. Ecology of actinomycetes. *Annual Review of Microbiology*, 1983, 37: pp.189–216.

Gorbushina A A, Heyrman J, Dornieden T, et al. Bacterial and fungal diversity and biodeterioration problems in mural painting environments of St. Martins church (Greene–Kreiensen, Germany). *International Biodeterioration and Biodegradation*, 2004, 53: pp.13–24.

Groth I, Vettermann R, Schuetze B, et al. Actinomycetes in karstic caves of northern Spain (Altamira and Tito Bustillo). *Journal of Microbiological Methods*, 1999, 36: pp.115–122.

Gurtner C, Heyrman J, Piñar G, et al. Comparative analyses of the bacterial diversity on two different biodeteriorated wall paintings by DGGE and 16S rDNA sequence analysis. *International Biodeterioration and Biodegradation*, 2000, 46: pp.229–239.

Hansen A A, Herbert R A, Mikkelsen K, et al. Viability, diversity and composition of the bacterial community in a high Arctic permafrost soil from Spitsbergen, Northern Norway. *Environmental Microbiology*, 2007, 9: pp.2870–2844.

Heyrman J, Swings J. 16S rDNA sequence analysis of bacterial isolates from biodeteriorated mural paintings in the Servilia tomb(Necropolis of carmona, Seville, Spain). *Systematic & Applied Microbiology*, 2001, 24(3): pp.417–422.

Heyrman J, Verbeeren J, Schumann P, et al. Six novel *Arthrobacter* species isolated from deteriorated mural paintings. *International Journal of Systematic and Evolutionary Microbiology*, 2005, 55: pp.1457–1464.

Imperi F, Caneva G, Cancellieri L, et al. The bacterial aetiology of rosy discoloration of ancient wall paintings. *Environmental Microbiology*, 2007, 9(11): pp.2894–2902.

Jones D S, Albrecht H L, Dawson K S et al. Community genomic analysis of an extremely acidophilic sulfur–oxidizing biofilm. *ISME Journal*, 2012, 6: pp.158–170.

Jurado V, Laiz–Trobajo L, Rodríguez–Nava V, et al. Pathogenic and opportunistic microorganisms in caves. *International Journal of Speleology*, 2010, 39: pp.15–24.

Karpovich–Tate N, Rebrikova N L. Microbial communities on damaged frescoes and building materials in the Cathedral of the nativity of the virgin in the Pafnutii–Borovskii monastery, Russia. *International Biodeterioration*, 1991, 27(3): pp.281–296.

Kim O S, Cho Y J, Lee K. Introducing EzTaxon–e: a prokaryotic 16S rRNA gene sequence database with phylotypes that represent uncultured species. *International Journal of Systematic and Evolutionary Microbiology*, 2012, 62: pp.716–721.

Lefe'vre M. La maladie verte de Lascaux. *Studies in Conservation*, 1974, 19:pp.126–156.

Liuveras A, Boularand S, Andreotti A, et al. Degradation of azurite in mural paintings: distribution of copper carbonat, chlorides and oxalates by SRFTIR. *Applied Physics A: Materials Science & Processing*, 2010, 99: pp.363–375.

López–Miras M, Pinãr G, Romero–Noguera J, et al. Microbial communities adhering to the obverse and reverse sides of an oil painting on canvas: identification and evaluation of their biodegradative potential. *Aerobiologia*, 2013, 29: pp.301–314.

Lou X, Fang Z, Si G, Assessment of culturable airborne bacteria in a university campus in Hangzhou, Southeast of China. *African Journal of Microbiology Research*, 2012, 6: pp.665–673.

Ma Y T, Zhang H, Du Y, et al. The community distribution of bacteria and fungi on ancient wall paintings of the Mogao Grottoes. *Scientific Reports*, 2015, 5: pp.7752.

Mandrioli P, Ariatti A. Aerobiology: future course of action. *Aerobiologia*, 2001, 17: pp.1–10.

Mandrioli P, Caneva G, Sabbioni C. *Cultural heritage and aerobiology: Methods and measurement techniques for biodeterioration monitoring*. 2003, New York: Kluwer Academic Publishers.

Martin–Sanchez PM, Nováková A, Bastian F, et al. Use of Biocides for the control of fungal outbreaks in subterranean environments: the case of the Lascaux Cave in France. *Environmental Science & Technology*, 2012, 46(7): pp.3762–3770.

Mercer M, Iqbal G G, Miller A J, et al. Screening actinomycetes for extracellular peroxidase activity. *Applied & Environmental Microbiology*, 1996, 62: pp.2186–2190.

Milanesi C, Baldi F, Borin S, et al. Biodeterioration of a fresco by biofilm forming bacteria. *International Biodeterioration & Biodegradation*, 2006, 57: pp.168–173.

Monte M, Ferrari R. Biodeterioration in subterranean environments. *Aerobiologia*, 1993, 9: pp.141–148.

Nugari MP, Realini M, Roccardi A. Contamination of mural paintings by indoor airborne fungal spores. *Aerobiologia*, 1993, 9(2/3): pp.131–139.

Pangallo D, Bucková M, KrakováL, et al. Biodeterioration of epoxy resin: a microbial survey through culture–independent and culture–dependent approaches. *Environmental Microbiology*, 2015, doi: 10.1111/1462–2920.12523.

Pangallo D, KrakováL, Chovanová K, et al. Analysis and comparison of the microflora isolated from fresco surface and from surrounding air environment through molecular and biodegradative assays. *World Journal of Microbiology and Biotechnology*, 2012, 28: pp.2015–2027.

Pasti–Grigspy M B, Paszczynski A, Goszczynski S, et al. Influence of aromatic substitution patterns on azo dyes degradability by Streptomyces spp. and Phanerochaete chrysosporium. *Applied & Environmental Microbiology*, 1992, 58: pp.3605–3613.

Petushkova J P, Lyalikova N N. Microbiological degradation of lead–containing pigments in mural paintings. *Stud. Conserv*, 1986, 31: pp.65–69.

Piñar G, Kraková L, Pangallo D, et al. Halophilic bacteria are colonizing the exhibition areas of the Capuchin Catacombs in Palermo, Italy. *Extremophiles*, 2014, 18: pp.677–691.

Piñar G, Piombino–Mascali D, Maixner F, et al. Microbial survey of the mummies from the Capuchin Catacombs of Palermo, Italy: biodeterioration risk and contamination of the indoor air. *FEMS Microbiology Ecology*, 2013, 86: pp.341–356.

Polz M F, Cavanaugh C M. Bias in template–to–product ratios in multitemplate PCR. *Applied & Environmental Microbiology*, 1998, 64(10): pp.3724–3730.

Porca E, Jurado V, Zgur–Bertok D, et al. Comparative analysis of yellow microbial communities growing on the walls of geographically distinct caves indicates a common core of microorganisms involved in their formation. *FEMS Microbiology Ecology*, 2012, 81: pp.255–266.

Portillo M C, Saiz–Jimenez C, Gonzalez J M. Molecular characterization of total and metabolically active bacterial communities of "white colonizations" in the Altamira Cave, Spain. *Research in Microbiology*, 2009, 160: pp.41–47.

Portillo MC, Gonzalez JM, Saiz–Jimenez C. Metabolically active microbial communities of yellow and grey colonizations on the walls of Altamira Cave, Spain. *Journal of Applied Microbiology*, 2008, 104(3): pp.681–691.

Reasoner D, Geldreich E. A new medium for the enumeration and subculture of bacteria from potable water. *Applied and Environmental Microbiology*, 1985, 49: pp.1–7.

Rodrigues A, Gutiérrez Patricio S, Miller A Z, et al, Fungal biodeterioration of stained–glass windows. *International Biodeterioration & Biodegradation*, 2014, 90: pp.152–160.

Rölleke S, Muyzer G, Wawer C, et al. Identification of bacteria in biodegraded wall painting by DGGE of PCR–amplified gene fragments coding for 16S rRNA. *Applied & Environmental Microbiology*, 1996, 62: pp.2059–2065.

Saiz–Jimenez C, Cuezva S, Jurado V, et al. Paleolithic art in peril: policy and science collide at Altamira Cave. *Science*, 2011, 334: pp.42–43.

Saiz–Jimenez C, Gonzalez J M. Aerobiology and cultural heritage: Some reflections and future challenges. *Aerobiologia*, 2007, 23: pp. 89–90.

Saiz–Jimenez C, Groth I. Actinomycetes in hypogean environments. *Geomicrobiology Journal*, 1999, 16: pp.1–8.

Saiz–Jimenez C, Miller AZ, Martin–Sanchez PM, et al. Uncovering the origin of the black stains in Lascaux Cave in France. *Environmental Microbiology*, 2012, 14: pp.3220–3231.

Saiz–Jimenez C. Microbiological and environmental issues in show caves. *World Journal of Microbiology and Biotechnology*, 2012, 28: pp.2453–2464.

Sanchez–Moral S, Luque L, Cuezva S, et al. Deterioration of building materials in Roman catacombs: the influence of visitors. *Science of the Total Environment*, 2005, 349: pp.260–276.

Sauer K, Rickard A H, Davies D G. Biofilms and biocomplexity. *Microbe*, 2007, 2: pp.347–353.

Schabereiter–Gurtner C, Saiz–Jimenez C, Piñar G, et al. Altamira cave Paleolithic paintings harbor partly unknown bacterial communities. *FEMS Microbiology Letters*, 2002, 211: pp.7–11.

Schabereiter–Gurtner C, Saiz–Jimenez C, Piñar G, et al. Phylogenetic diversity of bacteria associated with Paleolithic paintings and surrounding rock walls in two Spanish caves (Llonin and La Garma). *FEMS Microbiology Ecology*, 2004, 47: pp.235–247.

Scott D, Dodd L, Furihata J, et al. An ancient Egyptian cartonnage board collar. *Studies in Conservation*, 2004, 49: pp.177–192.

Šimonovičová A, Gódyová M, Kunert J. *Engyodontium album*, a new species of microscopic fungi for Slovakia and its keratinolytic activity. *Biologia, Bratislava*, 2004, 59(1): pp.17–18.

Srinivasan S, Kim M K, Sathiyaraj G, et al. *Lysobacter* soli sp. nov., isolated from soil of a ginseng field. *International Journal of Systematic and Evolutionary Microbiology*, 2010, 60: pp.1543–1547.

Staley J T. Prosthecomicrobium and Ancalomicrobium: new prosthecate freshwater bacteria. *Journal of Bacteriology*, 1968, 95: pp.1921–1942.

Stomeo F, Portillo M, Gonzalez J, et al. *Pseudonocardia* in white colonizations in two caves with Paleolithic paintings. *International Biodeterioration and Biodegradation*, 2008, 62: pp.483–486.

Tamura K, Dudley J, Nei M, et al. MEGA4: molecular evolutionary genetics analysis (MEGA) software version 4.0. *Molecular Biology and Evolution*, 2007, 24: pp.1596–1599.

Tresner H D, Danga F. Hydrogen sulphide production by *Streptomyces* as a criterion for species differentiation. *Journal of Bacteriology*, 1958, 69: pp.239–244.

Urzì C, De Leo F, Bruno L, et al. Microbial diversity in paleolithic caves: a study case on the phototrophic biofilms of the Cave of Bats (Zuheros, Spain). *Microbial Ecology*, 2010, 60: pp.116–129.

Vasanthakumar A, DeAraujo A, Mazurek J, et al. Microbiological survey for analysis of the brown spots on the walls of the tomb of King Tutankhamun. *International Biodeterioration & Biodegradation*, 2013, 79(4): pp.56–63.

Wang W F, Ma X, Ma Y T, et al. Diversity and seasonal dynamics of airborne bacteria in the Mogao Grottoes, Dunhuang, China. *Aerobiologia*, 2012, 28: pp.27–38.

Wang W F, Ma X, Ma Y T, et al. Molecular characterization of airborne fungi in caves of the Mogao Grottoes, Dunhuang, China. *International Biodeterioration and Biodegradation*, 2011, 65: pp.726–731.

Wang W F, Ma X, Ma Y T, et al. Seasonal dynamics of airborne fungi in different caves of the Mogao Grottoes, Dunhuang, China. *International Biodeterioration and Biodegradation*, 2010, 64: pp.461–466.

Wang W F, Ma X, Ma Y T, et al.Seasonal variations of airborne bacteria in the Mogao Grottoes, Dunhuang, China. *International Biodeterioration and Biodegradation*, 2010, 64: pp.309–315.

Winters H, Isquith IR, Goll M. A study of the ecological succession in biodeterioration of a vinyl acrylic paint film. *Developments in Industrial Microbiology*, 1976, 17: pp.167–171.

Yassin M, Almouqatea S. Assessment of airborne bacteria and fungi in an indoor and outdoor environment. *International Journal of Environment Science and Technology*, 2010, 7: pp.535–544.

Zhou J Z, Bruns M A, Tiedje J M. DNA recovery from soils of diverse composition. *Applied and Environmental Microbiology*, 1996, 62: pp.316–322.

Zucconi L, Gagliardi M, Isola D, et al. Biodeterioration agents dwelling in or on the wall paintings of the Holy Saviour's Cave(Vallerano, Italy). *International Biodeterioration& Biodegradation*, 2012, 70: pp.40–46.

第八章　探地雷达在徐显秀墓保护中的应用

第一节　壁画空鼓病害的探测及灌浆加固效果的评价

为了科学检测壁画空鼓病害的范围、程度，同时合理评价灌浆加固的效果，敦煌研究院文物保护技术服务中心引进RAMAC高频探地雷达（图8-1），对墓室北披中下部和墓室南壁东侧下部的两处空鼓壁画进行现场检测。

（一）检测原理及仪器分辨率

探地雷达是利用高频电磁波以宽频带短脉冲的形式，在地面通过发射天线将信号送入地下，经地层界面或目的体反射后返回地面，再由接收天线接收电磁波反射信号，通过对电磁波反射信号的时频特征和振幅特征进行分析，了解地层或目的体特征信息的方法。探地雷达广泛应用于考古、岩溶探测、砼路面板底脱空检测、隧道衬砌质量评价以及路基分层等方面，随着探地雷达天线频率的提高和超宽带技术的运用，其应用范围扩大到浅表层目标的识别。由于壁画空鼓病害的埋深一般为2~5cm，鲜有超过10cm，因此，探地雷达的探测深度达到20cm就可以满足要求。

在测试条件较理想的情况下，纵向分辨率的极限可达电磁波特征波长的1/10；而在恶劣的检测条件下，其分辨率只有特征波长的1/3。针对一般的岩土体探地雷达检测，通常将脉冲电磁波特征波长的1/4~1/2视作其纵向分辨率，并据此选择合适的雷达天线。当电磁波的特征波长与空洞或空鼓的厚度比较接近时，空洞或空鼓的上顶面和下底面在雷达图像上的反射回波信号明显易辨。由于超宽带无线电技术的应用，超宽带探地雷达拥有更高的分辨率。

现场检测所用探地雷达是如图8-1所示瑞典MALÅ Geoscience公司的通用模块型ＲＡＭＡＣ/

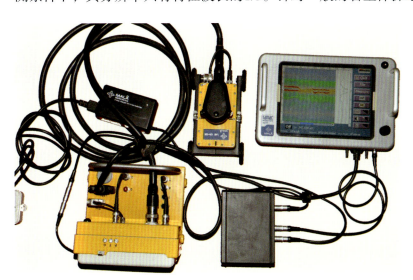

图8-1　MALÅ Geoscience公司的高频探地雷达

GPR，它由控制单元、天线和计算机终端三部分组成。经由发射天线产生脉冲电磁波，其时域（图8-2）和频域（图8-3）信号特征影响着探地雷达的性能，尤其决定着雷达的纵向分辨率。

美国联邦通信委员会（FCC）定义电磁波脉冲信号的带宽由功率谱$P（f）$衰减$-10dB$确定，

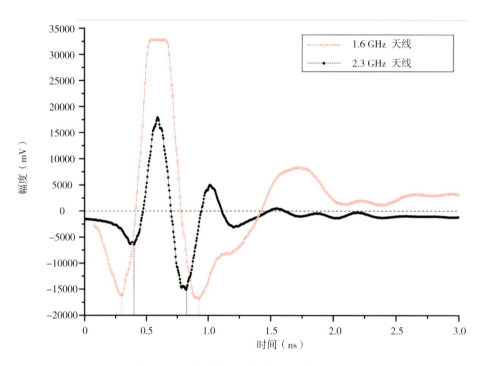

图8-2　无载波电磁脉冲的时域波形

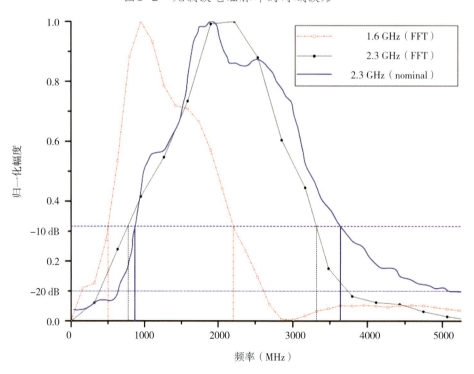

图8-3　无载波电磁脉冲的频谱及带宽

即：

$$P_{dB}(f) = 10\lg\left(\frac{|A(f)|}{|A_{max}(f_c)|}\right)$$
（公式8-1）

式中：$P_{dB}(f)$为频率f时的归一化功率，单位为dB；$A(f)$为频率f时的幅度；$A_{max}(f_c)$为频率f_c对应的最大幅度。

令$P_{dB}(f)$=-10dB可得，$A(f)=10^{-1/2}A_{max}(f)\approx0.32\,A_{max}(f)$，图8-3中幅度纵坐标0.32处即对应于-10 dB归一化功率。

在图8-3中，信号经FFT后，1.6GHz、2.3GHz天线发射电磁波的频谱带宽的上界f_H和下界f_L分别约为502MHz和2203MHz、772MHz和3321MHz。相对带宽为：

$$B = \frac{f_H - f_L}{(f_H + f_L)/2} \times 100\%$$
（公式8-2）

式中：B为电磁波频谱的相对带宽，单位为%；f_H为带宽的上界，单位为MHz；f_L为带宽的下界，单位为MHz。

根据式8-2可以求得1.6GHz和2.3GHz天线的相对带宽分别为126%和125%，它们都属于超宽带（UWB）天线。

RAMAC/GPR使用步频技术拓展脉冲电磁波的带宽，有效带宽B_{eff}内的中高频成分具有更高的分辨率。由瑞利判据可推导出探地雷达纵向分辨率为：

$$\Delta R = \frac{\upsilon}{2B_{eff}} = \frac{c/\sqrt{\varepsilon_r}}{2B_{eff}}$$
（公式8-3）

式中：ΔR为雷达纵向分辨率，也称为垂直分辨率，单位为m；υ为脉冲电磁波在介质中的传播速度，单位为m/s；B_{eff}为接收信号频谱的有效绝对带宽，单位为Hz；c为电磁波在真空中的传播速度，取值3.00×10^8m/s；ε_r为介质相对介电常数的实部。

石灰地仗层的相对介电常数约7~16，对应的电磁波传播速度为75~113m/μs。高纯度石灰石的相对介电常数范围为6.1~9.1，以数值7.5~8.8居多。对于1.6GHz天线，其绝对带宽为1.70×10^9Hz，取徐显秀墓壁画地仗层的介电常数为8，将该ε_r值代入式8-3后可得纵向分辨率为0.031m。

式8-3将电磁波在介质中传播的半波长作为雷达的纵向分辨率，而瑞利准则将波长的1/4作为纵向分辨率的极限。在信噪比很高的情况下，可以将波长的1/8作为理论分辨率的极限。另一方面，用绝对带宽代替有效带宽计算纵向分辨率的方法其实是一种折中算法，因为壁画空鼓病害的探地雷达检测属于10cm深度范围内的超浅层应用，电磁波在干燥地仗层中的双程衰减距离较短，所以超宽带脉冲信号中分辨率更高的中高频成分可以经地仗—空鼓电性差异界面反射回接收天线。

若将图8-3中幅度纵坐标为0.1时对应的-20dB功率谱作为有效带宽的界定线，则1.6GHz天线的有效频带范围为121~2624MHz。因此，在石灰石地仗层中传播的电磁波的最小波长λ_{min}相应为4.24cm，对应的λ/8理论分辨率极限约为5.3mm。

（二）壁画空鼓病害范围的检测

为减小检测过程中对壁画表面造成的损伤，技术人员先对检测区域内的起甲壁画和酥碱壁画进行了精细修复。

根据经验，徐显秀墓壁画地仗层的相对介电常数约为8，电磁波在地仗层中的传播速度约为1.06×10^8m/s，即106m/μs或106mm/ns。在RAMAC探地雷达参数设置对话框中，选择双程时窗深度为2.3～4.7ns，有效探测深度则约12.2～25.0cm。采样频率选定212GHz，信号触发优先选择2mm的间距触发，当壁面起伏较大时采用0.1 s的时间触发模式，同时开启自动叠加功能。在配套软件GroundVision和Easy 3D环境下处理探地雷达数据时，加载如下4个滤波器：

（1）去直流漂移（DC Removal）。

（2）抽取平均道（Subtract Mean Trace）。

（3）带通滤波（Band Pass）。

（4）平滑处理（Running Average）。

1. 墓室北披壁画空鼓病害检测

第一处现场检测区域（图8-4）位于墓室北披中下部，长2.4m、高0.8m，布置水平测线9道、竖向测线13道，水平道间距为0.1m、竖向道间距为0.2m，同时对中间0.8m×0.8m的区域按网格模式进行检测。

（1）水平测线解译结果

图8-4中9道水平测线H_1～H_9的雷达剖面图像如图8-5所示。

（2）竖向测线解译结果

图8-4　墓室北披检测区域

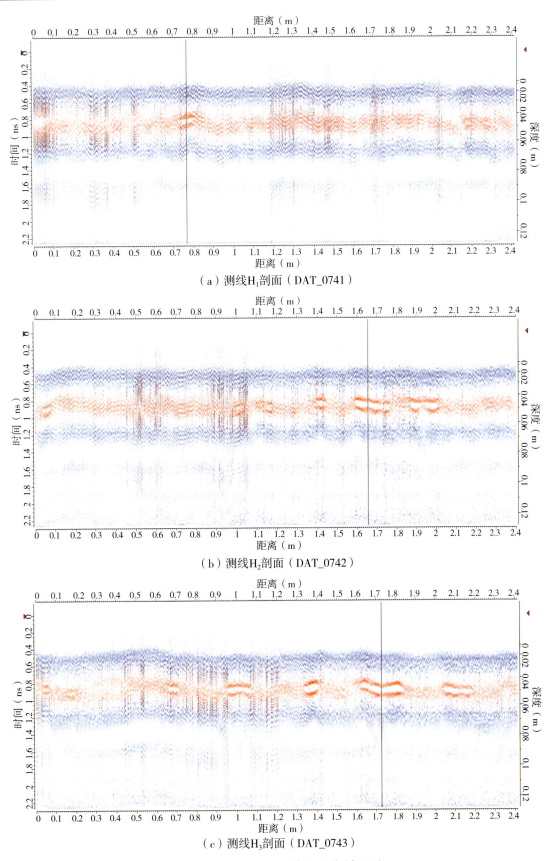

（a）测线H₁剖面（DAT_0741）

（b）测线H₂剖面（DAT_0742）

（c）测线H₃剖面（DAT_0743）

图8-5（1） 水平测线雷达剖面图

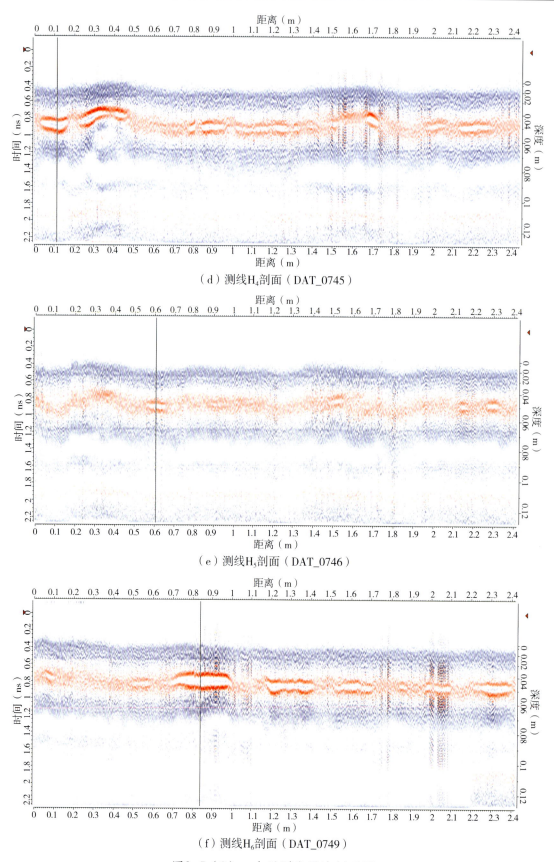

（d）测线H₄剖面（DAT_0745）

（e）测线H₅剖面（DAT_0746）

（f）测线H₆剖面（DAT_0749）

图8-5（2）　水平测线雷达剖面图

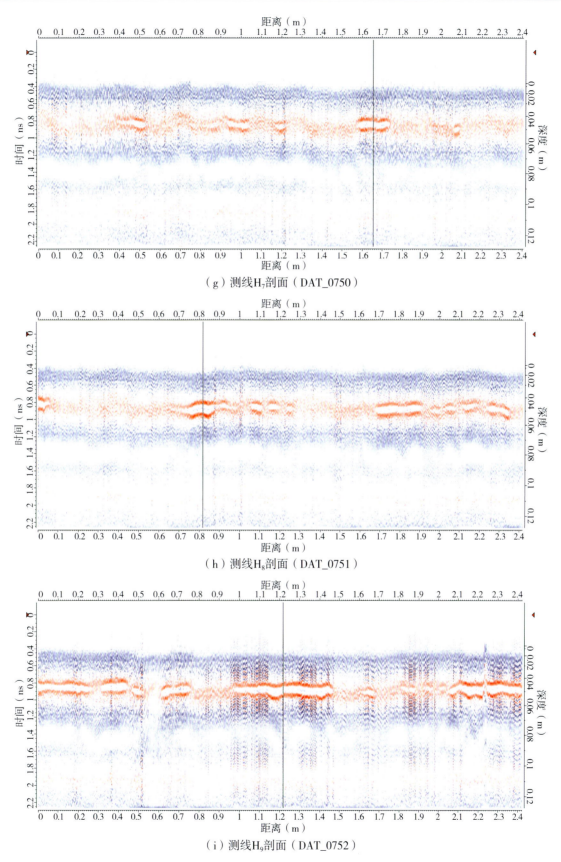

（g）测线H7剖面（DAT_0750）

（h）测线H8剖面（DAT_0751）

（i）测线H9剖面（DAT_0752）

图8-5（3） 水平测线雷达剖面图

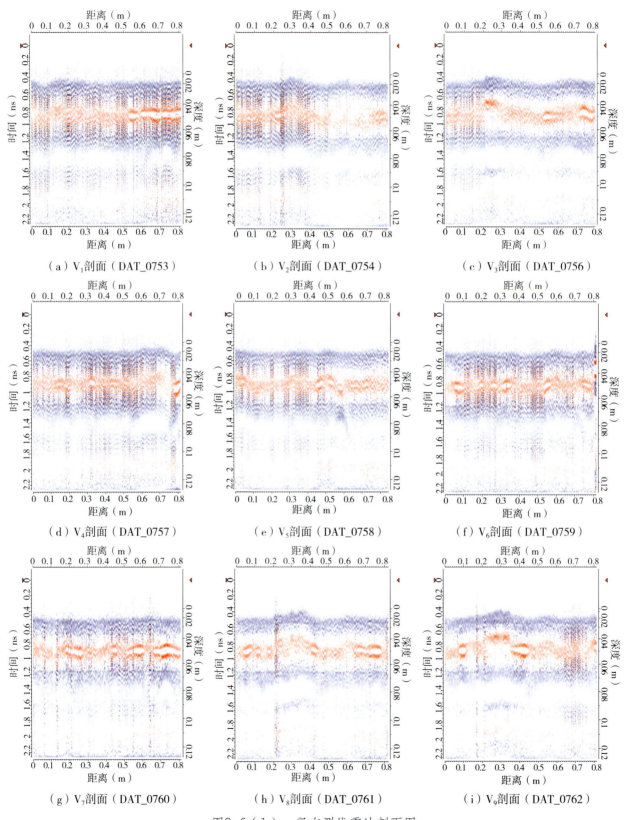

（a）V$_1$剖面（DAT_0753）　　　　　（b）V$_2$剖面（DAT_0754）　　　　　（c）V$_3$剖面（DAT_0756）

（d）V$_4$剖面（DAT_0757）　　　　　（e）V$_5$剖面（DAT_0758）　　　　　（f）V$_6$剖面（DAT_0759）

（g）V$_7$剖面（DAT_0760）　　　　　（h）V$_8$剖面（DAT_0761）　　　　　（i）V$_9$剖面（DAT_0762）

图8-6（1）　竖向测线雷达剖面图

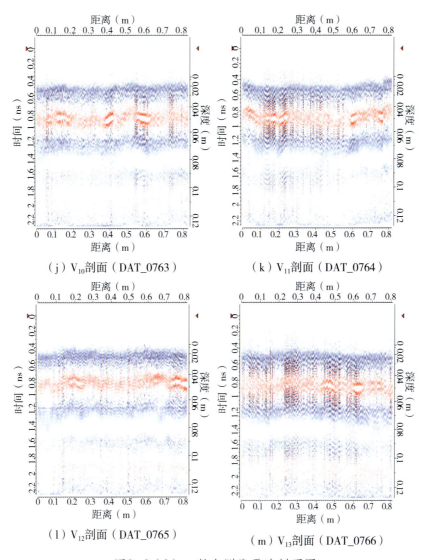

（j）V₁₀剖面（DAT_0763）　　　　　（k）V₁₁剖面（DAT_0764）

（l）V₁₂剖面（DAT_0765）　　　　　（m）V₁₃剖面（DAT_0766）

图8-6（2）　竖向测线雷达剖面图

图8-4中13道竖向测线V₁～V₁₃的雷达剖面图像如图8-6所示。

（3）网格模式解译结果

图8-4中以H₁、H₉和V₅、V₉为边界的方形检测区域的准三维雷达切片图像如图8-7所示。

（4）检测结果

综合分析图8-5和图8-6，水平测线H₂、H₃、H₄、H₆、H₇、H₈、H₉和竖向测线V₁、V₇、V₈、V₉的探地雷达剖面中反映壁画空鼓病害的特征非常明显。将各条测线的空鼓部位投影到检测区域中（图8-8），发现壁画空鼓病害主要分布于测区的中上部、右上部和中下部，测区左上部和左下部的壁画保存状况相对较好，空鼓程度不甚严重。

图8-7中网格测试的切片图像也表明测区中部的壁画空鼓病害没有上下贯通，空鼓程度最严重的部位反映在图8-7（f）中Y=50cm的水平条带状区域，这与图8-5（f）中水平测线H₆的结果相一致。

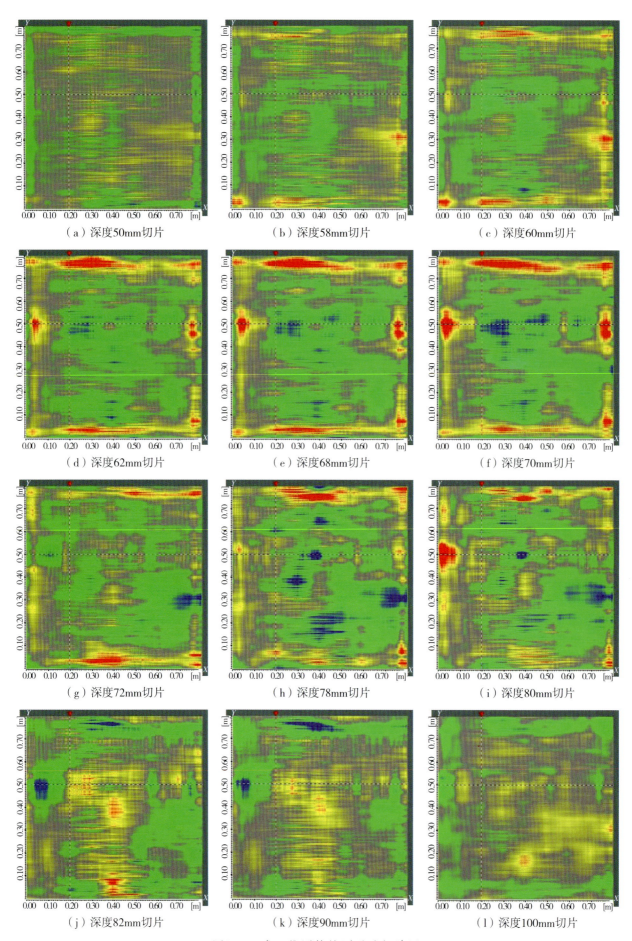

（a）深度50mm切片 　　　　（b）深度58mm切片 　　　　（c）深度60mm切片

（d）深度62mm切片 　　　　（e）深度68mm切片 　　　　（f）深度70mm切片

（g）深度72mm切片 　　　　（h）深度78mm切片 　　　　（i）深度80mm切片

（j）深度82mm切片 　　　　（k）深度90mm切片 　　　　（l）深度100mm切片

图8-7　准三维网格检测雷达切片图

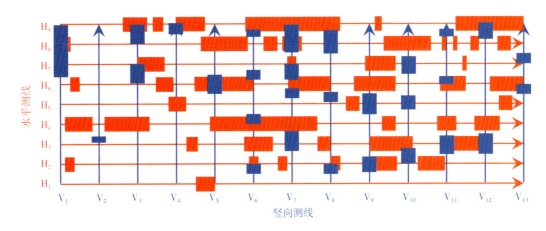

图8-8　正交化雷达剖面综合解译成果图

（a）检测工作照

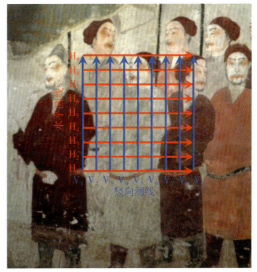

（b）测线布置示意图

图8-9　墓室南壁西侧壁画空鼓病害现场检测

2. 墓室南壁东侧壁画空鼓病害检测

第二处壁画空鼓病害检测区域位于墓室南壁的西侧（图8-9），测区东西长0.8m、上下高0.8m，按道间距0.1m布置水平测线和竖向测线各9条，综合分析雷达剖面图像（图8-10、图8-11）。

综合分析图8-10和图8-11可知，除测区左下角、右下角和右上角等局部之外，其他部位壁画的空鼓病害非常严重（图8-12）。

（三）空鼓壁画灌浆加固效果的评价

墓室北披检测区域的空鼓壁画经灌浆加固后，壁画地仗层与壁画支撑体（砖砌体）之间的空鼓病害大部分被灌浆材料有效充填，黏结牢固，地仗层—灌浆材料以及灌浆材料—支撑体等电磁阻抗界面处的雷达反射回波基本淹没在背景图像中（图8-13），说明灌浆效果良好。

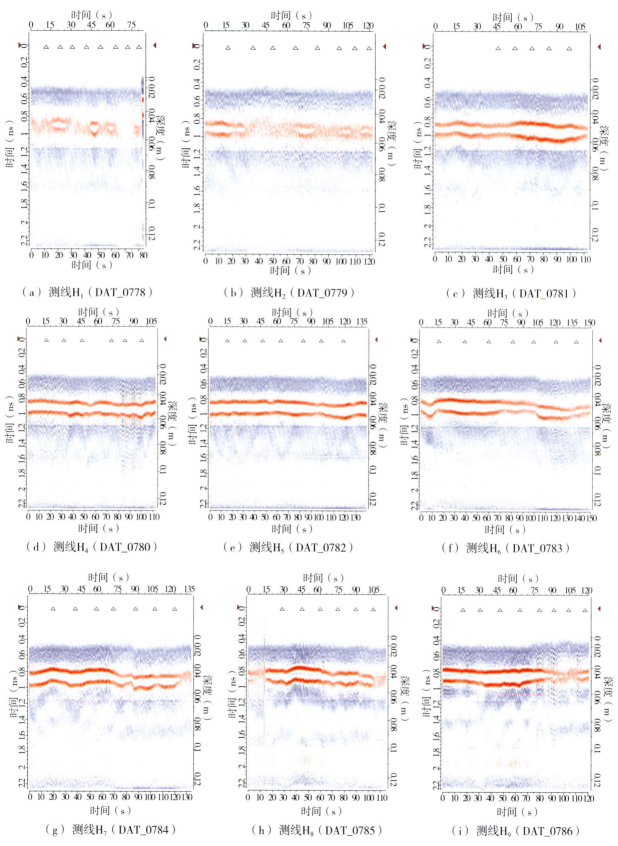

图8-10　墓室南壁西侧水平测线雷达剖面图

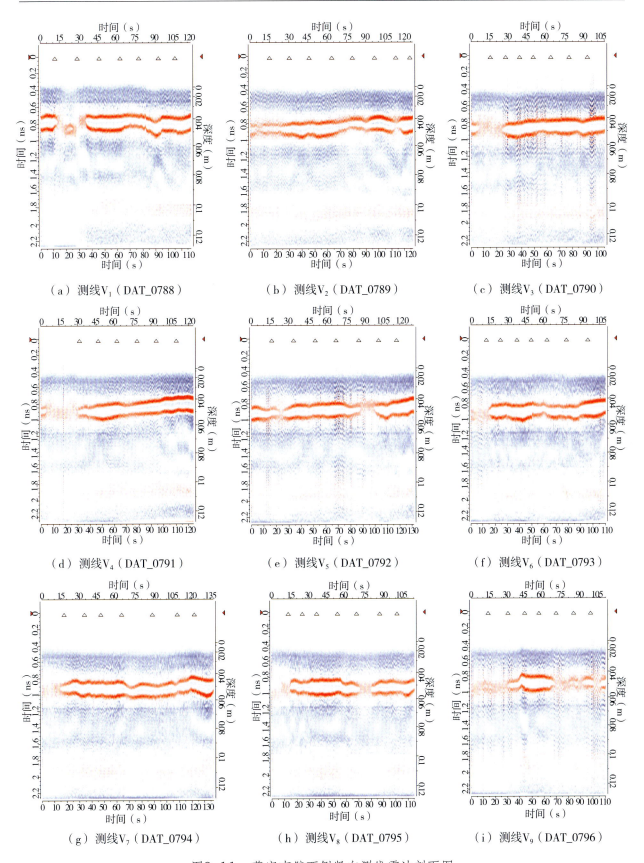

（a）测线V_1（DAT_0788）　　　　（b）测线V_2（DAT_0789）　　　　（c）测线V_3（DAT_0790）

（d）测线V_4（DAT_0791）　　　　（e）测线V_5（DAT_0792）　　　　（f）测线V_6（DAT_0793）

（g）测线V_7（DAT_0794）　　　　（h）测线V_8（DAT_0795）　　　　（i）测线V_9（DAT_0796）

图8-11　墓室南壁西侧竖向测线雷达剖面图

图8-12　墓室南壁西侧雷达图像解译成果图

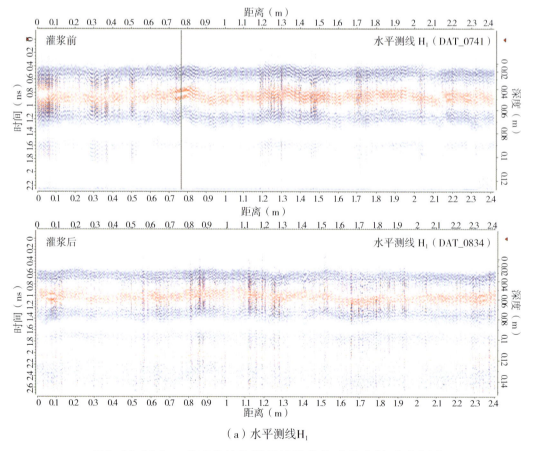

（a）水平测线H₁

图8-13（1）　墓室北披检测区域灌浆前后雷达剖面对比图

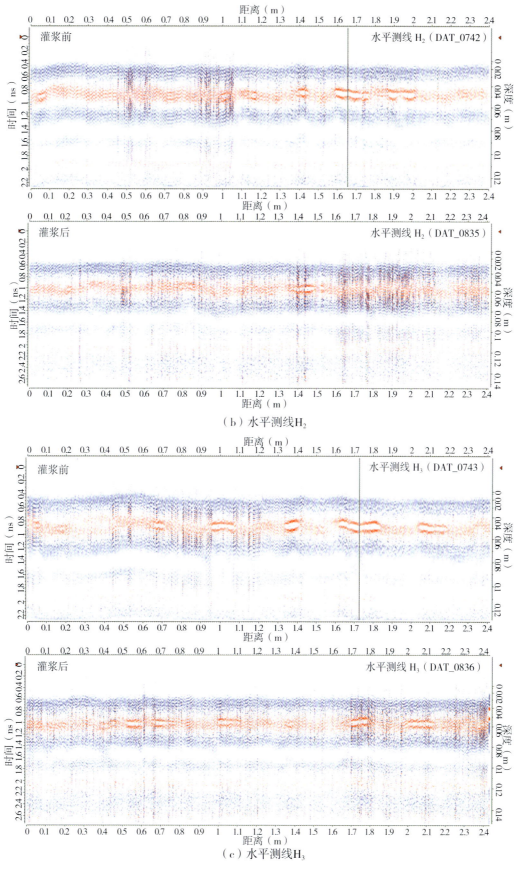

图8-13（2） 墓室北披检测区域灌浆前后雷达剖面对比图

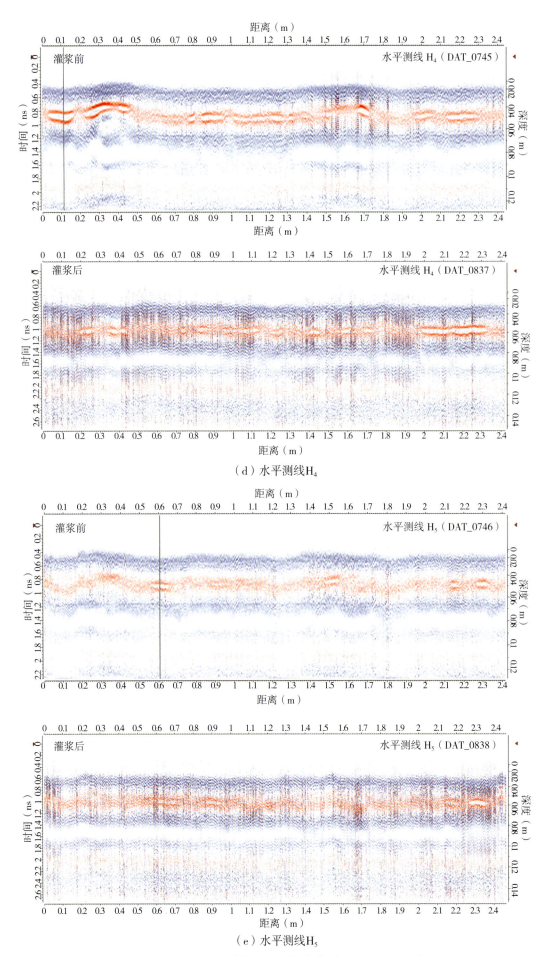

（d）水平测线H₄

（e）水平测线H₅

图8-13（3）　墓室北坡检测区域灌浆前后雷达剖面对比图

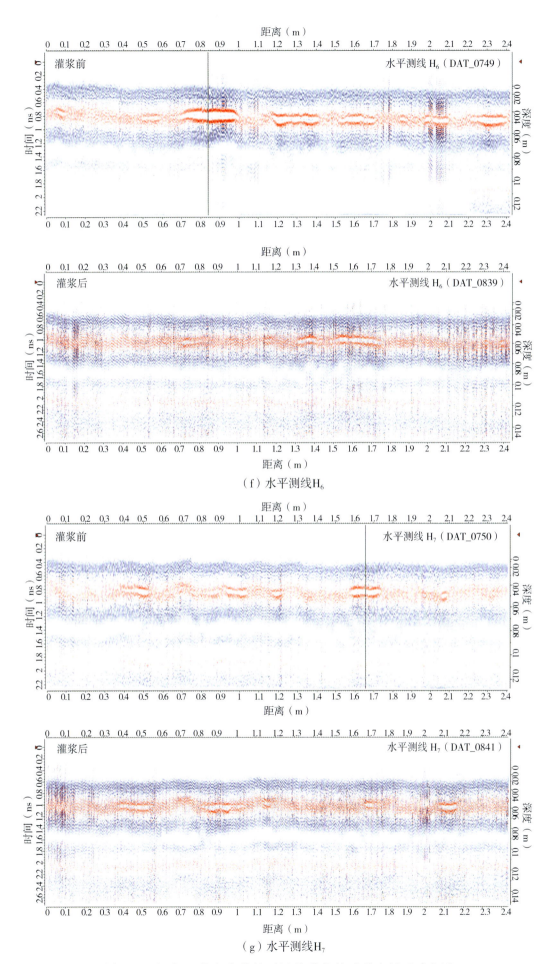

图8-13（4） 墓室北披检测区域灌浆前后雷达剖面对比图

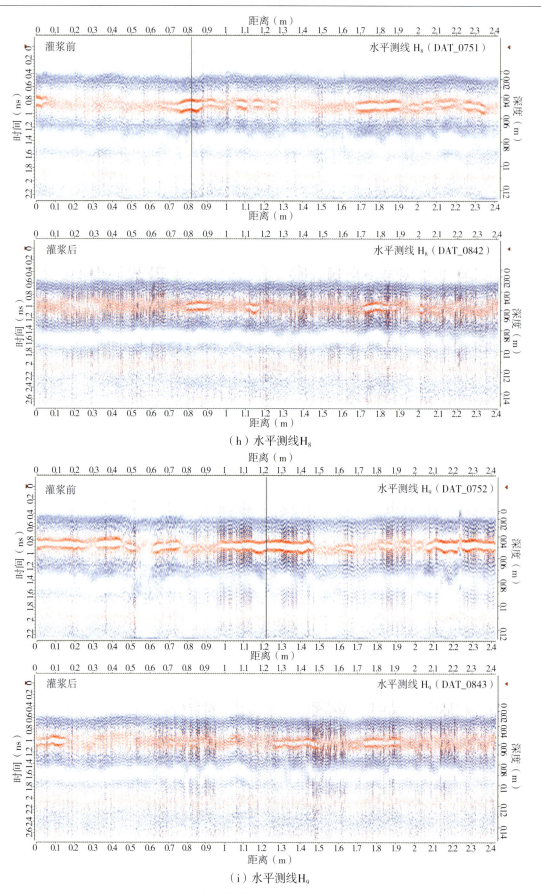

（h）水平测线H_8

（i）水平测线H_9

图8-13（5）　墓室北披检测区域灌浆前后雷达剖面对比图

第二节　封土堆周边与墓道两侧土体中树木根系的探测

为研究树木根系在墓葬遗址本体中的根径大小和空间分布，评估其对遗址稳定性和文物安全的可能影响，项目组使用探地雷达开展了相关探究工作。

（一）探测原理

探地雷达（Ground Penetrating Radar，简称GPR）测试技术是利用超高频（$10^6 \sim 10^9$Hz）脉冲电磁波探测地下介质分布特征的一种地球物理方法。其工作原理是宽带脉冲发射天线将高频电磁波送入地下，射向目标体。脉冲电磁波经目标体反射后返回地面。经宽带脉冲接受天线转化后，将数据传导至主机处理后以时域方式显示出来。如图8-14所示：

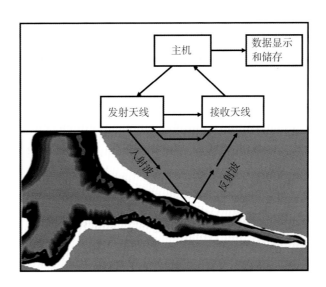

图8-14　探地雷达探测根系工作原理示意图

电磁波在地下介质中传播时，其传播的途径、电磁场强度与波形将随所通过介质的电性、几何形态等因素的变化而产生不同程度的变化。因此，根据回波信号的时延、形状及频谱特性等参数，可以解释出目标深度、介质结构、性质及空间分布特征。

本试验中使用了美国劳雷公司(GSSI)生产的TerraSIRch SIR-3000便携式探地雷达，其主要由主机、超带宽屏蔽天线（900MHz）和线缆组成。

（二）探测区域

徐显秀墓发现之前，在地上部分和封土周围生长有梨树、山楂树以及大量灌木。在对墓葬进行发掘后发现部分树木的根系已经延伸入墓道内，对墓道两侧的壁画造成严重的破坏（如图8-15所示）。因此，出于对文物保护的需要，在对墓道壁画进行修复之前，将药剂涂于壁画表面根系新剪出的截面，使其吸收并传导药剂而致死。对于墓道两侧平台，使用垂直钻孔施药的

图8-15　墓道东侧壁画表面植物根系及生长痕迹（位于Ⅲ区内）

方式对墓道两侧土壤中的植物根系进行杀灭处理。施药孔孔径2cm，深度100～150cm，用浓度1:200的森泰［中文名称：环嗪酮；化学名称：3-环己基-6-(二甲氨基)-1-甲基-1,3,5-三嗪-2,4-二酮］水溶剂将孔灌满，填充20~30cm细土，20~30天后再次施药，并填充细土，以此类推，直至施药孔被填满。

　　本次探测区域选择在距离徐显秀墓室外封土堆较近的西北侧梨树周围区域，以及徐显秀墓墓道两侧土壤区域（施药孔正上方），探测范围为长方形区域，如图8-16所示。

　　使用900MHz天线进行探测。探测时，天线与主机通过线缆连接。在此区域内用非金属标杆和标志线规划出探测线。天线选择由南至北走向，单条探测线覆盖宽度为19cm，探测线分布如图8-17所示，其中Ⅰ区为封土堆西北角的梨树周围，Ⅱ~Ⅴ区位于墓道两侧。

（三）介电常数的测定

　　本研究采用已知目标深度法，对梨树周围及墓道两侧土壤的介电常数进行测量。将目标物——不规则金属块埋入已知深度的梨树周围土壤内和墓道两侧墙体裂隙中，使用900MHz天线进行探测。由于900MHz天线在探测时存在约10cm深度的盲区，在测量介质相对介电常数时，探测物的预埋深度范围应在20～40cm。本试验中，不规则金属物的预埋深度为32cm，可以满足探测需要。仪器主机进入回放模式，选择探测金属的文件进行回放，在仪器主机显示的图像上发现目标反射波后，将已知深度输入主机，经过计算，主机将自动生成土壤的相对介电常数。

　　进行3次测量取其平均值，得到梨树周围区域和墓道两侧区域的相对介电常数分别为8.95和8.10（表8-1）。

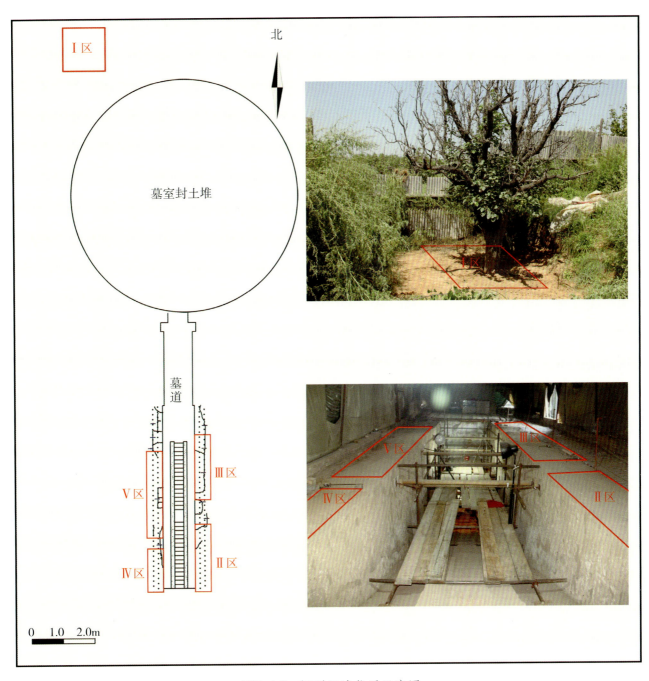

图8-16 探测区域位置示意图

表 8-1 各探测区域介电常数测定结果

探测区域	测量值1	测量值2	测量值3	平均值
梨树周围（Ⅰ区）	8.97	8.90	8.98	8.95
墓道两侧（Ⅱ～Ⅴ区）	8.15	8.02	8.13	8.10

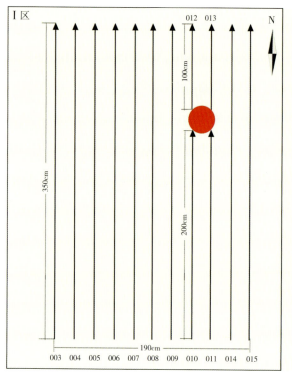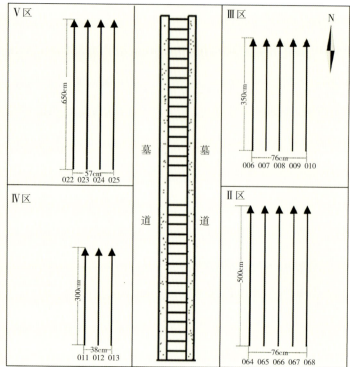

图8-17 探测区域探测线分布图（I区中圆点为梨树树干位置）

（四）数据处理方法

扫描得到的数据通过探地雷达数据处理软件gprslicev7.0处理，数据导入软件后，输入数据地理坐标，将不同的数据进行整合。每个单独的扫描线可以产生一个垂直于地面的二维雷达图。扫描数据经过合并、叠加，可以得到水平雷达切片图。这两种图像经过软件的组合，最终得到地下根系的三维立体图像。

在生成水平切片图时，分别对切片数设置为30、50和100。当切片数为30，相邻时间切片的重合度为50%时，三维图像的效果较好；而切片数为100，重合度为25%时，水平切片图所观察到的图像的连续性更好。

（五）结果与分析

1. I区

根据水平切片图显示的结果，900MHz天线在该区域的探测深度为152cm。进行分析后发现，在35～126cm深度范围内分布有大量复杂的信号。这些信号所反映的未知物体为连续的枝状物体，信号面积开始出现时呈现不连续的点状，随着深度的增加，信号点逐渐连接且信号面积逐渐增大，信号强度也逐渐增强，而后减弱至消失，可见未知物体呈圆柱状或梭状。大部分信号分布在树干周围的区域，且由树干向外发散，信号源与周围介质之间的信号强度存在明显的差异，由此推断，这些枝状信号是梨树根系。

在35～61cm、71～111cm、116～151cm这三个深度范围内均存在一条由北向南延伸的枝状根系信号，根径约为25～35cm。

图8-18是探测区域深度35～66cm范围内的水平切片图，图中分布两条相对集中的枝状信号，且信号较强。一条由树干位置向南延伸，开始时信号连续性差，随着深度的增加，信号强度和连续性都增强，信号面积增大，而后逐渐减弱至消失，根径约为20cm；另一条由树干位置向西延伸，开始时信号较连续，之后信号呈较强圆形，随深度增加，信号面积逐渐减小，强度减弱，直至消失，由此判断，该根系向西生长后又向地下延伸，根径约为15cm。

图8-19是探测区域深度96～131cm范围内的水平切片图，树干周围存在大量的枝状信号，这些信号分布较为复杂，规律性较差，可能是因为植物根系存在重叠现象，且在垂直方向上的间距太小。使用900MHz天线对植物根系进行探测时，根系的垂直间距大于20cm时才能被区分开。

从探地雷达探测的结果分析，在所探测区域深度152cm范围之内，有3条根径在25cm以上的根系向南面墓室封土堆方向延伸(图8-20)，对墓室壁画和穹顶存在潜在威胁，在对墓室封土堆以及墓室内壁画进行修复时，应考虑此处梨树根系的影响，并采取必要措施阻断梨树根系继续延伸。

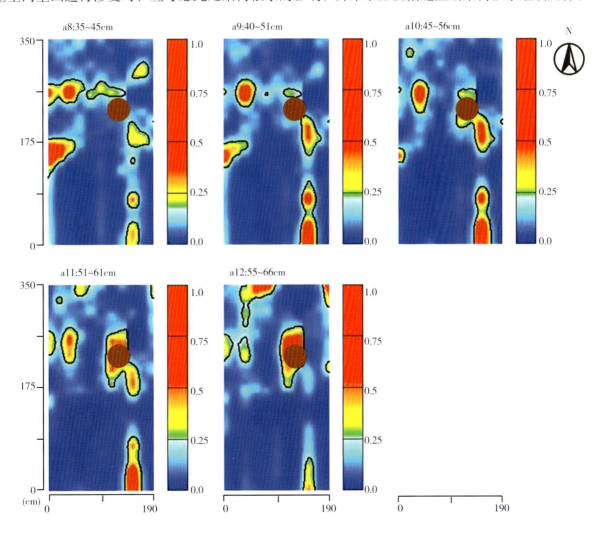

图8-18　Ⅰ区35～66cm深度范围水平切片图（图中棕色圆圈代表树干位置）

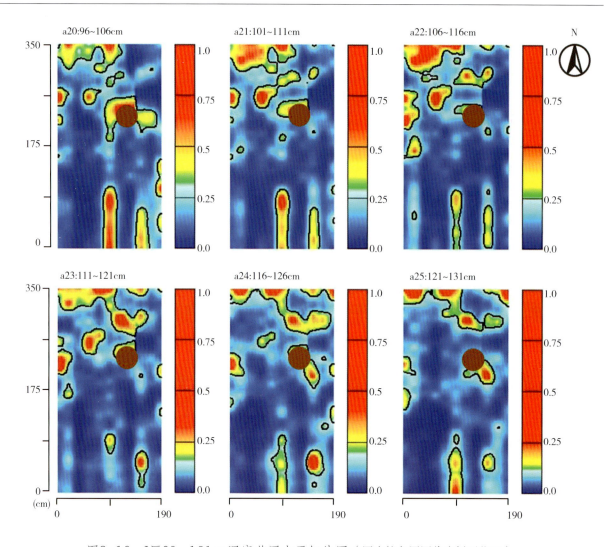

图8-19　Ⅰ区96～131cm深度范围水平切片图（图中棕色圆圈代表树干位置）

2. Ⅱ区

　　根据水平切片图所显示的结果，该区域的探测深度为152cm。进行分析后发现，信号主要集中在46～152cm深度范围。与施药孔位置进行对比后发现，大部分在深度范围内较连续的信号均与施药孔位置重合，或者分布在施药孔周围区域。如图8-21所示，在深度117～152cm范围内探测到大量的信号，图中棕色的空心圆圈为施药孔位置，棕色实心圆点为探地雷达信号与施药孔重合位置处。该区域的信号面积小而规整，在纵向深度方向的连续性好。靠近墓道一侧的信号面积较大，远离墓道一侧的信号多呈点状分布。在此范围内，约有10处连续信号与施药孔重合。图8-22是其中一处施药孔位置的信号侧视图，该处信号在0～152cm深度范围内均出现，大致呈柱状，分为6个节点，每个节点底部信号向四周稍有延伸，符合前期每次施药后，再填充20～30cm细土的干预特点。

　　在药物和湿润土壤的共同作用下，墓道两侧的植物根系被杀死后会腐败变质，释放出水分，同时由于施药孔内可能的水分蒸散和毛细作用，使后期填充土壤的含水量高于其他地方，在使用探地雷达探测时，已被灭活的根系所处的区域也具有较强的反射信号。施药后，施药孔内灌药水

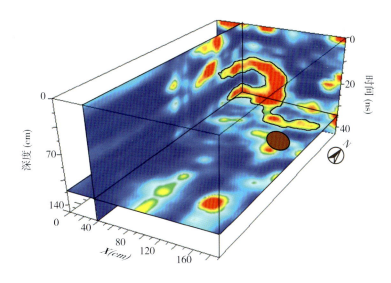

图8-20　Ⅰ区根系分布X、Y、Z轴向侧视图（图中棕色圆圈代表树干位置）

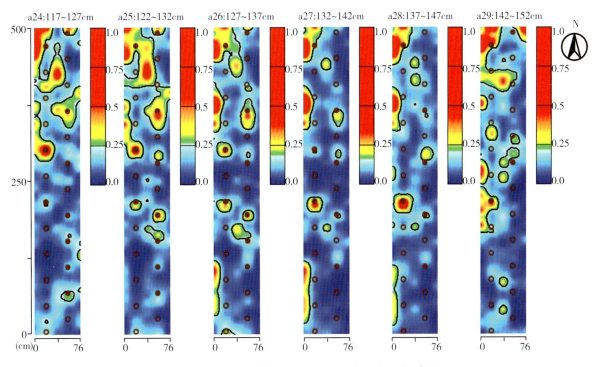

图8-21　Ⅱ区深度117~152cm范围水平切片图

并填充了一定的细土，使介质密度异于周围土壤介电常数也可能是造成其反射信号较强的原因之一，但限于文物保护的需要，当前尚无法进行挖掘并反向验证。由于墓道两侧的植物根系可能已经腐烂，因此无法通过探地雷达反射信号精确判断其具体根径值。

　　根据切片图所反映的信号情况，Ⅱ区有较多的枝状植物根系信号分布在靠近墓道一侧，远离墓道一侧根系分布较稀疏，且大部分信号集中在探测区域的北侧，原因可能是在考古发掘前墓道东南角土地上有树木所致。

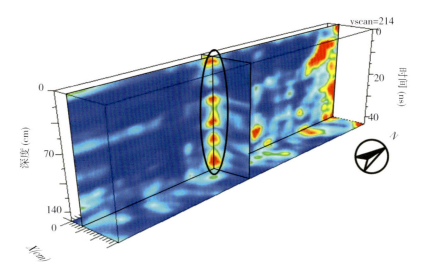

图8-22　Ⅱ区施药孔位置X、Y、Z轴向侧视图

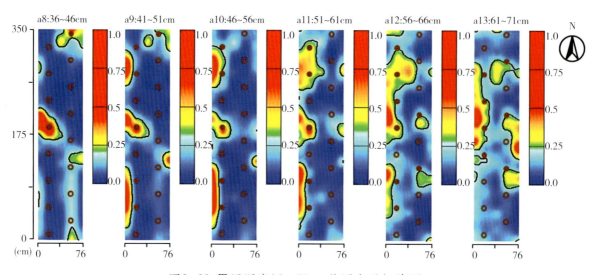

图8-23　Ⅲ区深度36~71cm范围水平切片图

3. Ⅲ区

根据水平切片图所显示的结果，该区域探测深度为152cm。进行分析后发现，与Ⅱ区相似，信号主要分布在探测区域的西侧，靠近墓道位置。在36~71cm内有较强信号，如图8-23所示，有3处信号强且面积较大的区域靠近墓道一侧，其深度范围由南向北依次是46~66cm、10~71cm、46~76cm。将探测区域与施药孔位置进行对比，信号多数分布在施药孔周围，有5处在深度范围内连续性较好的信号与施药孔位置重合。Ⅲ区的信号面积较大，通过对X、Y、Z轴向侧视图分析，信号的纵向面积也较大，并且有枝状信号向四周延伸，初步判断为根系信号，如图8-24是其中一处信号的侧视图。由此可见，该区域的根系较为集中和密集，图中较大的信号区域是由较粗根径的根系产生的，深度范围在40cm以上的信号，不排除是由多条根系叠加形成的。

4. IV区

根据水平切片图所显示的结果，该区域探测深度为153cm。进行分析后发现，信号主要分布在41～143cm深度范围内，而在41～92cm深度范围信号分布较密集，如图8-25所示。由于探测环境限制，此探测区域只覆盖了靠近墓道方向一组施药孔位置。与施药孔位置对比，该区域的信号均分布在施药孔周围，有3处完全重合。这些信号面积较大，在深度范围内的连续性好，且信号较集中和均匀地分布在施药孔所处的中间位置，但信号区域周围枝状延伸较少，说明该

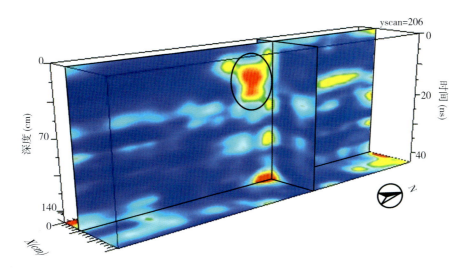

图8-24 Ⅲ区X、Y、Z轴向侧视图

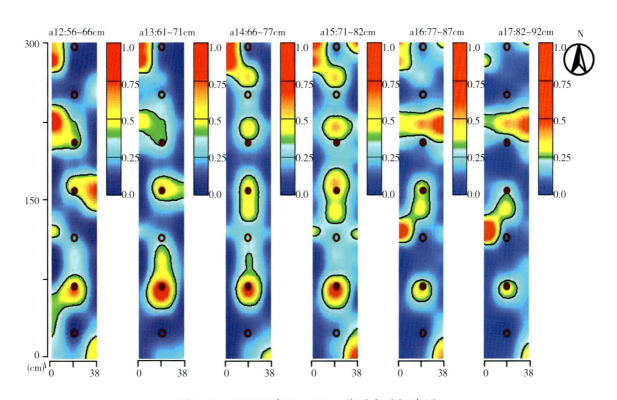

图8-25 IV区深度41～92cm范围水平切片图

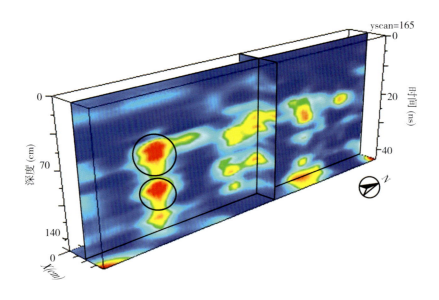

图8-26　Ⅳ区信号区域X、Y、Z轴向侧视图

区域的植物根系分布集中，也不排除根系叠加或钻孔填充后介电常数改变的情况，因此根系的判断还必须依赖枝状信号和走向等特征。图8-26是其中一处与施药孔重合的信号在深度范围变化的情况，此信号位于66～153cm深度范围内，在66～82cm和97～123cm范围信号的纵深面积最大，在深度70cm处有一向北延伸的枝状信号，说明在这两个区域可能存在过根径较粗的植物根系。

5. Ⅴ区

根据水平切片图所显示的结果，该区域的探测深度为152cm。进行分析后发现，探测信号主要分布在36～71cm深度范围内，如图8-27和8-28所示，较强的信号有两处，且都与施药孔位置重合。这两处信号的深度范围分别为26～71cm和26～97cm。靠近墓道一侧，分布有一些面积较小且分散的信号。北侧的信号较规整，不存在向四周延伸的枝状信号，可能是较粗根径的根系信号或施药孔不均匀介质产生的信号。南侧信号深度范围大，下方有一条向北延伸的枝状信号，初步判断为植物根系信号，该信号区域也可能存在多条根系叠加的情况。图中的信号说明该区域根系明显比以上3个区域少，主要集中在图中信号较强的两个区域。

墓道东侧探测区域分布有大量的植物根系，且靠近墓道一侧较多。Ⅱ区的根系分布较分散，而Ⅲ区的根系分布较为集中，但Ⅲ区的根系少于Ⅱ区。与墓道东侧探测区域相比，墓道西侧的区域根系较少且集中，与东侧相似，西侧的根系也大部分分布在靠近墓道一侧，且越往北根系越少，这样的情况可能与当时植物分布位置有关。由于墓道一侧存在树木根系，因此在对壁画进行加固修复时应考虑根系对墓道壁画的影响。

（六）初步结论与展望

通过对墓室外坟冢附近梨树根系及墓道两侧土壤中植物根系的探地雷达探测，可以初步得到以下结论：

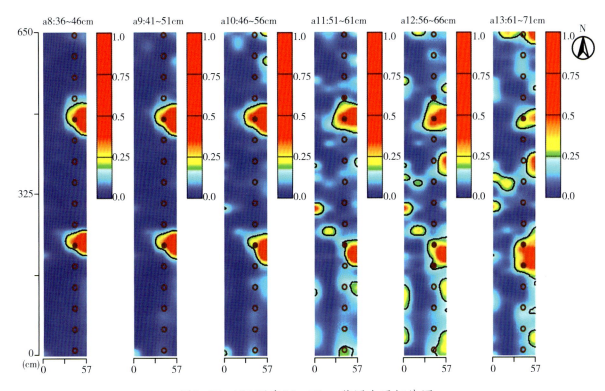

图8-27　V区深度36~71cm范围水平切片图

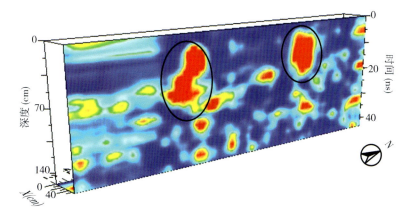

图8-28　V区信号区域X、Y、Z轴向侧视图

（1）墓室外梨树周围探测区域内存在大量的植物根系，主要位于深度为35～126cm范围内，大量根系分布在树干四周，能够通过信号辨识的根系根径最小为15cm，最大为25～35cm。

（2）在对墓室外梨树根系探测时发现，在深度152cm范围内有3条根径为20cm以上的根系向墓室顶部封土堆方向延伸，对墓室产生潜在的威胁，应采取必要措施对梨树根系进行阻断。

（3）墓道两侧探测区域与施药孔位置进行对比后发现，多数信号与施药孔位置重合；疑似根系信号面积大且集中，越往北方向，根系分布越少。

（4）墓道两侧土壤中的植物根系多数分布在靠近墓道一侧，且根的根径较粗，在对墓道两侧壁画进行加固修复时，有必要考虑根系对壁画的影响。

由于植物根系的含水量高于土壤基质，致使两者的介电常数产生差别，为探地雷达的探测提供了可能性。因此，利用探地雷达技术对植物根系进行无损性探测研究具有一定的合理性和可行性。在对墓外围梨树土壤的探测中，由三维图像分析可知梨树根系分布较复杂，存在连续规则圆柱体状模拟物体，主要是由较粗植物根系产生的信号波形成。本研究发现，900MHz天线无法完成对细小根系的探测，也无法对已经死亡的干根进行准确探测。外界高强度反射波信号会对探测结果形成影响和干扰，因此需要进行正演模拟试验，加强对信号的解析能力。由Ⅰ区三维雷达图可见树干旁存在一处反射高强信号区域，信号特征与根系有所差异，经过后期开挖验证，证明其为墓室发掘过程填埋的残留青砖，如何剔除其他高介电常数杂物干扰也是运用探地雷达进行根系探测的难点和今后亟待解决的问题之一。

在徐显秀墓探测中应用探地雷达技术效果显著，能有效探测出一定深度范围内的地下物体和根系，为进一步的修复和加固工作提供了重要依据。由于探地雷达的探测深度受地层电阻率的影响较大，随着地层电阻率的降低，电磁波能量衰减较快，因此，该方法对地下埋藏较深的物体或植物根系探测能力有限。在徐显秀墓各探测区，900MHz天线探测深度大约在1.5m内。由于墓室内墓道两侧土壤中的根系可能已经腐败，探地雷达只能够探测到根系存在的具体位置，无法对根系走向及根径大小做出准确的判断。

便携式探地雷达二维图可以反映出基本的信号波动反射信息，不同深度水平切片图为根系的准确定位提供了参考依据，而基于软件分析的三维立体图更加直观地提供了所探测区域根系或裂隙部位的三维空间信息，在工程加固和施工中具有较高的利用价值。

参考书目

白冰、周健：《探地雷达测试技术发展概况及其应用现状》，《岩石力学与工程学报》2001年第20卷第4期。

崔洪庆、冯文丽、刘国兴：《探地雷达技术在古城墙修缮中的应用》，《工程地质学报》2007年第15卷第5期。

崔喜红、陈晋、关琳琳：《探地雷达技术在植物根系探测研究中的应用》，《地球科学进展》2009年第24卷第6期。

崔喜红、陈晋、沈金松等：《基于探地雷达的树木根径估算模型及根生物量估算新方法》，《中国科学：地球科学》

2011 年第 41 卷第 2 期。

邓薇、王绪本、李文超：《基于 UWB 源的二维地电模型 FDTD 正演模拟》，《工程地球物理学报》2006 年第 3 卷第 6 期。

邓小燕、王通：《探地雷达探测中对媒质相对介电常数的测定》，《物探与化探》2009 年第 33 卷第 1 期。

杜维波、汪万福、潘建斌等：《陇中长城沿线种子植物区系特征与长城保护》，《干旱区研究》2013 年第 30 卷第 2 期。

甘露、甘良才、田茂等：《高分辨率探地雷达步进系统的研究与实现》，《电波科学学报》2008 年第 23 卷第 3 期。

高立兵、王赟、夏明军：《GPR 技术在考古勘探中的应用研究》，《地球物理学进展》2000 年第 15 卷第 1 期。

葛如冰、孟凡强：《地质雷达检测路面脱空大小的定量计算公式》，《工程勘察》2008 年第 9 期。

何亮、王旭东、杨放等：《探地雷达测定土壤含水量的研究进展》，《地球物理学进展》2007 年第 22 卷第 5 期。

黄瑞冬：《植物根系研究方法的进展》，《沈阳农业大学学报》1991 年第 2 期。

贺东鹏、武发思、徐瑞红等：《探地雷达在莫高窟窟区树木根系探测方面的应用》，《干旱区资源与环境》2015 年第 29 卷第 2 期。

孔令讲、周正欧：《浅地表探地雷达中改善成像分辨力的一种有效方法》，《信号处理》2002 年第 18 卷第 6 期。

赖娜娜、袁承江、唐硕等：《应用探地雷达探测古树根系分布》，《东北林业大学学报》2011 年第 39 卷第 11 期。

李文超、王绪本、邓薇：《超宽带探地雷达探测性能研究》，《成都理工大学学报（自然科学版）》2008 年第 35 卷第 2 期。

李最雄、汪万福、王旭东等：《西藏布达拉宫壁画保护修复工程报告》，文物出版社，2008 年。

龙建辉、李同录、张钊：《电阻率法探测黄土滑坡滑动面（带）的试验研究》，《工程地质学报》2007 年第 15 卷第 2 期。

闪迪：《探地雷达与面波勘探技术在考古调查中的综合应用》，《工程地球物理学报》2011 年第 8 卷第 3 期。

宋恒川、陈丽华、吕春娟等：《华北土石山区四种常见乔木根系的形态研究》，《干旱区资源与环境》2012 年第 26 卷第 11 期。

粟毅、黄春琳、雷文太：《探地雷达理论与应用》，科学出版社，2006 年。

汪万福、李最雄、马赞峰等：《西藏布达拉宫东大殿空鼓病害壁画保护修复研究》，《中国藏学》2005 年第 71 卷第 3 期。

汪万福、马赞峰、李最雄等：《空鼓病害壁画灌浆加固技术研究》，《文物保护与考古科学》2006 年第 18 卷第 1 期。

汪万福、赵林毅、杨涛等：《西藏古建筑空鼓病害壁画灌浆加固效果初步检测》，《岩石力学与工程学报》2009 年第 28 卷第 S2 期。

汪万福、武发思、陈拓等：《遗产地植物与遗产保护间关系研究进展》，《敦煌研究》2011 年第 6 期。

汪万福、武发思、徐瑞红等：《基于探地雷达的树木根系空间分布及对土遗址影响》，《中国沙漠》2015 年第 35 卷第 5 期。

王可钧、李焯芬：《植物固坡的力学简析》，《岩石力学与工程学报》1998 年第 17 卷第 6 期。

谢昭晖、李金铭：《我国探地雷达的应用现状及展望》，《工程勘察》2007 年第 11 期。

徐瑞红、武发思、贺东鹏等：《利用探地雷达技术对河西杨根系影响甘肃高台明长城遗址的研究》，《文物保护与考古科学》2015 年第 27 卷第 1 期。

周云艳、陈建平、王晓梅：《植物根系固土护坡机理的研究进展及展望》，《生态环境学报》2012 年第 21 卷第 6 期。

Amato M, Basso B, Celano G, et al. In situ detection of tree root distribution and biomass by multi-electrode resistivity imaging. *Tree physiology*, 2008, 28(10): pp.1441-1448.

Biddle P G. *Tree root damage to buildings: causes, diagnosis and remedy /patterns of soil drying in proximity to trees on clays soil*. Wantage: Willow Mead Publishing Ltd, 1998.

Blouin M, Barot S, Roumet C. A quick method to determine root biomass distribution in diameter classes. *Plant and Soil*,

2006, 290(1–2): pp.371–381.

Butnor J R, Doolittle J A, Kress L, et al. Use of ground–penetrating radar to study tree roots in the southeastern United States. *Tree Physiology*, 2001(21): pp.1269–1278.

Butnor J R, Doolittle J A, Johnsen K H, et al. Utility of ground–penetrating radar as a root biomass survey tool in forest systems . *Soil Science Society of American Journal*, 2003, 67: pp.1607–1615.

Caneva G, Nugari M P, Salvadori O. *Plant biology for cultural heritage, biodeterioration and conservation*. Los Angeles: The Getty Conservation Institute, 2008.

Eide E S, Hjelmstad J F. *3D Utility Mapping Using Electronically Scanned Antenna Array*. Ninth International Conference on Ground Penetrating Radar, 2002.

Fernandes F M C P. *Evaluation of two novel NDT techniques: microdrilling of clay bricks and ground penetrating radar*. Portugal: University of Minho, 2006.

Gołębiowski T. 3D GPR measurements for archaeological application with interpretation aided by numerical modeling. *Acta Geophysica*, 2006, 54(4): pp.413–429.

Hirano Y, Dannoura M, Aonok, et al. Limiting factors in the detection of tree roots using ground–penetrating radar. *Plant Soil*, 2009, 319: 15–24.

Hruska J, Cermak J, Sustek S. Mapping tree root systems with ground–penetrating radar. *Tree Physiology*, 1999, 19: pp.125–130.

Knödel K, Lange G, Voigt H J. *Environmental geology, handbook of field methods and case studies*. Berlin: Springer, 2008.

Kofman L, Ronen A, Frydman S. Detection of model voids by identifying reverberation phenomena in GPR records. *Journal of Applied Geophysics*, 2006, (59): pp.284–299.

Kong Fan–nian, TORE LASSE B Y. Performance of a GPR system which uses step frequency signals. *Journal of Applied Geophysics*, 1995, (33): pp.15–26.

Kruk J, Zeeman J H, Groenenboom J. *Multicomponent Imaging of Different Objects with Different Strike Orientations*. Ninth International Conference on Ground Penetrating Radar, 2002.

Mishra A K, Jain K K, Garg K L. Role of higher plants in the deterioration of historic buildings. *Science of the Total Environment*, 1995(1): pp.375–392.

Noon D A, Stickley G F, Longstaff D. A frequency–independent characterisation of GPR penetration and resolution performance. *Journal of Applied Geophysics*, 1998, (40): pp.127–137.

Plumb R G, Noon D A, Longstaff I D, et al. A waveform–range performance diagram for ground–penetrating radar. *Journal of Applied Geophysics*, 1998, (40): pp.117–126.

Shao T G, Wang J G. Analysis of resolution of bistatic SAR. *Journal of Electronic Science and Technology of China*, 2007, 5(3): pp.255–259.

Stokes A, Fourcaud T, Hruska J, et al. An evaluation of different methods to investigation root system architecture of urban trees in situ: 1. Ground–penentrating radar. *Journal of Arboriculture*, 2002(1): pp.2–10.

Sustek S, Hruska J, Druckmuller M, et al. Root surfaces in the large oak tree estimated by image analysis of the map obtained by the ground penetrating radar. *Journal of Forest Research*, 1999(45): pp.139–143.

Topczewski L K. *Improvement and application of ground penetrating radar non-destructive technique for the concrete brigde inspection*. Portugal: University of Minho, 2007.

Uddin W. *Ground penetrating radar study phase I: technology review and evaluation*. Mississippi Department of Transportation, 2006.

VAN Dam R L, Schlager W. Identifying causes of ground−penetrating radar reflections using time−domain reflectometry and sedimentological analyses. *Sedimentology*, 2000, (47): pp.435−449.

Zhu J, Tang B, Wu W, et al. Design and implementation of a cueing wideband digital EW receiver. *Journal of Electronic Science and Technology of China*, 2007, 5(3): pp.257−264.

第九章 保护工程设计研究

第一节 设计依据

（1）《中华人民共和国文物保护法》（2002）、《中华人民共和国文物保护法实施条例》（2003）、《中国文物古迹保护准则》（2000）、《文物保护工程管理办法》（2003）等法律法规。

（2）《古代壁画现状调查规范》（WW/T 0006-2007）。

（3）《古代壁画病害与图示》（WW/T 0001-2007）。

（4）国家文物局批准的《山西太原王家峰北齐徐显秀墓保护方案》（文物保函〔2009〕1558号）以及补充修改意见。

（5）敦煌研究院完成的山西太原王家峰北齐徐显秀墓保护修复材料及修复工艺筛选的前期试验结果等。

（6）《土层锚杆设计与施工规范》（CECS22：90）。

（7）《岩土锚杆(索)技术规程》（CECS22：2005）。

第二节 设计原则

通过对王家峰北齐墓进行充分调查、分析、论证的基础上，依据《中华人民共和国文物保护法》、《中华人民共和国文物保护法实施条例》、《中国文物古迹保护准则》等法律法规，坚持"保护为主，抢救第一，合理利用，加强管理"的文物工作方针，在文物保护和修复过程中，严格遵循"不改变文物原状"和"最小介入，最大兼容"的原则，有针对性地对影响文物安全的病害进行修复。

第三节 工程规模与计划进度

徐显秀墓壁画总面积311.3m²，存在壁画空鼓、起甲、酥碱、地仗脱落及支撑砖体沉降错位、土体裂隙等各类病害。其中空鼓壁画167.16m²，起甲壁画305.96m²，酥碱壁画106.6m²，地仗破损46.35m²，裂隙及边缘破损26.3m²。共计各类病害652.37m²。

依据《山西太原王家峰北齐徐显秀墓保护方案》和《山西太原王家峰徐显秀墓保护工程施工合同》，敦煌研究院文物保护技术服务中心于2011年6月下旬开工，进行壁画起甲和壁画空鼓等病害的材料及工艺的现场试验，确定起甲壁画的修复材料和空鼓壁画的灌浆材料，10月下旬结束本年度的工作。

2012年4月中旬复工，首先进行徐显秀墓墓道、过洞、天井的壁画修复，先东壁后西壁，从上往下、从南往北依次进行表面污染、起甲、酥碱、空鼓、地仗破损、裂隙及边缘破损等病害的修复工作。于6月底结束墓道、过洞、天井的壁画修复工作后进入墓室，进行东壁、北壁、西壁的壁画修复工作，7月下旬进行墓室四披的壁画修复工作，在8月初进行四披壁画修复的同时进行甬道壁画脱落回贴和空鼓灌浆的工作。

在对土体加固之前安装百分表进行监测土体裂隙发育情况，并进行土体锚固基本试验。于8月底进行墓道、过洞、天井土体锚固，并对顶部两侧裂隙进行注浆修复，同时对照壁表面封护进行揭取并修复，解决照壁整体稳定性问题。

2012年9月初对墓室南壁砖结构的沉降错位进行修复，对错位、破碎砖体进行剔除并修补，结束后对壁画空鼓错位进行修复。按照合同，于10月底完成徐显秀墓的保护工程（表9-1）。

表9-1　北齐徐显秀墓保护工程计划进度

分部分项工程	工程内容	2011年			2012年						
		8月	9月	10月	4月	5月	6月	7月	8月	9月	10月
现场试验	起甲修复试验	——									
	空鼓灌浆试验		——								
	土体锚固试验								——		
墓道、过洞、天井	起甲病害修复				——						
	酥碱病害修复				——						
	空鼓病害修复				——						
	地仗修补				——						
	边缘裂隙加固				——						
甬道、墓室	起甲病害修复						——				
	空鼓病害修复						——				
	地仗修补						——				
	边缘裂隙加固						——				
照壁	起甲病害修复										——
	地仗修补										——
土体	土体锚固									——	
	裂隙修补									——	
砖体	替换和砌补									——	

第四节　材料与工艺

（一）壁画保护修复

1.壁画保护修复材料

徐显秀墓壁画保护修复工程使用的大宗原材料如表9-2所列，针对不同类型的壁画病害，需要现场配制不同的修复材料：

（1）起甲：选用丙烯酸乳液与有机硅丙烯酸乳液混合液。具体配比为：固含量1%的丙烯酸乳液与固含量1%的有机硅丙烯酸乳液以体积比1∶1混合，浓度分别为0.5%、1%。

（2）地仗残损：根据徐显秀墓墓室壁画地仗的具体特征，地仗残损修补选用熟石灰、脱盐当地土和沙子，熟石灰、脱盐当地土和沙子以2∶1∶1配比。

（3）裂隙：根据墓室地仗材料，选用熟石灰、沙子和土，比例为2∶1∶1。

（4）酥碱：经过反复模拟试验，结合徐显秀墓酥碱壁画的特点，筛选出了0.5%的丙烯酸乳液与0.5%的有机硅丙烯酸乳液以体积比1∶1混合。

（5）空鼓：针对徐显秀墓墓室空鼓壁画的具体特征，通过多种不同组分和配方的室内试验及灌浆材料的性能测试，最终选定以熟石灰、脱盐当地土为填料，以丙烯酸乳液为胶黏剂的灌浆材料。现场灌浆加固时，视空鼓壁画严重程度，可适当调整丙烯酸乳液的浓度及水灰比。

2.壁画保护修复工艺

壁画保护修复过程中，修复人员使用的工具和设备如表9-3所列。

（1）起甲病害

起甲壁画的修复工艺包括除尘、棉纸封护、注射黏结剂、回贴颜料层、揭去封护棉纸和滚压等六道关键工序。

表 9-2　壁画保护修复原材料

原材料	壁画病害类型				
	起甲	地仗残损	裂隙	酥碱	空鼓
丙烯酸溶液	√	√	√	√	√
有机硅丙烯酸溶液	√			√	
脱脂棉	√	√	√	√	√
宣纸				√	√
KC-X60吸水脱盐材料					
镜头纸	√			√	√
纺绸	√			√	
毯子				√	√
棉签	√			√	
木锚杆					√
当地粉土		√	√		√
沙子		√	√		√
纯净水	√	√	√	√	√
澄板土		√	√		√

表 9-3　壁画保护修复工具和设备

名称	壁画病害类型				
	起甲	地仗残损	裂隙	酥碱	空鼓
注射器	√	√	√	√	√
针头	√	√	√	√	√
吸耳球	√	√	√	√	√
量杯	√	√	√	√	√
铁质修复刀	√	√	√	√	
木质修复刀	√	√	√	√	
吸奶器	√			√	
玻璃针管	√			√	
软毛刷	√			√	
手术刀	√				
硬毛刷	√				
锥子			√		√
透气性顶板				√	√
注浆管					√

（2）地仗残损病害

对于壁画地仗脱落病害，修复工艺包括收集脱落地仗残块、拍摄照片、电脑拼接、编号、回贴、支顶和填补缝隙七道关键工序。

对于壁画地仗破损病害，对应的修复工艺包括取出移位地仗、清除地仗中的杂质、支顶空鼓地仗、注浆、脱落地仗回贴、壁板支顶和地仗修补七道关键工序。

（3）裂隙病害

壁画裂隙病害的修复工艺包括去除裂隙中的杂物、润湿裂缝、插入锚杆和充填裂隙及地仗四道关键工序。

（4）酥碱病害

壁画酥碱病害的修复工艺主要有除尘、填垫泥浆、注射黏结剂、回贴颜料层、再次注射黏结剂、滚压、压平壁画、敷贴吸水脱盐垫、更换吸水脱盐垫和二次脱盐十道关键工序。

（5）空鼓病害

空鼓壁画的灌浆加固工艺主要有除尘、开设注浆孔、内窥镜检查、埋设注浆管、支顶壁画、灌浆、灌浆效果检查和修复注浆孔八道关键工序。

（二）土体锚固与裂隙注浆

1. 土层锚杆设计

锚固方式采用梅花布孔方式，锚杆布置以垂直（或大角度相交）坍塌面穿过裂隙，采用木质锚杆或玻璃纤维锚杆（图9-1）。

此次设计针对遗址本体病害及环境特征，对于裂隙发育、局部失稳已经存在倾斜或倾斜坍塌趋势的墓道两侧采用不超过3m的玻璃纤维锚杆（表9-4），浆液采用改性料礓石（DAL）与沙子

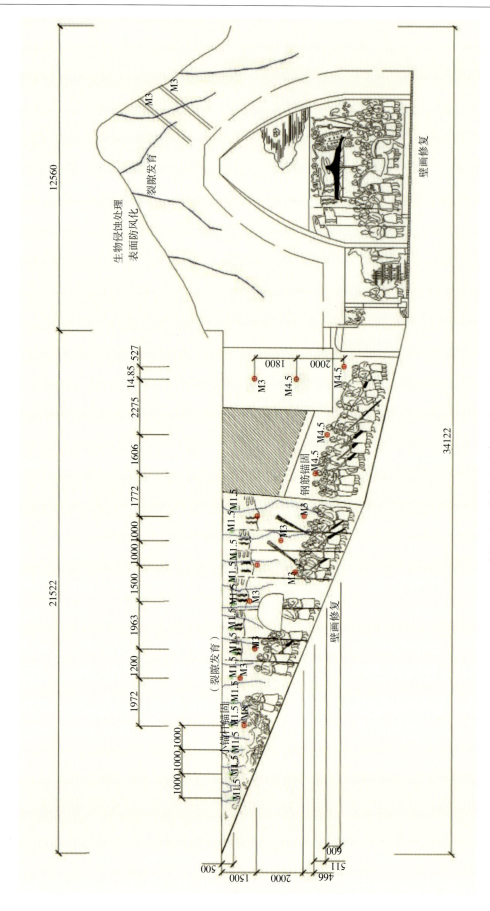

图9—1　锚杆平面布置图（测量单位以mm计）

表 9-4 2m 长玻璃纤维锚杆性能指标

抗拉强度（MPa）	抗剪强度（MPa）	扭矩（N·m）	锚固力（kN）	尾部连接部位及螺纹螺母承载力（kN）	托盘承载力（kN）
244	75	40	58.8	58.8	58.8

按照质量比1:1混合作为填料，水灰比为0.5的浆液。该材料具有耐潮、耐腐蚀、强度大等特点，适合潮湿环境失稳遗址本体的加固。

2. 土体锚固施工工艺

（1）揭取壁画。

（2）实施前根据实际情况布设临时安全支护，确保施工过程中人身安全及遗址本体的安全。

（3）定位放线：结合墓道壁画画面及结构位置需求，准确确定锚固位置，原则上尽量避开有画面区域。

（4）成孔：采用螺纹钻人工钻孔相结合的方式，钻孔深度一般为1.5～3m，钻孔过程中应注意成孔角度，一般略向上倾斜，倾斜角度不大于5°，成孔直径为40～70mm。

（5）注浆：浆液采用改性料礓石（DAL）与沙子按照质量比1:1混合，水灰比为0.4的浆液进行注浆。

（6）安装锚杆：注入浆液后应随即插入直径为25mm锚杆，待浆液初凝前再次轻击入杆体，击打过程中尽量注意对壁画的扰动，并保证锚杆的锚固力。

（7）根据锚板的尺寸以锚杆中心为中心凿槽，深度20cm左右，并保持表面的平整。

（8）安装锚具。

（9）回贴壁画。

3. 注浆安全防范措施

针对如下三种主要的安全隐患：

（1）注浆已满时在注浆部位发生溢浆现象。

（2）注浆过程中，由于墓道墙面有空洞（动、植物洞穴），浆液随空洞在注浆位置附近发生漏浆现象。

（3）由于施工工艺及操作不当，浆液张力过大或浆液浸泡墓道局部软弱墙体，墓道墙体沿已经开裂的缝隙张开而造成的漏浆现象。

在进行锚固注浆和裂隙注浆操作时，一定要特别注意，采取有效措施进行预防性保护，具体措施如下：

（1）安装变形监测仪器，实时监测施工过程，防止造成不良影响。

（2）注浆时在墓道壁画表面铺设棉纸一层，然后在表面悬挂线毯一道，防止溢出浆液污染墓道壁画。

（3）在锚固注浆施工过程中，一般要整体观察，严格按照"一孔一锚"的原则，注浆时安排工作人员对工作面进行监测，15分钟后无漏浆现象发生，方可进行下一道工序。同时一次注浆量不能太大，如果发现注浆量已超过设计注浆量的10%时，要停工观察，无漏浆后继续实施注浆。

（三）青砖砌补

1.墓室砖砌体局部拆除及砌补支顶

20世纪80年代，当地农民引水灌溉时发现灌溉水大量流失，发现此墓后才怀疑是水倒灌进了墓室。同时，据考古发掘记载，墓室门有大量水痕，由封门砖缝渗入，盗洞处也有水痕，地面积水约30cm（图9-2）。甬道及墓室墙体的基础部分，受水浸泡地基不均匀沉降，墙体局部受力不均，扭曲变形，局部应力集中致使大部分砖块压碎、坍塌（图9-3）。

采用砖结构恢复拱券，其优点为：

（1）采用砖砌体结构恢复拱券是理想的结构，满足原材料、原工艺、最小干预最大兼容的保护原则。有效恢复拱券砖砌体结构，一定程度上起到支顶和稳定墓室过道的作用，更是对传统工艺技法和建筑形制的继承和再现。

（2）拆除区域较小，难度较小，实现力更强。

图9-2　墓室积水

图9-3　砖砌体坍塌

（3）拆除过程中相对支顶范围较小，安全系数较高。

（4）不涉及壁画揭取和回贴，降低施工难度。

（5）砌补量较小（图9-4、图9-5）。

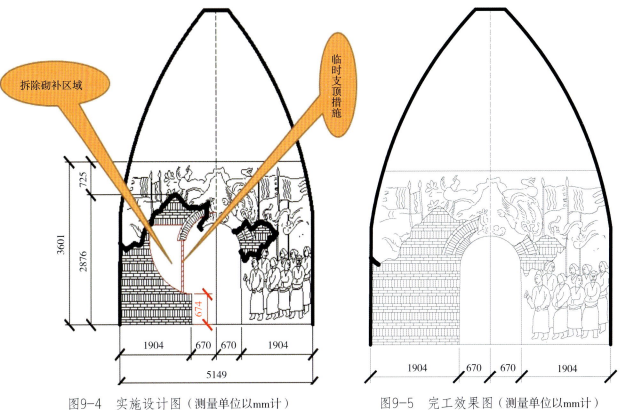

图9-4　实施设计图（测量单位以mm计）　　　　图9-5　完工效果图（测量单位以mm计）

2. 墓室砖砌体砌补工艺

墓室砖砌体砌补工艺有以下优点：

（1）采用刚柔性相结合的方式支顶墓室拱门洞口，偏向西侧，支顶过程中确保壁画的安全。

（2）拆除拱券下东侧歪闪青砖砌体，下部留有70cm高，拆除过程中尽量留有马牙茬，确保新砌补砖砌体与原有结构很好地连接，提高墙体的整体稳定性。

（3）拆除过程中，采取多种防护措施确保墙体的稳定。

（4）采用传统青砖、素土浆砌筑，待达到一定强度后拆除所有的支顶措施。

（5）砖砌体表面协调处理，确保墙体观感。

（6）布设变形监测点，长期观测墓室墙体的整体稳定，必要时采取针对性措施加以保护。

3. 墓道红砖替换

原则上保留现有墓道西侧原有的现代墓墓葬形制（图9-6），将现存红砖全部更换，采用350mm×180mm×70mm青砖补砌，补砌方式与现有红砖砌补方式一致。

图9-6　墓道西壁现代墓封口红砖

第五节　施工管理

（一）施工机具选择与安置

现场布置力求科学、合理，充分利用有限的场地资源，最大限度地满足施工需要，确保既定的质量、工期、安全生产、文明施工四大目标的实现。

为了保证现场材料安全和堆放有序，堆放场地选在施工现场的板房内，脱盐土用塑料桶存放并盖上盖子以避免污染，黏结材料避免日光照射。材料尽可能按照计划分期、分批、分层供应，以减少二次搬运。主要材料的堆放应严格按照相关规定，确保堆放整齐，避免材料污染。

（二）组织机构及劳动力计划

具体组织机构及劳动力计划见表9-5。

表9-5　劳动力计划表

工种、级别	按工程施工阶段投入劳动力情况		
	2012年4～5月	2012年6～7月	2012年7～8月
施工队长	1	1	1
安全员	2	2	2
汽车司机	1	1	1
电工	2	2	2
架子工	4	4	4
测量工	2	2	2
锚杆制作工	3	3	3
注浆工	4	4	4
做旧处理工	7	7	7
普工	5	5	5
辅助工	3	3	3

（三）施工顺序

施工顺序按照文物修复的原则，先对壁画表面进行修复，污染清理，表面加固，起甲修复，然后进行空鼓注浆和脱盐的处理。

（四）质量保证体系

在全体员工中不断强化质量意识，实行全员质量管理，严格执行各项规章制度。

1. 工程质量保证体系

工程质量保证体系如图9-7。

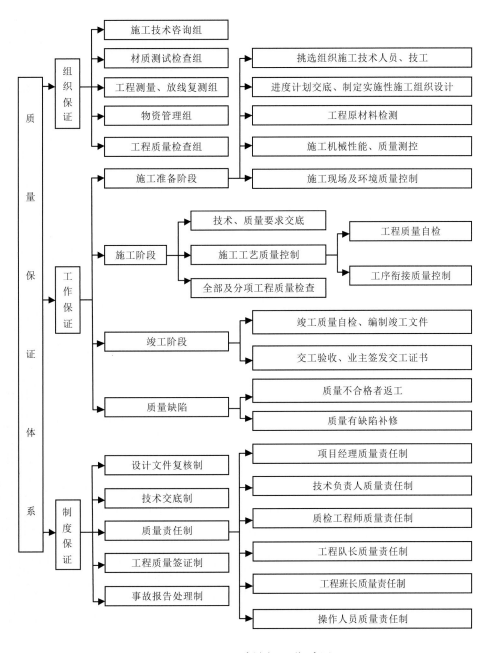

图9-7　工程质量保证体系图

2. 质量目标

按照招标书要求，确保工程质量达到合格，力争优良。

1) 项目经理部与各施工队共同制定全部工程创优规划，制定目标，提出要求，明确任务，落到实处。

2) 各施工队制定分项工程创优措施和分期实施计划，落实任务，找准关键，确保质量。

3) 各施工作业班组根据自己的创优任务，拟订项目工程具体的实施计划，责任到人，严格要求。

3. 保证质量的主要措施

（1）强化质量意识，健全规章制度。

① 在职工中树立"质量终身负责，搞好质量人人有责"的观念，把质量工作贯穿到施工的全过程中，形成道道工序齐抓共管、上下自律，使工程质量始终处于受控状态。

② 施工前组织技术人员，细致复核图纸，发现问题及时与设计单位联系，待设计单位确认后，方可施工。

③ 严格按照有关工程施工规范和设计要求施工。

④ 推行《技术管理条例》和"分级技术负责制"，使基层单位技术工作规范化。

⑤ 推行全面质量管理，实行项目分解及目标管理，对重大技术问题组织小组攻关，科学指导施工。积极推广新技术、新工艺、新材料，为创质量全优的目标共同努力。

⑥ 坚持质量双检制，隐蔽工程签证，质量挂牌，质量讲评，质量双检，质量事故分析等行之有效的质量管理。

⑦ 严格执行施工前的技术交底制度，对作业人员坚持进行定期质量教育和考核。

⑧ 项目经理部建立严格的质量检查组织机构，全力支持和发挥质检机构和人员的作用，主动接受监理工程师的监督和帮助，积极为监理工程师的工作提供和创造便利条件。

（2）严把主要材料采购、进场、使用的检验关。

① 进入工地主要材料要严格符合规范设计要求，从信誉好的厂家进货。所有厂制材料必须有出厂合格证和必要的检验、化验单据，否则不得在工程中使用。

② 每批进场主要材料，应向监理工程师提供供货附件，明确生产厂家、材料品种、型号、规格、数量、出厂日期、出厂合格证、检验、化验单据等，并按国家有关标准和材料使用要求，分项进行抽样检查试验，试验结果报监理工程师审核，作为确定使用与否的依据。

（3）强化施工管理，确保工程质量。

① 锚固工程

a. 钻孔孔位和方向必须精确定位，防止钻孔移位和偏斜，确保钻孔平直度，经监理工程师认可后再进行下道工序。钻孔过程中详细记录，保证孔达设计值。

b. 采用排风清孔器反复清孔，保证孔内清洁。

c. 严格按设计要求编制楠竹锚杆，做好锚杆表面清理工作。

d. 由于锚杆属隐蔽工程，因此每一道工序完成后都要在严格自检的基础上经监理工程师检查认定后方可进行下一道工序。

e. 按设计要求数量对锚杆进行抽检。

② 裂缝注浆及裂隙充填注浆工程

a. 根据设计文件要求，严格控制注浆材料模数、浓度、配合比等关键指标，并经现场监理工程师认可后方可进行注浆作业，确保注浆质量。

b. 采用有机硅丙烯酸混合浆液，应按自下而上的次序通过注浆管进行；注浆时，当相邻的上方注浆管中出现浆液溢出时应停止注浆，并堵塞该注浆孔，再向上方的注浆管中注浆，防止浆液四处流淌，破坏文物。

c. 对于宽大裂隙，锚固后应进行注浆充填。施工中，加大裂隙注浆充填的质量检查力度，确保锚固效果。

d. 加强现场试验工作，使试验与施工同步以指导施工，保证施工质量要求，如通过试验确定注浆压力。

（五）安全保证措施

1. 安全保证体系

针对本次国家重点文物保护工程项目，重视以人为本的思想，杜绝重大责任事故和人身伤亡事故的发生，把一般事故减少到最低限度，确保施工的顺利进行，项目部特别建立安全保证体系及其具体的文物保护措施和生产安全保证措施（图9-8）。

2. 文物保护措施

（1）通过学习增强文物保护意识

项目部成员在进驻工地前须认真学习《中华人民共和国文物保护法》、《中华人民共和国文物保护法实施条例》、《文物保护工程管理办法》以及《环境保护法》等相关法律法规，增强文物保护意识。

在进驻工地后、正式施工前，项目部对施工人员进行文物保护宣传教育，必要时邀请业主就有关事项进行讲解，切实树立起文物保护意识，提高员工保护文物的责任感和自觉性。

（2）遵守文物保护区内的各项规章制度

进驻工程现场后，所有施工人员必须遵守相关法律法规以及文物保护区的相关规章制度，协同文物管理人员做好文物区的防火、防盗、环境卫生等工作。任何人不得对文物造成污染、破坏。

（3）施工过程中的文物及现场环境保护措施

1）文物防护措施

① 正式施工前首先做好现场文物的防护，确保文物及施工安全，防护共分四个层次：

a. 防砸。使用木板或竹夹板满铺于文物上方的脚手架上，并铺设密目网，以防施工中机械、工具以及坠落岩块等对文物造成破坏。

b. 防碰。使用竹夹板将文物与施工脚手架隔离，防止施工人员、工具等对文物造成碰撞。

c. 防尘。在对文物进行前两项防护后再以彩条布、塑料布等对文物进行覆盖，防止施工粉尘对其造成污染。

d. 在对文物进行防护后，利用钢架杆、木板等对危险体进行支顶防护，确保施工中文物体的

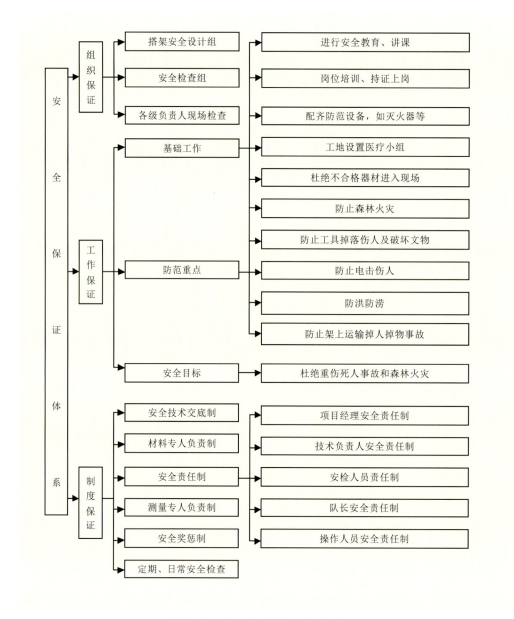

图9-8　施工安全保证体系图

稳定和施工安全。

e.施工操作人员必须按照技术规程进行操作，材料、工具传递必须稳妥，防止坠落物碰砸文物。

2)文物安全检查

为确保文物安全，将文物保护工作落实到人，项目部根据施工过程中的文物保护工作情况进行定期和不定期检查。每天进行安全、技术交底，每周进行安全检查，发现问题及时纠正、处理。

3)重点监测

对重点区域文物本体进行稳定性监测，确保施工过程中文物安全，一旦监测数据变形增大，及时采取支顶、防护措施。

3. 生产安全保证措施

（1）采取多种手段，包括安全教育和学习、树立安全生产标语、制定安全生产制度并督促检查实施、制定奖罚制度等，不断强化员工安全意识。

（2）在下达生产任务时同时下达安全技术措施，检查工作时同时检查安全技术措施执行情况，总结工作时同时总结安全生产情况，把安全生产贯彻到施工全过程。

（3）建立安全检查制度，设立安全监督岗，对发现的事故隐患立即处理做出记录，限期改正、落实到人。

（4）施工前必须向员工进行安全技术交底，指出工作要点，对起吊设备须进行安全设计和技术鉴定，合格后方可使用。

（5）脚手架钢管、扣件进行严格检验，合格后方投入使用，脚手架搭设完成后定期进行检查，以防出现松动。

（6）对从事卷扬机操作的工人上岗前要进行技术考核，合格后方可操作，架上作业必须按规定设置和佩戴安全防护用品。

（7）施工机械和电器安装必须由熟练技术工人操作，严禁非操作人员替代作业。焊工、电工必须持证上岗。

（8）工地修建的临时房屋、架设的动力、照明线路、库房，都必须符合防火、防水、防触电、防雷击、防爆的要求，配置足够的消防设施，做好现场临时排水工程。

（9）在施工场地周围树立醒目的告示牌，防止游人或非生产人员进入工地，工作人员进入工地必须正确佩戴安全帽，高空作业必须正确使用安全带。

（10）重视防火工作，对员工经常进行防火教育工作。

4. 保证工期的主要措施

（1）指挥机构迅速成立，及时到位。为保证和加快工程速度，及时成立强有力的现场指挥机构，对内指挥施工生产，对外负责合同履行及协调联络。

（2）施工力量迅速进点。

施工队伍按开工时间及时进点，进行施工准备，机械设备将随同施工队伍迅速抵达，确保主体工程按时(或提前)开工。

（3）施工准备抓早抓紧。

尽快做好施工准备工作，认真复核图纸，落实重大施工方案，积极配合甲方做好各方面工作，施工中遇到问题影响进度时，将统筹安排、及时调整，确保总体工期。

（4）施工组织不断优化。

进度计划和工期要求为依据，及时完善补充施工组织，落实施工方案，报监理工程师审批。根据施工情况变化，不断进行优化，使工序衔接、劳动力组织、机具设备、工期安排等更趋合理和完善。

（5）施工调度高效运转。

建立从项目经理部到各施工队的调度指挥系统，全面、及时掌握并迅速、准确地处理影响施工进度的各种问题。对工程交叉和施工干扰加强指挥和协调，对重大关键问题要超前研究，制定措施，及时调整工序和调动人、财、物、机，保证工程的连续性和均衡性。

（6）根据工程过程的网络计划，编制分阶段和月度网络计划，及时发现关键工序的转化，确定各阶段工作重点。进行网络计划动态管理，及时掌握进度，分析调整，使项目实施处于受控状态。

（7）强化施工管理，严明劳动纪律，对劳动力实行配套管理，优化组合，使作业专业化、正规化。

（8）实行内部经济承包责任制，既重包又重管，使责任和效益挂钩，个人利益和完成工程量挂钩，做到多劳多得，调动单位、个人的积极性和创造性。

（9）加强机械设备管理。

切实做到加强机械设备的检修和维修工作，配齐维修人员，配足常用配件，确保机械正常运转，对主要工序储备一定的备用机械。

（10）确保劳力充足、高效。

根据工程需要，配备充足的技术人员和技术工人，并采取各种措施，提高劳动者技术素质和工作效率。

（六）文明施工，环境保护

（1）加强环保教育，组织职工学习环保知识，强化环保意识。

（2）强化环保管理，定期进行环保检查，及时处理违章事件。

（3）建立文明施工制度，场地废料、土石渣等按设计要求运到指定地点倾倒；机具、材料要定点堆放整齐；道路畅通，工地干净卫生。

（4）若因施工要求需砍树，必须按甲方规定程序报批后方可实施，严禁乱砍滥伐，尽量减少对周围环境的破坏。

（5）对钻孔时吹出的尘土和灰尘采取技术措施消尘，施工中可能对环境造成污染的材料均按要求妥善处理。

（6）工程竣工后及时清理施工现场，把机具设备、剩余材料归到库房或运出工地，清除施工垃圾，对大型临时设施的处理要和甲方协商解决。

（7）及时编制竣工资料，尽早报请甲方进行验收。

（七）保险措施

我单位将对为本项目工程工作的员工投保人身意外伤害保险，并为从事危险作业的员工办理意外伤害保险。

（八）原始材料整理及归档要求

原始材料是整个施工过程的真实反映，是检验工程质量的重要依据，因此要求各班组负责人、记录员、施工管理人员严格规范填写，并确保完整、及时、清洁，不得涂改，严禁伪造。

依据对文物进行的详细现状调查及收集的相关资料和数据，建立详细的文物档案。

（1）利用文字记录、图片影像等方式，建立文物现状档案。

（2）依据文物病害类型及病害分布调查情况，建立文物病害档案。

（3）依据收集或采集的文物依存外部环境及保存环境的历史资料与现状资料，建立环境档案。

参考书目

贝弗莉·阿尔伯特：《重要建筑及遗址的文物保护档案问题》，《北京建筑工程学院学报》1995 年第 11 卷第 1 期。

陈同滨：《中国大遗址保护规划的多学科研究》，《文化遗产的保护与经营——中国实践与理论进展》，社会科学文献出版社，2003 年。

陈蔚：《我国建筑遗产保护理论和方法研究》，重庆大学 2006 年博士学位论文。

陈蔚、胡斌：《建筑遗产保护中的前期调查与评估策略》，《新建筑》2009 年第 2 期。

郭绍卿、宋国升：《文物古保护工程设计单位应注意的几个问题》，《甘肃科技》2007 年第 23 卷第 2 期。

郭绍卿：《文物保护工程监理人员应注意的几个问题》，《山西建筑》2007 年第 30 卷第 1 期。

国际古迹遗址理事会：《西安宣言——关于古建筑、古遗址和历史区域周边环境的保护》，国际古迹遗址理事会第 15 届大会，西安，2005 年。

李宏松：《张飞庙搬迁保护工程》，《中国文化遗产》2004 年第 3 期。

李平新、贺林、许艳：《韩城元代建筑搬迁保护工程》，《文博》2005 年第 4 期。

李卫、贺林、冯涛：《汉阳陵南阙门遗址保护工程》，《文博》2005 年第 4 期。

李元松、郭志明、王明华：《石宝寨文物保护工程的施工监控》，《武汉工程大学学报》2008 年第 30 卷第 3 期。

梁菊秀：《丁村民宅三所院落的维修保护工程》，《文物世界》2007 年第 2 期。

梁淑敏：《谈文物保护工程施工档案管理》，《甘肃科技》2009 年第 25 卷第 14 期。

孟宪民：《历史文化遗产保护科学和技术的发展》，《中国文化遗产》2004 年第 3 期。

倪军：《实施优秀历史建筑保护工程项目管理的必要性》，《住宅科技》2006 年第 10 期。

牛宁：《文物保护工程施工监理规范框架体系初探》，《古建园林技术》2005 年第 2 期。

裴强强、孙红强：《土遗址加固保护工程资料应用与管理——新疆交河故城抢险加固工程》，《敦煌研究》2008 年第 3 期。

冯涛：《高昌故城保护工程简述》，《文博》2006 年第 5 期。

汪万福、马赞峰、赵林毅等：《壁画保护修复工程设计程序的理论实践与应用》，《敦煌研究》2008 年第 6 期。

王涛：《建筑遗产保护规划与规划体系》，《规划师》2005 年第 21 卷第 7 期。

王旭东：《基于中国文物古迹保护准则的壁画保护方法论探索与实践》，《敦煌研究》2011 年第 6 期。

魏安能：《文物工程修缮中传统工艺与现代科技相结合的实践——以广州圣心大教堂总体维修保护工程为例》，《建筑监督检测与造价》2008 年第 1 卷第 9 期。

吴巍、王新宏、张宗孝：《古灞桥遗址保护工程河工模型试验研究》，《西北水力发电》2006 年第 22 年第 1 期。

张克贵、李玥：《故宫保护工程的组织和管理》，《古建园林技术》2008 年第 2 期。

周伟强：《汉长乐宫 4 号 5 号土遗址及汉杨陵罗经石遗址回填保护工程简介》，《文博》2005 年第 4 期。

庄孔韶：《文化遗产保护的观念与实践的思考》，《浙江大学学报》（人文社会科学版）2009 年第 39 卷第 5 期。

第十章　保护工程实施

第一节　壁画保护修复工程

北齐徐显秀墓壁画保护修复分项工程（表10-1）共计修复各类病害壁画652.37m²，其中起甲壁画305.96m²，地仗修补46.35m²，裂隙及边缘加固26.3m²，酥碱壁画加固及脱盐处理106.6m²，空鼓壁画灌浆加固167.16m²，注浆量145055mL。

（一）起甲壁画

1.起甲壁画修复材料

丙烯酸乳液与有机硅丙烯酸乳液以体积比1:1混合，浓度分别为0.5%、1%（图10-1）。

2.起甲壁画修复工艺

（1）表面除尘

用洗耳球和软毛刷除去壁画背部及表面的尘土（图10-2）。

表 10-1　徐显秀墓壁画保护修复工程量统计

壁画区域		壁画病害						
		起甲（m²）	地仗残损（m²）	裂隙（m²）	酥碱（m²）	空鼓		
						面积（m²）	开孔数	注浆量（mL）
墓道（含过洞、天井）		121.30	22.30	19.70	106.60	22.00	110	7610
墓道照壁		7.00	7.20					
甬道		14.10	3.50			10.60	87	4645
墓室四壁	东壁	28.22	2.30			23.10	102	42110
	西壁	27.27	1.30			20.30	140	27140
	北壁	25.98	3.60	2.80		19.86	154	22615
	南壁	18.49	6.15	1.90		16.50	123	20815
墓室四披	东披	16.60				14.10	111	6990
	南披	15.80				13.50	100	4735
	西披	15.20				12.30	76	5325
	北披	16.00		1.90		14.90	92	3070
小　计		305.96	46.35	26.30	106.60	167.16	1095	145055

图10-1　修复材料配制

（2）棉纸封护

用软毛刷浸蘸纯净水，将棉纸条贴在起甲的壁画表面，与周边的地仗或颜料层粘连在一起，是加固前的临时固定保护（图10-3）。

（3）注射黏结剂

用棉纸封护后，将黏结剂注射入起甲病害的背面（图10-4）。

图10-2　表面除尘

图10-3　棉纸封护　　　　　　　　　　图10-4　注射黏结剂

图10-5　棉球滚压

图10-6　棉纸去除

图10-7　修复刀回压

图10-8　起甲修复后

（4）起甲壁画滚压

用纺绸包裹的医用脱脂棉制作的棉球滚压壁画表面（图10-5）。

（5）揭去封护棉纸

将壁画表面的封护棉纸揭去（图10-6）。

（6）回贴

将归位后的壁画表面垫棉纸，用木制修复刀将其归位（图10-7、图10-8）。

（二）地仗残损壁画

1. 地仗残损壁画修复材料

根据墓室地仗的材料分析，我们使用与其相近的材料对破损地仗修复加固，熟石灰、脱盐当地土和沙子质量比以2:1:1配比。注浆材料用10%的丙烯酸乳液调制，填料为熟石灰、脱盐当地土，质量比为2:1。

2. 地仗残损壁画修复工艺

（1）壁画地仗脱落病害

根据壁画的颜色线条、裂缝来确定脱落壁画的位置，然后用熟石灰将其归位回贴，尽量减小壁画之间的缝隙，使壁画在同一平面上。

1）收集脱落地仗残块：将破损地仗残块收集整理并将尘土与杂质处理干净备用（图10-9）。

2）拍摄照片：将破损地仗残块单独拍成照片。

3）电脑拼接图片：通过破损纹理、颜色及图案确定残块的位置，用Photoshop制图软件对残块进行电脑模拟拼接（图10-10）。

4）编号：将软件拼好的地仗残块图片进行编号（图10-11）。

5）对墙体与残块相应的位置进行墙体位置编号（图10-12）。

6）回贴：将与墙体编号对应的残块抹白灰回贴，白灰不能过多或过少，否则会出现高低不平，画面难以统一（图10-13、图10-14）。

7）支顶：将回贴后的残块用支顶架支顶，防止移位（图10-15）。

8）填补缝隙：将回贴后的小裂缝用白石灰填补平整，与周围融为一体（图10-16）。

（2）壁画地仗破损病害

1）取出移位地仗

将破损错位的地仗碎块清理并编号备用（图10-17）。

2）清除地仗中的杂质

用修复刀将地仗空鼓墙体的尘土杂质清理干净（图10-18）。

图10-9　整理残块

图10-10　电脑拼接

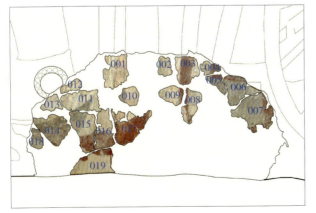

图10-11　编号

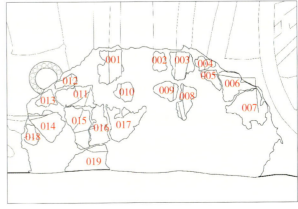

图10-12　墙体编号

图10-13　确定位置

图10-14　回贴

图10-15　支顶

图10-16　修补裂缝

图10-17　取出移位地仗

图10-18　清除地仗层中的杂质

3）支顶空鼓地仗

用支顶架将空鼓壁画归位支顶，防止脱落（图10-19）。

4）注浆

将配制好的注浆材料，用注射器由下而上依次将浆液注入壁画的空鼓部位。在注浆过程中要注意观察，以免漏浆污染壁画（图10-20）。

5）脱落地仗回贴

图10-19　支顶

图10-20　注浆

图10-21　脱落回贴

图10-22　壁板支顶

将脱落的壁画背面抹上和好的石灰，同时在其相应的墙体位置也抹上石灰（图10-21）。

6）壁板支顶

根据壁画空鼓和裂缝的状况，用支顶架进行临时保护（图10-22）。

对回贴后裂缝及地仗进行修补。

（三）裂隙壁画

1. 裂隙壁画修复材料

（1）墓道壁画裂隙病害

1）当地土、沙子脱盐处理后以质量比3:1混合。

2）根据不同程度的病害制作出相适应长度的锚杆（图10-23、图10-24）。

3）将做好的锚杆进行防腐处理（图10-25、图10-26）。

（2）墓室壁画裂隙病害

根据墓室地仗材料，选用熟石灰、沙子和土，质量比为2:1:1。

图10-23　制作锚杆

图10-24　不同尺寸的锚杆

图10-25　防腐处理

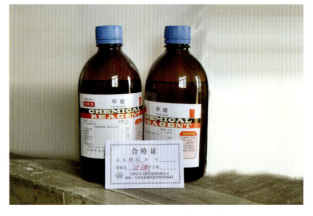

图10-26　防腐剂甲酸

图10-27　裂缝除尘

图10-28　潮湿裂缝

2. 裂隙壁画修复工艺

（1）去除裂隙中的杂物：首先将裂隙杂物清除干净（图10-27）。

（2）潮湿裂缝：使泥与土体黏结得更好，不易开裂和脱落（图10-28）。

（3）插入锚杆：确定锚杆位置将其插入（图10-29）。

（4）充填裂隙及地仗：用泥和土块填充裂隙与地仗破损处（图10-30）。

图10-29　插入锚杆　　　　　　　　图10-30　裂缝补泥

（四）酥碱壁画

1.酥碱壁画修复材料

经过反复模拟试验，结合徐显秀墓酥碱壁画的特点，筛选出了0.5%的丙烯酸乳液与0.5%的有机硅丙烯酸乳液以体积比 1:1混合。

2.酥碱壁画修复工艺

（1）除尘

用洗耳球小心将酥碱起甲壁画背面的尘土和细沙吹干净，然后用软毛笔将壁画表面的尘土清除干净。应注意的是盐害壁画的颜料层非常脆弱，地仗层酥软粉状脱落较多，在除尘时一定要格外小心，掌握好力度，既要清除粉尘，又要保留粉化的地仗层。

（2）填垫泥浆

酥碱壁画地仗粉状脱落和缺失较多，颜料层大片悬浮，如果直接注射黏结剂回贴，会使颜料层低陷，画面凹凸不平影响美观。具体的方法是：用较长针头的注射器将丙烯酸乳液与有机硅丙烯酸乳液的混合液，多次注入地仗缺失部位，使胶液向地仗里层渗透；用较长针头的注射器或滴管将掺有1/3细沙的稀泥浆（脱盐）均匀地填充于地仗缺失部位。填垫泥浆的量要严格掌握，过多过少都会影响颜料层的回贴效果（酥碱地仗层没有缺失的可不采取此工艺）。

（3）注射黏结剂

待填垫的泥浆半干燥时，用注射器将丙烯酸乳液与有机硅丙烯酸乳液混合液沿悬浮颜料层的边沿注入酥碱的地仗部位（2~3遍）。

（4）回贴颜料层

待胶液被填垫的泥浆和地仗层吸收后，用垫有棉纸的修复刀将悬浮的颜料层轻轻回贴原处。

（5）再次注射黏结剂

待悬浮的颜料层回贴原处后，对颜料层表面注射1%的丙烯酸乳液与1%有机硅丙烯酸乳液混合液（1~2遍），进行颜料层二次补强。

（6）滚压

稍干后用垫有棉纸的棉球对颜料层进行滚压。

（7）压平壁画

用垫有棉纸的较大木质修复刀对壁画压平压实，此时要掌握力度，避免在壁画表面留下刀痕。

（8）敷贴吸水脱盐垫

壁画压平压实后，立即用透气性顶板将吸水脱盐垫（棉纸+两层KC-X60+KC-X60泥垫+2cm厚的海绵）敷贴在壁画表面，对壁画进行脱盐处理。

（9）更换吸水脱盐垫

视壁画干燥程度，开始时每天更换两次吸水脱盐垫，随着壁画逐渐干燥，应减少更换次数，用非接触式红外线测温仪，测定加固区域和相邻的非加固区域的温度，如果两区域温差相差0.2℃~0.3℃左右时，即壁画基本干燥。为了防止盐分在壁画表面聚集，对壁画继续支顶一周左右，期间不再更换吸水脱盐垫。

（10）二次脱盐

壁画干燥后，在壁画凹凸不平的凹部，有白色结晶盐生成，这时应对壁画进行二次脱盐处理。方法是：将高强度吸水纸裁剪成5cm×5cm的方形小块，用保护笔浸湿敷贴在壁画表面，用软海绵使纸块与壁面充分结合，结晶盐就吸附在纸块上，待纸块干燥后取下。经过3~4次的吸附，壁画表面的结晶盐将被清除。

（五）空鼓壁画

1. 空鼓壁画灌浆材料

针对徐显秀墓墓室空鼓壁画的具体特征，通过多种不同组分和配方的室内试验及灌浆材料的性能测试，最终选定以熟石灰、脱盐当地土为填料，以丙烯酸乳液为胶黏剂的灌浆材料。现场灌浆加固时，视空鼓壁画严重程度，可适当调整丙烯酸乳液的浓度及水灰比。

针对墓道内壁画空鼓情况，选用脱盐当地土和10%丙烯酸乳液作为灌浆材料。

2. 空鼓壁画修复工艺

（1）除尘

用洗耳球或软毛刷除去壁画表面的浮尘（图10-31）。

（2）开注浆孔

对壁画进行敲击从而确定开孔位置（图10-32）。

（3）插入注浆管

将针头插入注浆孔中用棉花密封便于更好地灌浆。

图10-31　除尘

图10-32　开孔

图10-33　灌浆

图10-34　补孔

图10-35　支顶

图10-36　背部结构

图10-37　揭取

（4）灌浆

将配制好的灌浆材料，用注射器由下而上依次将浆液注入壁画的空鼓部位。在灌浆过程中要注意观察，以免漏浆污染壁画（图10-33）。

（5）封堵注浆孔

注完浆液后用棉花将注浆孔密封，待浆液干后去除棉花。用和原地仗相同的材料填补注浆孔并做旧（图10-34）。

（6）壁板支顶

根据壁画空鼓和裂缝的状况，用可调丝杆固定支顶壁板，进行临时保护（图10-35）。

（六）照壁背部加固及画面防护层揭取

照壁绘有仿建筑的门楼图案。因盗洞引起塌陷，致使此处壁画错位、脱落现象严重。在考古保护中背部加浮石、Paraloid B72做地仗使用环氧树脂加固在钢框架上，表面用0.5%的聚乙烯醇加固并附上宣纸和纱布。此次采取的措施及工艺如下：

（1）背部钢框架加固，在壁画下部焊接一根角钢，并与主结构连接。

（2）角钢与壁画下部边缘间填泥加固，使壁画稳定（图10-36）。

（3）画面防护层揭取，用小排笔蘸热水潮湿后慢慢揭取（图10-37）。

（4）画面颜料层起甲修复及裂缝修补。

第二节　土体锚固工程

徐显秀墓墓道、过洞、天井土体锚固共植入锚杆97根，191.83m，锚孔注浆474100mL。其中东壁植入锚杆26根，65.8m，锚孔注浆162600mL；西壁植入锚杆36根，80.63m，锚孔注浆200000mL；北壁植入25根，45.4m，锚孔注浆111500mL。

（一）土层锚杆及注浆材料

（1）杆体材料：全螺纹式玻璃纤维杆体，直径25mm。每根锚杆长3m，可根据施工需要长度进行截取。

（2）锚固注浆材料：在现场试验的基础上，选用改性料礓石和沙子以质量比1:1混合作为注浆材料，水灰比控制在0.5。

（二）土体锚固工艺

（1）揭取壁画

为了最大限度保存壁画的完整性，开孔时原则上选在没有画面的部位，在钻孔前先进行表面壁画揭取，揭取壁画体积为20cm×20cm×20cm。具体为：

1）用壁纸刀划出揭取线（图10-38）。

2）用冲击钻沿揭取线打孔，孔深20cm，每个孔间隔3cm（图10-39）。

3）用手工锯将冲击钻所打的眼锯开（图10-40）。

4）用自制的取壁画工具将壁画取出（图10-41、图10-42）。

5）将壁画放置安全位置，并标明壁画的方向（图10-43）。

（2）钻孔

钻孔为手工成孔，钻孔工具为自制工具，有1m、2m、3m三种长度。孔的直径为70mm，角度5°~10°（图10-44~图10-46）。

（3）放置锚杆

放置锚杆时在锚杆两端绑上铁丝，便于锚杆与锚孔共轴，放置锚杆的同时将两根注浆管（一个注浆，另一个作为通气孔）同时植入（图10-47）。

（4）注浆

采用100mL注射器人工注浆，随着浆液的推进，慢慢向外抽注浆管，浆液灌满后约10分钟，用另一条注浆管进行补浆（图10-48）。

（5）放置托盘

注浆结束后3天，安装托盘、螺母。安装前在锚杆上画一个箭头，紧螺母时力量要适中，锚杆不能有转动（图10-49）。

图10-38 划线

图10-39 钻眼

图10-40 锯缝

图10-41 壁画揭取工具

图10-42　取壁画

图10-43　壁画取出后

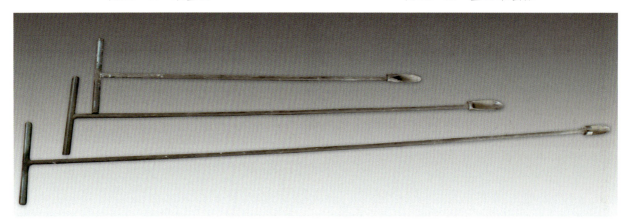

图10-44　开孔工具

图10-45　钻孔

图10-46　钻孔

图10-47　放置锚杆、注浆管

图10-48　注浆

图10-49　放置托盘

图10-50　对揭取壁画进行保护

图10-51　对揭取壁画剪薄

（6）回贴壁画

壁画回贴前先对壁画进行剪薄处理，为了防止壁画断裂，对壁画及土体进行保护处理，用手工锯将多出来的土块锯掉。在托盘周围填泥，使之平整。将壁画回贴，使壁面平整，对表面进行处理后与周边协调一致（图10-50～图10-55）。

第三节　土体裂隙注浆加固工程

土体裂隙修补长度为33.09m，注浆量26756mL（图10-56；表10-2）。

图10-52　托盘周围填泥

图10-53　壁画回贴

图10-54　修补锯缝

图10-55　表面处理

（一）注浆与表面修补材料

（1）裂隙采用注浆填充处理，注浆材料为改性料礓石、沙子质量比1∶1，水灰比0.6。

（2）表面处理采用三合土进行夯筑，熟石灰、当地土、沙子质量比3∶5∶2。

（二）注浆加固工艺

（1）清理

将裂隙内杂物取出（图10-57）。

（2）注浆

用100mL注射器进行注浆，注浆分段逐步进行，等浆液的水分吸收后再进行一遍补浆（图10-58）。

（3）表面处理

表面用三合土夯实（图10-59）。

第四节　墓室保护加固工程

（1）支顶

采用刚柔性相结合的方式支顶墓室砖券洞口，支顶过程中确保壁画的安全。甬道拱券中间用

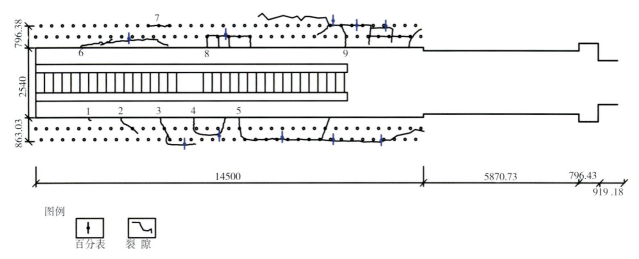

图例

百分表　　裂　隙

图10-56　裂隙位置图（测量单位以mm计）

表 10-2　墓道顶部两侧土体裂隙修补记录表

裂隙编号	日　期	裂隙长度（mm）	裂隙宽度（mm）	修补方法	修补材料	配比	注浆量（mL）	备注
1	2012-9-8	160	20	注浆	改性料礓石 / 沙子	1：1	120	
2	2012-9-8	900	25	注浆	改性料礓石 / 沙子	1：1	215	
3	2012-9-8	2360	30	注浆	改性料礓石 / 沙子	1：1	734	
4	2012-9-9	2170	30	注浆	改性料礓石 / 沙子	1：1	682	
5	2012-9-10	8600	35	注浆	改性料礓石 / 沙子	1：1	5800	
6	2012-9-11	3880	30	注浆	改性料礓石 / 沙子	1：1	940	
7	2012-9-12	910	30	注浆	改性料礓石 / 沙子	1：1	861	
8	2012-9-13	3360	35	注浆	改性料礓石 / 沙子	1：1	1164	
9	2012-9-15	10750	40	注浆	改性料礓石 / 沙子	1：1	16240	

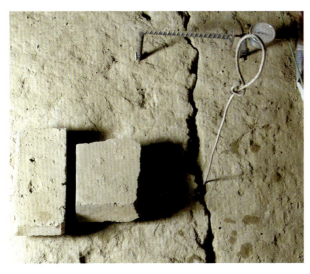

图10-57　清理裂隙

图10-58　裂隙注浆

图10-59　裂隙表面处理

图10-60　现状

图10-61　支顶

图10-62　拆除

图10-63　拆除后

16 T油压千斤顶支顶，其余危险部位砖砌体用支顶架支顶（图10-60、图10-61）。

（2）拆除

首先拆除墓室南壁拱券下东侧挤压青砖砌体碎块，下部留有70cm高，拆除过程中尽量留有马

图10-64　开孔

图10-65　补强

图10-66　埋设注浆管

图10-67　注浆

牙茬，确保新砌补砖砌体与原有结构很好地连接，提高墙体的整体稳定性（图10-62）。

拆除过程中，采取多种防护措施确保墙体的稳定，待南部砖砌体整个修复结束后再拆除拱券下部碎砖，防止拱券整体变形下坠（图10-63）。

（3）传统工艺砌补

选用的砖为专门定制的与墓室砖相同规格的青砖，砖应提前1～2天浇水湿润，湿润程度达到水浸润砖体15mm为宜。不宜在砌筑时临时浇水。

（4）砌体结构补强

采用与原来砖砌体相同的工艺用水泥砂浆砌筑。新砖砌体与原砌体中间灌入水泥砂浆，并每隔20cm在砖缝中间用电锤开孔，然后埋入Φ10mm的钢筋，长度为20～60cm（图10-64、图10-65）。

（5）砖砌体裂缝注浆

在原砌体灰缝内植入注浆管，用100mL注射器灌水泥砂浆（图10-66、图10-67）。

（6）勾缝

在砖砌体灰缝表面填补泥（图10-68）。

（7）表面效果处理

待达到一定强度后拆除所有的支顶措施，为确保墙体观感，对砖表面进行效果处理，使新砌体与原来砖砌体协调（图10-69）。

图10-68　勾缝　　　　　　　　　　　　　图10-69　修复后

第五节　小结

2011年3月，受徐显秀墓文管所的委托，敦煌研究院文物保护技术服务中心承担了"山西太原王家峰北齐徐显秀墓壁画保护修复工程"，按照国家文物局对遗址进行原址保护的意见，于2011年6月～2012年10月对徐显秀墓壁画实施了分项保护修复工程，共计修复各类病害壁画652.37平方米，并完成了徐显秀墓墓道、过洞、天井土体的锚固加固，对墓室砖券洞口坍塌、结构失稳部分进行了砖体更换与支顶，达到了预期的保护效果（图10-70至图10-165；彩版一〇至二七）。

2013年8月3日，由山西省文物局组织相关专家对工程进行了竣工验收。验收过程中，专家实地察看了工程现场，查阅了工程资料，听取了建设单位太原北齐壁画博物馆、设计单位敦煌研究院、施工单位敦煌研究院文物保护技术服务中心和监理单位山西省古建监理公司等对工程的汇报，经专家质询答疑，充分讨论后一致认为该项工程严格按照国家文物局批复的《山西太原王家峰北齐徐显秀墓保护工程方案》实施，对壁画地仗空鼓、颜料层起甲、画面污染、裂隙等病害的治理，以及墓道、甬道结构性失稳等采取的施工方法科学，工程措施合理，实现了对墓葬的有效保护；在工程实施过程中，进行了动态管理，实行了专家咨询制度，为工程顺利实施提供了保障；工程资料齐全、规范，达到设计要求，质量合格；该工程的保护措施和成果可在同类壁画中借鉴和推广；同时专家们还对后续开展的壁画修复效果的跟踪监测和预防性保护措施提出了建设性的意见和建议。

徐显秀墓的原址保护工程能够顺利实施，得益于以下几个方面：

（1）坚持先试验后实施的原则

施工单位敦煌研究院文物保护技术服务中心在接受了此项任务后，于2011年6月首先组织人员开展了对徐显秀墓保存现状的详细调查，并对特征病害颜料层起甲、地仗空鼓、墓道裂隙、甬道砖体坍塌等病害的加固材料与工艺开展了现场试验，通过现场试验确定了以丙烯酸和有机硅丙烯酸乳液为主的起甲壁画加固材料，以石灰、黏土为填料，丙烯酸为主剂的空鼓壁画灌浆材料和地仗加固材料，以锚固为主、改性料礓石、石英砂为注浆材料的墓道裂隙加固材料和工艺，为工程的后续开展提供了技术支持。

（2）动态设计、信息化施工理念的科学应用

"动态设计，信息化施工"理念是文化遗产工程设计理念和意图得以实现的有力保障，通过施工中信息的反馈实现动态设计，弥补工程原有设计的不足，在工程实践中互动式发展。在徐显秀墓保护工程实施过程中，根据国家文物局的批复意见中对墓道裂隙加固中锚杆的数量、材质等提出的要求，建设单位协同设计单位进行了施工图的深化设计，施工单位对锚杆、注浆材料等又进行了现场试验，通过力学稳定性计算，确定了裂隙加固中采用的锚杆数量、材质和施工工艺等，并组织专家进行评估，保证了材料工艺的可行和文物的万无一失。施工过程各种信息的搜集和整理，有效促进了施工各方对徐显秀墓的价值和状态的认知，从而深层次地探讨保护设计理念和设计内容的科学性和先进性。获取的所有信息对指导工程施工和工程质量及施工过程中的安全起到了至关重要的作用。

（3）施工过程中的科学研究

施工过程中的科学研究是确保工程施工质量和技术上进一步创新的基础。在徐显秀墓保护工程施工过程中，根据墓室壁画的特点，建设单位、设计单位、施工单位共同参与，实施了对徐显秀墓墓室的温湿度环境监测、墓道土体裂隙变形监测、降雨入渗监测，开展了植物根系对墓室土体的破坏监测及防治措施研究、墓室土体裂隙锚固与注浆技术研究、空鼓灌浆加固与加固后效果的无损检测技术研究等，施工中现场试验研究，时间跨度前后两年，确保了工程中施工材料、工艺的可行性，保证了施工的质量。这些研究工作的开展，不仅满足了施工过程中的实际需求，对工程后期徐显秀墓的长期监测与维护方案的制定具有非常重要的指导意义。

（4）专家咨询制度与多学科的有机结合

专家咨询制度和多学科的合作在解决复杂、多样、多学科的工程技术难题中发挥了重要的作用。施工单位在完成了对徐显秀墓保护工程的现场试验后，于2012年7月由太原市文物局邀请国内文物保护专家对山西太原王家峰北齐徐显秀墓保护工程进行了阶段评估，并为工程把脉，对原设计中关于甬道坍塌砖砌体的三种实施方案进行评估，确定了最终的实施方案。因此，通过咨询长期从事文化遗产各专业领域的专家，凭借他们多年来总结和凝练的丰富经验，深入探讨、评价和研究论证具体的保护措施，解决工程实践中遇到的技术难题，从而最大限度地促使保护措施趋于合理化、科学化、规范化。

（5）各种管理制度的建立是工程顺利实施的组织保障

在徐显秀墓保护工程的项目组建、项目准备、项目实施和竣工验收等阶段中，各参加单位都设立了相应的组织机构，制定了与工程实施相关的各种规章制度，各方有效的组织各专业人员协调和搭配，对所有的组织资源进行统筹、协调和控制，建立了施工安全预案，最大限度地降低安全隐患，合理优化施工工序，有效保证了施工工期，各方领导的协调保证了工程的顺利实施，确保了拟定目标的实现。

徐显秀墓保护工程的顺利实施，有效治理了墓室现存的各类病害，解决了墓室、墓道及壁画等稳定性的问题，在参建各方的共同努力下，实现了对徐显秀墓的原址保护。然而，对墓室壁画的保护任重而道远，在工程实施后期，除加强对遗址的日常管理、维护与长期监测外，巩固保护的实施成果，还应进一步完善各方统筹和协调机制，从多学科、多手段、多渠道联合出发，构建长期有效的遗址环境监测和控制体系、风险评估体系、预警体系，实现对徐显秀墓的长久保护和有效利用。

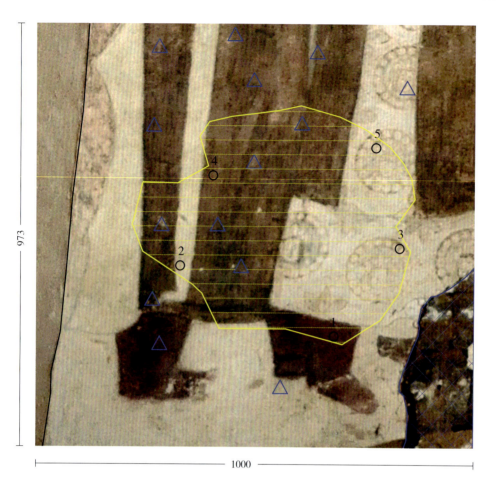
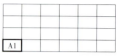

空鼓壁画修复：

a. 除尘：用羊毛刷、洗耳球对壁画表面的浮尘进行清理；

b. 开孔：尽量在无颜料层或壁画次要部位开注浆孔；

c. 支顶：用带有保护层的顶板支顶来保护壁画；

d. 灌浆：用6%丙烯酸乳液作为黏结剂，当地土、澄板土（质量比2：1）作为填充料；水灰比为0.65，用注射器将已配制好的灌浆材料顺注浆管压入壁画空鼓部位；

e. 补孔：干燥后，取下支顶架，使用与原地仗层材质相同的材料修复注浆口。

地仗脱落壁画修复：

a. 除尘：用羊毛刷、洗耳球对壁画破损部位表层的浮尘进行清除；

b. 渗透：使用纯水对壁画破损或残缺部位进行渗透潮湿；

c. 填泥：潮湿后，使用石灰泥对破损部位进行填补，填补需根据破损的程度 、大小，分二到三次或四次完成，以防止收缩开裂。

d. 表层处理：填补完成后，对新的泥层进行肌理处理，使新的泥层与周围相协调。

起甲壁画修复：

a. 表面清理：用羊毛刷、洗耳球对壁画表面及起甲颜料背面的浮尘进行清理；

b. 渗透加固：使用浓度为1%的丙烯酸乳液和有机硅丙烯酸乳液以体积比1：1混合的黏结剂，用注射器将黏结剂注射到起甲颜料背部进行渗透加固；

c. 起甲回贴：用修复刀将起甲颜料层回贴到原位，并用棉球进行滚压。

壁画修复面积：

修复颜料层起甲粉化0.75m²，地仗局部脱落0.15m²，中部地仗空鼓0.21m²。

敦煌研究院
文物保护技术服务中心

北齐徐显秀墓壁画保护修复工程	
项 目 负 责	汪万福
审 核	赵林毅
校 对	张金虎
实 施	刘 涛
制 图	王 辉
日 期	2012-08-20

图10-70　墓室东壁A1区修复图（图10-70至图10-165测量单位以mm计）

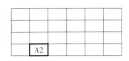

起 甲　　　注浆孔

空 鼓　　　地仗脱落

裂 隙

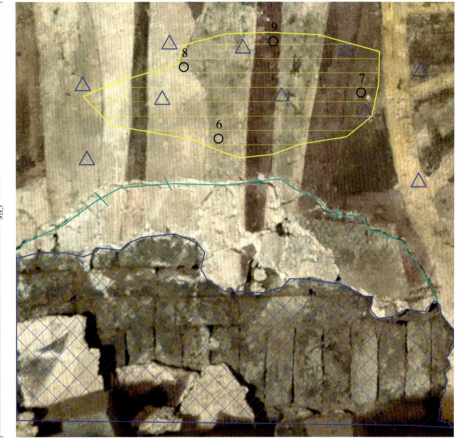

壁画修复面积:

　　修复颜料层起甲 0.53m², 下部地仗脱落 0.35m², 地仗空鼓 0.3m², 地仗裂隙 1.2m。

敦煌研究院
文物保护技术服务中心

北齐徐显秀墓壁画 保护修复工程	
项目负责	汪万福
审　核	赵林毅
校　对	张金虎
实　施	刘涛
制　图	王辉
日　期	2012-08-20

空鼓壁画修复:

　　a. 除尘: 用羊毛刷、洗耳球对壁画表面的浮尘进行清理;

　　b. 开孔: 尽量在无颜料层或壁画次要部位开注浆孔;

　　c. 支顶: 用带有保护层的顶板支顶来保护壁画;

　　d. 灌浆: 用6%丙烯酸乳液作为黏结剂, 当地土、澄板土 (质量比2∶1) 作为填充料; 水灰比为0.65, 用注射器将已配制好的灌浆材料顺注浆管压入壁画空鼓部位;

　　e. 补孔: 干燥后, 取下支顶架, 使用与原地仗层材质相同的材料修复注浆口。

地仗脱落、裂隙壁画修复:

　　a. 除尘: 用羊毛刷、洗耳球对壁画破损部位表层的浮尘进行清除;

　　b. 渗透: 使用纯水对壁画破损或残缺部位进行渗透潮湿;

　　c. 填泥: 潮湿后, 使用石灰泥对破损部位进行填补, 填补需根据破损的程度、大小, 分二到三次或四次完成, 以防止收缩开裂;

　　d. 表层处理: 填补完成后, 对新的泥层进行肌理处理, 使新的泥层与周围相协调。

起甲壁画修复:

　　a. 表面清理: 用羊毛刷、洗耳球对壁画表面及起甲颜料背面的浮尘进行清理;

　　b. 渗透加固: 使用浓度为1%的丙烯酸乳液和有机硅丙烯酸乳液以体积比1∶1混合黏结剂, 用注射器将黏结剂注射到起甲颜料背部进行渗透加固;

　　c. 起甲回贴: 用修复刀将起甲颜料层回贴到原位, 并用棉球进行滚压。

图10-71　墓室东壁A2区修复图

空鼓壁画修复：

　　a. 除尘：用羊毛刷、洗耳球对壁画表面的浮尘进行清理；

　　b. 开孔：尽量在无颜料层或壁画次要部位开注浆孔；

　　c. 支顶：用带有保护层的顶板支顶来保护壁画；

　　d. 灌浆：用6%丙烯酸乳液作为黏结剂，当地土、澄板土（质量比2∶1）作为填充料；水灰比为0.65，用注射器将已制备好的灌浆材料顺注浆管压入壁画空鼓部位；

　　e. 补孔：干燥后，取下支顶架，使用与原地仗层材质相同的材料修复注浆口。

起甲壁画修复：

　　a. 表面清理：用羊毛刷、洗耳球对壁画表面及起甲颜料背面的浮尘进行清理；

　　b. 渗透加固：使用浓度为1%的丙烯酸乳液和有机硅丙烯酸乳液以体积比1∶1混合的黏结剂，用注射器将黏结剂注射到起甲颜料背部进行渗透加固；

　　c. 起甲回贴：用修复刀将起甲颜料层回贴到原位，并用棉球进行滚压。

壁画修复面积：

　　修复颜料层起甲粉化0.87m²，中部地仗空鼓0.34m²。

敦煌研究院
文物保护技术服务中心

北齐徐显秀墓壁画 保护修复工程	
项 目 负 责	汪万福
审 　 核	赵林毅
校 　 对	张金虎
实 　 施	刘 涛
制 　 图	王 辉
日 　 期	2012-08-20

图10-72　墓室东壁A3区修复图

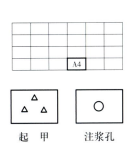

起　甲　　　注浆孔

空　鼓

壁画修复面积：

修复颜料层起甲 0.83m²，中部地仗空鼓 0.21m²。

**敦煌研究院
文物保护技术服务中心**

北齐徐显秀墓壁画 保护修复工程	
项目负责	汪万福
审　核	赵林毅
校　对	张金虎
实　施	刘　涛
制　图	王　辉
日　期	2012-08-20

空鼓壁画修复：

a. 除尘：用羊毛刷、洗耳球对壁画表面的浮尘进行清理；

b. 开孔：尽量在无颜料层或壁画次要部位开注浆孔；

c. 支顶：用带有保护层的顶板支顶来保护壁画；

d. 灌浆：用6%丙烯酸乳液作为黏结剂，当地土、澄板土（质量比2：1）作为填充料；水灰比为0.65，用注射器将已配制好的灌浆材料顺注浆管压入壁画空鼓部位；

e. 补孔：干燥后，取下支顶架，使用与原地仗层材质相同的材料修复注浆口。

起甲壁画修复：

a. 表面清理：用羊毛刷、洗耳球对壁画表面及起甲颜料背面的浮尘进行清理；

b. 渗透加固：使用浓度为1%的丙烯酸乳液和有机硅丙烯酸乳液以体积比1：1混合的黏结剂，用注射器将黏结剂注射到起甲颜料背部进行渗透加固；

c. 起甲回贴：用修复刀将起甲颜料层回贴到原位，并用棉球进行滚压。

图10-73　墓室东壁A4区修复图

空鼓壁画修复：

　　a. 除尘：用羊毛刷、洗耳球对壁画表面的浮尘进行清理；

　　b. 开孔：尽量在无颜料层或壁画次要部位开注浆孔；

　　c. 支顶：用带有保护层的顶板支顶来保护壁画；

　　d. 灌浆：用6%丙烯酸乳液作为黏结剂，当地土、澄板土（质量比2：1）作为填充料；水灰比为0.65，用注射器将已配制好的灌浆材料顺注浆管压入壁画空鼓部位；

　　e. 补孔：干燥后，取下支顶架，使用与原地仗层材质相同的材料修复注浆口。

起甲壁画修复：

　　a. 表面清理：用羊毛刷、洗耳球对壁画表面及起甲颜料背面的浮尘进行清理；

　　b. 渗透加固：使用浓度为1%的丙烯酸乳液和有机硅丙烯酸乳液以体积比1：1混合的黏结剂，用注射器将黏结剂注射到起甲颜料背部进行渗透加固；

　　c. 起甲回贴：用修复刀将起甲颜料层回贴到原位，并用棉球进行滚压。

壁画修复面积：

　　修复颜料层起甲0.84m²，地仗空鼓0.31m²。

敦煌研究院
文物保护技术服务中心

北齐徐显秀墓壁画 保护修复工程	
项目负责	汪万福
审　核	赵林毅
校　对	张金虎
实　施	刘　涛
制　图	王　辉
日　期	2012-08-20

图10-74　墓室东壁A5区修复图

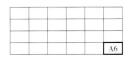

起 甲　　　　注浆孔

空 鼓　　　　地仗脱落

裂 隙

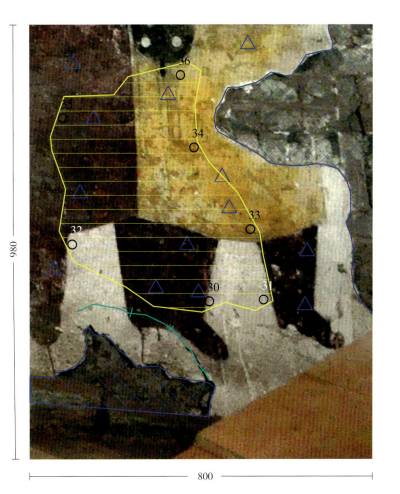

壁画修复面积：

修复颜料层起甲 0.75m²，地仗脱落 0.32m²，地仗空鼓 0.31m²。

敦煌研究院
文物保护技术服务中心

北齐徐显秀墓壁画 保护修复工程	
项目负责	汪万福
审 核	赵林毅
校 对	张金虎
实 施	刘 涛
制 图	王 辉
日 期	2012-08-20

空鼓壁画修复：

a.除尘：用羊毛刷、洗耳球对壁画表面的浮尘进行清理；

b.开孔：尽量在无颜料层或壁画次要部位开注浆孔；

c.支顶：用带有保护层的顶板支顶来保护壁画；

d.灌浆：用6%丙烯酸乳液作为黏结剂，当地土、澄板土（质量比2：1）作为填充料；水灰比为0.65，用注射器将已配制好的灌浆材料顺注浆管压入壁画空鼓部位；

e.补孔：干燥后，取下支顶架，使用与原地仗层材质相同的材料修复注浆口。

地仗脱落、裂隙壁画修复：

a.除尘：用羊毛刷、洗耳球对壁画破损部位表层的浮尘进行清除；

b.渗透：使用纯水对壁画破损或残缺部位进行渗透潮湿；

c.填泥：潮湿后，使用石灰泥对破损部位进行填补，填补需根据破损的程度、大小，分二到三次或四次完成，以防止收缩开裂；

d.表层处理：填补完成后，对新的泥层进行肌理处理，使新的泥层与周围相协调。

起甲壁画修复：

a.表面清理：用羊毛刷、洗耳球对壁画表面及起甲颜料背面的浮尘进行清理；

b.渗透加固：使用浓度为1%的丙烯酸乳液和有机硅丙烯酸乳液以体积比1：1混合的黏结剂，用注射器将黏结剂注射到起甲颜料背部进行渗透加固；

c.起甲回贴：用修复刀将起甲颜料层回贴到原位，并用棉球进行滚压。

图10-75 墓室东壁A6区修复图

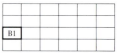

空鼓壁画修复：

　　a.除尘：用羊毛刷、洗耳球对壁画表面的浮尘进行清理；

　　b.开孔：尽量在无颜料层或壁画次要部位开注浆孔；

　　c.支顶：用带有保护层的顶板支顶来保护壁画；

　　d.灌浆：用6%丙烯酸乳液作为黏结剂，当地土、澄板土（质量比2∶1）作为填充料；水灰比为0.65，用注射器将已配制好的灌浆材料顺注浆管压入壁画空鼓部位；

　　e.补孔：干燥后，取下支顶架，使用与原地仗层材质相同的材料修复注浆口。

起甲壁画修复：

　　a.表面清理：用羊毛刷、洗耳球对壁画表面及起甲颜料背面的浮尘进行清理；

　　b.渗透加固：使用浓度为1%的丙烯酸乳液和有机硅丙烯酸乳液以体积比1∶1混合的黏结剂，用注射器将黏结剂注射到起甲颜料背部进行渗透加固；

　　c.起甲回贴：用修复刀将起甲颜料层回贴到原位，并用棉球进行滚压。

壁画修复面积：

　　修复颜料层起甲粉化0.92m²，中部地仗空鼓0.37m²。

敦煌研究院
文物保护技术服务中心

北齐徐显秀墓壁画 保护修复工程	
项目负责	汪万福
审　核	赵林毅
校　对	张金虎
实　施	刘　涛
制　图	王　辉
日　期	2012-08-20

图10-76　墓室东壁B1区修复图

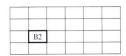

起　甲　　　注浆孔

空　鼓

壁画修复面积：

　　修复颜料层起甲粉化 0.75m²，中部地仗空鼓 0.42m²。

敦煌研究院
文物保护技术服务中心

北齐徐显秀墓壁画	
保护修复工程	
项目负责	汪万福
审　核	赵林毅
校　对	张金虎
实　施	刘　涛
制　图	王　辉
日　期	2012-08-20

空鼓壁画修复：

　　a.除尘：用羊毛刷、洗耳球对壁画表面的浮尘进行清理；

　　b.开孔：尽量在无颜料层或壁画次要部位开注浆孔；

　　c.支顶：用带有保护层的顶板支顶来保护壁画；

　　d.灌浆：用 6% 丙烯酸乳液作为黏结剂，当地土、澄板土（质量比 2∶1）作为填充料；水灰比为 0.65，用注射器将已配制好的灌浆材料顺注浆管压入壁画空鼓部位；

　　e.补孔：干燥后，取下支顶架，使用与原地仗层材质相同的材料修复注浆口。

起甲壁画修复：

　　a.表面清理：用羊毛刷、洗耳球对壁画表面及起甲颜料背面的浮尘进行清理；

　　b.渗透加固：使用浓度为 1% 的丙烯酸乳液和有机硅丙烯酸乳液以体积比 1∶1 混合的黏结剂，用注射器将黏结剂注射到起甲颜料背部进行渗透加固；

　　c.起甲回贴：用修复刀将起甲颜料层回贴到原位，并用棉球进行滚压。

图10-77　墓室东壁B2区修复图

起　甲　　　　注浆孔

空　鼓

空鼓壁画修复：

　　a. 除尘：用羊毛刷、洗耳球对壁画表面的浮尘进行清理；

　　b. 开孔：尽量在无颜料层或壁画次要部位开注浆孔；

　　c. 支顶：用带有保护层的顶板支顶来保护壁画；

　　d. 灌浆：用6%丙烯酸乳液作为黏结剂，当地土、澄板土（质量比2∶1）作为填充料；水灰比为0.65，用注射器将已配制好的灌浆材料顺注浆管压入壁画空鼓部位；

　　e. 补孔：干燥后，取下支顶架，使用与原地仗层材质相同的材料修复注浆口。

起甲壁画修复：

　　a. 表面清理：用羊毛刷、洗耳球对壁画表面及起甲颜料背面的浮尘进行清理；

　　b. 渗透加固：使用浓度为1%的丙烯酸乳液和有机硅丙烯酸乳液以体积比1∶1混合的黏结剂，用注射器将黏结剂注射到起甲颜料背部进行渗透加固；

　　c. 起甲回贴：用修复刀将起甲颜料层回贴到原位，并用棉球进行滚压。

壁画修复面积：

　　修复颜料层起甲粉化0.75m²，中部地仗空鼓0.37m²。

敦煌研究院
文物保护技术服务中心

北齐徐显秀墓壁画 保护修复工程	
项目负责	汪万福
审　核	赵林毅
校　对	张金虎
实　施	刘　涛
制　图	王　辉
日　期	2012-08-20

图10-78　墓室东壁B3区修复图

起甲　　　注浆孔

空鼓

壁画修复面积：

　　修复颜料层起甲粉化 0.89m²，中部地仗空鼓 0.32m²。

敦煌研究院
文物保护技术服务中心

北齐徐显秀墓壁画保护修复工程	
项目负责	汪万福
审　核	赵林毅
校　对	张金虎
实　施	刘　涛
制　图	王　辉
日　期	2012-08-20

空鼓壁画修复：

　　a.除尘：用羊毛刷、洗耳球对壁画表面的浮尘进行清理；

　　b.开孔：尽量在无颜料层或壁画次要部位开注浆孔；

　　c.支顶：用带有保护层的顶板支顶来保护壁画；

　　d.灌浆：用6%丙烯酸乳液作为黏结剂，当地土、澄板土（质量比2∶1）作为填充料；水灰比为0.65，用注射器将已配制好的灌浆材料顺注浆管压入壁画空鼓部位；

　　e.补孔：干燥后，取下支顶架，使用与原地仗层材质相同的材料修复注浆口。

起甲壁画修复：

　　a.表面清理：用羊毛刷、洗耳球对壁画表面及起甲颜料背面的浮尘进行清理；

　　b.渗透加固：使用浓度为1%的丙烯酸乳液和有机硅丙烯酸乳液以体积比1∶1混合的黏结剂，用注射器将黏结剂注射到起甲颜料背部进行渗透加固；

　　c.起甲回贴：用修复刀将起甲颜料层回贴到原位，并用棉球进行滚压。

图10-79　墓室东壁B4区修复图

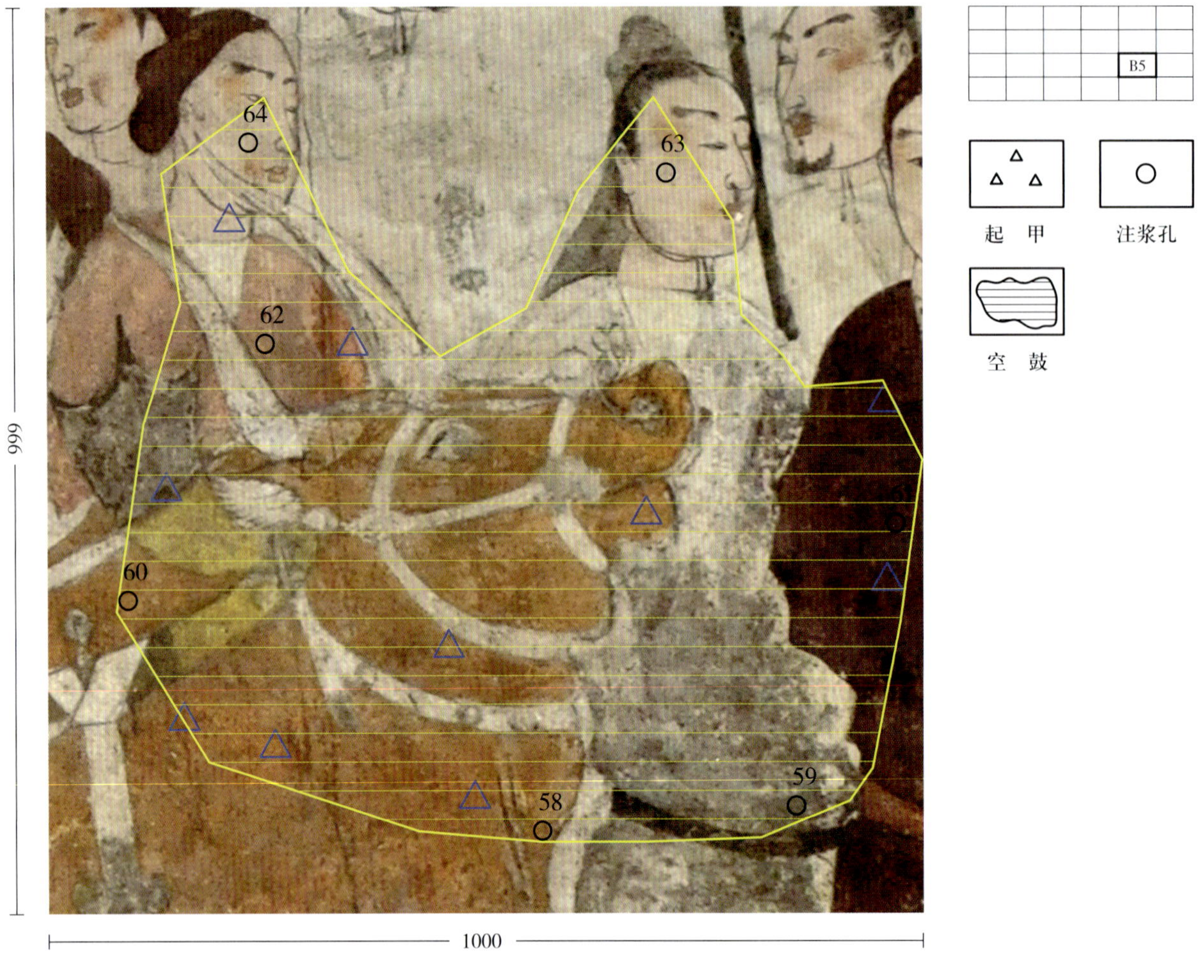

空鼓壁画修复：

a. 除尘：用羊毛刷、洗耳球对壁画表面的浮尘进行清理；

b. 开孔：尽量在无颜料层或壁画次要部位开注浆孔；

c. 支顶：用带有保护层的顶板支顶来保护壁画；

d. 灌浆：用6%丙烯酸乳液作为黏结剂，当地土、澄板土（质量比2：1）作为填充料；水灰比为0.65，用注射器将已配制好的灌浆材料顺注浆管压入壁画空鼓部位；

e. 补孔：干燥后，取下支顶架，使用与原地仗层材质相同的材料修复注浆口。

起甲壁画修复：

a. 表面清理：用羊毛刷、洗耳球对壁画表面及起甲颜料背面的浮尘进行清理；

b. 渗透加固：使用浓度为1%的丙烯酸乳液和有机硅丙烯酸乳液以体积比1：1混合的黏结剂，用注射器将黏结剂注射到起甲颜料背部进行渗透加固；

c. 起甲回贴：用修复刀将起甲颜料层回贴到原位，并用棉球进行滚压。

壁画修复面积：

修复颜料层起甲粉化0.85m²，地仗空鼓0.27m²。

敦煌研究院
文物保护技术服务中心

北齐徐显秀墓壁画 保护修复工程	
项目负责	汪万福
审　核	赵林毅
校　对	张金虎
实　施	刘　涛
制　图	王　辉
日　期	2012-08-20

图10-80　墓室东壁B5区修复图

起　甲　　　　注浆孔

空　鼓

壁画修复面积：

　　修复颜料层起甲粉化 0.82m²，地仗空鼓 0.35m²。

敦煌研究院
文物保护技术服务中心

北齐徐显秀墓壁画 保护修复工程	
项目负责	汪万福
审　核	赵林毅
校　对	张金虎
实　施	刘　涛
制　图	王　辉
日　期	2012-08-20

空鼓壁画修复：

　　a.除尘：用羊毛刷、洗耳球对壁画表面的浮尘进行清理；

　　b.开孔：尽量在无颜料层或壁画次要部位开注浆孔；

　　c.支顶：用带有保护层的顶板支顶来保护壁画；

　　d.灌浆：用6%丙烯酸乳液作为黏结剂，当地土、澄板土（质量比2∶1）作为填充料；水灰比为0.65，用注射器将已配制好的灌浆材料顺注浆管压入壁画空鼓部位；

　　e.补孔：干燥后，取下支顶架，使用与原地仗层材质相同的材料修复注浆口。

起甲壁画修复：

　　a.表面清理：用羊毛刷、洗耳球对壁画表面及起甲颜料背面的浮尘进行清理；

　　b.渗透加固：使用浓度为1%的丙烯酸乳液和有机硅丙烯酸乳液以体积比1∶1混合的黏结剂，用注射器将黏结剂注射到起甲颜料背部进行渗透加固；

　　c.起甲回贴：用修复刀将起甲颜料层回贴到原位，并用棉球进行滚压。

图10-81　墓室东壁B6区修复图

起　甲　　　　注浆孔

空　鼓　　　　裂　隙

空鼓壁画修复：

　　a. 除尘：用羊毛刷、洗耳球对壁画表面的浮尘进行清理；

　　b. 开孔：尽量在无颜料层或壁画次要部位开注浆孔；

　　c. 支顶：用带有保护层的顶板支顶来保护壁画；

　　d. 灌浆：用6%丙烯酸乳液作为黏结剂，当地土、澄板土（质量比2∶1）作为填充料；水灰比为0.65，用注射器将已配制好的灌浆材料顺注浆管压入壁画空鼓部位；

　　e. 补孔：干燥后，取下支顶架，使用与原地仗层材质相同的材料修复注浆口。

裂隙壁画修复：

　　a. 除尘：用羊毛刷、洗耳球对壁画破损部位表层的浮尘进行清除；

　　b. 渗透：使用纯水对壁画破损或残缺部位进行渗透潮湿；

　　c. 填泥：潮湿后，使用石灰泥对破损部位进行填补，填补需根据破损的程度、大小，分二到三次或四次完成，以防止收缩开裂。

　　d. 表层处理：填补完成后，对新的泥层进行肌理处理，使新的泥层与周围相协调。

起甲壁画修复：

　　a. 表面清理：用羊毛刷、洗耳球对壁画表面及起甲颜料背面的浮尘进行清理；

　　b. 渗透加固：使用浓度为1%的丙烯酸乳液和有机硅丙烯酸乳液以体积比1∶1混合的黏结剂，用注射器将黏结剂注射到起甲颜料背部进行渗透加固；

　　c. 起甲回贴：用修复刀将起甲颜料层回贴到原位，并用棉球进行滚压。

壁画修复面积：

　　修复颜料层起甲粉化0.69m²，中部地仗空鼓0.27m²，地仗裂隙0.99m。

敦煌研究院
文物保护技术服务中心

北齐徐显秀墓壁画保护修复工程	
项目负责	汪万福
审核	赵林毅
校对	张金虎
实施	刘涛
制图	王辉
日期	2012-08-20

图10-82　墓室东壁C1区修复图

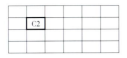

起　甲　　　　　注浆孔

空　鼓

壁画修复面积：

　　修复颜料层起甲粉化 0.91m²，地仗空鼓 0.24m²。

敦煌研究院
文物保护技术服务中心

北齐徐显秀墓壁画 保护修复工程	
项目负责	汪万福
审　核	赵林毅
校　对	张金虎
实　施	刘　涛
制　图	王　辉
日　期	2012-08-20

空鼓壁画修复：

　　a. 除尘：用羊毛刷、洗耳球对壁画表面的浮尘进行清理；

　　b. 开孔：尽量在无颜料层或壁画次要部位开注浆孔；

　　c. 支顶：用带有保护层的顶板支顶来保护壁画；

　　d. 灌浆：用 6% 丙烯酸乳液作为黏结剂，当地土、澄板土（质量比 2：1）作为填充料；水灰比为 0.65，用注射器将已配制好的灌浆材料顺注浆管压入壁画空鼓部位；

　　e. 补孔：干燥后，取下支顶架，使用与原地仗层材质相同的材料修复注浆口。

起甲壁画修复：

　　a. 表面清理：用羊毛刷、洗耳球对壁画表面及起甲颜料背面的浮尘进行清理；

　　b. 渗透加固：使用浓度为 1% 的丙烯酸乳液和有机硅丙烯酸乳液以体积比 1：1 混合的黏结剂，用注射器将黏结剂注射到起甲颜料背部进行渗透加固；

　　c. 起甲回贴：用修复刀将起甲颜料层回贴到原位，并用棉球进行滚压。

图10-83　墓室东壁C2区修复图

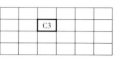

空鼓壁画修复：

a. 除尘：用羊毛刷、洗耳球对壁画表面的浮尘进行清理；

b. 开孔：尽量在无颜料层或壁画次要部位开注浆孔；

c. 支顶：用带有保护层的顶板支顶来保护壁画；

d. 灌浆：用6%丙烯酸乳液作为黏结剂，当地土、澄板土（质量比2∶1）作为填充料；水灰比为0.65，用注射器将已配制好的灌浆材料顺注浆管压入壁画空鼓部位；

e. 补孔：干燥后，取下支顶架，使用与原地仗层材质相同的材料修复注浆口。

起甲壁画修复：

a. 表面清理：用羊毛刷、洗耳球对壁画表面及起甲颜料背面的浮尘进行清理；

b. 渗透加固：使用浓度为1%的丙烯酸乳液和有机硅丙烯酸乳液以体积比1∶1混合的黏结剂，用注射器将黏结剂注射到起甲颜料背部进行渗透加固；

c. 起甲回贴：用修复刀将起甲颜料层回贴到原位，并用棉球进行滚压。

壁画修复面积：

修复颜料层起甲粉化0.82m²，地仗空鼓0.41m²。

敦煌研究院
文物保护技术服务中心

北齐徐显秀墓壁画保护修复工程	
项目负责	汪万福
审　核	赵林毅
校　对	张金虎
实　施	刘　涛
制　图	王　辉
日　期	2012-08-20

图10-84　墓室东壁C3区修复图

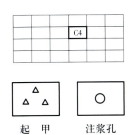

起 甲   注浆孔

空 鼓

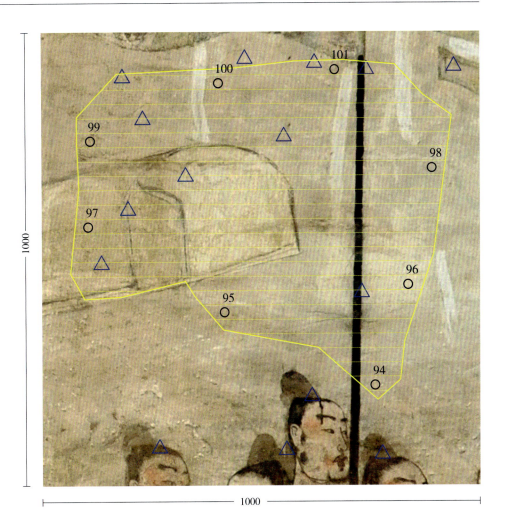

壁画修复面积：

修复颜料层起甲粉化 0.86m²，地仗空鼓 0.25m²。

敦煌研究院
文物保护技术服务中心

北齐徐显秀墓壁画 保护修复工程	
项目负责	汪万福
审　核	赵林毅
校　对	张金虎
实　施	刘　涛
制　图	王　辉
日　期	2012-08-20

空鼓壁画修复：

a. 除尘：用羊毛刷、洗耳球对壁画表面的浮尘进行清理；

b. 开孔：尽量在无颜料层或壁画次要部位开注浆孔；

c. 支顶：用带有保护层的顶板支顶来保护壁画；

d. 灌浆：用 6% 丙烯酸乳液作为黏结剂，当地土、澄板土（质量比 2:1）作为填充料；水灰比为 0.65，用注射器将已配制好的灌浆材料顺注浆管压入壁画空鼓部位；

e. 补孔：干燥后，取下支顶架，使用与原地仗层材质相同的材料修复注浆口。

起甲壁画修复：

a. 表面清理：用羊毛刷、洗耳球对壁画表面及起甲颜料背面的浮尘进行清理；

b. 渗透加固：使用浓度为 1% 的丙烯酸乳液和有机硅丙烯酸乳液以体积比 1:1 混合的黏结剂，用注射器将黏结剂注射到起甲颜料背部进行渗透加固；

c. 起甲回贴：用修复刀将起甲颜料层回贴到原位，并用棉球进行滚压。

图10-85　墓室东壁C4区修复图

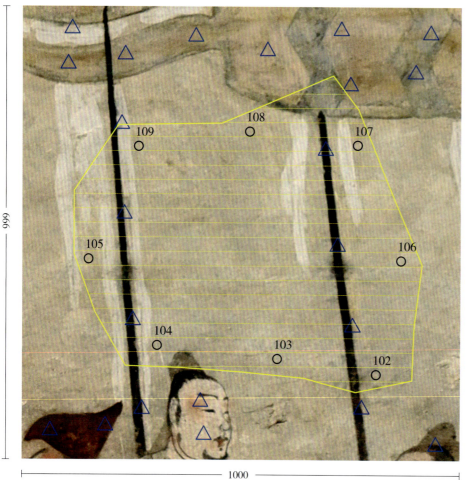

起 甲　　　　注浆孔

空 鼓

空鼓壁画修复：

　　a.除尘：用羊毛刷、洗耳球对壁画表面的浮尘进行清理；

　　b.开孔：尽量在无颜料层或壁画次要部位开注浆孔；

　　c.支顶：用带有保护层的顶板支顶来保护壁画；

　　d.灌浆：用6%丙烯酸乳液作为黏结剂，当地土、澄板土（质量比2∶1）作为填充料；水灰比为0.65，用注射器将已配制好的灌浆材料顺注浆管压入壁画空鼓部位；

　　e.补孔：干燥后，取下支顶架，使用与原地仗层材质相同的材料修复注浆口。

起甲壁画修复：

　　a.表面清理：用羊毛刷、洗耳球对壁画表面及起甲颜料背面的浮尘进行清理；

　　b.渗透加固：使用浓度为1%的丙烯酸乳液和有机硅丙烯酸乳液以体积比1∶1混合的黏结剂，用注射器将黏结剂注射到起甲颜料背部进行渗透加固；

　　c.起甲回贴：用修复刀将起甲颜料层回贴到原位，并用棉球进行滚压。

壁画修复面积：

　　修复颜料层起甲粉化0.85m²，中部地仗空鼓0.32m²。

敦煌研究院
文物保护技术服务中心

北齐徐显秀墓壁画 保护修复工程	
项目负责	汪万福
审　核	赵林毅
校　对	张金虎
实　施	刘　涛
制　图	王　辉
日　期	2012-08-20

图10-86　墓室东壁C5区修复图

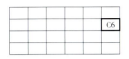

起　甲　　　注浆孔

空　鼓　　　裂　隙

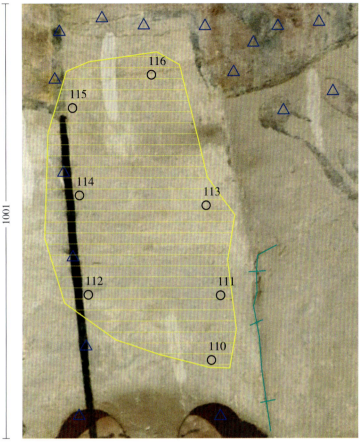

壁画修复面积：

　　修复颜料层起甲粉化 0.76m²，地仗空鼓 0.27m²，地仗裂隙 0.52m。

敦煌研究院
文物保护技术服务中心

北齐徐显秀墓壁画 保护修复工程	
项目负责	汪万福
审　核	赵林毅
校　对	张金虎
实　施	刘　涛
制　图	王　辉
日　期	2012-08-20

空鼓壁画修复：

　　a. 除尘：用羊毛刷、洗耳球对壁画表面的浮尘进行清理；

　　b. 开孔：尽量在无颜料层或壁画次要部位开注浆孔；

　　c. 支顶：用带有保护层的顶板支顶来保护壁画；

　　d. 灌浆：用 6% 丙烯酸乳液作为黏结剂，当地土、澄板土（质量比 2：1）作为填充料；水灰比为 0.65，用注射器将已配制好的灌浆材料顺注浆管压入壁画空鼓部位；

　　e. 补孔：干燥后，取下支顶架，使用与原地仗层材质相同的材料修复注浆口。

裂隙壁画修复：

　　a. 除尘：用羊毛刷、洗耳球对壁画破损部位表层的浮尘进行清除；

　　b. 渗透：使用纯水对壁画破损或残缺部位进行渗透潮湿；

　　c. 填泥：潮湿后，使用石灰泥对破损部位进行填补，填补需根据破损的程度、大小，分二到三次或四次完成，以防止收缩开裂；

　　d. 表层处理：填补完成后，对新的泥层进行肌理处理，使新的泥层与周围相协调。

起甲壁画修复：

　　a. 表面清理：用羊毛刷、洗耳球对壁画表面及起甲颜料背面的浮尘进行清理；

　　b. 渗透加固：使用浓度为 1% 的丙烯酸乳液和有机硅丙烯酸乳液以体积比 1：1 混合的黏结剂，用注射器将黏结剂注射到起甲颜料背部进行渗透加固；

　　c. 起甲回贴：用修复刀将起甲颜料层回贴到原位，并用棉球进行滚压。

图10-87　墓室东壁C6区修复图

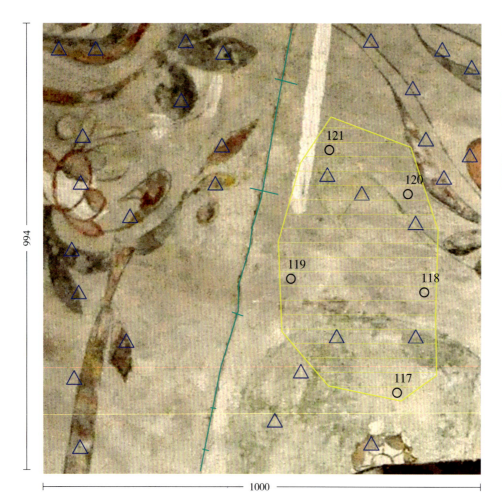

起　甲

注浆孔

空　鼓

裂　隙

空鼓壁画修复：

　　a.除尘：用羊毛刷、洗耳球对壁画表面的浮尘进行清理；

　　b.开孔：尽量在无颜料层或壁画次要部位开注浆孔；

　　c.支顶：用带有保护层的顶板支顶来保护壁画；

　　d.灌浆：用6％丙烯酸乳液作为黏结剂，当地土、澄板土（质量比2∶1）作为填充料；水灰比为0.65，用注射器将已配制好的灌浆材料顺注浆管压入壁画空鼓部位；

　　e.补孔：干燥后，取下支顶架，使用与原地仗层材质相同的材料修复注浆口。

裂隙壁画修复：

　　a.除尘：用羊毛刷、洗耳球对壁画破损部位表层的浮尘进行清除；

　　b.渗透：使用纯水对壁画破损或残缺部位进行渗透潮湿；

　　c.填泥：潮湿后，使用石灰泥对破损部位进行填补，填补需根据破损的程度、大小，分二到三次或四次完成，以防止收缩开裂；

　　d.表层处理：填补完成后，对新的泥层进行肌理处理，使新的泥层与周围相协调。

起甲壁画修复：

　　a.表面清理：用羊毛刷、洗耳球对壁画表面及起甲颜料背面的浮尘进行清理；

　　b.渗透加固：使用浓度为1％的丙烯酸乳液和有机硅丙烯酸乳液以体积比1∶1混合的黏结剂，用注射器将黏结剂注射到起甲颜料背部进行渗透加固；

　　c.起甲回贴：用修复刀将起甲颜料层回贴到原位，并用棉球进行滚压。

壁画修复面积：

　　修复颜料层起甲粉化0.85m²，地仗空鼓0.21m²，地仗裂隙1.02m。

敦煌研究院
文物保护技术服务中心

北齐徐显秀墓壁画 保护修复工程	
项目负责	汪万福
审　核	赵林毅
校　对	张金虎
实　施	刘　涛
制　图	王　辉
日　期	2012-08-20

图10-88　墓室东壁D1区修复图

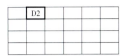

起　甲

注浆孔

空　鼓

图10-89　墓室东壁D2区修复图

壁画修复面积：

修复颜料层起甲粉化 0.85m²，地仗空鼓 0.33m²。

敦煌研究院
文物保护技术服务中心

北齐徐显秀墓壁画 保护修复工程	
项目负责	汪万福
审　核	赵林毅
校　对	张金虎
实　施	刘　涛
制　图	王　辉
日　期	2012-08-20

空鼓壁画修复：

a.除尘：用羊毛刷、洗耳球对壁画表面的浮尘进行清理；

b.开孔：尽量在无颜料层或壁画次要部位开注浆孔；

c.支顶：用带有保护层的顶板支顶来保护壁画；

d.灌浆：用6%丙烯酸乳液作为黏结剂，当地土、澄板土（质量比2∶1）作为填充料；水灰比为0.65，用注射器将已配制好的灌浆材料顺注浆管压入壁画空鼓部位；

e.补孔：干燥后，取下支顶架，使用与原地仗层材质相同的材料修复注浆口。

起甲壁画修复：

a.表面清理：用羊毛刷、洗耳球对壁画表面及起甲颜料背面的浮尘进行清理；

b.渗透加固：使用浓度为1%的丙烯酸乳液和有机硅丙烯酸乳液以体积比1∶1混合的黏结剂，用注射器将黏结剂注射到起甲颜料背部进行渗透加固；

c.起甲回贴：用修复刀将起甲颜料层回贴到原位，并用棉球进行滚压。

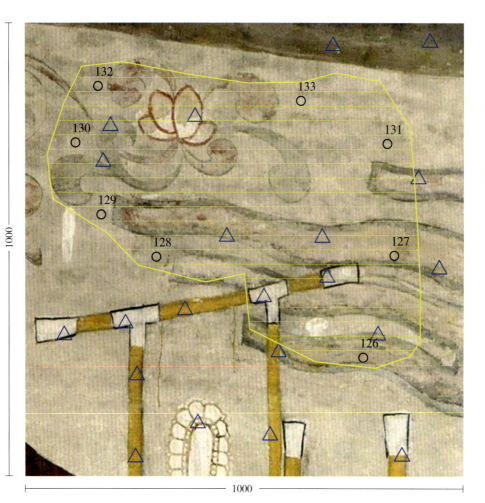

起 甲　　　注浆孔

空 鼓

空鼓壁画修复：

　　a.除尘：用羊毛刷、洗耳球对壁画表面的浮尘进行清理；

　　b.开孔：尽量在无颜料层或壁画次要部位开注浆孔；

　　c.支顶：用带有保护层的顶板支顶来保护壁画；

　　d.灌浆：用6％丙烯酸乳液作为黏结剂，当地土、澄板土（质量比2∶1）作为填充料；水灰比为0.65，用注射器将已配制好的灌浆材料顺注浆管压入壁画空鼓部位；

　　e.补孔：干燥后，取下支顶架，使用与原地仗层材质相同的材料修复注浆口。

起甲壁画修复：

　　a.表面清理：用羊毛刷、洗耳球对壁画表面及起甲颜料背面的浮尘进行清理；

　　b.渗透加固：使用浓度为1％的丙烯酸乳液和有机硅丙烯乳液以体积比1∶1混合的黏结剂，用注射器将黏结剂注射到起甲颜料背部进行渗透加固；

　　c.起甲回贴：用修复刀将起甲颜料层回贴到原位，并用棉球进行滚压。

壁画修复面积：

　　修复颜料层起甲粉化0.81m²，上部地仗空鼓0.37m²。

敦煌研究院
文物保护技术服务中心

北齐徐显秀墓壁画保护修复工程	
项目负责	汪万福
审　核	赵林毅
校　对	张金虎
实　施	刘　涛
制　图	王　辉
日　期	2012-08-20

图10-90　墓室东壁D3区修复图

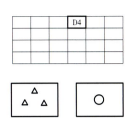

起　甲　　　　注浆孔

空　鼓

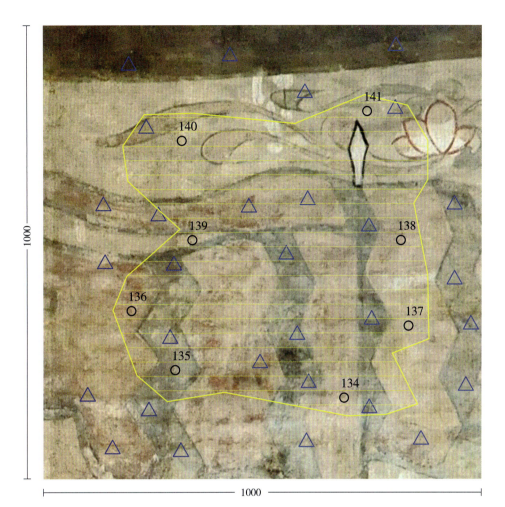

壁画修复面积：

修复颜料层起甲粉化 0.88m²，地仗空鼓 0.41m²。

敦煌研究院
文物保护技术服务中心

北齐徐显秀墓壁画 保护修复工程	
项目负责	汪万福
审　核	赵林毅
校　对	张金虎
实　施	刘　涛
制　图	王　辉
日　期	2012-08-20

空鼓壁画修复：

a.除尘：用羊毛刷、洗耳球对壁画表面的浮尘进行清理；

b.开孔：尽量在无颜料层或壁画次要部位开注浆孔；

c.支顶：用带有保护层的顶板支顶来保护壁画；

d.灌浆：用 6% 丙烯酸乳液作为黏结剂，当地土、澄板土（质量比 2:1）作为填充料；水灰比为 0.65，用注射器将已配制好的灌浆材料顺注浆管压入壁画空鼓部位；

e.补孔：干燥后，取下支顶架，使用与原地仗层材质相同的材料修复注浆口。

起甲壁画修复：

a.表面清理：用羊毛刷、洗耳球对壁画表面及起甲颜料背面的浮尘进行清理；

b.渗透加固：使用浓度为 1% 的丙烯酸乳液和有机硅丙烯酸乳液以体积比 1:1 混合的黏结剂，用注射器将黏结剂注射到起甲颜料背部进行渗透加固；

c.起甲回贴：用修复刀将起甲颜料层回贴到原位，并用棉球进行滚压。

图10-91　墓室东壁D4区修复图

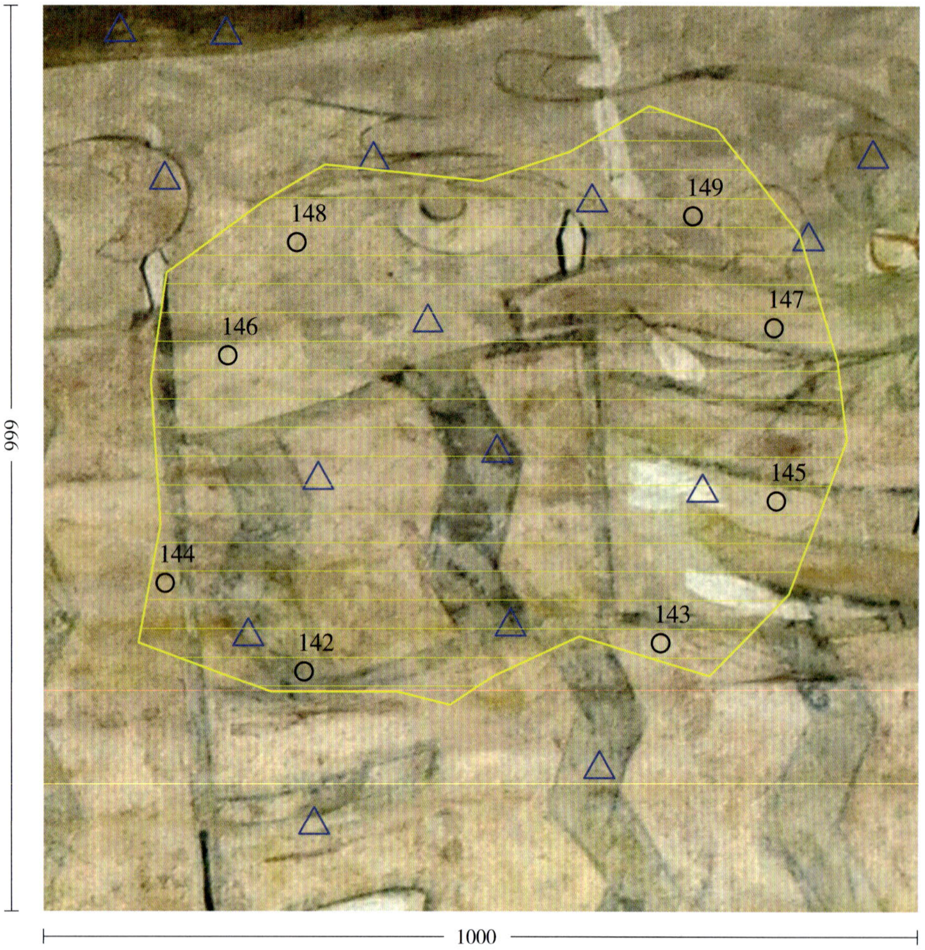

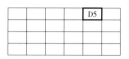

起 甲　　注浆孔

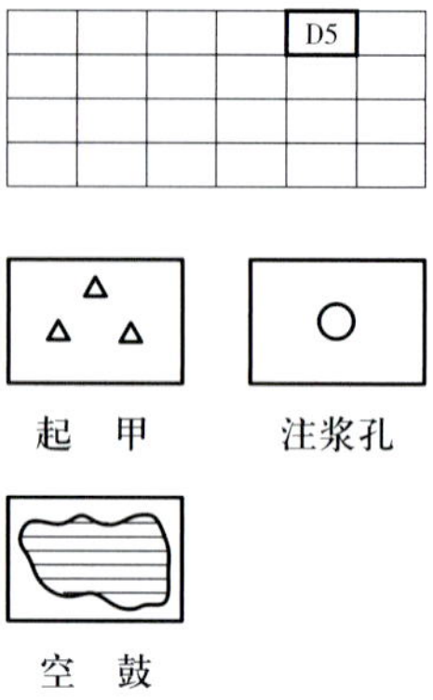

空 鼓

空鼓壁画修复：

　　a.除尘：用羊毛刷、洗耳球对壁画表面的浮尘进行清理；

　　b.开孔：尽量在无颜料层或壁画次要部位开注浆孔；

　　c.支顶：用带有保护层的顶板支顶来保护壁画；

　　d.灌浆：用6%丙烯酸乳液作为黏结剂，当地地土、澄板土（质量比2∶1）作为填充料；水灰比为0.65，用注射器将已配制好的灌浆材料顺注浆管压入壁画空鼓部位；

　　e.补孔：干燥后，取下支顶架，使用与原地仗层材质相同的材料修复注浆口。

起甲壁画修复：

　　a.表面清理：用羊毛刷、洗耳球对壁画表面及起甲颜料背面的浮尘进行清理；

　　b.渗透加固：使用浓度为1%的丙烯酸乳液和有机硅丙烯酸乳液以体积比1∶1混合的黏结剂，用注射器将黏结剂注射到起甲颜料背部进行渗透加固；

　　c.起甲回贴：用修复刀将起甲颜料层回贴到原位，并用棉球进行滚压。

壁画修复面积：

　　修复颜料层起甲粉化0.85m²，地仗空鼓0.34m²。

敦煌研究院
文物保护技术服务中心

北齐徐显秀墓壁画 保护修复工程	
项目负责	汪万福
审　核	赵林毅
校　对	张金虎
实　施	刘　涛
制　图	王　辉
日　期	2012-08-20

图10-92　墓室东壁D5区修复图

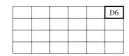

起 甲 　　注浆孔

空 鼓

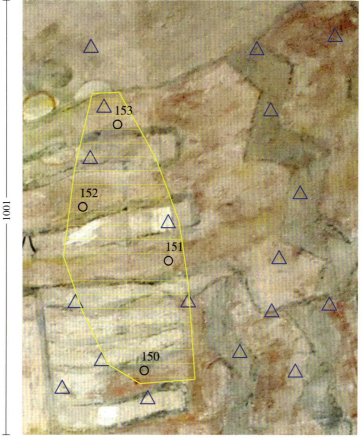

壁画修复面积：

　　修复颜料层起甲粉化 0.64m²，地仗空鼓 0.23m²。

**敦煌研究院
文物保护技术服务中心**

| 北齐徐显秀墓壁画
保护修复工程	
项目负责	汪万福
审 核	赵林毅
校 对	张金虎
实 施	刘 涛
制 图	王 辉
日 期	2012-08-20

空鼓壁画修复：

　　a. 除尘：用羊毛刷、洗耳球对壁画表面的浮尘进行清理；

　　b. 开孔：尽量在无颜料层或壁画次要部位开注浆孔；

　　c. 支顶：用带有保护层的顶板支顶来保护壁画；

　　d. 灌浆：用6%丙烯酸乳液作为黏结剂，当地土、澄板土（质量比2∶1）作为填充料；水灰比为0.65，用注射器将已配制好的灌浆材料顺注浆管压入壁画空鼓部位；

　　e. 补孔：干燥后，取下支顶架，使用与原地仗层材质相同的材料修复注浆口。

起甲壁画修复：

　　a. 表面清理：用羊毛刷、洗耳球对壁画表面及起甲颜料背面的浮尘进行清理；

　　b. 渗透加固：使用浓度为1%的丙烯酸乳液和有机硅丙烯酸乳液以体积比1∶1混合的黏结剂，用注射器将黏结剂注射到起甲颜料背部进行渗透加固；

　　c. 起甲回贴：用修复刀将起甲颜料层回贴到原位，并用棉球进行滚压。

图10-93　墓室东壁D6区修复图

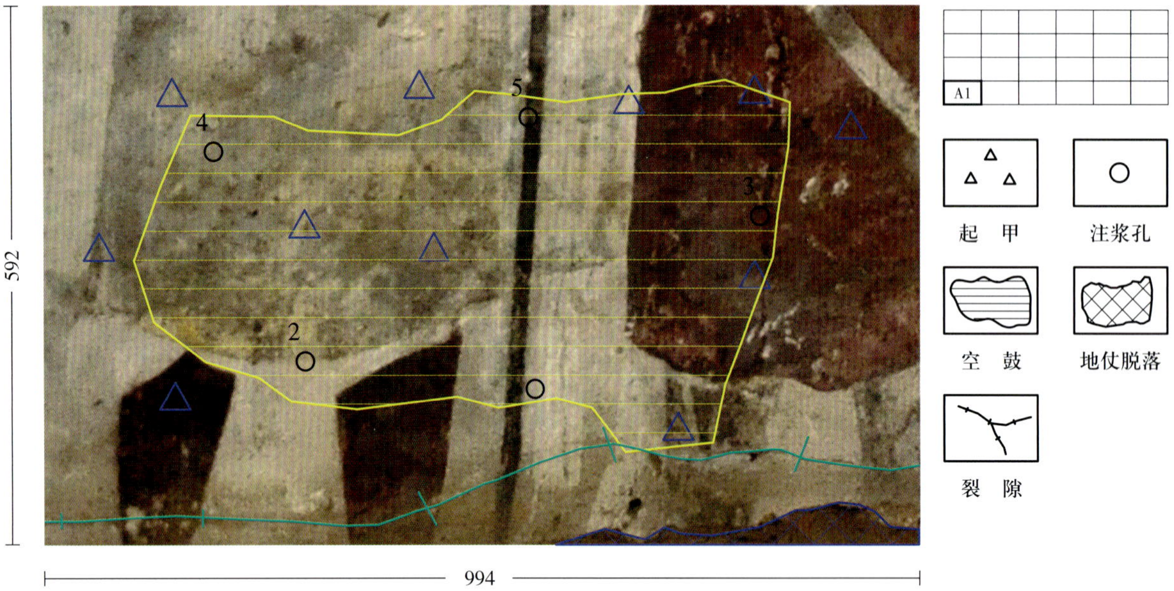

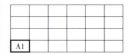

起　甲　　　　注浆孔

空　鼓　　　　地仗脱落

裂　隙

空鼓壁画修复：

　　a.除尘：用羊毛刷、洗耳球对壁画表面的浮尘进行清理；

　　b.开孔：尽量在无颜料层或壁画次要部位开注浆孔；

　　c.支顶：用带有保护层的顶板支顶来保护壁画；

　　d.灌浆：用6％丙烯酸乳液作为黏结剂，当地土、澄板土（质量比2：1）作为填充料；水灰比为0.65，用注射器将已配制好的灌浆材料顺注浆管压入壁画空鼓部位；

　　e.补孔：干燥后，取下支顶架，使用与原地仗层材质相同的材料修复注浆口。

地仗脱落、裂隙壁画修复：

　　a.除尘：用羊毛刷、洗耳球对壁画破损部位表层的浮尘进行清除；

　　b.渗透：使用纯水对壁画破损或残缺部位进行渗透潮湿；

　　c.填泥：潮湿后，使用石灰泥对破损部位进行填补，填补需根据破损的程度、大小，分二到三次或四次完成，以防止收缩开裂；

　　d.表层处理：填补完成后，对新的泥层进行肌理处理，使新的泥层与周围相协调。

起甲壁画修复：

　　a.表面清理：用羊毛刷、洗耳球对壁画表面及起甲颜料背面的浮尘进行清理；

　　b.渗透加固：使用浓度为1％的丙烯酸乳液和有机硅丙烯酸乳液以体积比1：1混合的黏结剂，用注射器将黏结剂注射到起甲颜料背部进行渗透加固；

　　c.起甲回贴：用修复刀将起甲颜料层回贴到原位，并用棉球进行滚压。

壁画修复面积：

　　修复颜料层起甲粉化0.58m²，地仗局部脱落0.05m²，中部地仗空鼓0.36m²，下部横向裂隙1.03m。

敦煌研究院
文物保护技术服务中心

北齐徐显秀墓壁画保护修复工程	
项目负责	汪万福
审　核	赵林毅
校　对	张金虎
实　施	刘　涛
制　图	王　辉
日　期	2012-08-17

图10-94　墓室西壁A1区修复图

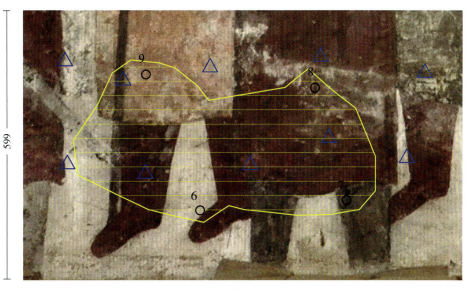

起 甲　　注浆孔　　空 鼓

壁画修复面积:

　　修复颜料层起甲粉化 0.53m², 地仗空鼓 0.3m²。

敦煌研究院
文物保护技术服务中心

北齐徐显秀墓壁画 保护修复工程	
项目负责	汪万福
审　核	赵林毅
校　对	张金虎
实　施	刘　涛
制　图	王　辉
日　期	2012-08-17

空鼓壁画修复:

　　a.除尘:用羊毛刷、洗耳球对壁画表面的浮尘进行清理;

　　b.开孔:尽量在无颜料层或壁画次要部位开注浆孔;

　　c.支顶:用带有保护层的顶板支顶来保护壁画;

　　d.灌浆:用6%丙烯酸乳液作为黏结剂,当地土、澄板土(质量比2:1)作为填充料;水灰比为0.65,用注射器将已配制好的灌浆材料顺注浆管压入壁画空鼓部位;

　　e.补孔:干燥后,取下支顶架,使用与原地仗层材质相同的材料修复注浆口。

起甲壁画修复:

　　a.表面清理:用羊毛刷、洗耳球对壁画表面及起甲颜料背面的浮尘进行清理;

　　b.渗透加固:使用浓度为1%的丙烯酸乳液和有机硅丙烯酸乳液以体积比1:1混合的黏结剂,用注射器将黏结剂注射到起甲颜料背部进行渗透加固;

　　c.起甲回贴:用修复刀将起甲颜料层回贴到原位,并用棉球进行滚压。

图10-95　墓室西壁A2区修复图

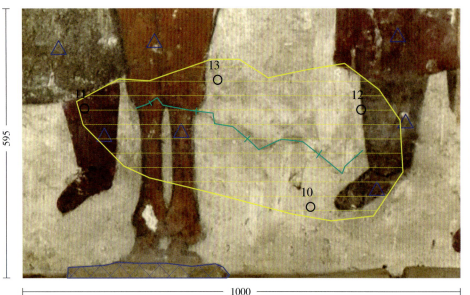

起 甲　　注浆孔

空 鼓　　地仗脱落

空鼓壁画修复：

　　a.除尘：用羊毛刷、洗耳球对壁画表面的浮尘进行清理；

　　b.开孔：尽量在无颜料层或壁画次要部位开注浆孔；

　　c.支顶：用带有保护层的顶板支顶来保护壁画；

　　d.灌浆：用6%丙烯酸乳液作为黏结剂，当地土、澄板土（质量比2∶1）作为填充料；水灰比为0.65，用注射器将已配制好的灌浆材料顺注浆管压入壁画空鼓部位；

　　e.补孔：干燥后，取下支顶架，使用与原地仗层材质相同的材料修复注浆口。

地仗脱落壁画修复：

　　a.除尘：用羊毛刷、洗耳球对壁画破损部位表层的浮尘进行清除；

　　b.渗透：使用纯水对壁画破损或残缺部位进行渗透潮湿；

　　c.填泥：潮湿后，使用石灰泥对破损部位进行填补，填补需根据破损的程度、大小，分二到三次或四次完成，以防止收缩开裂；

　　d.表层处理：填补完成后，对新的泥层进行肌理处理，使新的泥层与周围相协调。

起甲壁画修复：

　　a.表面清理：用羊毛刷、洗耳球对壁画表面及起甲颜料背面的浮尘进行清理；

　　b.渗透加固：使用浓度为1%的丙烯酸乳液和有机硅丙烯酸乳液以体积比1∶1混合的黏结剂，用注射器将黏结剂注射到起甲颜料背部进行渗透加固；

　　c.起甲回贴：用修复刀将起甲颜料层回贴到原位，并用棉球进行滚压。

壁画修复面积：

　　修复颜料层起甲粉化0.57m²，中部地仗空鼓0.34m²，下部地仗脱落0.06m²。

敦煌研究院
文物保护技术服务中心

北齐徐显秀墓壁画 保护修复工程	
项目负责	汪万福
审　核	赵林毅
校　对	张金虎
实　施	刘　涛
制　图	王　辉
日　期	2012-08-17

图10-96　墓室西壁A3区修复图

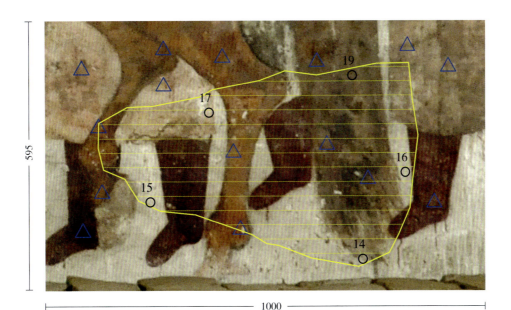

595

1000

起　甲　　注浆孔　　空　鼓

壁画修复面积：

　　修复颜料层起甲粉化 0.83m²，中部地仗空鼓 0.21m²。

敦煌研究院
文物保护技术服务中心

北齐徐显秀墓壁画 保护修复工程	
项目负责	汪万福
审　核	赵林毅
校　对	张金虎
实　施	刘　涛
制　图	王　辉
日　期	2012-08-17

空鼓壁画修复：

　　a. 除尘：用羊毛刷、洗耳球对壁画表面的浮尘进行清理；

　　b. 开孔：尽量在无颜料层或壁画次要部位开注浆孔；

　　c. 支顶：用带有保护层的顶板支顶来保护壁画；

　　d. 灌浆：用 6% 丙烯酸乳液作为黏结剂，当地土、澄板土（质量比 2∶1）作为填充料；水灰比为 0.65，用注射器将已配制好的灌浆材料顺注浆管压入壁画空鼓部位；

　　e. 补孔：干燥后，取下支顶架，使用与原地仗层材质相同的材料修复注浆口。

起甲壁画修复：

　　a. 表面清理：用羊毛刷、洗耳球对壁画表面及起甲颜料背面的浮尘进行清理；

　　b. 渗透加固：使用浓度为 1% 的丙烯酸乳液和有机硅丙烯酸乳液以体积比 1∶1 混合的黏结剂，用注射器将黏结剂注射到起甲颜料背部进行渗透加固；

　　c. 起甲回贴：用修复刀将起甲颜料层回贴到原位，并用棉球进行滚压。

图10-97　墓室西壁A4区修复图

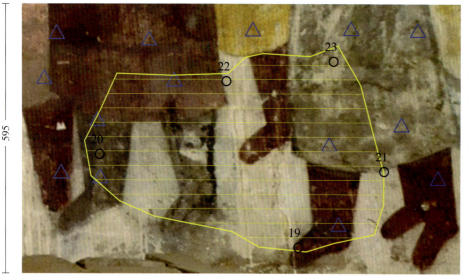
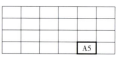

起 甲　　　　注浆孔

空 鼓

空鼓壁画修复：

　　a. 除尘：用羊毛刷、洗耳球对壁画表面的浮尘进行清理；

　　b. 开孔：尽量在无颜料层或壁画次要部位开注浆孔；

　　c. 支顶：用带有保护层的顶板支顶来保护壁画；

　　d. 灌浆：用6%丙烯酸乳液作为黏结剂，当地土、澄板土（质量比2∶1）作为填充料；水灰比为0.65，用注射器将已配制好的灌浆材料顺注浆管压入壁画空鼓部位；

　　e. 补孔：干燥后，取下支顶架，使用与原地仗层材质相同的材料修复注浆口。

起甲壁画修复：

　　a. 表面清理：用羊毛刷、洗耳球对壁画表面及起甲颜料背面的浮尘进行清理；

　　b. 渗透加固：使用浓度为1%的丙烯酸乳液和有机硅丙烯酸乳液以体积比1∶1混合的黏结剂，用注射器将黏结剂注射到起甲颜料背部进行渗透加固；

　　c. 起甲回贴：用修复刀将起甲颜料层回贴到原位，并用棉球进行滚压。

壁画修复面积：

　　修复颜料层起甲粉化0.54m²，地仗空鼓0.31m²。

敦煌研究院
文物保护技术服务中心

北齐徐显秀墓壁画 保护修复工程	
项目负责	汪万福
审　核	赵林毅
校　对	张金虎
实　施	刘　涛
制　图	王　辉
日　期	2012-08-17

图10-98　墓室西壁A5区修复图

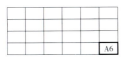

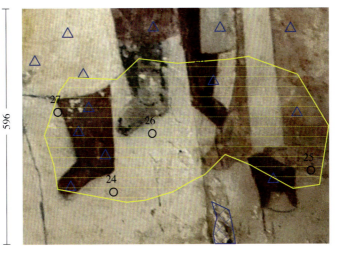

起　甲

注浆孔

空　鼓

地仗脱落

壁画修复面积：

　　修复颜料层起甲粉化 0.55m²，下部地仗脱落 0.02m²，地仗空鼓 0.31m²。

空鼓壁画修复：

　　a.除尘：用羊毛刷、洗耳球对壁画表面的浮尘进行清理；

　　b.开孔：尽量在无颜料层或壁画次要部位开注浆孔；

　　c.支顶：用带有保护层的顶板支顶来保护壁画；

　　d.灌浆：用 6% 丙烯酸乳液作为黏结剂，当地土、澄板土（质量比 2∶1）作为填充料；水灰比为 0.65，用注射器将已配制好的灌浆材料顺注浆管压入壁画空鼓部位；

　　e.补孔：干燥后，取下支顶架，使用与原地仗层材质相同的材料修复注浆口。

地仗脱落壁画修复：

　　a.除尘：用羊毛刷、洗耳球对壁画破损部位表层的浮尘进行清除；

　　b.渗透：使用纯水对壁画破损或残缺部位进行渗透潮湿；

　　c.填泥：潮湿后，使用石灰泥对破损部位进行填补，填补需根据破损的程度 、大小，分二到三次或四次完成，以防止收缩开裂；

　　d.表层处理：填补完成后，对新的泥层进行肌理处理，使新的泥层与周围相协调。

起甲壁画修复：

　　a.表面清理：用羊毛刷、洗耳球对壁画表面及起甲颜料背面的浮尘进行清理；

　　b.渗透加固：使用浓度为 1% 的丙烯酸乳液和有机硅丙烯酸乳液以体积比 1∶1 混合的黏结剂，用注射器将黏结剂注射到起甲颜料背部进行渗透加固；

　　c.起甲回贴：用修复刀将起甲颜料层回贴到原位，并用棉球进行滚压。

敦煌研究院
文物保护技术服务中心

北齐徐显秀墓壁画保护修复工程	
项目负责	汪万福
审　核	赵林毅
校　对	张金虎
实　施	刘　涛
制　图	王　辉
日　期	2012-08-17

图10-99　墓室西壁A6区修复图

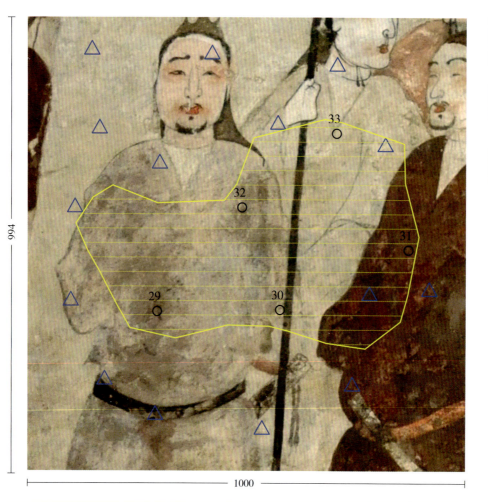

空鼓壁画修复：

　　a.除尘：用羊毛刷、洗耳球对壁画表面的浮尘进行清理；

　　b.开孔：尽量在无颜料层或壁画次要部位开注浆孔；

　　c.支顶：用带有保护层的顶板支顶来保护壁画；

　　d.灌浆：用6％丙烯酸乳液作为黏结剂，当地土、澄板土（质量比2∶1）作为填充料；水灰比为0.65，用注射器将已配制好的灌浆材料顺注浆管压入壁画空鼓部位；

　　e.补孔：干燥后，取下支顶架，使用与原地仗层材质相同的材料修复注浆口。

起甲壁画修复：

　　a.表面清理：用羊毛刷、洗耳球对壁画表面及起甲颜料背面的浮尘进行清理；

　　b.渗透加固：使用浓度为1％的丙烯酸乳液和有机硅丙烯酸乳液以体积比1∶1混合的黏结剂，用注射器将黏结剂注射到起甲颜料背部进行渗透加固；

　　c.起甲回贴：用修复刀将起甲颜料层回贴到原位，并用棉球进行滚压。

壁画修复面积：

　　修复颜料层起甲粉化0.92m²，中部地仗空鼓0.37m²。

敦煌研究院
文物保护技术服务中心

北齐徐显秀墓壁画 保护修复工程	
项目负责	汪万福
审　核	赵林毅
校　对	张金虎
实　施	刘　涛
制　图	王　辉
日　期	2012-08-17

图10-100　墓室西壁B1区修复图

起 甲　　注浆孔

空 鼓

壁画修复面积：

　　修复颜料层起甲粉化 0.75m²，中部地仗空鼓 0.42m²。

敦煌研究院
文物保护技术服务中心

北齐徐显秀墓壁画	
保护修复工程	
项目负责	汪万福
审　核	赵林毅
校　对	张金虎
实　施	刘涛
制　图	王辉
日　期	2012-08-17

空鼓壁画修复：

　　a. 除尘：用羊毛刷、洗耳球对壁画表面的浮尘进行清理；

　　b. 开孔：尽量在无颜料层或壁画次要部位开注浆孔；

　　c. 支顶：用带有保护层的顶板支顶来保护壁画；

　　d. 灌浆：用6%丙烯酸乳液作为黏结剂，当地土、澄板土（质量比2∶1）作为填充料；水灰比为0.65，用注射器将已配制好的灌浆材料顺注浆管压入壁画空鼓部位；

　　e. 补孔：干燥后，取下支顶架，使用与原地仗层材质相同的材料修复注浆口。

起甲壁画修复：

　　a. 表面清理：用羊毛刷、洗耳球对壁画表面及起甲颜料背面的浮尘进行清理；

　　b. 渗透加固：使用浓度为1%的丙烯酸乳液和有机硅丙烯酸乳液以体积比1∶1混合的黏结剂，用注射器将黏结剂注射到起甲颜料背部进行渗透加固；

　　c. 起甲回贴：用修复刀将起甲颜料层回贴到原位，并用棉球进行滚压。

图10-101　墓室西壁B2区修复图

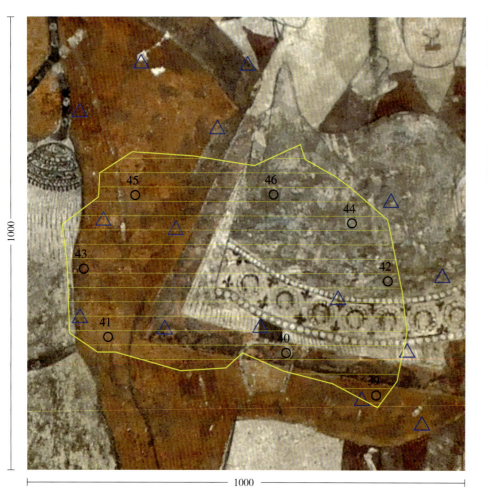
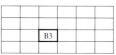

起 甲　　注浆孔

空 鼓

空鼓壁画修复：

a.除尘：用羊毛刷、洗耳球对壁画表面的浮尘进行清理；

b.开孔：尽量在无颜料层或壁画次要部位开注浆孔；

c.支顶：用带有保护层的顶板支顶来保护壁画；

d.灌浆：用6%丙烯酸乳液作为黏结剂，当地土、澄板土（质量比2∶1）作为填充料；水灰比为0.65，用注射器将已配制好的灌浆材料顺注浆管压入壁画空鼓部位；

e.补孔：干燥后，取下支顶架，使用与原地仗层材质相同的材料修复注浆口。

起甲壁画修复：

a.表面清理：用羊毛刷、洗耳球对壁画表面及起甲颜料背面的浮尘进行清理；

b.渗透加固：使用浓度为1%的丙烯酸乳液和有机硅丙烯酸乳液以体积比1∶1混合的黏结剂，用注射器将黏结剂注射到起甲颜料背部进行渗透加固；

c.起甲回贴：用修复刀将起甲颜料层回贴到原位，并用棉球进行滚压。

壁画修复面积：

修复颜料层起甲粉化0.75m²，中部地仗空鼓0.37m²。

敦煌研究院
文物保护技术服务中心

北齐徐显秀墓壁画 保护修复工程	
项目负责	汪万福
审 核	赵林毅
校 对	张金虎
实 施	刘 涛
制 图	王 辉
日 期	2012-08-17

图10-102　墓室西壁B3区修复图

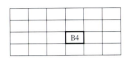

起　甲　　　注浆孔

空　鼓

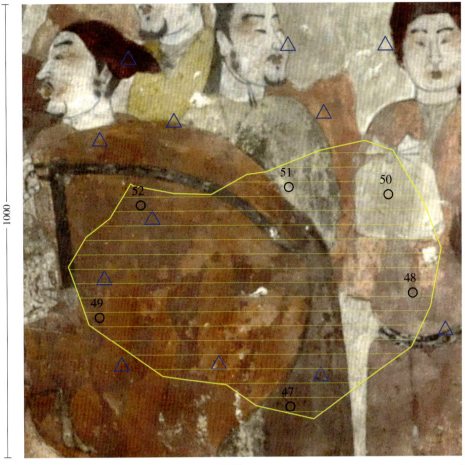

壁画修复面积：

　　修复颜料层起甲粉化 0.89m²，中部地仗空鼓 0.32m²。

敦煌研究院
文物保护技术服务中心

北齐徐显秀墓壁画	
保护修复工程	
项目负责	汪万福
审　核	赵林毅
校　对	张金虎
实　施	刘涛
制　图	王辉
日　期	2012-08-17

空鼓壁画修复：

　　a. 除尘：用羊毛刷、洗耳球对壁画表面的浮尘进行清理；

　　b. 开孔：尽量在无颜料层或壁画次要部位开注浆孔；

　　c. 支顶：用带有保护层的顶板支顶来保护壁画；

　　d. 灌浆：用6%丙烯酸乳液作为黏结剂，当地土、澄板土（质量比2：1）作为填充料；水灰比为0.65，用注射器将已配制好的灌浆材料顺注浆管压入壁画空鼓部位；

　　e. 补孔：干燥后，取下支顶架，使用与原地仗层材质相同的材料修复注浆口。

起甲壁画修复：

　　a. 表面清理：用羊毛刷、洗耳球对壁画表面及起甲颜料背面的浮尘进行清理；

　　b. 渗透加固：使用浓度为1%的丙烯酸乳液和有机硅丙烯酸乳液以体积比1：1混合的黏结剂，用注射器将黏结剂注射到起甲颜料背部进行渗透加固；

　　c. 起甲回贴：用修复刀将起甲颜料层回贴到原位，并用棉球进行滚压。

图10-103　墓室西壁B4区修复图

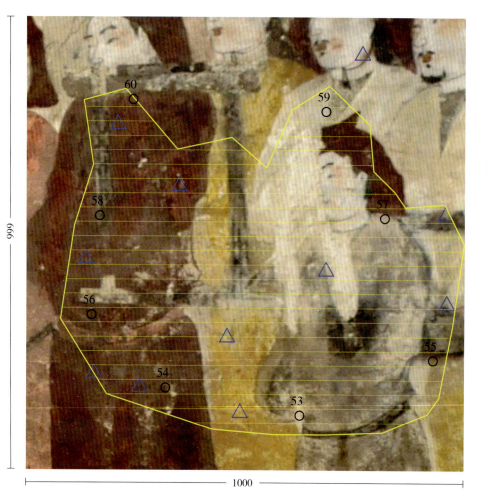

起 甲   注浆孔

空 鼓

空鼓壁画修复：

　　a. 除尘：用羊毛刷、洗耳球对壁画表面的浮尘进行清理；

　　b. 开孔：尽量在无颜料层或壁画次要部位开注浆孔；

　　c. 支顶：用带有保护层的顶板支顶来保护壁画；

　　d. 灌浆：用6%丙烯酸乳液作为黏结剂，当地土、澄板土（质量比2：1）作为填充料；水灰比为0.65，用注射器将已配制好的灌浆材料顺注浆管压入壁画空鼓部位；

　　e. 补孔：干燥后，取下支顶架，使用与原地仗层材质相同的材料修复注浆口。

起甲壁画修复：

　　a. 表面清理：用羊毛刷、洗耳球对壁画表面及起甲颜料背面的浮尘进行清理；

　　b. 渗透加固：使用浓度为1%的丙烯酸乳液和有机硅丙烯酸乳液以体积比1：1混合的黏结剂，用注射器将黏结剂注射到起甲颜料背部进行渗透加固；

　　c. 起甲回贴：用修复刀将起甲颜料层回贴到原位，并用棉球进行滚压。

壁画修复面积：

　　修复颜料层起甲粉化0.85m²，地仗空鼓0.27m²。

敦煌研究院
文物保护技术服务中心

北齐徐显秀墓壁画 保护修复工程	
项目负责	汪万福
审　核	赵林毅
校　对	张金虎
实　施	刘　涛
制　图	王　辉
日　期	2012-08-17

图10-104　墓室西壁B5区修复图

起　甲　　　注浆孔

空　鼓

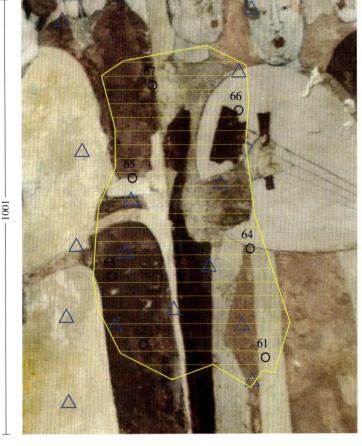

壁画修复面积：

　　修复颜料层起甲粉化 0.82m², 地仗空鼓 0.35m²。

敦煌研究院
文物保护技术服务中心

北齐徐显秀墓壁画 保护修复工程	
项目负责	汪万福
审　核	赵林毅
校　对	张金虎
实　施	刘　涛
制　图	王　辉
日　期	2012-08-17

空鼓壁画修复：

　　a. 除尘：用羊毛刷、洗耳球对壁画表面的浮尘进行清理；

　　b. 开孔：尽量在无颜料层或壁画次要部位开注浆孔；

　　c. 支顶：用带有保护层的顶板支顶来保护壁画；

　　d. 灌浆：用6%丙烯酸乳液作为黏结剂，当地土、澄板土（质量比2：1）作为填充料；水灰比为0.65，用注射器将已配制好的灌浆材料顺注浆管压入壁画空鼓部位；

　　e. 补孔：干燥后，取下支顶架，使用与原地仗层材质相同的材料修复注浆口。

起甲壁画修复：

　　a. 表面清理：用羊毛刷、洗耳球对壁画表面及起甲颜料背面的浮尘进行清理；

　　b. 渗透加固：使用浓度为1%的丙烯酸乳液和有机硅丙烯酸乳液以体积比1：1混合的黏结剂，用注射器将黏结剂注射到起甲颜料背部进行渗透加固；

　　c. 起甲回贴：用修复刀将起甲颜料层回贴到原位，并用棉球进行滚压。

图10-105　墓室西壁B6区修复图

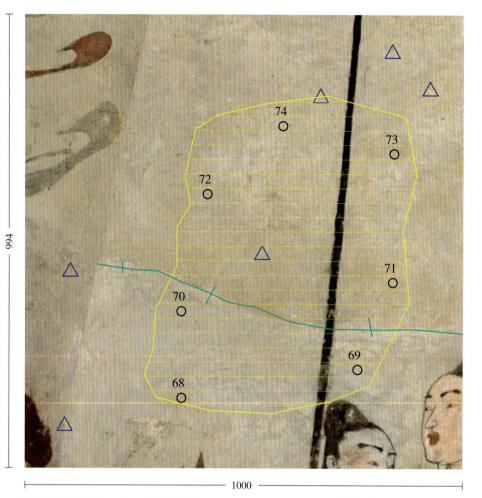

起甲　　　注浆孔

空鼓　　　裂隙

空鼓壁画修复：

a.除尘：用羊毛刷、洗耳球对壁画表面的浮尘进行清理；

b.开孔：尽量在无颜料层或壁画次要部位开注浆孔；

c.支顶：用带有保护层的顶板支顶来保护壁画；

d.灌浆：用6％丙烯酸乳液作为黏结剂，当地土、澄板土（质量比2：1）作为填充料；水灰比为0.65，用注射器将已配制好的灌浆材料顺注浆管压入壁画空鼓部位；

e.补孔：干燥后，取下支顶架，使用与原地仗层材质相同的材料修复注浆口。

裂隙壁画修复：

a.除尘：用羊毛刷、洗耳球对壁画破损部位表层的浮尘进行清除；

b.渗透：使用纯水对壁画破损或残缺部位进行渗透潮湿；

c.填泥：潮湿后，使用石灰泥对破损部位进行填补，填补需根据破损的程度、大小，分二到三次或四次完成，以防止收缩开裂。

d.表层处理：填补完成后，对新的泥层进行肌理处理，使新的泥层与周围相协调。

起甲壁画修复：

a.表面清理：用羊毛刷、洗耳球对壁画表面及起甲颜料背面的浮尘进行清理；

b.渗透加固：使用浓度为1％的丙烯酸乳液和有机硅丙烯酸乳液以体积比1：1混合的黏结剂，用注射器将黏结剂注射到起甲颜料背部进行渗透加固；

c.起甲回贴：用修复刀将起甲颜料层回贴到原位，并用棉球进行滚压。

壁画修复面积：

修复颜料层起甲粉化0.69m²，中部地仗空鼓0.27m²，横向裂隙0.89m。

敦煌研究院
文物保护技术服务中心

北齐徐显秀墓壁画 保护修复工程	
项目负责	汪万福
审　核	赵林毅
校　对	张金虎
实　施	刘涛
制　图	王辉
日　期	2012-08-17

图10-106　墓室西壁C1区修复图

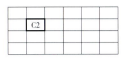

起　甲　　　　注浆孔

空　鼓　　　　裂　隙

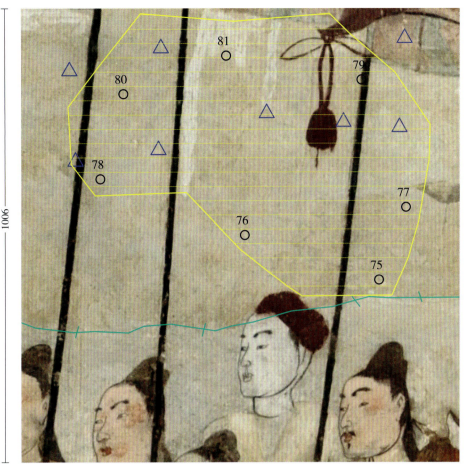

壁画修复面积：

　　修复分颜料层起甲粉化 0.91m²，地仗空鼓面积 0.24m²，横向裂隙 1.02m。

敦煌研究院
文物保护技术服务中心

北齐徐显秀墓壁画保护修复工程	
项目负责	汪万福
审　核	赵林毅
校　对	张金虎
实　施	刘涛
制　图	王辉
日　期	2012-08-17

空鼓壁画修复：

　　a. 除尘：用羊毛刷、洗耳球对壁画表面的浮尘进行清理；

　　b. 开孔：尽量在无颜料层或壁画次要部位开注浆孔；

　　c. 支顶：用带有保护层的顶板支顶来保护壁画；

　　d. 灌浆：用 6% 丙烯酸乳液作为黏结剂，当地土、澄板土（质量比 2∶1）作为填充料；水灰比为 0.65，用注射器将已配制好的灌浆材料顺注浆管压入壁画空鼓部位；

　　e. 补孔：干燥后，取下支顶架，使用与原地仗层材质相同的材料修复注浆口。

裂隙壁画修复：

　　a. 除尘：用羊毛刷、洗耳球对壁画破损部位表层的浮尘进行清除；

　　b. 渗透：使用纯水对壁画破损或残缺部位进行渗透潮湿；

　　c. 填泥：潮湿后，使用石灰泥对破损部位进行填补，填补需根据破损的程度、大小，分二到三次或四次完成，以防止收缩开裂；

　　d. 表层处理：填补完成后，对新的泥层进行肌理处理，使新的泥层与周围相协调。

起甲壁画修复：

　　a. 表面清理：用羊毛刷、洗耳球对壁画表面及起甲颜料背面的浮尘进行清理；

　　b. 渗透加固：使用浓度为 1% 的丙烯酸乳液和有机硅丙烯酸乳液以体积比 1∶1 混合的黏结剂，用注射器将黏结剂注射到起甲颜料背部进行渗透加固；

　　c. 起甲回贴：用修复刀将起甲颜料层回贴到原位，并用棉球进行滚压。

图10-107　墓室西壁C2区修复图

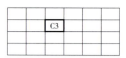

空鼓壁画修复：

　　a. 除尘：用羊毛刷、洗耳球对壁画表面的浮尘进行清理；

　　b. 开孔：尽量在无颜料层或壁画次要部位开注浆孔；

　　c. 支顶：用带有保护层的顶板支顶来保护壁画；

　　d. 灌浆：用6%丙烯酸乳液作为黏结剂，当地土、澄板土（质量比2∶1）作为填充料；水灰比为0.65，用注射器将已配制好的灌浆材料顺注浆管压入壁画空鼓部位；

　　e. 补孔：干燥后，取下支顶架，使用与原地仗层材质相同的材料修复注浆口。

起甲壁画修复：

　　a. 表面清理：用羊毛刷、洗耳球对壁画表面及起甲颜料背面的浮尘进行清理；

　　b. 渗透加固：使用浓度为1%的丙烯酸乳液和有机硅丙烯酸乳液以体积比1∶1混合的黏结剂，用注射器将黏结剂注射到起甲颜料背部进行渗透加固；

　　c. 起甲回贴：用修复刀将起甲颜料层回贴到原位，并用棉球进行滚压。

壁画修复面积：

　　修复颜料层起甲粉化0.82m²，地仗空鼓0.41m²。

敦煌研究院
文物保护技术服务中心

北齐徐显秀墓壁画 保护修复工程	
项目负责	汪万福
审　核	赵林毅
校　对	张金虎
实　施	刘　涛
制　图	王　辉
日　期	2012-08-17

图10-108　墓室西壁C3区修复图

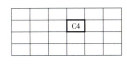

起甲　　　注浆孔

空　鼓

壁画修复面积：

　　修复颜料层起甲粉化 0.86m²，地仗空鼓 0.25m²。

**敦煌研究院
文物保护技术服务中心**

北齐徐显秀墓壁画保护修复工程	
项目负责	汪万福
审　核	赵林毅
校　对	张金虎
实　施	刘　涛
制　图	王　辉
日　期	2012-08-17

空鼓壁画修复：

　　a. 除尘：用羊毛刷、洗耳球对壁画表面的浮尘进行清理；

　　b. 开孔：尽量在无颜料层或壁画次要部位开注浆孔；

　　c. 支顶：用带有保护层的顶板支顶来保护壁画；

　　d. 灌浆：用 6% 丙烯酸乳液作为黏结剂，当地土、澄板土（质量比 2：1）作为填充料；水灰比为 0.65，用注射器将已配制好的灌浆材料顺注浆管压入壁画空鼓部位；

　　e. 补孔：干燥后，取下支顶架，使用与原地仗层材质相同的材料修复注浆口。

起甲壁画修复：

　　a. 表面清理：用羊毛刷、洗耳球对壁画表面及起甲颜料背面的浮尘进行清理；

　　b. 渗透加固：使用浓度为 1% 的丙烯酸乳液和有机硅丙烯酸乳液以体积比 1：1 混合的黏结剂，用注射器将黏结剂注射到起甲颜料背部进行渗透加固；

　　c. 起甲回贴：用修复刀将起甲颜料层回贴到原位，并用棉球进行滚压。

图10-109　墓室西壁C4区修复图

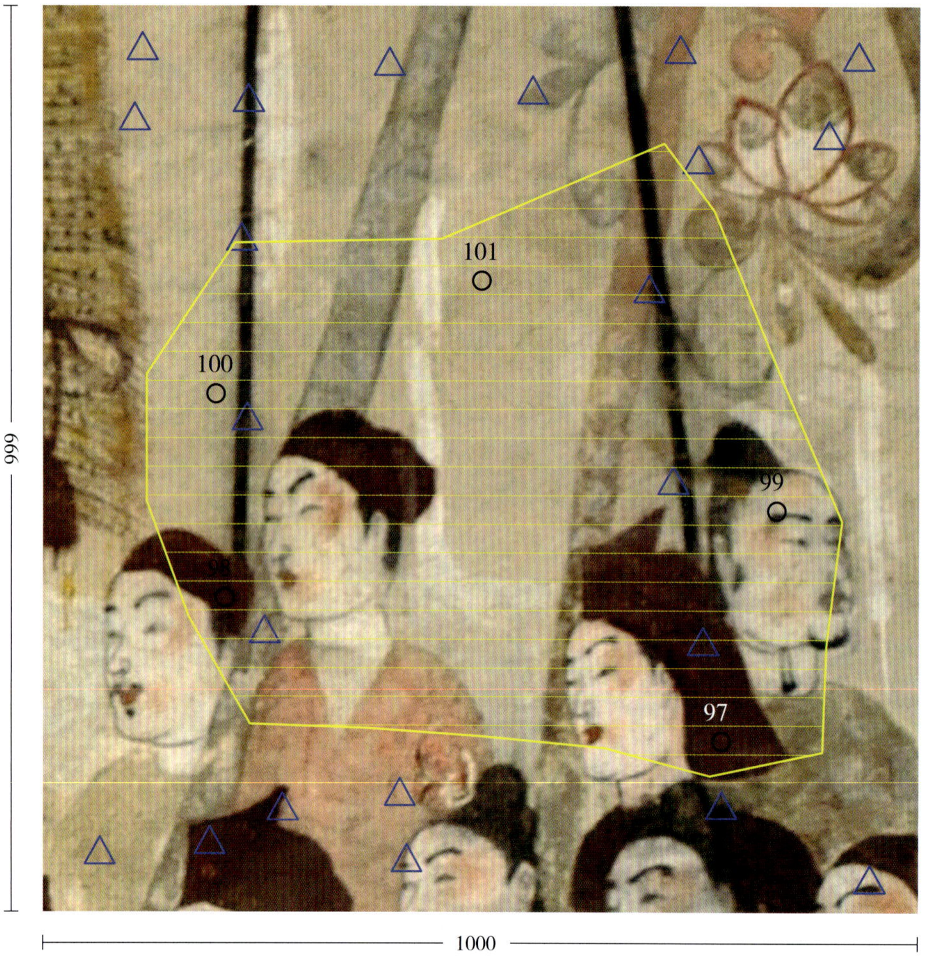

101
100
99
97
999
1000

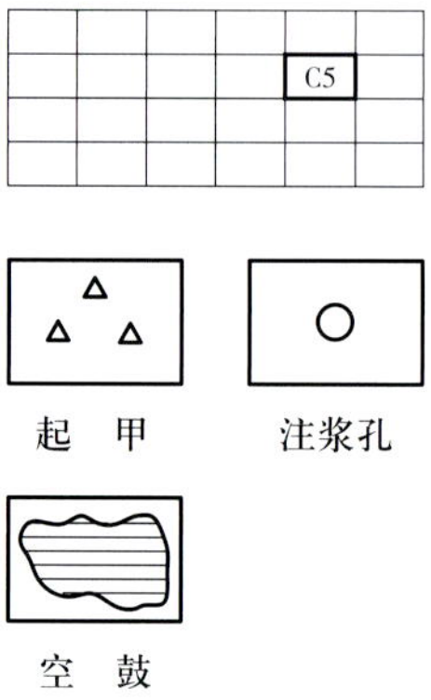

C5
起 甲
注浆孔
空 鼓

空鼓壁画修复：

a. 除尘：用羊毛刷、洗耳球对壁画表面的浮尘进行清理；

b. 开孔：尽量在无颜料层或壁画次要部位开注浆孔；

c. 支顶：用带有保护层的顶板支顶来保护壁画；

d. 灌浆：用6%丙烯酸乳液作为黏结剂，当地土、澄板土（质量比2∶1）作为填充料；水灰比为0.65，用注射器将已配制好的灌浆材料顺注浆管压入壁画空鼓部位；

e. 补孔：干燥后，取下支顶架，使用与原地仗层材质相同的材料修复注浆口。

起甲壁画修复：

a. 表面清理：用羊毛刷、洗耳球对壁画表面及起甲颜料背面的浮尘进行清理；

b. 渗透加固：使用浓度为1%的丙烯酸乳液和有机硅丙烯酸乳液以体积比1∶1混合的黏结剂，用注射器将黏结剂注射到起甲颜料背部进行渗透加固；

c. 起甲回贴：用修复刀将起甲颜料层回贴到原位，并用棉球进行滚压。

壁画修复面积：

修复颜料层起甲粉化0.85m^2，中部地仗空鼓0.32m^2。

敦煌研究院
文物保护技术服务中心

北齐徐显秀墓壁画保护修复工程	
项目负责	汪万福
审　核	赵林毅
校　对	张金虎
实　施	刘　涛
制　图	王　辉
日　期	2012-08-17

图10-110　墓室西壁C5区修复图

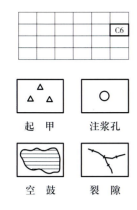

起甲　　注浆孔

空鼓　　裂隙

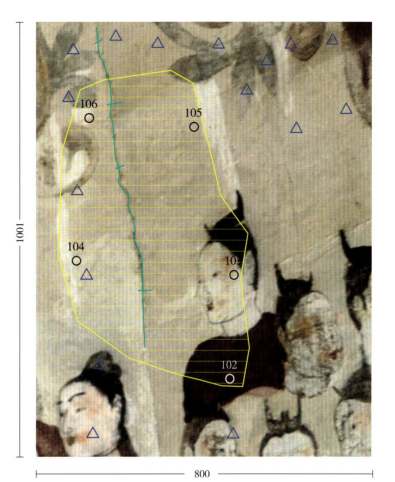

壁画修复面积：

　　修复颜料层起甲粉化 0.76m²，地仗空鼓 0.27m²，地仗裂隙 0.52m。

敦煌研究院
文物保护技术服务中心

北齐徐显秀墓壁画保护修复工程	
项目负责	汪万福
审　核	赵林毅
校　对	张金虎
实　施	刘　涛
制　图	王　辉
日　期	2012-08-17

空鼓壁画修复：

　　a. 除尘：用羊毛刷、洗耳球对壁画表面的浮尘进行清理；

　　b. 开孔：尽量在无颜料层或壁画次要部位开注浆孔；

　　c. 支顶：用带有保护层的顶板支顶来保护壁画；

　　d. 灌浆：用 6% 丙烯酸乳液作为黏结剂，当地土、澄板土（质量比 2∶1）作为填充料；水灰比为 0.65，用注射器将已配制好的灌浆材料顺注浆管压入壁画空鼓部位；

　　e. 补孔：干燥后，取下支顶架，使用与原地仗层材质相同的材料修复注浆口。

裂隙壁画修复：

　　a. 除尘：用羊毛刷、洗耳球对壁画破损部位表层的浮尘进行清除；

　　b. 渗透：使用纯水对壁画破损或残缺部位进行渗透潮湿；

　　c. 填泥：潮湿后，使用石灰泥对破损部位进行填补，填补需根据破损的程度、大小，分二到三次或四次完成，以防止收缩开裂；

　　d. 表层处理：填补完成后，对新的泥层进行肌理处理，使新的泥层与周围相协调。

起甲壁画修复：

　　a. 表面清理：用羊毛刷、洗耳球对壁画表面及起甲颜料背面的浮尘进行清理；

　　b. 渗透加固：使用浓度为 1% 的丙烯酸乳液和有机硅丙烯酸乳液以体积比 1∶1 混合的黏结剂，用注射器将黏结剂注射到起甲颜料背部进行渗透加固；

　　c. 起甲回贴：用修复刀将起甲颜料层回贴到原位，并用棉球进行滚压。

图10-111　墓室西壁C6区修复图

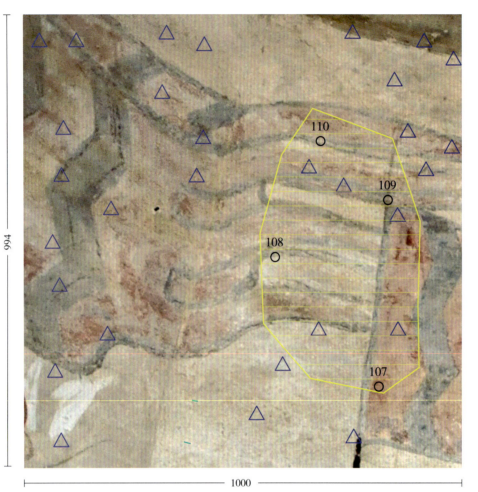

起 甲

注浆孔

空 鼓

空鼓壁画修复：

　　a.除尘：用羊毛刷、洗耳球对壁画表面的浮尘进行清理；

　　b.开孔：尽量在无颜料层或壁画次要部位开注浆孔；

　　c.支顶：用带有保护层的顶板支顶来保护壁画；

　　d.灌浆：用6%丙烯酸乳液作为黏结剂，当地土、澄板土（质量比2∶1）作为填充料；水灰比为0.65，用注射器将已配制好的灌浆材料顺注浆管压入壁画空鼓部位；

　　e.补孔：干燥后，取下支顶架，使用与原地仗层材质相同的材料修复注浆口。

起甲壁画修复：

　　a.表面清理：用羊毛刷、洗耳球对壁画表面及起甲颜料背面的浮尘进行清理；

　　b.渗透加固：使用浓度为1%的丙烯酸乳液和有机硅丙烯酸乳液以体积比1∶1混合的黏结剂，用注射器将黏结剂注射到起甲颜料背部进行渗透加固；

　　c.起甲回贴：用修复刀将起甲颜料层回贴到原位，并用棉球进行滚压。

壁画修复面积：

　　修复颜料层起甲粉化0.85m²，地仗空鼓0.21m²。

**敦煌研究院
文物保护技术服务中心**

北齐徐显秀墓壁画 保护修复工程	
项目负责	汪万福
审 核	赵林毅
校 对	张金虎
实 施	刘 涛
制 图	王 辉
日 期	2012-08-17

图10-112　墓室西壁D1区修复图

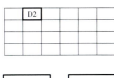

起　甲　　　注浆孔

空　鼓

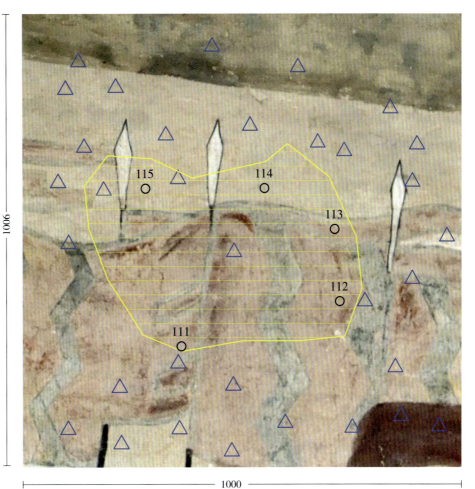

壁画修复面积：

修复颜料层起甲粉化 0.85m²，地仗空鼓 0.33m²。

敦煌研究院
文物保护技术服务中心

北齐徐显秀墓壁画 保护修复工程	
项目负责	汪万福
审　核	赵林毅
校　对	张金虎
实　施	刘　涛
制　图	王　辉
日　期	2012-08-17

空鼓壁画修复：

a.除尘：用羊毛刷、洗耳球对壁画表面的浮尘进行清理；

b.开孔：尽量在无颜料层或壁画次要部位开注浆孔；

c.支顶：用带有保护层的顶板支顶来保护壁画；

d.灌浆：用6％丙烯酸乳液作为黏结剂，当地土、澄板土（质量比2∶1）作为填充料，水灰比为0.65，用注射器将已配制好的灌浆材料顺注浆管压入壁画空鼓部位；

e.补孔：干燥后，取下支顶架，使用与原地仗层材质相同的材料修复注浆口。

起甲壁画修复：

a.表面清理：用羊毛刷、洗耳球对壁画表面及起甲颜料背面的浮尘进行清理；

b.渗透加固：使用浓度为1％的丙烯酸乳液和有机硅丙烯酸乳液以体积比1∶1混合的黏结剂，用注射器将黏结剂注射到起甲颜料背部进行渗透加固；

c.起甲回贴：用修复刀将起甲颜料层回贴到原位，并用棉球进行滚压。

图10-113　墓室西壁D2区修复图

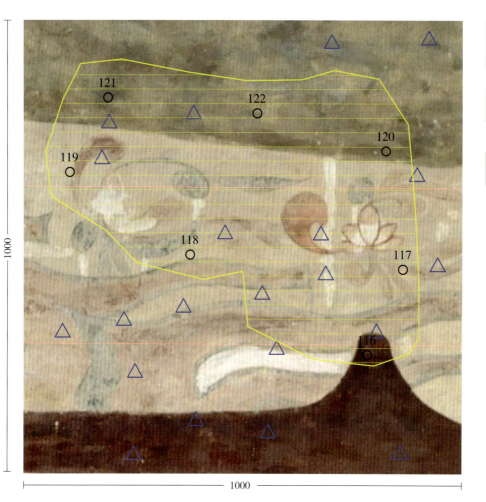

空鼓壁画修复：

　　a. 除尘：用羊毛刷、洗耳球对壁画表面的浮尘进行清理；

　　b. 开孔：尽量在无颜料层或壁画次要部位开注浆孔；

　　c. 支顶：用带有保护层的顶板支顶来保护壁画；

　　d. 灌浆：用 6% 丙烯酸乳液作为黏结剂，当地土、澄板土（质量比 2∶1）作为填充料；水灰比为 0.65，用注射器将已配制好的灌浆材料顺注浆管压入壁画空鼓部位；

　　e. 补孔：干燥后，取下支顶架，使用与原地仗层材质相同的材料修复注浆口。

起甲壁画修复：

　　a. 表面清理：用羊毛刷、洗耳球对壁画表面及起甲颜料背面的浮尘进行清理；

　　b. 渗透加固：使用浓度为 1% 的丙烯酸乳液和有机硅丙烯酸乳液以体积比 1∶1 混合的黏结剂，用注射器将黏结剂注射到起甲颜料背部进行渗透加固；

　　c. 起甲回贴：用修复刀将起甲颜料层回贴到原位，并用棉球进行滚压。

壁画修复面积：

　　修复颜料层起甲粉化 0.81m²，上部地仗空鼓 0.37m²。

敦煌研究院
文物保护技术服务中心

北齐徐显秀墓壁画 保护修复工程	
项目负责	汪万福
审　核	赵林毅
校　对	张金虎
实　施	刘涛
制　图	王辉
日　期	2012-08-17

图 10-114　墓室西壁 D3 区修复图

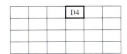

起　甲　　　　注浆孔

空　鼓

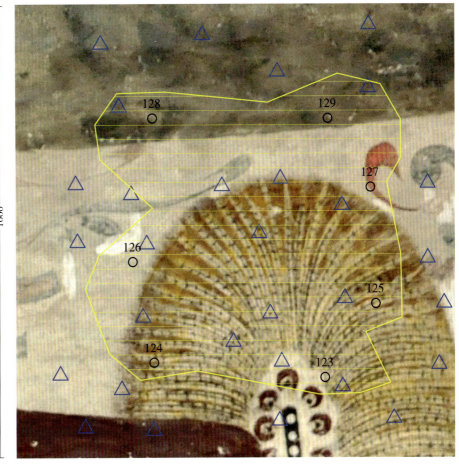

壁画修复面积：

修复颜料层起甲粉化 0.88m²，地仗空鼓 0.41m²。

敦煌研究院
文物保护技术服务中心

北齐徐显秀墓壁画 保护修复工程	
项目负责	汪万福
审　核	赵林毅
校　对	张金虎
实　施	刘　涛
制　图	王　辉
日　期	2012-08-17

空鼓壁画修复：

a. 除尘：用羊毛刷、洗耳球对壁画表面的浮尘进行清理；

b. 开孔：尽量在无颜料层或壁画次要部位开注浆孔；

c. 支顶：用带有保护层的顶板支顶来保护壁画；

d. 灌浆：用 6% 丙烯酸乳液作为黏结剂，当地土、澄板土（质量比 2∶1）作为填充料，水灰比为 0.65，用注射器将已配制好的灌浆材料顺注浆管压入壁画空鼓部位；

e. 补孔：干燥后，取下支顶架，使用与原地仗层材质相同的材料修复注浆口。

起甲壁画修复：

a. 表面清理：用羊毛刷、洗耳球对壁画表面及起甲颜料背面的浮尘进行清理；

b. 渗透加固：使用浓度为 1% 的丙烯酸乳液和有机硅丙烯酸乳液以体积比 1∶1 混合的黏结剂，用注射器将黏结剂注射到起甲颜料背部进行渗透加固；

c. 起甲回贴：用修复刀将起甲颜料层回贴到原位，并用棉球进行滚压。

图10-115　墓室西壁D4区修复图

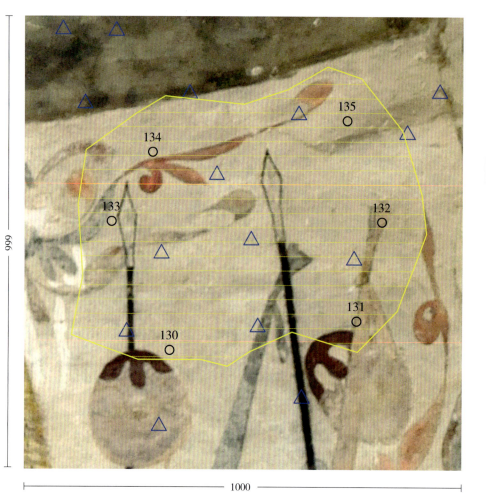

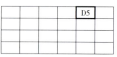

空鼓壁画修复：

　　a. 除尘：用羊毛刷、洗耳球对壁画表面的浮尘进行清理；

　　b. 开孔：尽量在无颜料层或壁画次要部位开注浆孔；

　　c. 支顶：用带有保护层的顶板支顶来保护壁画；

　　d. 灌浆：用6%丙烯酸乳液作为黏结剂，当地土、澄板土（质量比2∶1）作为填充料；水灰比为0.65，用注射器将已配制好的灌浆材料顺注浆管压入壁画空鼓部位；

　　e. 补孔：干燥后，取下支顶架，使用与原地仗层材质相同的材料修复注浆口。

起甲壁画修复：

　　a. 表面清理：用羊毛刷、洗耳球对壁画表面及起甲颜料背面的浮尘进行清理；

　　b. 渗透加固：使用浓度为1%的丙烯酸乳液和有机硅丙烯酸乳液以体积比1∶1混合的黏结剂，用注射器将黏结剂注射到起甲颜料背部进行渗透加固；

　　c. 起甲回贴：用修复刀将起甲颜料层回贴到原位，并用棉球进行滚压。

壁画修复面积：

　　修复颜料层起甲粉化0.85m²，地仗空鼓0.34m²。

敦煌研究院
文物保护技术服务中心

北齐徐显秀墓壁画 保护修复工程	
项目负责	汪万福
审　核	赵林毅
校　对	张金虎
实　施	刘　涛
制　图	王　辉
日　期	2012-08-17

图10-116　墓室西壁D5区修复图

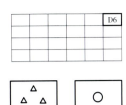

起 甲 　　注浆孔

空 鼓

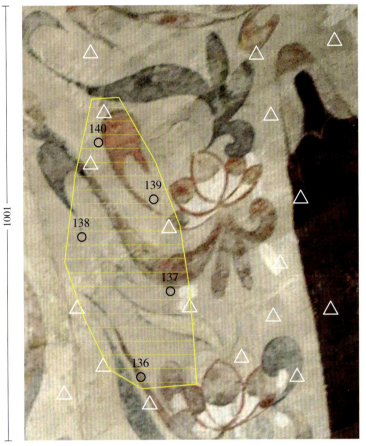

壁画修复面积:

　　修复颜料层起甲粉化 0.64m²,地仗空鼓 0.23m²。

**敦煌研究院
文物保护技术服务中心**

| 北齐徐显秀墓壁画
保护修复工程	
项目负责	汪万福
审 核	赵林毅
校 对	张金虎
实 施	刘 涛
制 图	王 辉
日 期	2012-08-17

空鼓壁画修复:

　　a.除尘:用羊毛刷、洗耳球对壁画表面的浮尘进行清理;

　　b.开孔:尽量在无颜料层或壁画次要部位开注浆孔;

　　c.支顶:用带有保护层的顶板支顶来保护壁画;

　　d.灌浆:用6%丙烯酸乳液作为黏结剂,当地土、澄板土(质量比2:1)作为填充料;水灰比为0.65,用注射器将已配制好的灌浆材料顺注浆管压入壁画空鼓部位;

　　e.补孔:干燥后,取下支顶架,使用与原地仗层材质相同的材料修复注浆口。

起甲壁画修复:

　　a.表面清理:用羊毛刷、洗耳球对壁画表面及起甲颜料背面的浮尘进行清理;

　　b.渗透加固:使用浓度为1%的丙烯酸乳液和有机硅丙烯酸乳液以体积比1:1混合的黏结剂,用注射器将黏结剂注射到起甲颜料背部进行渗透加固;

　　c.起甲回贴:用修复刀将起甲颜料层回贴到原位,并用棉球进行滚压。

图10-117 墓室西壁D6区修复图

起　甲　　　　注浆孔

空　鼓　　　　地仗脱落

空鼓壁画修复：

　　a. 除尘：用羊毛刷、洗耳球对壁画表面的浮尘进行清理；

　　b. 开孔：尽量在无颜料层或壁画次要部位开注浆孔；

　　c. 支顶：用带有保护层的顶板支顶来保护壁画；

　　d. 灌浆：用6％丙烯酸乳液作为黏结剂，当地土、澄板土（质量比2∶1）作为填充料；水灰比为0.65，用注射器将已配制好的灌浆材料顺注浆管压入壁画空鼓部位；

　　e. 补孔：干燥后，取下支顶架，使用与原地仗层材质相同的材料修复注浆口。

地仗脱落壁画修复：

　　a. 除尘：用羊毛刷、洗耳球对壁画破损部位表层的浮尘进行清除；

　　b. 渗透：使用纯水对壁画破损或残缺部位进行渗透潮湿；

　　c. 填泥：潮湿后，使用石灰泥对破损部位进行填补，填补需根据破损的程度、大小，分二到三次或四次完成，以防止收缩开裂；

　　d. 表层处理：填补完成后，对新的泥层进行肌理处理，使新的泥层与周围相协调。

起甲壁画修复：

　　a. 表面清理：用羊毛刷、洗耳球对壁画表面及起甲颜料背面的浮尘进行清理；

　　b. 渗透加固：使用浓度为1％的丙烯酸乳液和有机硅丙烯酸乳液以体积比1∶1混合的黏结剂，用注射器将黏结剂注射到起甲颜料背部进行渗透加固；

　　c. 起甲回贴：用修复刀将起甲颜料层回贴到原位，并用棉球进行滚压。

壁画修复面积：

　　修复地仗脱落0.65m²，残存壁画地仗空鼓0.14m²。

敦煌研究院
文物保护技术服务中心

北齐徐显秀墓壁画保护修复工程	
项目负责	汪万福
审　核	赵林毅
校　对	张金虎
实　施	刘　涛
制　图	王　辉
日　期	2012-08-20

图10-118　墓室南壁A1区修复图

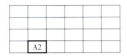

地仗脱落

敦煌研究院
文物保护技术服务中心

北齐徐显秀墓壁画	
保护修复工程	
项目负责	汪万福
审　核	赵林毅
校　对	张金虎
实　施	刘涛
制　图	王辉
日　期	2012-08-20

壁画修复面积：
　　修复地仗脱落
0.86m²。

地仗脱落壁画修复：
　　a.除尘：用羊毛刷、洗耳球对壁画破损部位表层的浮尘进行清除；
　　b.渗透：使用纯水对壁画破损或残缺部位进行渗透潮湿；
　　c.填泥：潮湿后，使用石灰泥对破损部位进行填补，填补需根据破损的程度、大小，分二到三次或四次完成，以防止收缩开裂；
　　d.表层处理：填补完成后，对新的泥层进行肌理处理，使新的泥层与周围相协调。

图10-119　墓室南壁A2区修复图

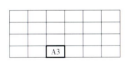

敦煌研究院
文物保护技术服务中心

北齐徐显秀墓壁画	
保护修复工程	
项目负责	汪万福
审　核	赵林毅
校　对	张金虎
实　施	刘涛
制　图	王辉
日　期	2012-08-20

说明：
　　此处为甬道口。

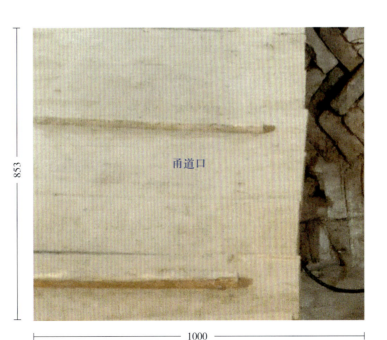

甬道口

图10-120　墓室南壁A3区修复图

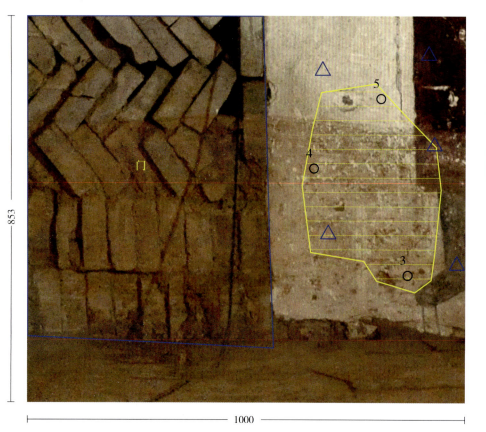

空鼓壁画修复：

　　a. 除尘：用羊毛刷、洗耳球对壁画表面的浮尘进行清理；

　　b. 开孔：尽量在无颜料层或壁画次要部位开注浆孔；

　　c. 支顶：用带有保护层的顶板支顶来保护壁画；

　　d. 灌浆：用6%丙烯酸乳液作为黏结剂，当地土、澄板土（质量比2∶1）作为填充料；水灰比为0.65，用注射器将已配制好的灌浆材料顺注浆管压入壁画空鼓部位；

　　e. 补孔：干燥后，取下支顶架，使用与原地仗层材质相同的材料修复注浆口。

起甲壁画修复：

　　a. 表面清理：用羊毛刷、洗耳球对壁画表面及起甲颜料背面的浮尘进行清理；

　　b. 渗透加固：使用浓度为1%的丙烯酸乳液和有机硅丙烯酸乳液以体积比1∶1混合的黏结剂，用注射器将黏结剂注射到起甲颜料背部进行渗透加固；

　　c. 起甲回贴：用修复刀将起甲颜料层回贴到原位，并用棉球进行滚压。

壁画修复面积：

　　修复颜料层起甲0.37m²，中部地仗空鼓0.21m²。

**敦煌研究院
文物保护技术服务中心**

北齐徐显秀墓壁画 保护修复工程	
项目负责	汪万福
审　核	赵林毅
校　对	张金虎
实　施	刘涛
制　图	王辉
日　期	2012-08-20

图10-121　墓室南壁A4区修复图

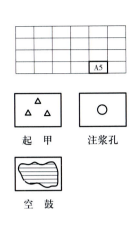

起　甲　　　注浆孔

空　鼓

壁画修复面积：

修复颜料层起甲粉化 0.84m², 地仗空鼓 0.31m²。

敦煌研究院
文物保护技术服务中心

北齐徐显秀墓壁画 保护修复工程	
项目负责	汪万福
审　核	赵林毅
校　对	张金虎
实　施	刘　涛
制　图	王　辉
日　期	2012-08-20

空鼓壁画修复：

a. 除尘：用羊毛刷、洗耳球对壁画表面的浮尘进行清理；

b. 开孔：尽量在无颜料层或壁画次要部位开注浆孔；

c. 支顶：用带有保护层的顶板支顶来保护壁画；

d. 灌浆：用 6% 丙烯酸乳液作为黏结剂，当地土、澄板土（质量比 2∶1）作为填充料；水灰比为 0.65，用注射器将已配制好的灌浆材料顺注浆管压入壁画空鼓部位；

e. 补孔：干燥后，取下支顶架，使用与原地仗层材质相同的材料修复注浆口。

起甲壁画修复：

a. 表面清理：用羊毛刷、洗耳球对壁画表面及起甲颜料背面的浮尘进行清理；

b. 渗透加固：使用浓度为 1% 的丙烯酸乳液和有机硅丙烯酸乳液以体积比 1∶1 混合的黏结剂，用注射器将黏结剂注射到起甲颜料背部进行渗透加固；

c. 起甲回贴：用修复刀将起甲颜料层回贴到原位，并用棉球进行滚压。

图10-122　墓室南壁A5区修复图

起甲　　注浆孔

空鼓

空鼓壁画修复：

　a.除尘：用羊毛刷、洗耳球对壁画表面的浮尘进行清理；

　b.开孔：尽量在无颜料层或壁画次要部位开注浆孔；

　c.支顶：用带有保护层的顶板支顶来保护壁画；

　d.灌浆：用6％丙烯酸乳液作为黏结剂，当地土、澄板土（质量比2∶1）作为填充料；水灰比为0.65，用注射器将已配制好的灌浆材料顺注浆管压入壁画空鼓部位；

　e.补孔：干燥后，取下支顶架，使用与原地仗层材质相同的材料修复注浆口。

起甲壁画修复：

　a.表面清理：用羊毛刷、洗耳球对壁画表面及起甲颜料背面的浮尘进行清理；

　b.渗透加固：使用浓度为1％的丙烯酸乳液和有机硅丙烯酸乳液以体积比1∶1混合的黏结剂，用注射器将黏结剂注射到起甲颜料背部进行渗透加固；

　c.起甲回贴：用修复刀将起甲颜料层回贴到原位，并用棉球进行滚压。

壁画修复面积：

　修复颜料层起甲0.75m²，地仗空鼓0.31m²。

敦煌研究院
文物保护技术服务中心

北齐徐显秀墓壁画保护修复工程	
项目负责	汪万福
审　核	赵林毅
校　对	张金虎
实　施	刘　涛
制　图	王　辉
日　期	2012-08-20

图10-123　墓室南壁A6区修复图

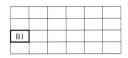

起　甲　　　注浆孔

空　鼓　　　地仗脱落

壁画修复面积：

　　修复颜料层起甲粉化0.12m²，中部地仗空鼓0.07m²。

敦煌研究院
文物保护技术服务中心

北齐徐显秀墓壁画 保护修复工程	
项目负责	汪万福
审　核	赵林毅
校　对	张金虎
实　施	刘　涛
制　图	王　辉
日　期	2012-08-20

空鼓壁画修复：

　　a. 除尘：用羊毛刷、洗耳球对壁画表面的浮尘进行清理；

　　b. 开孔：尽量在无颜料层或壁画次要部位开注浆孔；

　　c. 支顶：用带有保护层的顶板支顶来保护壁画；

　　d. 灌浆：用6％丙烯酸乳液作为黏结剂，当地土、澄板土（质量比2∶1）作为填充料；水灰比为0.65，用注射器将已配制好的灌浆材料顺注浆管压入壁画空鼓部位；

　　e. 补孔：干燥后，取下支顶架，使用与原地仗层材质相同的材料修复注浆口。

地仗脱落壁画修复：

　　a. 除尘：用羊毛刷、洗耳球对壁画破损部位表层的浮尘进行清除；

　　b. 渗透：使用纯水对壁画破损或残缺部位进行渗透潮湿；

　　c. 填泥：潮湿后，使用石灰泥对破损部位进行填补，填补需根据破损的程度、大小，分二到三次或四次完成，以防止收缩开裂；

　　d. 表层处理：填补完成后，对新的泥层进行肌理处理，使新的泥层与周围相协调。

起甲壁画修复：

　　a. 表面清理：用羊毛刷、洗耳球对壁画表面及起甲颜料背面的浮尘进行清理；

　　b. 渗透加固：使用浓度为1％的丙烯酸乳液和有机硅丙烯酸乳液以体积比1∶1混合的黏结剂，用注射器将黏结剂注射到起甲颜料背部进行渗透加固；

　　c. 起甲回贴：用修复刀将起甲颜料层回贴到原位，并用棉球进行滚压。

图10-124　墓室南壁B1区修复图

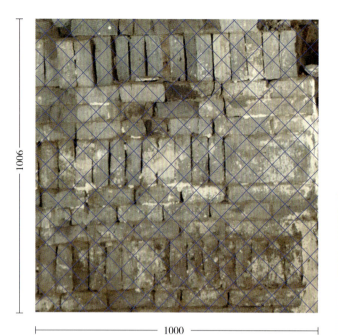

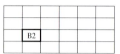

地仗脱落

敦煌研究院
文物保护技术服务中心

北齐徐显秀墓壁画 保护修复工程	
项目负责	汪万福
审 核	赵林毅
校 对	张金虎
实 施	刘 涛
制 图	王 辉
日 期	2012-08-20

地仗脱落壁画修复：
　　a.除尘：用羊毛刷、洗耳球对壁画破损部位表层的浮尘进行清除；
　　b.渗透：使用纯水对壁画破损或残缺部位进行渗透潮湿；
　　c.填泥：潮湿后，使用石灰泥对破损部位进行填补，填补需根据破损的程度、大小，分二到三次或四次完成，以防止收缩开裂；
　　d.表层处理：填补完成后，对新的泥层进行肌理处理，使新的泥层与周围相协调。

壁画修复面积：
　　修复地仗脱落1.06m²。

图10-125　墓室南壁B2区修复图

敦煌研究院
文物保护技术服务中心

北齐徐显秀墓壁画 保护修复工程	
项目负责	汪万福
审 核	赵林毅
校 对	张金虎
实 施	刘 涛
制 图	王 辉
日 期	2012-08-20

说明：
　　此处为甬道口。

图10-126　墓室南壁B3区修复图

	起甲		注浆孔

空鼓　　　地仗脱落

壁画修复面积：

　　修复颜料层起甲粉化 0.39m²，中部地仗空鼓 0.22m²，上部地仗脱落 0.08m²。

敦煌研究院
文物保护技术服务中心

北齐徐显秀墓壁画 保护修复工程	
项目负责	汪万福
审　核	赵林毅
校　对	张金虎
实　施	刘　涛
制　图	王　辉
日　期	2012-08-20

空鼓壁画修复：

　　a. 除尘：用羊毛刷、洗耳球对壁画表面的浮尘进行清理；

　　b. 开孔：尽量在无颜料层或壁画次要部位开注浆孔；

　　c. 支顶：用带有保护层的顶板支顶来保护壁画；

　　d. 灌浆：用6%丙烯酸乳液作为黏结剂，当地土、澄板土（质量比2∶1）作为填充料；水灰比为0.65，用注射器将已配制好的灌浆材料顺注浆管压入壁画空鼓部位；

　　e. 补孔：干燥后，取下支顶架，使用与原地仗层材质相同的材料修复注浆口。

地仗脱落壁画修复：

　　a. 除尘：用羊毛刷、洗耳球对壁画破损部位表层的浮尘进行清除；

　　b. 渗透：使用纯水对壁画破损或残缺部位进行渗透潮湿；

　　c. 填泥：潮湿后，使用石灰泥对破损部位进行填补，填补需根据破损的程度、大小，分二到三次或四次完成，以防止收缩开裂；

　　d. 表层处理：填补完成后，对新的泥层进行肌理处理，使新的泥层与周围相协调。

起甲壁画修复：

　　a. 表面清理：用羊毛刷、洗耳球对壁画表面及起甲颜料背面的浮尘进行清理；

　　b. 渗透加固：使用浓度为1%的丙烯酸乳液和有机硅丙烯酸乳液以体积比1∶1混合的黏结剂，用注射器将黏结剂注射到起甲颜料背部进行渗透加固；

　　c. 起甲回贴：用修复刀将起甲颜料层回贴到原位，并用棉球进行滚压。

图10-127　墓室南壁B4区修复图

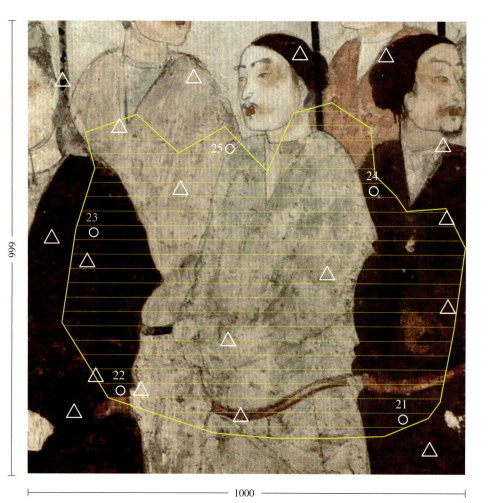

起　甲　　　　注浆孔

空　鼓

空鼓壁画修复：

　　a.除尘：用羊毛刷、洗耳球对壁画表面的浮尘进行清理；

　　b.开孔：尽量在无颜料层或壁画次要部位开注浆孔；

　　c.支顶：用带有保护层的顶板支顶来保护壁画；

　　d.灌浆：用6%丙烯酸乳液作为黏结剂，当地土、澄板土（质量比2：1）作为填充料；水灰比为0.65，用注射器将已配制好的灌浆材料顺注浆管压入壁画空鼓部位；

　　e.补孔：干燥后，取下支顶架，使用与原地仗层材质相同的材料修复注浆口。

起甲壁画修复：

　　a.表面清理：用羊毛刷、洗耳球对壁画表面及起甲颜料背面的浮尘进行清理；

　　b.渗透加固：使用浓度为1%的丙烯酸乳液和有机硅丙烯酸乳液以体积比1：1混合的黏结剂，用注射器将黏结剂注射到起甲颜料背部进行渗透加固；

　　c.起甲回贴：用修复刀将起甲颜料层回贴到原位，并用棉球进行滚压。

壁画修复面积：

　　修复颜料层起甲粉化0.85m²，地仗空鼓0.27m²。

敦煌研究院
文物保护技术服务中心

北齐徐显秀墓壁画 保护修复工程	
项目负责	汪万福
审　核	赵林毅
校　对	张金虎
实　施	刘　涛
制　图	王　辉
日　期	2012-08-20

图10-128　墓室南壁B5区修复图

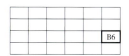

起甲　　　注浆孔

空鼓

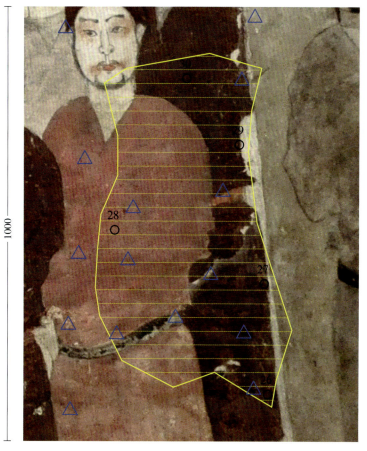

壁画修复面积:

　　修复颜料层起甲粉化 0.62m²，地仗空鼓 0.35m²。

敦煌研究院
文物保护技术服务中心

北齐徐显秀墓壁画 保护修复工程	
项目负责	汪万福
审　核	赵林毅
校　对	张金虎
实　施	刘涛
制　图	王辉
日　期	2012-08-20

空鼓壁画修复:

　　a. 除尘: 用羊毛刷、洗耳球对壁画表面的浮尘进行清理;

　　b. 开孔: 尽量在无颜料层或壁画次要部位开注浆孔;

　　c. 支顶: 用带有保护层的顶板支顶来保护壁画;

　　d. 灌浆: 用6%丙烯酸乳液作为黏结剂,当地土、澄板土(质量比2∶1)作为填充料;水灰比为0.65,用注射器将已配制好的灌浆材料顺注浆管压入壁画空鼓部位;

　　e. 补孔: 干燥后,取下支顶架,使用与原地仗层材质相同的材料修复注浆口。

起甲壁画修复:

　　a. 表面清理: 用羊毛刷、洗耳球对壁画表面及起甲颜料背面的浮尘进行清理;

　　b. 渗透加固: 使用浓度为1%的丙烯酸乳液和有机硅丙烯酸乳液以体积比1∶1混合的黏结剂,用注射器将黏结剂注射到起甲颜料背部进行渗透加固;

　　c. 起甲回贴: 用修复刀将起甲颜料层回贴到原位,并用棉球进行滚压。

图10-129　墓室南壁B6区修复图

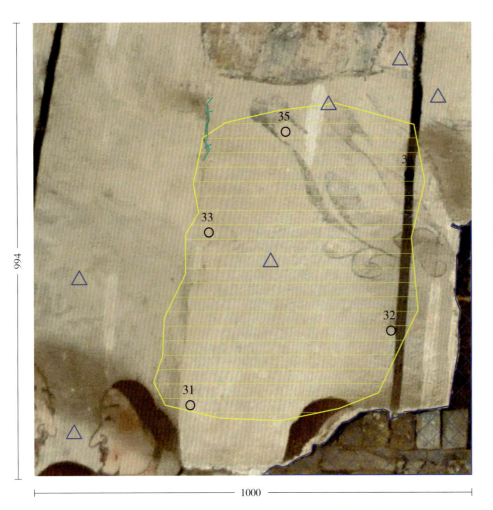

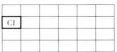
C1

起　甲　　　　注浆孔

空　鼓　　　地仗脱落

裂　隙

空鼓壁画修复：

　　a.除尘：用羊毛刷、洗耳球对壁画表面的浮尘进行清理；

　　b.开孔：尽量在无颜料层或壁画次要部位开注浆孔；

　　c.支顶：用带有保护层的顶板支顶来保护壁画；

　　d.灌浆：用6%丙烯酸乳液作为黏结剂，当地土、澄板土（质量比2∶1）作为填充料；水灰比为0.65，用注射器将已配制好的灌浆材料顺注浆管压入壁画空鼓部位；

　　e.补孔：干燥后，取下支顶架，使用与原地仗层材质相同的材料修复注浆口。

地仗脱落、裂隙壁画修复：

　　a.除尘：用羊毛刷、洗耳球对壁画破损部位表层的浮尘进行清除；

　　b.渗透：使用纯水对壁画破损或残缺部位进行渗透潮湿；

　　c.填泥：潮湿后，使用石灰泥对破损部位进行填补，填补需根据破损的程度、大小，分二到三次或四次完成，以防止收缩开裂；

　　d.表层处理：填补完成后，对新的泥层进行肌理处理，使新的泥层与周围相协调。

起甲壁画修复：

　　a.表面清理：用羊毛刷、洗耳球对壁画表面及起甲颜料背面的浮尘进行清理；

　　b.渗透加固：使用浓度为1%的丙烯酸乳液和有机硅丙烯酸乳液以体积比1∶1混合的黏结剂，用注射器将黏结剂注射到起甲颜料背部进行渗透加固；

　　c.起甲回贴：用修复刀将起甲颜料层回贴到原位，并用棉球进行滚压。

壁画修复面积：

　　修复颜料层起甲粉化0.69m²，中部地仗空鼓0.27m²，下侧地仗脱落0.19m²。

敦煌研究院
文物保护技术服务中心

北齐徐显秀墓壁画 保护修复工程	
项目负责	汪万福
审　核	赵林毅
校　对	张金虎
实　施	刘涛
制　图	王辉
日　期	2012-08-20

图10-130　墓室南壁C1区修复图

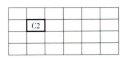

起　甲　　　注浆孔

空　鼓　　　地仗脱落

壁画修复面积：

修复地仗脱落 0.88m²，颜料层起甲粉化 0.11m²，地仗空鼓 0.11m²。

敦煌研究院
文物保护技术服务中心

北齐徐显秀墓壁画 保护修复工程	
项目负责	汪万福
审　核	赵林毅
校　对	张金虎
实　施	刘　涛
制　图	王　辉
日　期	2012-08-20

空鼓壁画修复：

a. 除尘：用羊毛刷、洗耳球对壁画表面的浮尘进行清理；

b. 开孔：尽量在无颜料层或壁画次要部位开注浆孔；

c. 支顶：用带有保护层的顶板支顶来保护壁画；

d. 灌浆：用6%丙烯酸乳液作为黏结剂，当地土、澄板土（质量比2：1）作为填充料；水灰比为0.65，用注射器将已配制好的灌浆材料顺注浆管压入壁画空鼓部位；

e. 补孔：干燥后，取下支顶架，使用与原地仗层材质相同的材料修复注浆口。

地仗脱落壁画修复：

a. 除尘：用羊毛刷、洗耳球对壁画破损部位表层的浮尘进行清除；

b. 渗透：使用纯水对壁画破损或残缺部位进行渗透潮湿；

c. 填泥：潮湿后，使用石灰泥对破损部位进行填补，填补需根据破损的程度、大小，分二到三次或四次完成，以防止收缩开裂；

d. 表层处理：填补完成后，对新的泥层进行肌理处理，使新的泥层与周围相协调。

起甲壁画修复：

a. 表面清理：用羊毛刷、洗耳球对壁画表面及起甲颜料背面的浮尘进行清理；

b. 渗透加固：使用浓度为1%的丙烯酸乳液和有机硅丙烯酸乳液以体积比1：1混合的黏结剂，用注射器将黏结剂注射到起甲颜料背部进行渗透加固；

c. 起甲回贴：用修复刀将起甲颜料层回贴到原位，并用棉球进行滚压。

图10-131　墓室南壁C2区修复图

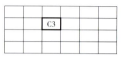

起甲　　　注浆孔

空鼓　　　地仗脱落

裂隙

空鼓壁画修复：

　　a.除尘：用羊毛刷、洗耳球对壁画表面的浮尘进行清理；

　　b.开孔：尽量在无颜料层或壁画次要部位开注浆孔；

　　c.支顶：用带有保护层的顶板支顶来保护壁画；

　　d.灌浆：用6%丙烯酸乳液作为黏结剂，当地土、澄板土（质量比2∶1）作为填充料；水灰比为0.65，用注射器将已配制好的灌浆材料顺注浆管压入壁画空鼓部位；

　　e.补孔：干燥后，取下支顶架，使用与原地仗层材质相同的材料修复注浆口。

地仗脱落、裂隙壁画修复：

　　a.除尘：用羊毛刷、洗耳球对壁画破损部位表层的浮尘进行清除；

　　b.渗透：使用纯水对壁画破损或残缺部位进行渗透潮湿；

　　c.填泥：潮湿后，使用石灰泥对破损部位进行填补，填补需根据破损的程度 、大小，分二到三次或四次完成，以防止收缩开裂。

　　d.表层处理：填补完成后，对新的泥层进行肌理处理，使新的泥层与周围相协调。

起甲壁画修复：

　　a.表面清理：用羊毛刷、洗耳球对壁画表面及起甲颜料背面的浮尘进行清理；

　　b.渗透加固：使用浓度为1%的丙烯酸乳液和有机硅丙烯酸乳液以体积比1∶1混合的黏结剂，用注射器将黏结剂注射到起甲颜料背部进行渗透加固；

　　c.起甲回贴：用修复刀将起甲颜料层回贴到原位，并用棉球进行滚压。

壁画修复面积：

　　修复地仗脱落0.36m²，颜料层起甲粉化0.22m²，地仗空鼓0.21m²，地仗裂隙0.15m²。

敦煌研究院
文物保护技术服务中心

北齐徐显秀墓壁画保护修复工程	
项目负责	汪万福
审　核	赵林毅
校　对	张金虎
实　施	刘涛
制　图	王辉
日　期	2012-08-20

图10-132　墓室南壁C3区修复图

起　甲　　　　注浆孔

空　鼓　　　　地仗脱落

裂　隙

壁画修复面积：

修复下部地仗脱落 0.23m²，颜料层起甲粉化 0.36m²，地仗空鼓 0.25m²，地仗裂隙 0.32m²。

敦煌研究院
文物保护技术服务中心

北齐徐显秀墓壁画 保护修复工程	
项目负责	汪万福
审　核	赵林毅
校　对	张金虎
实　施	刘涛
制　图	王辉
日　期	2012-08-20

空鼓壁画修复：

a. 除尘：用羊毛刷、洗耳球对壁画表面的浮尘进行清理；

b. 开孔：尽量在无颜料层或壁画次要部位开注浆孔；

c. 支顶：用带有保护层的顶板支顶来保护壁画；

d. 灌浆：用 6％丙烯酸乳液作为黏结剂，当地土、澄板土（质量比 2：1）作为填充料；水灰比为 0.65，用注射器将已配制好的灌浆材料顺注浆管压入壁画空鼓部位；

e. 补孔：干燥后，取下支顶架，使用与原地仗层材质相同的材料修复注浆口。

地仗脱落、裂隙壁画修复：

a. 除尘：用羊毛刷、洗耳球对壁画破损部位表层的浮尘进行清除；

b. 渗透：使用纯水对壁画破损或残缺部位进行渗透潮湿；

c. 填泥：潮湿后，使用石灰泥对破损部位进行填补，填补需根据破损的程度、大小，分二到三次或四次完成，以防止收缩开裂；

d. 表层处理：填补完成后，对新的泥层进行肌理处理，使新的泥层与周围相协调。

起甲壁画修复：

a. 表面清理：用羊毛刷、洗耳球对壁画表面及起甲颜料背面的浮尘进行清理；

b. 渗透加固：使用浓度为 1％的丙烯酸乳液和有机硅丙烯酸乳液以体积比 1：1 混合的黏结剂，用注射器将黏结剂注射到起甲颜料背面进行渗透加固；

c. 起甲回贴：用修复刀将起甲颜料层回贴到原位，并用棉球进行滚压。

图10-133　墓室南壁C4区修复图

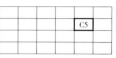

起甲　　注浆孔

空鼓　　地仗脱落

空鼓壁画修复：
　　a.除尘：用羊毛刷、洗耳球对壁画表面的浮尘进行清理；
　　b.开孔：尽量在无颜料层或壁画次要部位开注浆孔；
　　c.支顶：用带有保护层的顶板支顶来保护壁画；
　　d.灌浆：用6%丙烯酸乳液作为黏结剂，当地土、澄板土（质量比2∶1）作为填充料；水灰比为0.65，用注射器将已配制好的灌浆材料顺注浆管压入壁画空鼓部位；
　　e.补孔：干燥后，取下支顶架，使用与原地仗层材质相同的材料修复注浆口。

地仗脱落壁画修复：
　　a.除尘：用羊毛刷、洗耳球对壁画破损部位表层的浮尘进行清除；
　　b.渗透：使用纯水对壁画破损或残缺部位进行渗透潮湿；
　　c.填泥：潮湿后，使用石灰泥对破损部位进行填补，填补需根据破损的程度 、大小，分二到三次或四次完成，以防止收缩开裂；
　　d.表层处理：填补完成后，对新的泥层进行肌理处理，使新的泥层与周围相协调。

起甲壁画修复：
　　a.表面清理：用羊毛刷、洗耳球对壁画表面及起甲颜料背面的浮尘进行清理；
　　b.渗透加固：使用浓度为1%的丙烯酸乳液和有机硅丙烯酸乳液以体积比1∶1混合的黏结剂，用注射器将黏结剂注射到起甲颜料背部进行渗透加固；
　　c.起甲回贴：用修复刀将起甲颜料层回贴到原位，并用棉球进行滚压。

壁画修复面积：
　　修复颜料层起甲粉化0.75m²，中部地仗空鼓0.42m²，地仗脱落0.23m²。

敦煌研究院
文物保护技术服务中心

北齐徐显秀墓壁画保护修复工程	
项目负责	汪万福
审核	赵林毅
校对	张金虎
实施	刘涛
制图	王辉
日期	2012-08-20

图10-134　墓室南壁C5区修复图

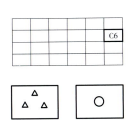

起　甲　　注浆孔

空　鼓

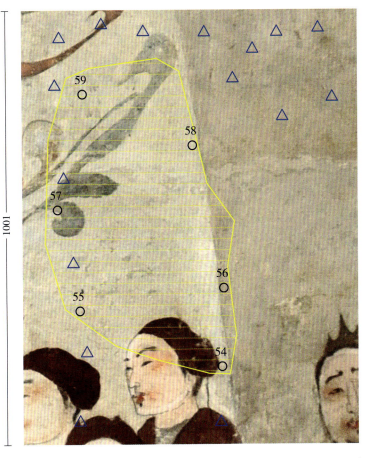

1001

800

壁画修复面积：

　　修复颜料层起甲粉化 0.76m²，地仗空鼓 0.27m²。

敦煌研究院
文物保护技术服务中心

北齐徐显秀墓壁画 保护修复工程	
项目负责	汪万福
审　核	赵林毅
校　对	张金虎
实　施	刘　涛
制　图	王　辉
日　期	2012-08-20

空鼓壁画修复：

　　a. 除尘：用羊毛刷、洗耳球对壁画表面的浮尘进行清理；

　　b. 开孔：尽量在无颜料层或壁画次要部位开注浆孔；

　　c. 支顶：用带有保护层的顶板支顶来保护壁画；

　　d. 灌浆：用 6% 丙烯酸乳液作为黏结剂，当地土、澄板土（质量比 21）作为填充料；水灰比为 0.65，用注射器将已配制好的灌浆材料顺注浆管压入壁画空鼓部位；

　　e. 补孔：干燥后，取下支顶架，使用与原地仗层材质相同的材料修复注浆口。

起甲壁画修复：

　　a. 表面清理：用羊毛刷、洗耳球对壁画表面及起甲颜料背面的浮尘进行清理；

　　b. 渗透加固：使用浓度为 1% 的丙烯酸乳液和有机硅丙烯酸乳液以体积比 1∶1 混合的黏结剂，用注射器将黏结剂注射到起甲颜料背部进行渗透加固；

　　c. 起甲回贴：用修复刀将起甲颜料层回贴到原位，并用棉球进行滚压。

图10-135　墓室南壁C6区修复图

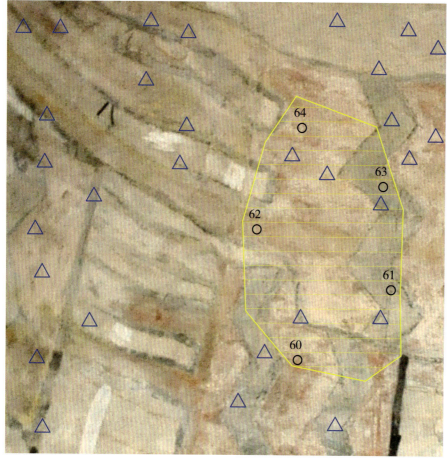

994

1000

空鼓壁画修复：

　　a. 除尘：用羊毛刷、洗耳球对壁画表面的浮尘进行清理；

　　b. 开孔：尽量在无颜料层或壁画次要部位开注浆孔；

　　c. 支顶：用带有保护层的顶板支顶来保护壁画；

　　d. 灌浆：用6%丙烯酸乳液作为黏结剂，当地土、澄板土（质量比2∶1）作为填充料；水灰比为0.65，用注射器将已配制好的灌浆材料顺注浆管压入壁画空鼓部位；

　　e. 补孔：干燥后，取下支顶架，使用与原地仗层材质相同的材料修复注浆口。

起甲壁画修复：

　　a. 表面清理：用羊毛刷、洗耳球对壁画表面及起甲颜料背面的浮尘进行清理；

　　b. 渗透加固：使用浓度为1%的丙烯酸乳液和有机硅丙烯酸乳液以体积比1∶1混合的黏结剂，用注射器将黏结剂注射到起甲颜料背部进行渗透加固；

　　c. 起甲回贴：用修复刀将起甲颜料层回贴到原位，并用棉球进行滚压。

壁画修复面积：

　　修复颜料层起甲粉化0.85m²，地仗空鼓0.21m²。

敦煌研究院
文物保护技术服务中心

北齐徐显秀墓壁画保护修复工程	
项目负责	汪万福
审　核	赵林毅
校　对	张金虎
实　施	刘　涛
制　图	王　辉
日　期	2012-08-20

图10-136　墓室南壁D1区修复图

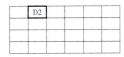

起　甲　　　　注浆孔

空　鼓　　　　地仗脱落

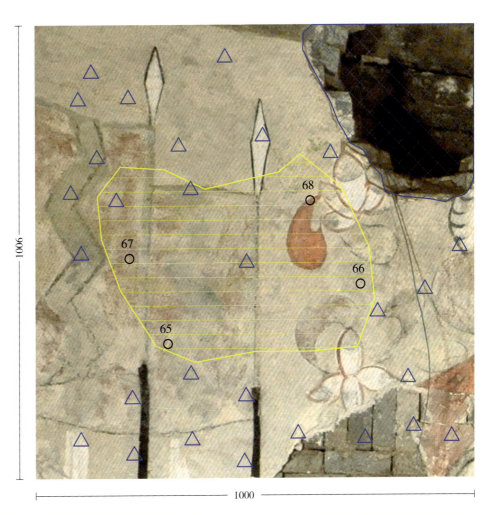

壁画修复面积：

修复颜料层起甲粉化 0.85m²，地仗空鼓 0.33m²，盗洞 0.12m²。

敦煌研究院
文物保护技术服务中心

北齐徐显秀墓壁画 保护修复工程	
项目负责	汪万福
审　核	赵林毅
校　对	张金虎
实　施	刘　涛
制　图	王　辉
日　期	2012-08-20

空鼓壁画修复：

　　a.除尘：用羊毛刷、洗耳球对壁画表面的浮尘进行清理；

　　b.开孔：尽量在无颜料层或壁画次要部位开注浆孔；

　　c.支顶：用带有保护层的顶板支顶来保护壁画；

　　d.灌浆：用 6% 丙烯酸乳液作为黏结剂，当地土、澄板土（质量比 2∶1）作为填充料；水灰比为 0.65，用注射器将已配制好的灌浆材料顺注浆管入壁画空鼓部位；

　　e.补孔：干燥后，取下支顶架，使用与原地仗层材质相同的材料修复注浆口。

地仗脱落壁画修复：

　　a.除尘：用羊毛刷、洗耳球对壁画破损部位表层的浮尘进行清除；

　　b.渗透：使用纯水对壁画破损或残缺部位进行渗透潮湿；

　　c.填泥：潮湿后，使用石灰泥对破损部位进行填补，填补需根据破损的程度 、大小，分二到三次或四次完成，以防止收缩开裂；

　　d.表层处理：填补完成后，对新的泥层进行肌理处理，使新的泥层与周围相协调。

起甲壁画修复：

　　a.表面清理：用羊毛刷、洗耳球对壁画表面及起甲颜料背面的浮尘进行清理；

　　b.渗透加固：使用浓度为 1% 的丙烯酸乳液和有机硅丙烯酸乳液以体积比 1∶1 混合的黏结剂，用注射器将黏结剂注射到起甲颜料背部进行渗透加固；

　　c.起甲回贴：用修复刀将起甲颜料层回贴到原位，并用棉球进行滚压。

图10-137　墓室南壁D2区修复图

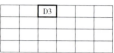

起甲　注浆孔

空鼓　地仗脱落

空鼓壁画修复:

　　a. 除尘: 用羊毛刷、洗耳球对壁画表面的浮尘进行清理;

　　b. 开孔: 尽量在无颜料层或壁画次要部位开注浆孔;

　　c. 支顶: 用带有保护层的顶板支顶来保护壁画;

　　d. 灌浆: 用6%丙烯酸乳液作为黏结剂,当地土、澄板土(质量比2∶1)作为填充料;水灰比为0.65,用注射器将已配制好的灌浆材料顺注浆管压入壁画空鼓部位;

　　e. 补孔: 干燥后,取下支顶架,使用与原地仗层材质相同的材料修复注浆口。

地仗脱落壁画修复:

　　a. 除尘: 用羊毛刷、洗耳球对壁画破损部位表层的浮尘进行清除;

　　b. 渗透: 使用纯水对壁画破损或残缺部位进行渗透潮湿;

　　c. 填泥: 潮湿后,使用石灰泥对破损部位进行填补,填补需根据破损的程度、大小,分二到三次或四次完成,以防止收缩开裂;

　　d. 表层处理: 填补完成后,对新的泥层进行肌理处理,使新的泥层与周围相协调。

起甲壁画修复:

　　a. 表面清理: 用羊毛刷、洗耳球对壁画表面及起甲颜料背面的浮尘进行清理;

　　b. 渗透加固: 使用浓度为1%的丙烯酸乳液和有机硅丙烯酸乳液以体积比1∶1混合的黏结剂,用注射器将黏结剂注射到起甲颜料背部进行渗透加固;

　　c. 起甲回贴: 用修复刀将起甲颜料层回贴到原位,并用棉球进行滚压。

壁画修复面积:

　　修复颜料层起甲粉化0.81m²,上部地仗空鼓0.37m²。

敦煌研究院
文物保护技术服务中心

北齐徐显秀墓壁画 保护修复工程	
项目负责	汪万福
审　核	赵林毅
校　对	张金虎
实　施	刘　涛
制　图	王　辉
日　期	2012-08-20

图10-138　墓室南壁D3区修复图

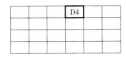

起甲　　注浆孔

空鼓　　裂隙

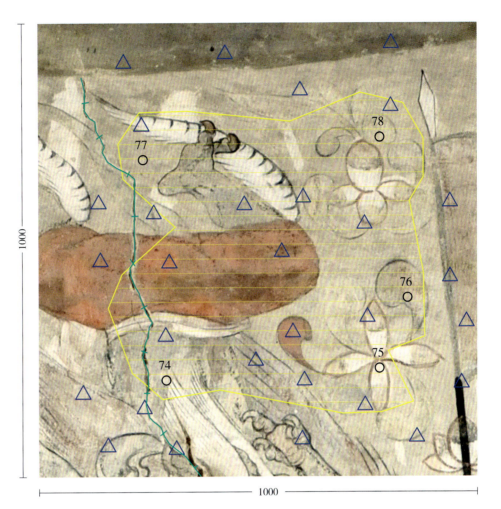

壁画修复面积：

　　修复颜料层起甲粉化 0.88m²，地仗空鼓 0.41m²。

敦煌研究院
文物保护技术服务中心

北齐徐显秀墓壁画 保护修复工程	
项目负责	汪万福
审　核	赵林毅
校　对	张金虎
实　施	刘　涛
制　图	王　辉
日　期	2012-08-20

空鼓壁画修复：

　　a.除尘：用羊毛刷、洗耳球对壁画表面的浮尘进行清理；

　　b.开孔：尽量在无颜料层或壁画次要部位开注浆孔；

　　c.支顶：用带有保护层的顶板支顶来保护壁画；

　　d.灌浆：用 6% 丙烯酸乳液作为黏结剂，当地土、澄板土（质量比 2：1）作为填充料；水灰比为 0.65，用注射器将已配制好的灌浆材料顺注浆管压入壁画空鼓部位；

　　e.补孔：干燥后，取下支顶架，使用与原地仗层材质相同的材料修复注浆口。

裂隙壁画修复：

　　a.除尘：用羊毛刷、洗耳球对壁画破损部位表层的浮尘进行清除；

　　b.渗透：使用纯水对壁画破损或残缺部位进行渗透潮湿；

　　c.填泥：潮湿后，使用石灰泥对破损部位进行填补，填补需根据破损的程度、大小，分二到三次或四次完成，以防止收缩开裂；

　　d.表层处理：填补完成后，对新的泥层进行肌理处理，使新的泥层与周围相协调。

起甲壁画修复：

　　a.表面清理：用羊毛刷、洗耳球对壁画表面及起甲颜料背面的浮尘进行清理；

　　b.渗透加固：使用浓度为 1% 的丙烯酸乳液和有机硅丙烯酸乳液以体积比 1：1 混合的黏结剂，用注射器将黏结剂注射到起甲颜料背部进行渗透加固；

　　c.起甲回贴：用修复刀将起甲颜料层回贴到原位，并用棉球进行滚压。

图10-139　墓室南壁D4区修复图

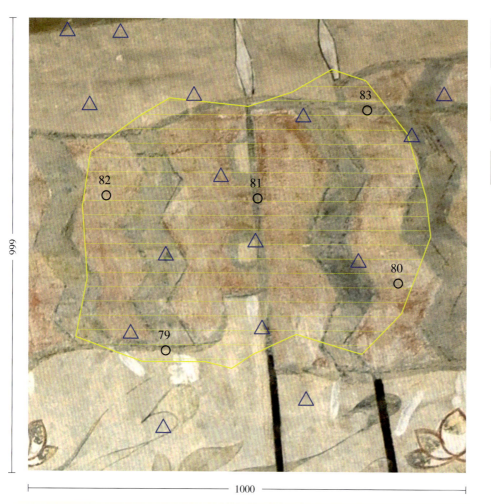

起甲

注浆孔

空鼓

空鼓壁画修复：

a.除尘：用羊毛刷、洗耳球对壁画表面的浮尘进行清理；

b.开孔：尽量在无颜料层或壁画次要部位开注浆孔；

c.支顶：用带有保护层的顶板支顶来保护壁画；

d.灌浆：用6%丙烯酸乳液作为黏结剂，当地土、澄板土（质量比2：1）作为填充料；水灰比为0.65，用注射器将已配制好的灌浆材料顺注浆管压入壁画空鼓部位；

e.补孔：干燥后，取下支顶架，使用与原地仗层材质相同的材料修复注浆口。

起甲壁画修复：

a.表面清理：用羊毛刷、洗耳球对壁画表面及起甲颜料背面的浮尘进行清理；

b.渗透加固：使用浓度为1%的丙烯酸乳液和有机硅丙烯酸乳液以体积比1：1混合的黏结剂，用注射器将黏结剂注射到起甲颜料背部进行渗透加固；

c.起甲回贴：用修复刀将起甲颜料层回贴到原位，并用棉球进行滚压。

壁画修复面积：

修复颜料层起甲粉化0.85m²，地仗空鼓0.34m²，地仗裂隙0.87m。

敦煌研究院
文物保护技术服务中心

北齐徐显秀墓壁画 保护修复工程	
项目负责	汪万福
审　核	赵林毅
校　对	张金虎
实　施	刘　涛
制　图	王　辉
日　期	2012-08-20

图10-140　墓室南壁D5区修复图

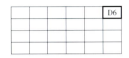

起甲

注浆孔

空鼓

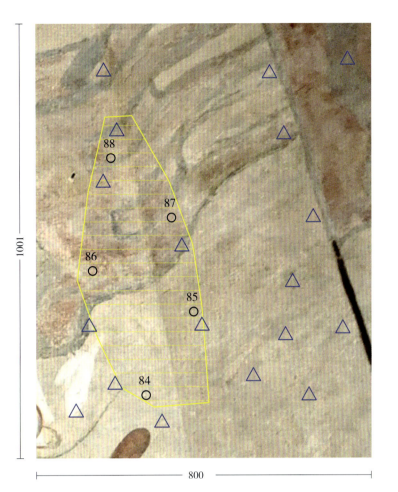

壁画修复面积：

修复颜料层起甲粉化 0.64m²，地仗空鼓 0.23m²。

空鼓壁画修复：

a. 除尘：用羊毛刷、洗耳球对壁画表面的浮尘进行清理；

b. 开孔：尽量在无颜料层或壁画次要部位开注浆孔；

c. 支顶：用带有保护层的顶板支顶来保护壁画；

d. 灌浆：用6%丙烯酸乳液作为黏结剂，当地土、澄板土（质量比2∶1）作为填充料；水灰比为0.65，用注射器将已配制好的灌浆材料顺注浆管压入壁画空鼓部位；

e. 补孔：干燥后，取下支顶架，使用与原地仗层材质相同的材料修复注浆口。

起甲壁画修复：

a. 表面清理：用羊毛刷、洗耳球对壁画表面及起甲颜料背面的浮尘进行清理；

b. 渗透加固：使用浓度为1%的丙烯酸乳液和有机硅丙烯酸乳液以体积比1∶1混合的黏结剂，用注射器将黏结剂注射到起甲颜料背部进行渗透加固；

c. 起甲回贴：用修复刀将起甲颜料层回贴到原位，并用棉球进行滚压。

敦煌研究院
文物保护技术服务中心

北齐徐显秀墓壁画 保护修复工程	
项目负责	汪万福
审　核	赵林毅
校　对	张金虎
实　施	刘涛
制　图	王辉
日　期	2012-08-20

图10-141　墓室南壁D6区修复图

1178

994

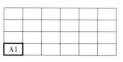
起　甲　　注浆孔

空　鼓　　地仗脱落

空鼓壁画修复：

　　a. 除尘：用羊毛刷、洗耳球对壁画表面的浮尘进行清理；

　　b. 开孔：尽量在无颜料层或壁画次要部位开注浆孔；

　　c. 支顶：用带有保护层的顶板支顶来保护壁画；

　　d. 灌浆：用6%丙烯酸乳液作为黏结剂，当地土、澄板土（质量比2∶1）作为填充料；水灰比为0.65，用注射器将已配制好的灌浆材料顺注浆管压入壁画空鼓部位；

　　e. 补孔：干燥后，取下支顶架，使用与原地仗层材质相同的材料修复注浆口。

起甲壁画修复：

　　a. 表面清理：用羊毛刷、洗耳球对壁画表面及起甲颜料背面的浮尘进行清理；

　　b. 渗透加固：使用浓度为1%的丙烯酸乳液和有机硅丙烯酸乳液以体积比1∶1混合的黏结剂，用注射器将黏结剂注射到起甲颜料背部进行渗透加固；

　　c. 起甲回贴：用修复刀将起甲颜料层回贴到原位，并用棉球进行滚压。

壁画修复面积：

　　修复颜料层起甲粉化0.88m²，地仗局部脱落0.25m²，中部地仗空鼓0.56m²。

　　　　　　敦煌研究院
　　　　文物保护技术服务中心

北齐徐显秀墓壁画 保护修复工程	
项目负责	汪万福
审　核	赵林毅
校　对	张金虎
实　施	刘　涛
制　图	王　辉
日　期	2012-08-20

图10-142　墓室北壁A1区修复图

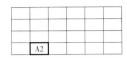

起 甲　　　　注浆孔

空 鼓　　　　地仗脱落

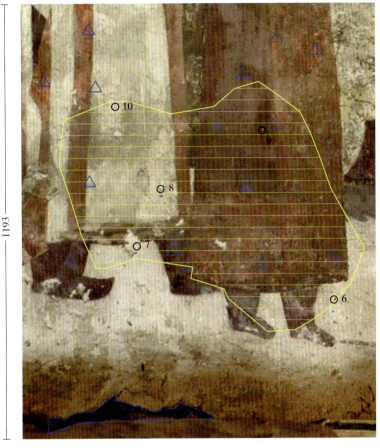

壁画修复面积：

　　修复颜料层起甲粉化 0.73m²，地仗空鼓 0.43m²，地仗脱落 0.12m²。

敦煌研究院
文物保护技术服务中心

北齐徐显秀墓壁画 保护修复工程	
项目负责	汪万福
审 核	赵林毅
校 对	张金虎
实 施	刘 涛
制 图	王 辉
日 期	2012-08-20

空鼓壁画修复：

　　a. 除尘：用羊毛刷、洗耳球对壁画表面的浮尘进行清理；

　　b. 开孔：尽量在无颜料层或壁画次要部位开注浆孔；

　　c. 支顶：用带有保护层的顶板支顶来保护壁画；

　　d. 灌浆：用 6% 丙烯酸乳液作为黏结剂，当地土、澄板土（质量比 2∶1）作为填充料；水灰比为 0.65，用注射器将已配制好的灌浆材料顺注浆管压入壁画空鼓部位；

　　e. 补孔：干燥后，取下支顶架，使用与原地仗层材质相同的材料修复注浆口。

起甲壁画修复：

　　a. 表面清理：用羊毛刷、洗耳球对壁画表面及起甲颜料背面的浮尘进行清理；

　　b. 渗透加固：使用浓度为 1% 的丙烯酸乳液和有机硅丙烯酸乳液以体积比 1∶1 混合的黏结剂，用注射器将黏结剂注射到起甲颜料背部进行渗透加固；

　　c. 起甲回贴：用修复刀将起甲颜料层回贴到原位，并用棉球进行滚压。

图10-143　墓室北壁A2区修复图

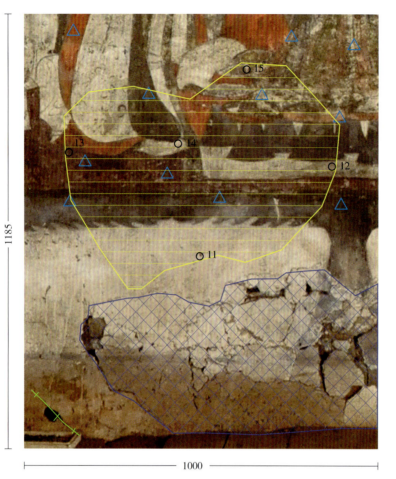

起 甲

注浆孔

空 鼓

地仗脱落

裂 隙

空鼓壁画修复：

　　a. 除尘：用羊毛刷、洗耳球对壁画表面的浮尘进行清理；

　　b. 开孔：尽量在无颜料层或壁画次要部位开注浆孔；

　　c. 支顶：用带有保护层的顶板支顶来保护壁画；

　　d. 灌浆：用6%丙烯酸乳液作为黏结剂，当地土、澄板土（质量比2∶1）作为填充料；水灰比为0.65，用注射器将已配制好的灌浆材料顺注浆管压入壁画空鼓部位；

　　e. 补孔：干燥后，取下支顶架，使用与原地仗层材质相同的材料修复注浆口。

地仗脱落、裂隙壁画修复：

　　a. 除尘：用羊毛刷、洗耳球对壁画破损部位表层的浮尘进行清除；

　　b. 渗透：使用纯水对壁画破损或残缺部位进行渗透潮湿；

　　c. 填泥：潮湿后，使用石灰泥对破损部位进行填补，填补需根据破损的程度、大小，分二到三次或四次完成，以防止收缩开裂；

　　d. 表层处理：填补完成后，对新的泥层进行肌理处理，使新的泥层与周围相协调。

起甲壁画修复：

　　a. 表面清理：用羊毛刷、洗耳球对壁画表面及起甲颜料背面的浮尘进行清理；

　　b. 渗透加固：使用浓度为1%的丙烯酸乳液和有机硅丙烯酸乳液以体积比1∶1混合的黏结剂，用注射器将黏结剂注射到起甲颜料背部进行渗透加固；

　　c. 起甲回贴：用修复刀将起甲颜料层回贴到原位，并用棉球进行滚压。

壁画修复面积：

　　修复颜料层起甲粉化0.64m²，中部地仗空鼓0.31m²，下部地仗脱落0.26m²，地仗裂隙0.2m。

敦煌研究院
文物保护技术服务中心

北齐徐显秀墓壁画 保护修复工程	
项目负责	汪万福
审　核	赵林毅
校　对	张金虎
实　施	刘　涛
制　图	王　辉
日　期	2012-08-20

图10-144　墓室北壁A3区修复图

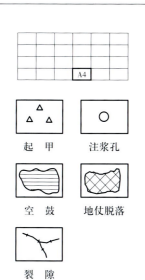

起　甲　　注浆孔

空　鼓　　地仗脱落

裂　隙

壁画修复面积：

修复颜料层起甲粉化 0.83m²，中部地仗空鼓 0.41m²，下部地仗破损 22m²，地仗裂隙 0.41m。

敦煌研究院
文物保护技术服务中心

北齐徐显秀墓壁画 保护修复工程	
项目负责	汪万福
审　核	赵林毅
校　对	张金虎
实　施	刘　涛
制　图	王　辉
日　期	2012-08-20

空鼓壁画修复：

a. 除尘：用羊毛刷、洗耳球对壁画表面的浮尘进行清理；

b. 开孔：尽量在无颜料层或壁画次要部位开注浆孔；

c. 支顶：用带有保护层的顶板支顶来保护壁画；

d. 灌浆：用 6% 丙烯酸乳液作为黏结剂，当地土、澄板土（质量比 2∶1）作为填充料；水灰比为 0.65，用注射器将已配制好的灌浆材料顺注浆管压入壁画空鼓部位；

e. 补孔：干燥后，取下支顶架，使用与原地仗层材质相同的材料修复注浆口。

地仗脱落、裂隙壁画修复：

a. 除尘：用羊毛刷、洗耳球对壁画破损部位表层的浮尘进行清除；

b. 渗透：使用纯水对壁画破损或残缺部位进行渗透潮湿；

c. 填泥：潮湿后，使用石灰泥对破损部位进行填补，填补需根据破损的程度、大小，分二到三次或四次完成，以防止收缩开裂；

d. 表层处理：填补完成后，对新的泥层进行肌理处理，使新的泥层与周围相协调。

起甲壁画修复：

a. 表面清理：用羊毛刷、洗耳球对壁画表面及起甲颜料背面的浮尘进行清理；

b. 渗透加固：使用浓度为 1% 的丙烯酸乳液和有机硅丙烯酸乳液以体积比 1∶1 混合的黏结剂，用注射器将黏结剂注射到起甲颜料背部进行渗透加固；

c. 起甲回贴：用修复刀将起甲颜料层回贴到原位，并用棉球进行滚压。

图10-145　墓室北壁A4区修复图

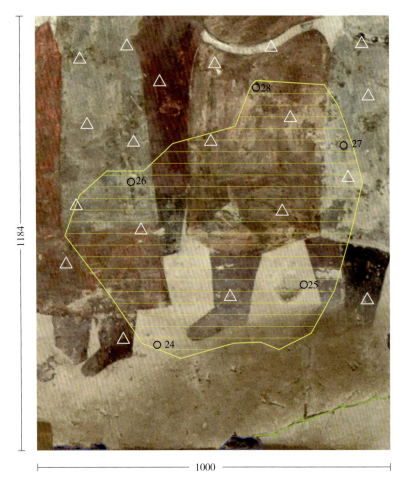

起　甲　　　　注浆孔

空　鼓　　　　地仗脱落

裂　隙

空鼓壁画修复：

　　a.除尘：用羊毛刷、洗耳球对壁画表面的浮尘进行清理；

　　b.开孔：尽量在无颜料层或壁画次要部位开浆孔；

　　c.支顶：用带有保护层的顶板支顶来保护壁画；

　　d.灌浆：用6%丙烯酸乳液作为黏结剂，当地土、澄板土（质量比2∶1）作为填充料；水灰比为0.65，用注射器将已配制好的灌浆材料顺注浆管压入壁画空鼓部位；

　　e.补孔：干燥后，取下支顶架，使用与原地仗层材质相同的材料修复注浆口。

地仗脱落、裂隙壁画修复：

　　a.除尘：用羊毛刷、洗耳球对壁画破损部位表层的浮尘进行清除；

　　b.渗透：使用纯水对壁画破损或残缺部位进行渗透潮湿；

　　c.填泥：潮湿后，使用石灰泥对破损部位进行填补，填补需根据破损的程度 、大小，分二到三次或四次完成，以防止收缩开裂。

　　d.表层处理：填补完成后，对新的泥层进行肌理处理，使新的泥层与周围相协调。

起甲壁画修复：

　　a.表面清理：用羊毛刷、洗耳球对壁画表面及起甲颜料背面的浮尘进行清理；

　　b.渗透加固：使用浓度为1%的丙烯酸乳液和有机硅丙烯酸乳液以体积比1∶1混合的黏结剂，用注射器将黏结剂注射到起甲颜料背部进行渗透加固；

　　c.起甲回贴：用修复刀将起甲颜料层回贴到原位，并用棉球进行滚压。

壁画修复面积：

　　修复颜料层起甲粉化0.64m²，地仗空鼓0.31m²，地仗脱落0.05m²，地仗裂隙0.37m。

敦煌研究院
文物保护技术服务中心

北齐徐显秀墓壁画保护修复工程	
项目负责	汪万福
审　核	赵林毅
校　对	张金虎
实　施	刘　涛
制　图	王　辉
日　期	2012-08-20

图10-146　墓室北壁A5区修复图

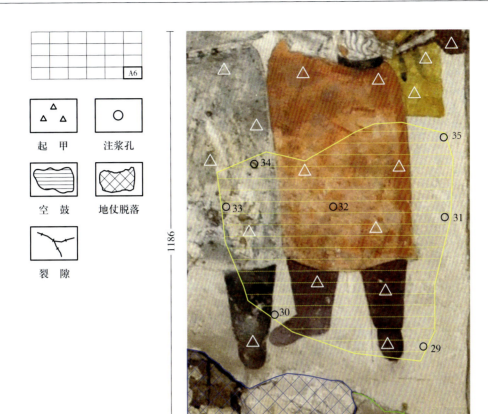

起甲 注浆孔

空鼓 地仗脱落

裂隙

壁画修复面积：

颜料层起甲粉化0.55m²，下部地仗脱落0.22m²，地仗空鼓0.34m²，地仗裂隙0.3m。

敦煌研究院
文物保护技术服务中心

北齐徐显秀墓壁画 保护修复工程	
项目负责	汪万福
审　核	赵林毅
校　对	张金虎
实　施	刘涛
制　图	王辉
日　期	2012-08-20

空鼓壁画修复：

a. 除尘：用羊毛刷、洗耳球对壁画表面的浮尘进行清理；

b. 开孔：尽量在无颜料层或壁画次要部位开注浆孔；

c. 支顶：用带有保护层的顶板支顶来保护壁画；

d. 灌浆：用6%丙烯酸乳液作为黏结剂，当地土、澄板土（质量比2：1）作为填充料；水灰比为0.65，用注射器将已配制好的灌浆材料顺注浆管入壁画空鼓部位；

e. 补孔：干燥后，取下支顶架，使用与原地仗层材质相同的材料修复注浆口。

地仗脱落、裂隙壁画修复：

a. 除尘：用羊毛刷、洗耳球对壁画破损部位表层的浮尘进行清除；

b. 渗透：使用纯水对壁画破损或残缺部位进行渗透潮湿；

c. 填泥：潮湿后，使用石灰泥对破损部位进行填补，填补需根据破损的程度、大小，分二到三次或四次完成，以防止收缩开裂；

d. 表层处理：填补完成后，对新的泥层进行肌理处理，使新的泥层与周围相协调。

起甲壁画修复：

a. 表面清理：用羊毛刷、洗耳球对壁画表面及起甲颜料背面的浮尘进行清理；

b. 渗透加固：使用浓度为1%的丙烯酸乳液和有机硅丙烯酸乳液以体积比1：1混合的黏结剂，用注射器将黏结剂注射到起甲颜料背部进行渗透加固；

c. 起甲回贴：用修复刀将起甲颜料层回贴到原位，并用棉球进行滚压。

图10-147　墓室北壁A6区修复图

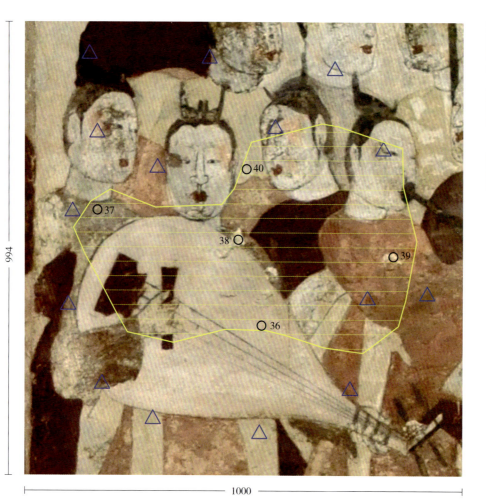

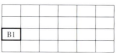

起 甲　　注浆孔

空 鼓

空鼓壁画修复：

　　a.除尘：用羊毛刷、洗耳球对壁画表面的浮尘进行清理；

　　b.开孔：尽量在无颜料层或壁画次要部位开注浆孔；

　　c.支顶：用带有保护层的顶板支顶来保护壁画；

　　d.灌浆：用6%丙烯酸乳液作为黏结剂，当地土、澄板土（质量比2∶1）作为填充料；水灰比为0.65，用注射器将已配制好的灌浆材料顺注浆管压入壁画空鼓部位；

　　e.补孔：干燥后，取下支顶架，使用与原地仗层材质相同的材料修复注浆口。

起甲壁画修复：

　　a.表面清理：用羊毛刷、洗耳球对壁画表面及起甲颜料背面的浮尘进行清理；

　　b.渗透加固：使用浓度为1%的丙烯酸乳液和有机硅丙烯酸乳液以体积比1∶1混合的黏结剂，用注射器将黏结剂注射到起甲颜料背部进行渗透加固；

　　c.起甲回贴：用修复刀将起甲颜料层回贴到原位，并用棉球进行滚压。

壁画修复面积：

　　颜料层起甲粉化0.92m²，中部地仗空鼓0.37m²。

敦煌研究院
文物保护技术服务中心

北齐徐显秀墓壁画 保护修复工程	
项目负责	汪万福
审　核	赵林毅
校　对	张金虎
实　施	刘涛
制　图	王辉
日　期	2012-08-20

图10-148　墓室北壁B1区修复图

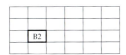

起　甲　　　注浆孔

空　鼓

壁画修复面积：

　　修复颜料层起甲粉化 $0.75m^2$，中部地仗空鼓 $0.42m^2$。

敦煌研究院
文物保护技术服务中心

北齐徐显秀墓壁画 保护修复工程	
项目负责	汪万福
审　核	赵林毅
校　对	张金虎
实　施	刘　涛
制　图	王　辉
日　期	2012-08-20

空鼓壁画修复：

　　a. 除尘：用羊毛刷、洗耳球对壁画表面的浮尘进行清理；

　　b. 开孔：尽量在无颜料层或壁画次要部位开注浆孔；

　　c. 支顶：用带有保护层的顶板支顶来保护壁画；

　　d. 灌浆：用6%丙烯酸乳液作为黏结剂，当地土、澄板土（质量比2∶1）作为填充料；水灰比为0.65，用注射器将已配制好的灌浆材料顺注浆管压入壁画空鼓部位；

　　e. 补孔：干燥后，取下支顶架，使用与原地仗层材质相同的材料修复注浆口。

起甲壁画修复：

　　a. 表面清理：用羊毛刷、洗耳球对壁画表面及起甲颜料背面的浮尘进行清理；

　　b. 渗透加固：使用浓度为1%的丙烯酸乳液和有机硅丙烯酸乳液以体积比1∶1混合的黏结剂，用注射器将黏结剂注射到起甲颜料背部进行渗透加固；

　　c. 起甲回贴：用修复刀将起甲颜料层回贴到原位，并用棉球进行滚压。

图10-149　墓室北壁B2区修复图

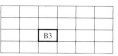

空鼓壁画修复：

　　a.除尘：用羊毛刷、洗耳球对壁画表面的浮尘进行清理；

　　b.开孔：尽量在无颜料层或壁画次要部位开注浆孔；

　　c.支顶：用带有保护层的顶板支顶来保护壁画；

　　d.灌浆：用6%丙烯酸乳液作为黏结剂，当地土、澄板土（质量比2∶1）作为填充料；水灰比为0.65，用注射器将已配制好的灌浆材料顺注浆管压入壁画空鼓部位；

　　e.补孔：干燥后，取下支顶架，使用与原地仗层材质相同的材料修复注浆口。

起甲壁画修复：

　　a.表面清理：用羊毛刷、洗耳球对壁画表面及起甲颜料背面的浮尘进行清理；

　　b.渗透加固：使用浓度为1%的丙烯酸乳液和有机硅丙烯酸乳液以体积比1∶1混合的黏结剂，用注射器将黏结剂注射到起甲颜料背部进行渗透加固；

　　c.起甲回贴：用修复刀将起甲颜料层回贴到原位，并用棉球进行滚压。

壁画修复面积：

　　修复颜料层起甲粉化0.75m²，中部地仗空鼓0.37m²。

敦煌研究院
文物保护技术服务中心

北齐徐显秀墓壁画 保护修复工程	
项目负责	汪万福
审　核	赵林毅
校　对	张金虎
实　施	刘　涛
制　图	王　辉
日　期	2012-08-20

图10-150　墓室北壁B3区修复图

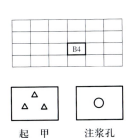

起　甲　　　注浆孔

空　鼓

壁画修复面积：

修复颜料层起甲粉化 0.89m²，中部地仗空鼓 0.42m²。

敦煌研究院
文物保护技术服务中心

北齐徐显秀墓壁画 保护修复工程	
项目负责	汪万福
审　核	赵林毅
校　对	张金虎
实　施	刘　涛
制　图	王　辉
日　期	2012-08-20

空鼓壁画修复：

a. 除尘：用羊毛刷、洗耳球对壁画表面的浮尘进行清理；

b. 开孔：尽量在无颜料层或壁画次要部位开注浆孔；

c. 支顶：用带有保护层的顶板支顶来保护壁画；

d. 灌浆：用6%丙烯酸乳液作为黏结剂，当地土、澄板土（质量比2∶1）作为填充料；水灰比为0.65，用注射器将已配制好的灌浆材料顺注浆管压入壁画空鼓部位；

e. 补孔：干燥后，取下支顶架，使用与原地仗层材质相同的材料修复注浆口。

起甲壁画修复：

a. 表面清理：用羊毛刷、洗耳球对壁画表面及起甲颜料背面的浮尘进行清理；

b. 渗透加固：使用浓度为1%的丙烯酸乳液和有机硅丙烯酸乳液以体积比1∶1混合的黏结剂，用注射器将黏结剂注射到起甲颜料背部进行渗透加固；

c. 起甲回贴：用修复刀将起甲颜料层回贴到原位，并用棉球进行滚压。

图10-151　墓室北壁B4区修复图

空鼓壁画修复：

　　a.除尘：用羊毛刷、洗耳球对壁画表面的浮尘进行清理；

　　b.开孔：尽量在无颜料层或壁画次要部位开注浆孔；

　　c.支顶：用带有保护层的顶板支顶来保护壁画；

　　d.灌浆：用6%丙烯酸乳液作为黏结剂，当地土、澄板土（质量比2∶1）作为填充料；水灰比为0.65，用注射器将已配制好的灌浆材料顺注浆管压入壁画空鼓部位；

　　e.补孔：干燥后，取下支顶架，使用与原地仗层材质相同的材料修复注浆口。

起甲壁画修复：

　　a.表面清理：用羊毛刷、洗耳球对壁画表面及起甲颜料背面的浮尘进行清理；

　　b.渗透加固：使用浓度为1%的丙烯酸乳液和有机硅丙烯酸乳液以体积比1∶1混合的黏结剂，用注射器将黏结剂注射到起甲颜料背部进行渗透加固；

　　c.起甲回贴：用修复刀将起甲颜料层回贴到原位，并用棉球进行滚压。

壁画修复面积：

　　修复颜料层起甲粉化0.85m²，地仗空鼓0.47m²。

敦煌研究院
文物保护技术服务中心

北齐徐显秀墓壁画 保护修复工程	
项目负责	汪万福
审　核	赵林毅
校　对	张金虎
实　施	刘涛
制　图	王辉
日　期	2012-08-20

图10-152　墓室北壁B5区修复图

起　甲　　　　注浆孔

空　鼓

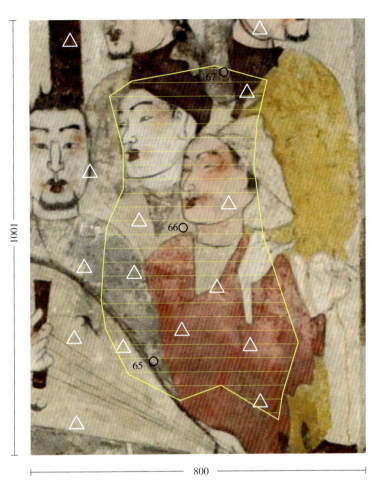

壁画修复面积：

　　修复颜料层起甲粉化 $0.62m^2$，地仗空鼓 $0.35m^2$。

敦煌研究院
文物保护技术服务中心

北齐徐显秀墓壁画 保护修复工程	
项目负责	汪万福
审　核	赵林毅
校　对	张金虎
实　施	刘　涛
制　图	王　辉
日　期	2012-08-20

空鼓壁画修复：

　　a. 除尘：用羊毛刷、洗耳球对壁画表面的浮尘进行清理；

　　b. 开孔：尽量在无颜料层或壁画次要部位开注浆孔；

　　c. 支顶：用带有保护层的顶板支顶来保护壁画；

　　d. 灌浆：用6%丙烯酸乳液作为黏结剂，当地土、澄板土（质量比2：1）作为填充料；水灰比为0.65，用注射器将已配制好的灌浆材料顺注浆管压入壁画空鼓部位；

　　e. 补孔：干燥后，取下支顶架，使用与原地仗层材质相同的材料修复注浆口。

起甲壁画修复：

　　a. 表面清理：用羊毛刷、洗耳球对壁画表面及起甲颜料背面的浮尘进行清理；

　　b. 渗透加固：使用浓度为1%的丙烯酸乳液和有机硅丙烯酸乳液以体积比1：1混合的黏结剂，用注射器将黏结剂注射到起甲颜料背部进行渗透加固；

　　c. 起甲回贴：用修复刀将起甲颜料层回贴到原位，并用棉球进行滚压。

图10-153　墓室北壁B6区修复图

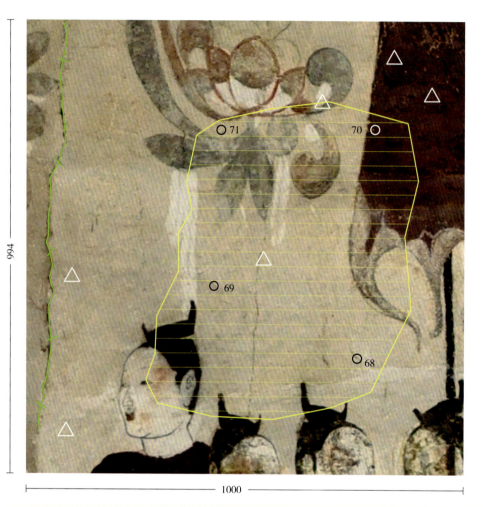

起　甲　　注浆孔

空　鼓　　裂　隙

空鼓壁画修复：

　　a.除尘：用羊毛刷、洗耳球对壁画表面的浮尘进行清理；

　　b.开孔：尽量在无颜料层或壁画次要部位开注浆孔；

　　c.支顶：用带有保护层的顶板支顶来保护壁画；

　　d.灌浆：用6%丙烯酸乳液作为黏结剂，当地土、澄板土（质量比2：1）作为填充料；水灰比为0.65，用注射器将已配制好的灌浆材料顺注浆管压入壁画空鼓部位；

　　e.补孔：干燥后，取下支顶架，使用与原地仗层材质相同的材料修复注浆口。

裂隙壁画修复：

　　a.除尘：用羊毛刷、洗耳球对壁画破损部位表层的浮尘进行清除；

　　b.渗透：使用纯水对壁画破损或残缺部位进行渗透潮湿；

　　c.填泥：潮湿后，使用石灰泥对破损部位进行填补，填补需根据破损的程度 、大小，分二到三次或四次完成，以防止收缩开裂。

　　d.表层处理：填补完成后，对新的泥层进行肌理处理，使新的泥层与周围相协调。

起甲壁画修复：

　　a.表面清理：用羊毛刷、洗耳球对壁画表面及起甲颜料背面的浮尘进行清理；

　　b.渗透加固：使用浓度为1%的丙烯酸乳液和有机硅丙烯酸乳液以体积比1：1混合的黏结剂，用注射器将黏结剂注射到起甲颜料背部进行渗透加固；

　　c.起甲回贴：用修复刀将起甲颜料层回贴到原位，并用棉球进行滚压。

壁画修复面积：

　　修复颜料层起甲粉化0.69m²，中部地仗空鼓0.37m²，地仗裂隙0.89m。

敦煌研究院
文物保护技术服务中心

北齐徐显秀墓壁画 保护修复工程	
项目负责	汪万福
审　核	赵林毅
校　对	张金虎
实　施	刘　涛
制　图	王　辉
日　期	2012-08-20

图10-154　墓室北壁C1区修复图

起　甲

注浆孔

空　鼓

壁画修复面积：

　　修复颜料层起甲粉化 0.91m²，地仗空鼓 0.34m²。

敦煌研究院
文物保护技术服务中心

北齐徐显秀墓壁画 保护修复工程	
项目负责	汪万福
审　核	赵林毅
校　对	张金虎
实　施	刘　涛
制　图	王　辉
日　期	2012-08-20

空鼓壁画修复：

　　a. 除尘：用羊毛刷、洗耳球对壁画表面的浮尘进行清理；

　　b. 开孔：尽量在无颜料层或壁画次要部位开注浆孔；

　　c. 支顶：用带有保护层的顶板支顶来保护壁画；

　　d. 灌浆：用 6% 丙烯酸乳液作为黏结剂，当地土、澄板土（质量比 2∶1）作为填充料；水灰比为 0.65，用注射器将已配制好的灌浆材料顺注浆管压入壁画空鼓部位；

　　e. 补孔：干燥后，取下支顶架，使用与原地仗层材质相同的材料修复注浆口。

起甲壁画修复：

　　a. 表面清理：用羊毛刷、洗耳球对壁画表面及起甲颜料背面的浮尘进行清理；

　　b. 渗透加固：使用浓度为 1% 的丙烯酸乳液和有机硅丙烯酸乳液以体积比 1∶1 混合的黏结剂，用注射器将黏结剂注射到起甲颜料背部进行渗透加固；

　　c. 起甲回贴：用修复刀将起甲颜料层回贴到原位，并用棉球进行滚压。

图10-155　墓室北壁C2区修复图

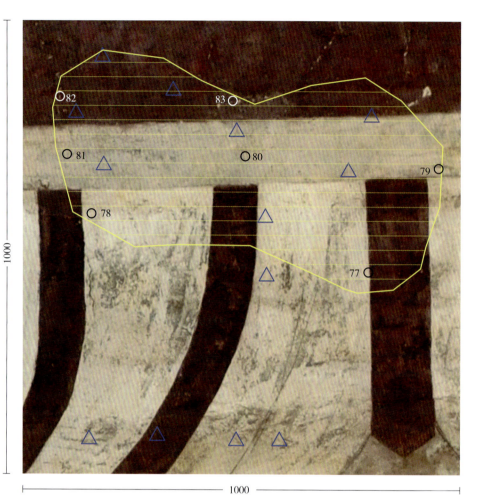

起　甲

注浆孔

空　鼓

空鼓壁画修复：

　　a.除尘：用羊毛刷、洗耳球对壁画表面的浮尘进行清理；

　　b.开孔：尽量在无颜料层或壁画次要部位开注浆孔；

　　c.支顶：用带有保护层的顶板支顶来保护壁画；

　　d.灌浆：用6%丙烯酸乳液作为黏结剂，当地土、澄板土（质量比2：1）作为填充料；水灰比为0.65，用注射器将已配制好的灌浆材料顺注浆管压入壁画空鼓部位；

　　e.补孔：干燥后，取下支顶架，使用与原地仗层材质相同的材料修复注浆口。

起甲壁画修复：

　　a.表面清理：用羊毛刷、洗耳球对壁画表面及起甲颜料背面的浮尘进行清理；

　　b.渗透加固：使用浓度为1%的丙烯酸乳液和有机硅丙烯酸乳液以体积比1：1混合的黏结剂，用注射器将黏结剂注射到起甲颜料背部进行渗透加固；

　　c.起甲回贴：用修复刀将起甲颜料层回贴到原位，并用棉球进行滚压。

壁画修复面积：

　　修复颜料层起甲粉化0.82m²，地仗空鼓0.41m²。

敦煌研究院
文物保护技术服务中心

北齐徐显秀墓壁画 保护修复工程	
项　目　负　责	汪万福
审　　　核	赵林毅
校　　　对	张金虎
实　　　施	刘　涛
制　　　图	王　辉
日　　　期	2012-08-20

图10-156　墓室北壁C3区修复图

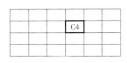

起 甲

注浆孔

空 鼓

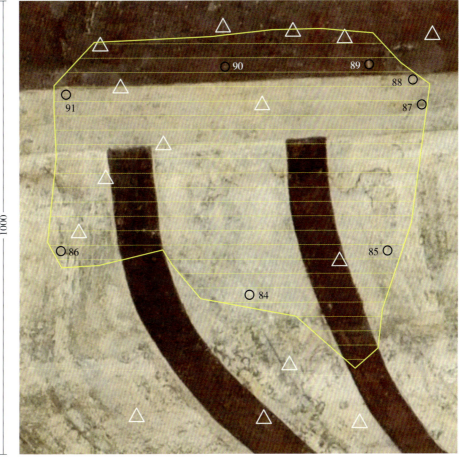

壁画修复面积：

修复颜料层起甲粉化 0.86m²，地仗空鼓 0.45m²。

敦煌研究院
文物保护技术服务中心

北齐徐显秀墓壁画保护修复工程	
项目负责	汪万福
审 核	赵林毅
校 对	张金虎
实 施	刘 涛
制 图	王 辉
日 期	2012-08-20

空鼓壁画修复：

a. 除尘：用羊毛刷、洗耳球对壁画表面的浮尘进行清理；

b. 开孔：尽量在无颜料层或壁画次要部位开注浆孔；

c. 支顶：用带有保护层的顶板支顶来保护壁画；

d. 灌浆：用6%丙烯酸乳液作为黏结剂，当地土、澄板土（质量比2：1）作为填充料；水灰比为0.65，用注射器将已配制好的灌浆材料顺注浆管压入壁画空鼓部位；

e. 补孔：干燥后，取下支顶架，使用与原地仗层材质相同的材料修复注浆口。

起甲壁画修复：

a. 表面清理：用羊毛刷、洗耳球对壁画表面及起甲颜料背面的浮尘进行清理；

b. 渗透加固：使用浓度为1%的丙烯酸乳液和有机硅丙烯酸乳液以体积比1：1混合的黏结剂，用注射器将黏结剂注射到起甲颜料背部进行渗透加固；

c. 起甲回贴：用修复刀将起甲颜料层回贴到原位，并用棉球进行滚压。

图10-157 墓室北壁C4区修复图

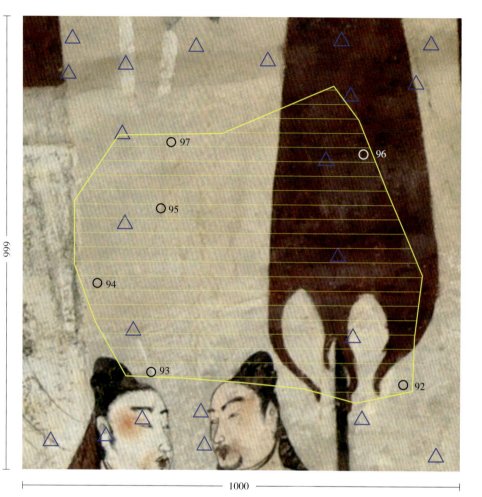

起　甲　　　　注浆孔

空　鼓

空鼓壁画修复：

　　a. 除尘：用羊毛刷、洗耳球对壁画表面的浮尘进行清理；

　　b. 开孔：尽量在无颜料层或壁画次要部位开注浆孔；

　　c. 支顶：用带有保护层的顶板支顶来保护壁画；

　　d. 灌浆：用6%丙烯酸乳液作为黏结剂，当地土、澄板土（质量比2∶1）作为填充料；水灰比为0.65，用注射器将已配制好的灌浆材料顺注浆管压入壁画空鼓部位；

　　e. 补孔：干燥后，取下支顶架，使用与原地仗层材质相同的材料修复注浆口。

起甲壁画修复：

　　a. 表面清理：用羊毛刷、洗耳球对壁画表面及起甲颜料背面的浮尘进行清理；

　　b. 渗透加固：使用浓度为1%的丙烯酸乳液和有机硅丙烯酸乳液以体积比1∶1混合的黏结剂，用注射器将黏结剂注射到起甲颜料背部进行渗透加固；

　　c. 起甲回贴：用修复刀将起甲颜料层回贴到原位，并用棉球进行滚压。

壁画修复面积：

　　修复颜料层起甲粉化0.85m²，中部地仗空鼓0.42m²。

敦煌研究院
文物保护技术服务中心

北齐徐显秀墓壁画 保护修复工程	
项目负责	汪万福
审　核	赵林毅
校　对	张金虎
实　施	刘　涛
制　图	王　辉
日　期	2012-08-20

图10-158　墓室北壁C5区修复图

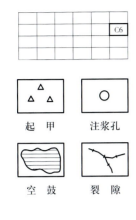

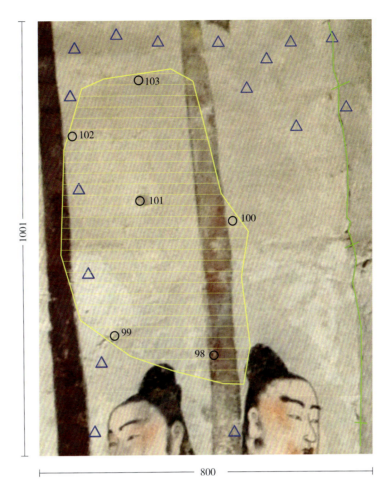

起甲　　　注浆孔

空鼓　　　裂隙

壁画修复面积：

　修复颜料层起甲粉化 0.76m²，地仗空鼓 0.27m²，地仗裂隙 1.02m。

敦煌研究院
文物保护技术服务中心

北齐徐显秀墓壁画保护修复工程	
项目负责	汪万福
审　核	赵林毅
校　对	张金虎
实　施	刘　涛
制　图	王　辉
日　期	2012-08-20

空鼓壁画修复：

　　a.除尘：用羊毛刷、洗耳球对壁画表面的浮尘进行清理；

　　b.开孔：尽量在无颜料层或壁画次要部位开注浆孔；

　　c.支顶：用带有保护层的顶板支顶来保护壁画；

　　d.灌浆：用6%丙烯酸乳液作为黏结剂，当地土、澄板土（质量比2：1）作为填充料；水灰比为0.65，用注射器将已配制好的灌浆材料顺注浆管压入壁画空鼓部位；

　　e.补孔：干燥后，取下支顶架，使用与原地仗层材质相同的材料修复注浆口。

裂隙壁画修复：

　　a.除尘：用羊毛刷、洗耳球对壁画破损部位表层的浮尘进行清除；

　　b.渗透：使用纯水对壁画破损或残缺部位进行渗透潮湿；

　　c.填泥：潮湿后，使用石灰泥对破损部位进行填补，填补需根据破损的程度、大小，分二到三次或四次完成，以防止收缩开裂；

　　d.表层处理：填补完成后，对新的泥层进行肌理处理，使新的泥层与周围相协调。

起甲壁画修复：

　　a.表面清理：用羊毛刷、洗耳球对壁画表面及起甲颜料背面的浮尘进行清理；

　　b.渗透加固：使用浓度为1%的丙烯酸乳液和有机硅丙烯酸乳液以体积比1：1混合的黏结剂，用注射器将黏结剂注射到起甲颜料背部进行渗透加固；

　　c.起甲回贴：用修复刀将起甲颜料层回贴到原位，并用棉球进行滚压。

图10-159　墓室北壁C6区修复图

起　甲　　　注浆孔

空　鼓　　　裂　隙

空鼓壁画修复：

a. 除尘：用羊毛刷、洗耳球对壁画表面的浮尘进行清理；

b. 开孔：尽量在无颜料层或壁画次要部位开注浆孔；

c. 支顶：用带有保护层的顶板支顶来保护壁画；

d. 灌浆：用6%丙烯酸乳液作为黏结剂，当地土、澄板土（质量比2：1）作为填充料；水灰比为0.65，用注射器将已配制好的灌浆材料顺注浆管压入壁画空鼓部位；

e. 补孔：干燥后，取下支顶架，使用与原地仗层材质相同的材料修复注浆口。

裂隙壁画修复：

a. 除尘：用羊毛刷、洗耳球对壁画破损部位表层的浮尘进行清除；

b. 渗透：使用纯水对壁画破损或残缺部位进行渗透潮湿；

c. 填泥：潮湿后，使用石灰泥对破损部位进行填补，填补需根据破损的程度、大小，分二到三次或四次完成，以防止收缩开裂；

d. 表层处理：填补完成后，对新的泥层进行肌理处理，使新的泥层与周围相协调。

起甲壁画修复：

a. 表面清理：用羊毛刷、洗耳球对壁画表面及起甲颜料背面的浮尘进行清理；

b. 渗透加固：使用浓度为1%的丙烯酸乳液和有机硅丙烯酸乳液以体积比1：1混合的黏结剂，用注射器将黏结剂注射到起甲颜料背部进行渗透加固；

c. 起甲回贴：用修复刀将起甲颜料层回贴到原位，并用棉球进行滚压。

壁画修复面积：

修复颜料层起甲粉化0.85m²，地仗空鼓0.21m²，地仗裂隙0.99m。

敦煌研究院
文物保护技术服务中心

北齐徐显秀墓壁画保护修复工程	
项目负责	汪万福
审　核	赵林毅
校　对	张金虎
实　施	刘涛
制　图	王辉
日　期	2012-08-20

图10-160　墓室北壁D1区修复图

起　甲　　　注浆孔

空　鼓

壁画修复面积：

修复颜料层起甲粉化0.85m²，地仗空鼓0.33m²。

敦煌研究院
文物保护技术服务中心

北齐徐显秀墓壁画保护修复工程	
项目负责	汪万福
审　核	赵林毅
校　对	张金虎
实　施	刘　涛
制　图	王　辉
日　期	2012-08-20

空鼓壁画修复：

a.除尘：用羊毛刷、洗耳球对壁画表面的浮尘进行清理；

b.开孔：尽量在无颜料层或壁画次要部位开注浆孔；

c.支顶：用带有保护层的顶板支顶来保护壁画；

d.灌浆：用6%丙烯酸乳液作为黏结剂，当地土、澄板土（质量比2∶1）作为填充料；水灰比为0.65，用注射器将已配制好的灌浆材料顺注浆管压入壁画空鼓部位；

e.补孔：干燥后，取下支顶架，使用与原地仗层材质相同的材料修复注浆口。

起甲壁画修复：

a.表面清理：用羊毛刷、洗耳球对壁画表面及起甲颜料背面的浮尘进行清理；

b.渗透加固：使用浓度为1%的丙烯酸乳液和有机硅丙烯酸乳液以体积比1∶1混合的黏结剂，用注射器将黏结剂注射到起甲颜料背部进行渗透加固；

c.起甲回贴：用修复刀将起甲颜料层回贴到原位，并用棉球进行滚压。

图10-161　墓室北壁D2区修复图

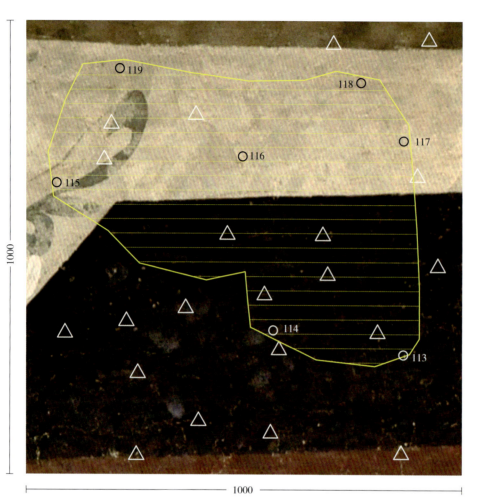

△ △　　　　○

起　甲　　　注浆孔

空　鼓

空鼓壁画修复：

　　a. 除尘：用羊毛刷、洗耳球对壁画表面的浮尘进行清理；

　　b. 开孔：尽量在无颜料层或壁画次要部位开注浆孔；

　　c. 支顶：用带有保护层的顶板支顶来保护壁画；

　　d. 灌浆：用6％丙烯酸乳液作为黏结剂，当地土、澄板土（质量比2∶1）作为填充料；水灰比为0.65，用注射器将已配制好的灌浆材料顺注浆管压入壁画空鼓部位；

　　e. 补孔：干燥后，取下支顶架，使用与原地仗层材质相同的材料修复注浆口。

起甲壁画修复：

　　a. 表面清理：用羊毛刷、洗耳球对壁画表面及起甲颜料背面的浮尘进行清理；

　　b. 渗透加固：使用浓度为1％的丙烯酸乳液和有机硅丙烯酸乳液以体积比1∶1混合的黏结剂，用注射器将黏结剂注射到起甲颜料背部进行渗透加固；

　　c. 起甲回贴：用修复刀将起甲颜料层回贴到原位，并用棉球进行滚压。

壁画修复面积：

　　修复颜料层起甲粉化 0.81m²，上部地仗空鼓 0.47m²。

敦煌研究院
文物保护技术服务中心

北齐徐显秀墓壁画 保护修复工程	
项目负责	汪万福
审　核	赵林毅
校　对	张金虎
实　施	刘　涛
制　图	王　辉
日　期	2012-08-20

图10-162　墓室北壁D3区修复图

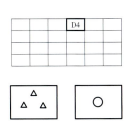

起　甲　　　注浆孔

空　鼓

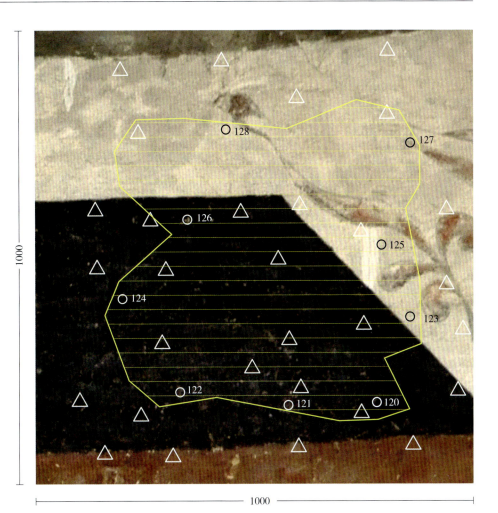

壁画修复面积:

　　修复颜料层起甲粉化 0.88m², 地仗空鼓 0.41m²。

敦煌研究院
文物保护技术服务中心

北齐徐显秀墓壁画保护修复工程	
项目负责	汪万福
审　核	赵林毅
校　对	张金虎
实　施	刘　涛
制　图	王　辉
日　期	2012-08-20

空鼓壁画修复:

　　a. 除尘: 用羊毛刷、洗耳球对壁画表面的浮尘进行清理;

　　b. 开孔: 尽量在无颜料层或壁画次要部位开注浆孔;

　　c. 支顶: 用带有保护层的顶板支顶来保护壁画;

　　d. 灌浆: 用6%丙烯酸乳液作为黏结剂,当地土、澄板土(质量比2∶1)作为填充料;水灰比为0.65,用注射器将已配制好的灌浆材料顺注浆管压入壁画空鼓部位;

　　e. 补孔: 干燥后,取下支顶架,使用与原地仗层材质相同的材料修复注浆口。

起甲壁画修复:

　　a. 表面清理: 用羊毛刷、洗耳球对壁画表面及起甲颜料背面的浮尘进行清理;

　　b. 渗透加固: 使用浓度为1%的丙烯酸乳液和有机硅丙烯酸乳液以体积比1∶1混合的黏结剂,用注射器将黏结剂注射到起甲颜料背部进行渗透加固;

　　c. 起甲回贴: 用修复刀将起甲颜料层回贴到原位,并用棉球进行滚压。

图10-163　墓室北壁D4区修复图

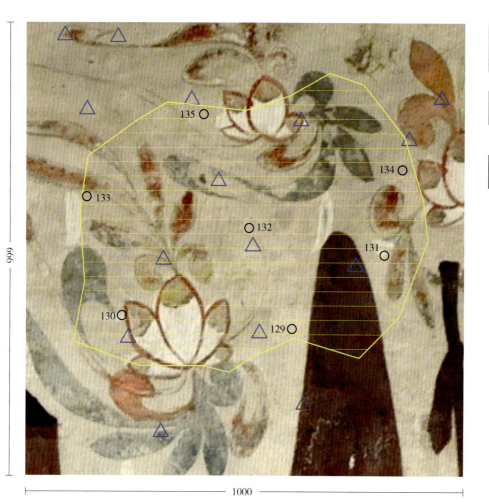
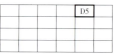

空鼓壁画修复：

a. 除尘：用羊毛刷、洗耳球对壁画表面的浮尘进行清理；

b. 开孔：尽量在无颜料层或壁画次要部位开注浆孔；

c. 支顶：用带有保护层的顶板支顶来保护壁画；

d. 灌浆：用6%丙烯酸乳液作为黏结剂，当地土、澄板土（质量比2∶1）作为填充料；水灰比为0.65，用注射器将已配制好的灌浆材料顺注浆管压入壁画空鼓部位；

e. 补孔：干燥后，取下支顶架，使用与原地仗层材质相同的材料修复注浆口。

起甲壁画修复：

a. 表面清理：用羊毛刷、洗耳球对壁画表面及起甲颜料背面的浮尘进行清理；

b. 渗透加固：使用浓度为1%的丙烯酸乳液和有机硅丙烯酸乳液以体积比1∶1混合的黏结剂，用注射器将黏结剂注射到起甲颜料背部进行渗透加固；

c. 起甲回贴：用修复刀将起甲颜料层回贴到原位，并用棉球进行滚压。

壁画修复面积：

修复颜料层起甲粉化0.85m²，地仗空鼓0.34m²。

**敦煌研究院
文物保护技术服务中心**

北齐徐显秀墓壁画 保护修复工程	
项目负责	汪万福
审　核	赵林毅
校　对	张金虎
实　施	刘　涛
制　图	王　辉
日　期	2012-08-20

图10-164　墓室北壁D5区修复图

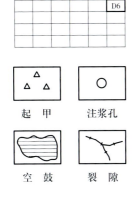

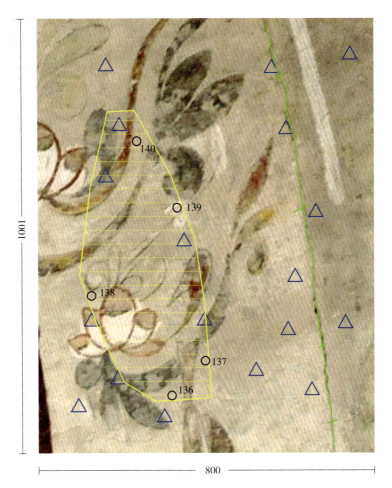

壁画修复面积：

　　修复颜料层起甲粉化 0.64m²，地仗空鼓 0.23m²，地仗裂隙 1.02m。

敦煌研究院
文物保护技术服务中心

北齐徐显秀墓壁画 保护修复工程	
项目负责	汪万福
审　核	赵林毅
校　对	张金虎
实　施	刘涛
制　图	王辉
日　期	2012-08-20

空鼓壁画修复：

　　a. 除尘：用羊毛刷、洗耳球对壁画表面的浮尘进行清理；

　　b. 开孔：尽量在无颜料层或壁画次要部位开注浆孔；

　　c. 支顶：用带有保护层的顶板支顶来保护壁画；

　　d. 灌浆：用 6% 丙烯酸乳液作为黏结剂，当地土、澄板土（质量比 2∶1）作为填充料；水灰比为 0.65，用注射器将已配制好的灌浆材料顺注浆管压入壁画空鼓部位；

　　e. 补孔：干燥后，取下支顶架，使用与原地仗层材质相同的材料修复注浆口。

裂隙壁画修复：

　　a. 除尘：用羊毛刷、洗耳球对壁画破损部位表层的浮尘进行清除；

　　b. 渗透：使用纯水对壁画破损或残缺部位进行渗透潮湿；

　　c. 填泥：潮湿后，使用石灰泥对破损部位进行填补，填补需根据破损的程度、大小，分二到三次或四次完成，以防止收缩开裂；

　　d. 表层处理：填补完成后，对新的泥层进行肌理处理，使新的泥层与周围相协调。

起甲壁画修复：

　　a. 表面清理：用羊毛刷、洗耳球对壁画表面及起甲颜料背面的浮尘进行清理；

　　b. 渗透加固：使用浓度为 1% 的丙烯酸乳液和有机硅丙烯酸乳液以体积比 1∶1 混合的黏结剂，用注射器将黏结剂注射到起甲颜料背部进行渗透加固；

　　c. 起甲回贴：用修复刀将起甲颜料层回贴到原位，并用棉球进行滚压。

图10-165　墓室北壁D6区修复图

参考书目

白崇斌：《湖广会馆旧木雕刻表面保护工程》，《文博》2005 年第 4 期。

陈卉丽：《大足妙高山石窟抢险保护工程技术报告》，《四川文物》2007 年第 6 期。

段修业、傅鹏、付有旭等：《莫高窟 16 窟酥碱悬空壁画的修复》，《敦煌研究》2005 年第 4 期。

敦煌研究院、盖蒂保护研究所编：《敦煌莫高窟第 85 窟壁画保护》，2004 年。

侯卫东、王瑾等：《汉长乐 4 号宫殿遗址保护工程》，《文博》2005 年第 4 期。

侯卫东、王伟、许艳：《含元殿、麟德殿遗址保护工程记》，《中国文化遗产》2009 年第 4 期。

李宏松：《张飞庙搬迁保护工程》，《中国文化遗产》2004 年第 3 期。

李平新、贺林、许艳：《韩城元代建筑搬迁保护工程》，《文博》2005 年第 4 期。

李卫、贺林、冯涛：《汉阳陵南阙门遗址保护工程》，《文博》2005 年第 4 期。

李云鹤：《莫高窟壁画修复初探》，《敦煌研究》1985 年第 2 期。

李最雄、汪万福、王旭东等：《布达拉宫壁画保护修复工程报告》，文物出版社，2008 年。

李最雄、汪万福、杨韬等：《西藏罗布林卡壁画保护修复工程报告》，文物出版社，2015 年。

刘晚香、杨方：《徐显秀墓壁画墓的科技保护工作》，《中国文化遗产》2008 年第 1 期。

祁英涛：《中国古代壁画的揭取与修复》，《河南文博通讯》1980 年第 4 期。

第十一章　徐显秀墓监测预警体系设计与初步构建

第一节　监测预警体系建设的意义与目标

（一）意义

遗产监测是对遗产地进行科学管理和制定保护决策的重要依据，能够为研究人员制定保护、管理和修缮等一系列决策提供基础信息资料，保证决策的时效性和科学性，已成为遗产保护最基本、最重要的工作内容之一。

徐显秀墓监测预警体系的建立和完善，能够及时发现和解析墓葬、壁画、附属建筑及其赋存环境的细微变化，实现遗产气象监测、微环境监测、本体监测、载体监测、展陈监测和游客监测的信息集成和信息共享，促进各相关监测部门间的协同合作关系，同时还可依据遗产保护、研究、管理、利用中所遇事件的轻重缓急关系，提出相应的报送、预警方式和应急响应措施，进而提高遗址地管理水平，促进遗址从抢救性保护到预防性保护的顺利过渡。

（二）目标

通过监测预警体系的建设，全面实现徐显秀墓动态监测和信息化管理；实现相关监测指标动态信息报送、分析、统计、发布，以及信息查询与检索的功能，从整体上提高监测管理水平；通过监测信息管理，建立监测预警机制，制定应急处置方案，实现变化可监测、风险可预报、险情可预控、保护可提前的保护管理目标，从而进一步提升徐显秀墓的保护、监测和管理水平。

第二节　指导思想、设计原则及编制依据

（一）指导思想

严格遵照"保护为主，抢救第一，合理利用，加强管理"的文物工作方针，突出徐显秀墓作为我国古代丝路文化重要载体的地位，引入风险管理理论，科学系统分析其所面临的自然和人为风险因素，针对保护中存在的相关问题，进行徐显秀墓监测方案的编制。运用物联网、传感技术等，创建"风险监测—综合预报—提前预警—及时处置"的遗产保护管理模式，最大限度地降低各种风险因素对遗产所造成的危害，实现变化可监测、风险可预报、险情可预控、保护可提前的

预防性保护管理目标，确保遗产地的真实性、完整性。

（二）设 计 原 则

（1）确保徐显秀墓文物本体、附属建筑及周边环境不受破坏的原则。

（2）相关监测内容完整，监测数据分析精确，能够科学指导保护实践，实现文化遗产预防性保护的原则。

（3）遵循技术可行性和经济适应性相结合的原则。

（4）监测信息能够在规定的范围内畅通、共享。

（5）保证监测预警系统的先进性和可靠性。

（6）保证监测预警系统的安全性和保密性。

（7）满足监测预警系统的可扩展性和易维护性。

（三）编 制 依 据

1. 国际公约、文件

（1）《国际古迹保护与修复宪章》《威尼斯宪章》（1964）

（2）《保护世界文化和自然遗产公约》（1972）

（3）《执行世界遗产公约的操作指南》（1994）

（4）《国际文化旅游宪章》（2002）

2. 国内法律、法规、规范、文件

（1）《中华人民共和国文物保护法》（2015）

（2）《中国文物古迹保护准则》（2015）

（3）《关于加强我国世界文化遗产保护管理工作的意见》（2004）

（4）《世界文化遗产保护管理办法》（2006）

（5）《中国世界文化遗产监测巡视管理办法》（2006）

（6）《世界文化遗产监测规程（征求意见稿）》（2007）

（7）《世界遗产地旅游业可持续发展原则》（讨论稿，2009）

（8）《中国世界文化遗产监测预警系统平台建设方案（征求意见稿）》（2012）

（9）《中国世界文化遗产监测项目、监测指标框架（征求意见稿）》（2012）

第三节　监测内容及方法

根据徐显秀墓遗址所处地理位置及目前保存实际状况，监测内容主要包括区域环境、墓室微环境、文物本体、文物载体、游客、展陈、工作人员及管理工作监测等。在监测方法上，主要参考和借鉴不同行业不同对象监测的仪器设备、技术指标、操作规程，结合文化遗产保护的特点，确定最佳的监测技术措施，确保监测实效与遗产科学保护。

（一）区域环境监测

徐显秀墓考古发掘后，墓葬微环境发生重大变化，导致壁画变色、褪色、酥碱、起甲等多种病害发生，其周围树木根系及农田灌溉等都对遗址甚至文物本体造成一定危害。据统计，太原市全年有300天以上属于国家空气质量二级天气，空气综合污染指数为2.06，属轻度污染，再加上硫化物和氮氧化物排放严重超标，对文物构成直接或潜在威胁。

1. 地形地貌及周边环境

通过定期购买QuickBird卫星立体影像，GPS和全站仪测量等方法，对比一定时期保护区范围内地形地貌及周边环境变化情况。卫星影像与测量区域应该包括整个王家峰墓群考古公园的重点保护区、一般保护区及建设控制地带，重点监测地形地貌、地表建筑物以及植被等的变化，监测频率建议每1~3年一次。

2. 气象要素

建立连续性全自动气象监测站，对保护区内的环境温度、环境湿度、露点温度、风速、风向、气压、太阳总辐射、降雨量、地温（包括地表温度、浅层地温、深层地温）、土壤湿度、土壤水势、土壤热通量、蒸发、二氧化碳、日照时数、太阳直接辐射、紫外辐射、地球辐射、净全辐射、环境气体共二十项数据指标进行监测（表11-1）。监测密度为1次/15分钟。

表 11-1　主要气象要素监测设备技术参数

序号	气象要素	技术参数
1	空气温度	测量范围：-40℃ ~ 75℃，精度：±0.2℃，分辨率：0.01℃
2	相对湿度	测量范围：0% ~ 100%，精度：±2.5%，分辨率：0.1%
3	地表温度	测量范围：-40℃ ~ 75℃，精度：±0.2℃，分辨率：0.01℃
4	土壤水分	测量范围：0% ~100%，精度：1ds/m内 ±4%，分辨率：0.06%
5	总辐射	测量范围：0 ~ 1280 W/m², 精度 ± 10 W/m², 分辨率：1.25 W/m²
6	降雨量	测量范围：10cm/h，精度：±1.0%，分辨率：0.2mm
7	蒸发量	测量范围：0 ~ 100mm，精度：±0.1mm，环境温度：-30℃ ~ 80℃，口径：Φ215mm
8	风速	测量范围：0~30m/s，精度：0.5m/s，分辨率：0.19 m/s
9	风向	测量范围：0~360°，精度：±5°，分辨率：1.4°
10	气压	测量范围：660mb~1070mb，精度：±3mbar，分辨率：0.1 mbar

3. 空气质量

建立全自动空气质量监测站，对保护范围内TSP、PM_{10}、$PM_{2.5}$、NO_X、SO_2进行监测（表11-2），监测频率为1次/5分钟。

4. 蒸发量

设备采用AG型超声波蒸发传感器，测量范围0 ~ 100mm，测量精度±1.5%，接入通用数据采集仪，每隔1分钟采集一组蒸发量数据。

5. 土壤含水率

选用土壤水分测定仪，测量范围0% ~ 100%，精度为±2%，分辨率为0.1%。在保护范围内设

表 11-2　空气质量监测技术指标

传感器	标准量程（ppm）	最小检出限（ppm）	准确度	精密度（ppm）	分辨率（ppm）
氮氧化物（NO_X）	0~0.5	0.001	$< \pm 0.010$ 0~0.1 ppm; $< \pm 10\%$ 0.1~0.5 ppm	0.005	0.001
二氧化硫（SO_2）	0~10	0.01	$< \pm 0.05$ 0~0.5 ppm; $< \pm 10\%$ 0.5~10 ppm	0.03	0.01
$PM_{2.5}$、PM_{10}、TSP	0~2000 μg/m³	1μg/m³	8%	3μg/m³	1μg/m³
温度	−20℃~50℃		$< \pm 0.3℃$	0.01℃	0.01℃
湿度	0~100%RH		2%RH	1%RH	1%RH

表 11-3　地下水监测技术指标

项 目	仪器	技术指标	频率	数据上传方法
地下水水位	地下水水位传感器	测量范围 0~200m，精度 ±4cm，分辨率 1cm	实时	GPRS 或无线
地下水水质	实验室人工测定	pH、COD、BOD、氨氮、硝酸盐、亚硝酸盐、挥发性酚类、硫酸盐等	1次/3月	手动

置土壤含水率监测点2~3个，监测不同深度（表面、1m、2m、3m）土壤含水率。

6. 地下水

地下水监测点位置以能反应遗址区的地下水活动区域为原则。在保护范围内打监测井，深度约为50m，在井内放入地下水水位计进行水位监测，监测数据通过无线方式实施传送至监测中心。对地下水水质进行定期监测，建议每3个月进行一次。在井内采取水样，在实验室进行地下水水质测定。监测位置见设计图，地下水监测方法与技术指标见表11-3。

7. 生物因素

采用现状调查和采样的方法，长期开展墓室遗址赋存外环境中生物危害的监测工作，包括：动物类群、活动特点、危害形式等；植物类群、分布特征、根系、植被影响等；微生物类群、活动性、时空分布等；动物活动状况及植物群落变化采用定期（1次/月）巡视调查的措施，环境空气微生物病害采用定期（1次/月）样品采集和分子生物学分析检测的方法，监测频率依照工作量和采样周期而定，所有获得的生物因素监测数据均采取人工手动方式上传至预警平台。

（二）墓室微环境监测

1. 温度、湿度和二氧化碳

因降雨、游客参观等自然和人为因素的综合作用，导致墓葬内温度、湿度、二氧化碳浓度的改变，从而影响到墓室内环境稳定及壁画的长期保存。因此，在墓葬内安装温度、湿度及二氧化碳传感器进行长期定点时序性监测，一旦相关指标超出规定阈值时会及时报警，方便工作人员采取应对措施。

墓室内温湿度与二氧化碳监测采用无线温湿度与CO_2传感器（表11-4），数据采集密度为1次/1分钟。

2. 光照强度

光照强度对壁画颜色影响较大，是墓葬环境监测的主要内容之一。在墓室及墓道内贴近壁画处放置照度传感器，实时监测光强度，监测数据通过无线方式实时传送至控制中心，数据采集密度为1次/1分钟（表11-5）。

3. 总辐射

日照中的紫外线辐射、红外线辐射是影响壁画长期保存的一项重要指标，尤其是近年来太阳活动剧烈，地面辐射变化明显，进行辐射监测已成为文物保护的一项重要指标。利用总辐射传感器进行实时监测，监测数据通过无线方式传送，数据采集频率为每1次/15分钟（表11-6）。

4. 墙体表面温度

墙体的表面温度直接反映壁画表面的温度，是分析壁画保存、变化的重要依据。通过在墙壁前固定红外表面温度传感器，可以非接触式地测得墙体的温度。数据采集密度为1次/1分钟，数据通过无线方式传送（表11-7）。

5. 振动

在保护区域内合理布设振动监测点，采用高精度微振动传感器、无线数据采集网络、无线数据转发网络、数据采集控制单元获取遗址周围振动数据。初步选定941-B型超低频测振仪（表11-8），数据采集频率为每1次/分钟。

6. 生物因素

墓室微环境中，生物因素危害主要体现在动物活动损坏和微生物污染侵蚀两个方面。动物类

表 11-4　温度、湿度、CO_2 监测技术指标

监测要素	仪器	技术指标
温度、湿度	无线温湿度传感器	测量范围：温度 -40℃ ~ 60℃，精度 ±0.2℃，分辨率 0.01℃；湿度 0 ~ 100%，精度 ±3%，分辨率 1%；1 节大容量锂电池，1 分钟采样与通信频率，电池工作寿命＞1 年
二氧化碳	无线 CO_2 传感器	测量范围：0~5000ppm，精度 ±50ppm；通信频率 1 次 / 分钟，电池工作寿命＞1 年

表 11-5　照度监测技术指标

监测要素	技术指标
照度	测量范围：室内型 0 ~ 65535lux，精度：±5% 室外型 0 ~ 200Klux，精度：±5%；2 节大容量锂电池，1 分钟采样与通信频率，电池工作寿命＞2 年

表 11-6　总辐射监测技术指标

监测要素	技术指标
光谱范围	300 ~ 3000nm
灵敏度	7 ~ 14 度 0nm 术指标数
误差	非线性误差≤线性

表 11-7　墙体表面温度传感器技术指标

名称	技术指标
精度	±0.2℃（-10℃ ~ 65℃时），±0.5℃（-40℃ ~ 70℃时）
一致性	±0.1℃（-10℃ ~ 65℃时），±0.3℃（-40℃ ~ 70℃时）
响应时间	<1 秒

群、活动特点和危害形式等采取定期（1次/月）巡视调查的方法；壁画微生物采取目视检查（1次/月）、显微镜调查和采样分析（1次/年）的方法；墓室内环境中空气微生物采取采样（1次/月）、培养分析及分子鉴定等手段。监测频率依照病害情况可做适当调整，监测数据人工手动上传至预警平台。

壁画微生物用无菌解剖刀轻轻刮取菌斑，也用无菌棉签沾无菌的蒸馏水采样（ISO 14698-1 2003）。采样过程应避免损伤到壁画颜料层，以利于壁画的保护。空气微生物根据GB/T 18883-2002要求采用国际通用Buck Bio-Culture™ Sampler采样器进行采样，采样位点包括墓道上、墓道中照壁下、甬道口、墓室内（不同高度），每个采样点样品至少有3个重复。Buck Bio-Culture™ Sampler特性如表11-9所示。

（三）壁画监测

1. 日常巡查

针对徐显秀墓墓道及墓室内的壁画保存现状，按照一定的周期对壁画进行巡查，从外观判断壁画保存状态的变化。在方法上，可以通过手持式平板电脑进行历史照片现场对比（手持式电脑通过网络与监测数据库连接，通过管理软件调用历史图片），如发现问题，可进入相应处理流程。

日常巡查的周期暂定为每季度1次，但遇到突发性恶劣天气（如强降雨、大风等）、地震以及不可预见因素（如墓葬渗水等）情况发生时需要及时巡查。

2. 壁画病害监测

（1）自动拍摄监测

对价值极高的壁画以及产生严重病害的壁画要采取连续自动采集壁画图像的方法进行定位定时监测，为制定科学的保护对策提供依据。针对部分重要且正在发生较快变化的壁画图像，采用高分辨率的低功耗无线图像传感器，设备拍照的时间间隔可以根据壁画赋存环境的变化而主动变化。拍摄的图像通过无线网络自动发送到服务端。

监测频率在没有降雨时24小时/次，降雨过程中15分钟/次。

表 11-8　振动监测技术指标

监测要素	技术指标
振动	测量范围：0.0159 ~ 254 mm/s，精度：±5%，分辨率：0.0001mm

表 11-9　Buck Bio-Culture™ Sampler 特性

原理	流量	精度	运行时间
撞击法	30~120LPM	±5%	6~8 小时
兼容性	重量	孔径	尺寸
90mm 培养皿	1.19kg	280 孔／1mm	长 13.3cm× 宽 15.2cm× 高 10.2cm
本采样器体积小，便于携带，操作简单，性能稳定，采样头消毒容易，运行时间：100 LPM：8 小时，120LPM：6 小时，三脚架，可 90° 取样			

（2）人工定点监测

选择壁画病害中颜料层起甲、地仗空鼓和壁画酥碱分布比较广泛且属于活动性病害，通过历史资料的对比，从中遴选出壁画病害严重列入监测范围。人工定点拍摄过程中，需要采用正光和侧光光源，固定拍摄距离、镜头、焦距、光圈和曝光速度进行长期定点定时跟踪监测。

监测时间定为每年拍摄1次，但遇到突发性天气状况（强降雨、地震、渗水等）需要及时拍摄。图像监测应满足表11-10的技术指标。

（四）文物载体监测

1. 土体内部温湿度监测

布设的监测点能在一定空间和时间上反应土体内温湿度变化。拟在土体上开孔，监测土体内不同深度的温湿度，采用高精度温湿度计，每隔一分钟数据采集并上传一次。监测数据通过无线方式实施传送至监测中心，供工作人员实时察看。监测技术指标应满足表11-11的要求。

2. 土体含水率

布设的监测点能在一定空间和时间上反应土体含水率变化。拟在土体上开孔，监测土体内不同深度的含水率，采用含水率传感器和无线数据采集器，平时每一小时采集并上传一次数据，降雨或冰雪融化期间每隔15分钟采集并上传一次数据。监测数据通过无线方式实施传送至监测中心，供工作人员实时察看。监测技术指标应满足表11-12的要求。

3. 土体裂隙监测

徐显秀墓有多处存在裂隙，部分裂隙如进一步发展将会坍塌，因此监测裂隙的渐变过程，是预防坍塌的重要方法。设备使用位移传感器，将高精度位移传感器嵌入裂隙两侧的固定位置，通过位移传感器的数据每隔一小时采集并上传一次数据。监测技术指标应满足表11-13的技术要求。

无法安装位移传感器的地方，在裂隙上贴上纸条，通过定期观察纸条是否断裂，确定崖体是否稳定。

表 11-10　图像监测技术指标

监测要素	技术指标
图像	分辨率 130W ～ 200W 像素，固定拍摄距离，镜头 60mm，光圈 16，速度 1/15 秒（正光），1/8 秒（侧光）；配备色标卡

表 11-11　土体温湿度监测技术指标

监测要素	技术指标
温　度	测量范围：-40℃ ～ 75℃，精度：± 0.1℃，分辨率：0.1℃
相对湿度	测量范围：0 ～ 100%，精度：± 3%，分辨率：0.1%

表 11-12　土体含水率监测指标

监测要素	技术指标
土体含水率	测量范围：0 ～ 100%，精度：± 2%，分辨率：0.1%

表 11-13　裂隙监测指标

监测要素	技术指标
裂隙	测量范围：0 ～ 25mm，精度：0.1m/s

4. 沉降和变形监测

一般沉降或变形监测可以采用水准仪或全站仪测量，但是随着科技和物联网的快速发展，分布式光纤传感器等手段也逐渐用于针对文物的建筑物或栈道的变形监测。水准仪和全站仪监测沉降和变形时，需要配合钢圈尺和标杆，有测量时间长、人力多的缺点，监测数据以人工的方式上传。分布式光纤传感器可以实现数据实时上传，但是施工时需要在文物本体上设置标记点，会对文物本体造成损坏，因此不适合在文物本体和土体上使用。

近年来，三维扫描也逐渐应用于文物保护行业，三维扫描是集光、机、电和计算机技术于一体的高新技术，主要用于对物体空间外形和结构及色彩进行扫描，以获得物体表面的空间坐标。它的重要意义在于将实物的立体信息转换为计算机能直接处理的数字信号，为实物数字化提供了相当方便快捷的手段。三维扫描技术非接触测量，且具有速度快、精度高的优点，而且其测量结果能直接与多种软件接口，这使它在CAD、CAM、CIMS等技术应用日益普及的今天很受欢迎。在发达国家的制造业中，三维扫描仪作为一种快速的立体测量设备，因其测量速度快、精度高、非接触、使用方便等优点而得到越来越多的应用。因此在徐显秀墓针对沉降和变形监测，建议定期采用三维扫描尝试监测。

监测频率每年测量或扫描一次，如有特殊情况（强降雨、地震或浇灌渗水）应及时测量或扫描一次。

（五）游客监测

利用高清视频或RFID技术或被动红外触发的全网低功耗主动式RFID定位系统（Low Power Passive Infrared and Low Frequency Triggered Active RFID，简称LIFTAR）实现人员进出墓室和博物馆记录。该系统由墓室和博物馆内微环境监测无线传感网、支持低频激励的主动式Zigbee RFID标签（简称LZRFID标签）、被动红外触发的低功耗激励器（简称激励器）三部分构成，如图11-1所示。

LZRFID标签卡具有唯一ID，每个工作人员（包括讲解员）发放一张标签卡，发卡时在监控中心中记录人员的姓名、工号和标签卡ID号。标签卡用卡套包装后挂在工作人员胸口。

墓室和博物馆的微环境监测无线传感网是已经在墓室和博物馆内部署实施的监测系统，其中有一个传感器节点被激活作为人员定位接收器。激励器被安装在墓室和博物馆门口，讲解员或者工作人员身上携带LZRFID标签。激励器和LZRFID标签平时都处于低功耗休眠状态以节约能耗。当有人进入墓室和博物馆时，激励器上的被动红外接收器会被触发，激活激励器向人身上携带的LZRFID标签发出激励信号，LZRFID标签接收到信号后与激励器通信，以获取墓室和博物馆内的无线传感网的同步时间，这样LZRFID标签进入墓室和博物馆后就可以定时向定位接收器发送心跳数据包，实现对人员进入、离开墓室和博物馆时间的记录。当人员离开墓室和博

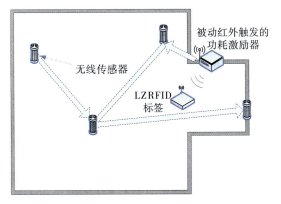

图11-1　人员进出墓室和博物馆记录监测示意图

物馆后，系统中的所有设备都处于低功耗休眠状态，因此可以保证所有设备在电池供电情况下的长期工作，具体布设点依据展馆建成后的布展情况而定。

（六）展陈监测

对展厅内进行温湿度监测，监测仪布置依据展厅大小布设，每个展厅布置监测仪器不少于一个，每个展柜布置一个温湿度监测仪器。选用高精度温湿与二氧化碳监测仪，定期采集环境数据，通过无线传输技术，把采集数据实时传入监测中心。

博物馆内温湿度与二氧化碳监测采用无线温湿度与CO_2传感器，每隔一分钟数据采集并上传一次。监测技术指标要求见表11-14。具体布设点依据展馆建成后布展情况而定。

表 11-14　气象要素监测设备技术参数

要素	技术参数
空气温度	测量范围：-40℃ ~ 75℃，精度：±0.2℃，分辨率：0.01℃
相对湿度	测量范围：0 ~ 100%，精度：±2.5%，分辨率：0.1%
二氧化碳	测量范围：0~5000ppm，精度：±50ppm

（七）工作人员监测及墓室管理

工作人员根据工作性质主要分为两类：①只对墓室调查，对文物本体不存在潜在的干预或者危害（并列动词）；②进行与保护、维修等文物本体接触的相关工作。对于第一类工作，可按照游客管理的方式进行；第二类情况要严格执行工作前的评估、审批工作流程，并通过计算机系统及时有效的实时管理。

采用主动式RFID技术来实现工作人员进入墓室的记录。在墓室内安装低频激励器和RFID标签阅读器，工作人员随身携带支持低频激励的主动式人员定位标签，在工作人员进出墓室时，由激励器激活定位标签发出心跳数据，标签阅读器读取后即可判断进出的人员。

每个人员定位标签具有唯一ID，每个工作人员（包括讲解员）发放一张标签卡，发卡时在监控中心中记录人员的姓名、工号和标签卡ID号。标签卡用卡套包装后挂在工作人员胸口。

第四节　监测预警体系结构

针对徐显秀墓中存在的问题，结合其保护现状，综合运用传感技术、计算机技术、网络技术、自动控制技术和文物保护工程技术，构建徐显秀墓监测预警体系，框架图如图11-2。

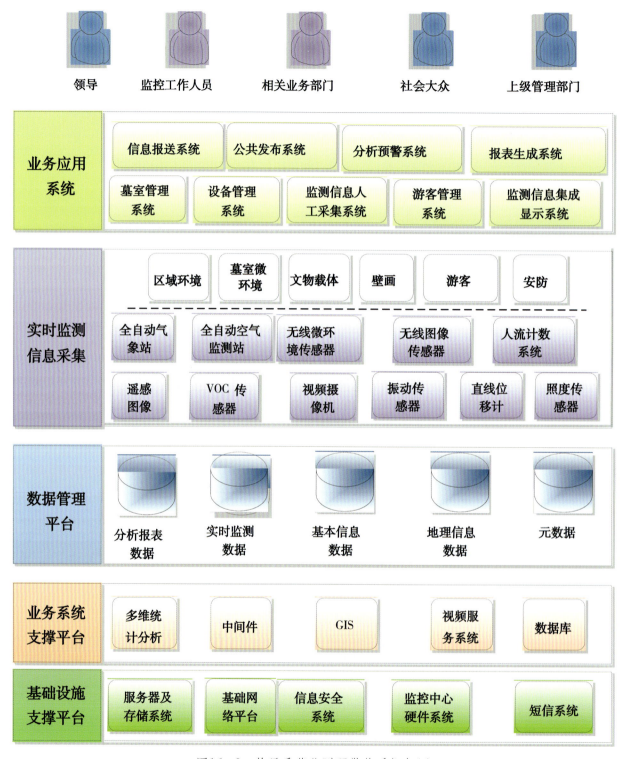

图11-2　徐显秀墓监测预警体系框架图

（1）本系统的业务应用系统主要包括：墓室管理系统、设备管理系统、监测信息集成显示系统、监测信息人工采集系统、分析预警系统、报表生成系统、信息报送系统和公共发布系统。

（2）本体系的数据分为两个方面：一方面是系统产生的数据，包括各种实时监测数据、处理流程数据和分析报表数据等；另一方面是本系统运行所依赖的数据，包括基本信息数据、基础地理信息数据和各类元数据。

（3）支撑本体系运行的基础软件平台包括：多维统计分析系统、统一身份认证和单点登录系统、GIS平台、WEB中间件、数据库管理系统和视频服务系统等。

（4）支撑本体系运行的硬件平台包括：监控中心硬件平台、服务器及存储系统、基础网络平台、信息安全平台和短信平台。

第五节　运行保障机制及制度

要确保监测预警平台顺利运行，实现建立监测预警体系的目标，需在以下几个方面提供保障：

（1）建立徐显秀墓监测预警中心，设置固定的系统运行维护专业技术团队。

（2）制定保障监测预警系统顺利运行的相关规章制度及相应的应急预案。

（3）能够在经费上支持监测预警平台的运行维护。

（4）定期检查平台运行情况，并及时修复系统故障。

（5）能够尽快更新相关数据信息，建立永久保真影像数据库。

参考书目

陈颖、张晓东：《浅谈环境监测在嘉峪关关城保护中的应用》，《国土与自然资源研究》2015年第4期。

邓晓宇：《中国世界自然遗产监测指标体系构建与应用研究》，西南交通大学2007年硕士学位论文。

董亚波、曾波、鲁东明：《面向文化遗址保护的物联网技术研究与应用》，《文物保护与考古科学》2011年第23卷第3期。

董亚超：《基于zigbee技术的无线环境监测网络的开发》，大连理工大学2008年硕士学位论文。

江慧：《基于"3s"技术的历史文化遗产动态监测方法研究》，清华大学2010年硕士学位论文。

刘硕：《无线传感器网络在故宫博物院文化遗产监测中的应用——故宫古书画展厅环境无线监测系统建设》，《电子制作》2013年第8期。

吕宁：《〈中国文物古迹保护准则〉推动下的石窟遗产保护》，清华大学2013年博士学位论文。

王明明、文琴琴、张月超：《基于风险管理理论的文化遗产地监测研究》，《文物保护与考古科学》2011年第3期。

闫金强：《我国建筑遗产监测中问题与对策初探》，天津大学2012年硕士学位论文。

曾纯净、罗佳明、郭旃：《构建技术规范世界遗产的监测难题》，《中国文化遗产》2008年第2期。

张月超：《我国世界文化遗产地监测体系构建研究》，北京化工大学2012年硕士学位论文。

《中华人民共和国国家标准：室内空气质量标准 GB/T 18883-2002》。

周海炜、罗佳明：《论建立我国世界遗产管理监控体系》，《西南交通大学学报》(社会科学版)2004年第5期。

Clean rooms and associated controlled environments – *Biocontamination control*– Part 1: *General principles and methods* . ISO 14698-1 :2003(E).

附录一 北齐徐显秀墓壁画保护修复研究大事记

2000 年

（1）12月初，徐显秀墓因人盗掘而被发现。

（2）12月9日，探工在墓冢南探出两个长方形墓穴，推测为"天井"和墓道。

（3）12月15日，山西省考古研究所、太原市文物考古研究所组成联合考古队进驻现场。

（4）12月25日，考古发掘正式开工。

2001 年

（1）1月10日，前期准备工作结束。

（2）4月23日，墓道西壁边保留的填土层因降雨而坍塌，但保存情况很差。

（3）4月底，请王天麻老专家、陶正刚研究员、古建筑保护研究所专家郝启德来工地咨询壁画保护处理。

（4）5月初，山西省考古研究所张庆捷所长、山西大学考古教研室赵瑞民教授、《中国文物报》李文儒社长来工地参观指导。

（5）5月，邀请中国文物研究所郑军副研究员、省农科院植物保护研究所副所长范仁俊研究员等专家来工地考察，商讨、制定壁画保护方案。

（6）7月5日，国家文物局专家组组长黄景略、中国社会科学院考古研究所副所长徐光冀、中国文物研究所所长吴加安、北京大学考古文博学院院长高崇文等专家来工地指导工作，对工作情况表示满意并对今后工作提出建议。

（7）8月6日，北京大学田余庆、罗新教授来参观。

（8）8月12～14日，王鸿宾先生、中国历史博物馆杨林及王谦、李玉明、田中仁、谷文波、徐宪章、袁旭临来参观指导。

（9）8月17日，举行新闻发布会，太原市文物考古研究所李非、常一民介绍，媒体约30家。

（10）8月24日，中国社会科学院考古研究所壁画临摹专家曹国鉴先生前来讨论临摹搭架、分组分区临摹、线描等问题。

（11）8月25日，山西画院院长王朝瑞、副院长王学辉，一级美术师王如何、元佑田、汪伊虹、曹美等前来参观，并召开座谈会，发表了各自的看法。

（12）5～9月，制定保护方案，进行理化实验，选取材料对壁画进行加固。

（13）9月12日，国家文物局文物保护与考古司副司长晋宏逵、博物馆与社会文物司副司长孟宪民来工地视察指导工作。

（14）10月中下旬，搭建大棚、蒙篷布，安排修整门洞、挂门帘，安装温度、湿度计。

（15）12月6日，国家文物局原局长张文彬一行考察指导工作。

2002 年

（1）10月1日，初次打开墓室门并进入墓室开展考古发掘工作。

（2）10月23日，田野发掘工作完成。

2003 年

（1）9月，徐显秀墓被评为"2002年度全国十大考古新发现"之一。

（2）10月，发表《山西太原王家峰北齐徐显秀墓发掘简报》。

2004 年

（1）6月4日，"王家峰墓群"被山西省人民政府公布为"山西省省级文物保护单位"。

2005 年

（1）6月10日，召开"太原北齐徐显秀墓保护方案"专家论证会。

2006 年

（1）5月25日，"王家峰墓群"被国务院公布为"第六批全国重点文物保护单位"。

（2）6月23日，再次召开"太原北齐徐显秀墓保护方案"专家论证会。

2007 年

（1）1月10日，太原市文物考古研究所与山西省建筑研究院确定墓道木椽支顶方案。

（2）1月25日，国家文物局专家组召开"太原北齐徐显秀墓保护方案"评审会。

（3）6月11日，国家文物局批复《关于山西太原北齐徐显秀墓保护展示概念设计方案的批复》（文物保函〔2007〕643号）。

2008 年

（1）5月，太原市文物考古研究所委托敦煌研究院完成《山西太原王家峰北齐徐显秀墓保护方案》。

2009 年

（1）12月21日，国家文物局批复《关于徐显秀壁画馆设计方案的意见》（办保函〔2009〕956号）。

（2）12月29日，国家文物局批复《关于徐显秀墓保护方案的批复》（文物保函〔2009〕1558号），原则同意该方案。

2010 年

（1）4月，委托敦煌研究院完成《关于徐显秀墓保护方案补充设计意见》。

（2）5月5日，山西省文物局批复《关于同意关于徐显秀墓保护方案补充设计的批复》（晋文物函〔2010〕200号）。

2011 年

（1）4月，太原市徐显秀墓文物保管所与敦煌研究院文物保护技术服务中心签订了《山西太原王家峰北齐徐显秀墓保护修复工程合同》。

（2）5月3日，国家文物局批复《关于徐显秀墓壁画馆设计方案的意见》（办保函〔2011〕287号）。

（3）6月，太原市徐显秀墓文物保管所委托西安元智系统技术有限责任公司完成《山西太原北齐徐显秀墓壁画文物保护环境无线监测系统方案》。

（4）8月5日，敦煌研究院文物保护技术服务中心相关专家赴徐显秀墓保护工程现场，开始保护材料及施工工艺的筛选试验。

（5）8月27日，国家古代壁画与土遗址保护工程技术研究中心副主任、敦煌研究院文物保护技术服务中心主任汪万福研究员等一行5人赴徐显秀墓保护工程工作现场，与太原北齐壁画博物馆武光文馆长就保护工程进展交换意见。

（6）9月7日，兰州大学生命科学学院副院长冯虎元教授到太原徐显秀墓进行现场考察，重点调查生物病害情况。

（7）10月5日，敦煌研究院保护研究所武发思馆员和兰州大学生命科学学院博士生马燕天及硕士生向婷、田恬等四人在徐显秀墓采集空气、壁画表面微生物样本。

（8）10月20日，在国家古代壁画与土遗址保护工程技术研究中心副主任、敦煌研究院文物保护技术服务中心主任汪万福研究员陪同下，敦煌研究院党委书记、副院长纪新民，院外事处处长宋真，敦煌研究院保护所朱万煜馆员等一行5人到徐显秀墓保护工程现场检查指导工作，并慰问一线工作人员。

（9）10月21日，太原北齐壁画博物馆委托敦煌研究院与兰州大学共同完成《山西太原北齐徐显秀墓遗址生物病害防治设计方案》。

（10）10月23日，由于天气原因，徐显秀墓保护修复现场工作停工。

（11）11月，太原北齐壁画博物馆委托太原理工大学水利工程学院郑秀清教授团队完成《太原王家峰北齐徐显秀墓保护区降雨入渗及土壤水分迁移规律研究报告》。

2012 年

（1）4月13日，徐显秀墓保护工程复工，敦煌研究院文物保护技术服务中心太原徐显秀墓项目部现场负责人刘涛馆员带队进入现场。

（2）7月24日，太原北齐壁画博物馆在徐显秀墓原有帆布保护棚外修建彩钢保护棚。

（3）7月26日，在太原召开了"山西太原王家峰北齐徐显秀墓保护工程阶段评估会"，评估会由中国文化遗产研究院王丹华研究员、黄克忠研究员，敦煌研究院李最雄研究员，中国国家博物馆铁付德研究员，山西省文物局总工程师黄继忠研究员，山西省文物局文物处张元成处长，山西省博物院渠传福研究员等组成。参加会议的有太原市文物局刘军副局长、谷立新副局长，太原北齐壁画博物馆武光文馆长、李铁副馆长，国家古代壁画与土遗址保护工程技术研究中心副主任、敦煌研究院文物保护技术服务中心主任汪万福研究员、副主任赵林毅副研究员及相关技术人员。会议通过了《太原徐显秀墓保护工程深化设计方案》，并形成专家意见。

（4）8月10日，敦煌研究院保护研究所、文物保护技术服务中心相关专家开始徐显秀墓土体锚固试验。

（5）8月15日，敦煌研究院保护研究所、文物保护技术服务中心相关专家运用探地雷达技术现场评估空鼓壁画灌浆加固效果。

（6）8月16日，国家古代壁画与土遗址保护工程技术研究中心副主任、敦煌研究院文物保护技术服务中心主任汪万福研究员在北齐壁画博物馆馆长武光文副研究员陪同下到徐显秀墓施工现场指导工作。

（7）8月21日，敦煌研究院保护研究所武发思馆员以及徐瑞红、邱飞、李新锁等运用探地雷达技术对徐显秀墓墓道两侧植物根系生长分布状况进行探测。

（8）10月11日，在太原北齐壁画博物馆馆长武光文副研究员陪同下，太原市副市长陈河才等一行到徐显秀墓视察指导工作。

（9）10月20日，徐显秀墓保护工程完工，敦煌研究院文物保护技术服务中心向甲方提交了验收申请。

（10）12月，太原北齐壁画博物馆委托敦煌研究院完成《山西太原王家峰北齐徐显秀墓环境监测预警体系》设计方案。

2013 年

（1）8月3日，山西太原王家峰北齐徐显秀墓保护工程通过了山西省文物局组织的竣工验收。验收专家组由中国文化遗产研究院王丹华研究员，黄克忠研究员，北京国电水利电力工程有限公司冯水滨教授级高级工程师，中国国家博物馆铁付德研究员，山西省文物局总工程师黄继忠研究员，太原市考古研究所李在清副研究员共六人组成。出席验收会的还有敦煌研究院汪万福研究员，太原市文物局杨支军局长，北齐壁画博物馆馆长武光文副研究员、副馆长李铁等，敦煌研究院文物保护技术服务中心副主任赵林毅副研究员代表施工方做了汇报。

（2）11月19日，《山西太原王家峰北齐徐显秀墓保护工程》荣获2012年度全国十大文物维修工程。

附录二　国家文物局
《关于山西太原北齐徐显秀墓保护展示概念设计方案的批复》

国家文物局

文物保函〔2007〕643 号

关于山西太原北齐徐显秀墓保护展示概念设计方案的批复

山西省文物局：

你局《关于审批山西太原北齐徐显秀墓保护概念设计方案的请示》（晋文物〔2006〕219 号）收悉。经研究，我局批复如下：

一、原则同意采取建设保护棚的思路对太原北齐徐显秀墓进行保护展示。

二、保护棚的设计应简洁、实用，外观应与遗址环境相协调，且面积不宜过大，应进一步减少模拟展览、科研办公、管理接待用房的面积。

三、应进一步论证采用密封技术使墓葬内常年处于恒温恒压状态的必要性和可行性。

四、请你局按照上述意见，组织专业单位制订徐显秀墓保护棚设计方案。设计中应包括安防、消防、采光、通风、应急等设施的设计内容，并应充分考虑低成本运营的问题。

　　五、请你局尽快组织专业单位分别制订徐显秀墓壁画的抢救性保护方案和墓室加固保护方案，并按程序报批。墓室加固保护方案应包括对墓室地基、砖券结构及壁画装饰等的加固维修。

二〇〇七年六月八日

附录三　国家文物局办公室函件
《关于徐显秀墓壁画馆设计方案的意见》

国家文物局办公室函件

办保函〔2009〕956号

关于徐显秀墓壁画馆设计方案的意见

山西省文物局：

你局《关于审批太原北齐徐显秀墓壁画馆设计方案的请示》（晋文物〔2009〕138号）收悉。经研究，我局意见如下：

一、方案需作以下修改和完善：

（一）对壁画保存环境的控制方法进行深入研究，应借鉴国内外壁画原址保护的经验教训，进一步论证采用密封技术的必要性和可行性。

（二）补充墓室底部毛细孔的防渗措施。

（三）简化壁画馆建筑的外观设计，缩小建设规模，减小对文物本体和环境风貌的影响。

（四）文物本体保护措施应根据我局批复的《徐显秀墓保护方案》进行调整。

二、请你局组织方案设计单位按照上述意见和我局《关于山西太原北齐徐显秀墓保护展示概念设计方案的批复》

（文物保函〔2007〕643 号）对方案进行修改完善，另行报
批。

二〇〇九年　　月十一日

附录四　国家文物局
《关于徐显秀墓保护方案的批复》

国 家 文 物 局

文物保函〔2009〕1558 号

关于徐显秀墓保护方案的批复

山西省文物局：

你局《关于审批太原北齐徐显秀墓保护方案的请示》（晋文物〔2009〕137 号）收悉。经研究，我局批复如下：

一、原则同意你局所报《山西太原王家峰北齐徐显秀墓保护方案》。

二、该方案还需作以下修改和完善：

（一）应就使用锚杆的数量、材质、布孔位置等问题进行稳定性分析及应力计算。应补充锚孔灌浆和裂隙注浆施工过程中的安全防范措施，防止壁画受到污染和损害。

（二）建筑结构加固部分关于墓冢生物治理的内容需进一步补充完善，避免生物治理措施对壁画造成不利影响。

（三）查清墓葬及周边区域地下水的情况，补充墓室内、墓葬墙体湿度等相关数据，并对壁画保存环境提出相关控制要求。补充保护环境突变情况下的应急预案。

　　（四）补充洞顶坍塌部位钢结构支撑体的设计详图和工艺说明。

　　三、请你局组织方案设计单位按照上述意见对方案进行修改完善，并经你局核准后实施。

　　四、请你局加强对工程的监督管理，组织原考古发掘人员进行现场指导，确保文物安全。

二〇〇九年十二月二十九日

附录五 山西省文物局
《关于同意徐显秀墓保护方案补充设计的批复》

山 西 省 文 物 局

晋文物函[2010]200号

关于同意徐显秀墓保护方案补充设计的批复

太原市文物局:

你局组织编制的《山西太原王家峰北齐徐显秀墓保护方案补充设计意见》收悉。经审核,该补充设计符合国家文物局文物保函[2009]1558号要求,我局原则同意。请你局在组织完成灌浆试验的基础上,进一步完善施工图设计,由你局核准后组织施工,有关情况及时报告我局。

山西省文物局

二○一○年五月五日

附录六　国家文物局
《关于徐显秀墓壁画馆设计方案的批复》

国 家 文 物 局

文物保函〔2012〕775 号

关于徐显秀墓壁画馆设计方案的批复

山西省文物局：

你局《关于审批徐显秀墓壁画馆设计方案的请示》（晋文物〔2012〕17 号）收悉。经研究，我局批复如下：

一、原则同意《徐显秀墓保护工程暨壁画馆设计方案》及你局意见。

二、该方案需作以下修改和完善：

（一）应根据壁画保护需求进一步提高遗址保护设施内的环境控制标准。

（二）墓室保护工程中应慎用钢筋、水泥砂浆锚杆。

（三）在开挖地基、桩孔及帷幕灌浆等施工过程中，应制定措施，防止黄土湿陷引发地面不均匀沉降。同时，应制定沉降监测计划。

（四）防渗帷幕采用深搅桩施工，应制定防止强烈振动的措施，以确保文物安全。建议帷幕布置两排孔，地表防渗层采用膨润土防水毯。

（五）建议服务管理设施与墓葬保护设施分两个区域进行建设。

（六）补充环境无线监测系统中壁画探头安装说明，应确保不会对壁画造成损伤。

（七）补充洞顶坍塌部位钢结构支撑体的设计详图和工艺说明。补充空调、通风设备的名称、型号，以及设备安装说明、图纸。

三、请你局组织方案设计单位，按照上述意见对方案进行修改完善，并经你局核准后实施。施工中请加强监管，确保文物安全和工程质量。

二〇一二年五月二日

附录七 山西省文物局
《关于徐显秀墓壁画馆设计方案的批复》

山 西 省 文 物 局

晋文物函[2012] 473 号

山西省文物局
关于徐显秀墓壁画馆设计方案的批复

太原市文物局：

　　根据国家文物局《关于徐显秀墓壁画馆设计方案的批复》（文物保函[2012] 775 号）的批复要求，我局对修改后的徐显秀墓壁画馆设计方案进行了审核，原则同意该方案。工程实施中，你局要加强监管，制订应急预案，确保文物安全。

山西省文物局
2012 年 9 月 18 日

附录八　山西太原王家峰北齐徐显秀墓保护工程阶段评估会专家意见

　　2012年7月26日，太原市文物局组织相关专家对山西太原王家峰北齐徐显秀墓保护工程进行了阶段评估。该工程的建设单位为太原北齐壁画博物馆，设计单位为敦煌研究院，施工单位为敦煌研究院文物保护技术服务中心，监理单位为山西省古建监理公司。

　　与会专家实地察看了工程现场，查阅了工程施工资料，并听取了建设单位、设计单位、施工单位的阶段汇报，形成以下意见：

　　1. 该工程的技术重点是对徐显秀墓壁画地仗空鼓、颜料层起甲、画面污染、裂隙等病害的治理，以及墓道、甬道结构性失稳的处理。

　　2. 工程严格按照国家文物局批复的"山西太原王家峰北齐徐显秀墓保护工程方案"实施，其中壁画保护达到了设计要求，取得了较好的病害治理效果；施工单位在施工过程中对工程进行了动态管理，施工方法和工艺科学、合理。

　　3. 根据国家文物局的批复意见，慎重起见，设计单位对墓道加固、甬道坍塌区域保护、盗洞加固等的保护措施进行了深化设计。设计中对墓道采用纤维锚杆锚固结合裂隙灌浆的技术措施，对甬道结构处理采取第一方案的方法科学、规范，措施合理、有效，可达到综合解决墓道、墓室稳定性的目的。

　　4. 该工程是国内北齐砖石墓壁画原址保护的典型案例，其保护措施和成果可在同类壁画中借鉴和推广。

　　建议：

　　1. 对墓道及甬道采取稳定性技术处理过程中应加强变形监测，并进行锚固及灌浆加固的现场试验；

　　2. 应建立健全壁画修复效果的跟踪监测，采取有针对性的环境控制措施；

　　3. 依据考古资料，对过洞及墓道地面进行保护性设计。

专家组组长：黄克忠

二〇一二年七月二十六日

附：山西太原王家峰北齐徐显秀墓保护工程阶段评估会专家名单

序号	姓名	单位	职称	从事专业	签名
1	王丹华	中国文化遗产研究院	研究员	文物保护	
2	黄克忠	中国文化遗产研究院	研究员	岩土文物保护	
3	李最雄	敦煌研究院	研究员	壁画及土遗址保护	
4	铁付德	中国国家博物馆	研究员	馆藏文物保护	
5	黄继忠	山西省文物局	总工程师 / 研究员	岩土文物保护	
6	张元成	山西省文物局	处长	遗产管理	
7	渠传福	山西省博物院	研究员	考古	

附录九　太原北齐徐显秀墓文物保护专家研讨会
会议纪要

2013年8月3日，太原市文物局邀请中国文化遗产研究院等7家单位的10位专家召开了北齐徐显秀墓文物保护专家研讨会。

与会专家实地察看了徐显秀墓现场，听取了管理单位对徐显秀墓保存和保护现状的介绍，审议了由东南大学建筑设计研究院、太原理工大学水利科学与工程学院、西安元智系统技术有限责任公司、兰州大学生命科学学院、敦煌研究院等单位提交的《徐显秀墓保护工程暨壁画馆设计方案》、《徐显秀墓保护区降雨入渗及土壤水分迁移规律研究》、《徐显秀墓环境无线监测系统》、《徐显秀墓生物病虫害防治方案》、《徐显秀墓环境监测预警体系》等5个方案。

经专家充分讨论，形成如下意见：

1. 已经完成的山西太原王家峰北齐徐显秀墓保护工程，实现了对遗址本体的有效保护，《徐显秀墓保护工程暨壁画馆设计方案》等五个方案为徐显秀墓保护提供了技术支撑，具备了实施原址保护的条件。原址保护既遵守《中华人民共和国文物保护法》对国保单位保护的要求，也符合文物保护的基本原则。

2. 应建立由行政领导、专家、技术工程人员等组成的强有力工作团队，全力整合已有的研究成果和设计方案，积极推进徐显秀墓壁画馆的建设。

3. 应加强对遗址本体和环境的监控研究，确保文物得以更长久的保护与利用。

专家组组长：

二〇一三年八月三日

附：山西太原王家峰北齐徐显秀墓保护方案研讨会专家组名单

序号	姓名	单　位	职务 / 职称	研究方向	签　名
1	王丹华	中国文化遗产研究院	研究员	文物保护	
2	黄克忠	中国文化遗产研究院	研究员	岩土文物保护	
3	冯水滨	北京国电水利电力工程有限公司	教授级高级工程师	水文地质与工程地质	
4	铁付德	中国国家博物馆	研究员	馆藏文物保护	
5	黄继忠	山西省文物局	总工程师 / 研究员	岩土文物保护	
6	汪万福	敦煌研究院	博士 / 研究员	文物保护	
7	吴来明	上海博物馆文物保护与考古科学实验室	副主任 / 研究员	文物保护	
8	戴仕炳	上海同济大学建筑与城市规划学院	主任 / 教授 / 博士生导师	古代遗址保护	
9	王立平	中国文化遗产研究院	主任 / 研究员	文物保护	
10	郑　军	中国文化遗产研究院	研究员	文物保护	

附录一〇　山西太原王家峰北齐徐显秀墓保护工程竣工验收专家意见

　　2013年8月3日，山西省文物局组织相关专家在太原对山西太原王家峰北齐徐显秀墓保护工程进行了竣工验收。该工程的建设单位为太原北齐壁画博物馆，设计单位为敦煌研究院，施工单位为敦煌研究院文物保护技术服务中心，监理单位为山西省古建监理公司。

　　与会专家实地察看了工程现场，查阅了工程资料，并听取了建设单位、设计单位、施工单位的工程汇报，经质询答疑，并充分讨论后形成如下意见：

　　1.该项工程严格按照国家文物局批复的"山西太原王家峰北齐徐显秀墓保护工程方案"实施，对壁画地仗空鼓、颜料层起甲、画面污染、裂隙等病害的治理，以及墓道、甬道结构性失稳等采取的施工方法科学，工程措施合理，实现了对墓葬的有效保护。

　　2.在工程实施过程中，进行了动态管理，实行了专家咨询制度，为工程顺利实施提供了保障。

　　3.工程资料齐全、规范，达到设计要求，质量合格。

　　4.该工程的保护措施和成果可在同类壁画中借鉴和推广。

　　建议：

　　建立健全壁画修复效果的跟踪监测，提出预防性保护措施。

专家组组长：黄克忠

二〇一三年八月三日

附：山西太原王家峰北齐徐显秀墓保护工程竣工验收专家组名单

序号	姓名	单位	职务/职称	研究方向	签名
1	王丹华	中国文化遗产研究院	研究员	文物保护	
2	黄克忠	中国文化遗产研究院	研究员	岩土文物保护	
3	冯水滨	北京国电水利电力工程有限公司	教授级高级工程师	水文地质与工程地质	
4	铁付德	中国国家博物馆	研究员	馆藏文物保护	
5	黄继忠	山西省文物局	总工程师/研究员	岩土文物保护	
6	李在清	太原市考古研究所	副研究员	古建筑保护	

后　记

　　北齐徐显秀墓自2002年田野考古工作结束后，如何科学保护壁画一直是业内关注的焦点，讨论的热点主要是揭取搬迁异地保护还是原址保护。第一种观点认为墓葬被打开后，其固有的环境发生了深刻变化，光照、氧化、温湿度波动以及墓葬土体水分运移等均对壁画及墓葬结构构成威胁，特别是壁画色彩的快速变化、微生物的入侵与繁衍、壁画空鼓酥碱等严重病害的发生，对壁画长期保存十分不利。第二种观点则认为，墓葬原址保护更加符合《国际古迹保护与修复宪章（威尼斯宪章）》和《中国文物古迹保护准则》等国际国内宪章和行业规则的要求，能够最大限度地保持其真实性与完整性，充分体现不改变文物原状和最低限度干预等文物保护的基本原则。但就徐显秀墓的具体情况而言，墓道、过洞、天井的壁画是在土墙上刷白灰水，在厚度1毫米左右的白灰层上直接作画，原址保护的难度很大，而能够完整揭取异地保护的可能性更小。综合上述分析和基本现状，在充分论证的基础上，国家文物局批准同意原址保护。随后，太原北齐壁画博物馆在太原市文物考古研究所工作的基础上，以墓葬原址保护和壁画馆建设作为主要任务，开展了一系列工作。

　　敦煌研究院对北齐徐显秀墓文物本体进行全面系统地保护工作始于2007年。当年敦煌研究院受太原市文物考古研究所委托到现场勘察，并于2008年5月完成了《山西太原王家峰北齐徐显秀墓保护方案》。该方案于2009年12月通过国家文物局审批。2011年3月，受太原市徐显秀墓文管所的委托，敦煌研究院文物保护技术服务中心承担了"山西太原王家峰北齐徐显秀墓保护工程"，同年4月开工，于2012年10月竣工。2013年8月3日工程通过山西省文物局组织的专家验收，同年11月19日该工程荣获"2012年度全国十佳文物维修工程"。

　　回顾徐显秀墓的保护研究和工程实施，真是机遇与挑战并存，来自各方面的大力支持，使我们在墓葬壁画原址保护的理论探索与实践中收获颇多，但工程实施过程中的各种困难，特别是国内外相关墓葬保护不力案例给我们带来巨大的压力。譬如，位于日本奈良县明日香村的日本高松冢古坟，是日本重要的文化遗产。1972年被发现，原址保护后向社会开放，1978年12月便因壁画表面出现大量霉斑逼迫关闭，停止开放。由于微生物等因素的持续侵蚀，于2005年最终采取解体异地保护。再如，20世纪40年代发现的距今17000～14000年的法国拉斯科洞穴史前壁画，1948年开放，1963年因真菌爆发而逼迫停止开放。这些案例充分说明了墓葬原址保护的困难重重，任务十分艰巨。而在我国，20世纪70年代以前，对于发掘清理的墓室壁画一般采取揭取搬迁异地保护，墓葬封存回填的方法。到20世纪90年代初，随着科学技术的发展，考古发掘与文物保护技术有了较大的进步，特别是保护理念不断创新，对部分考古发掘的古墓及其壁画进行了原址保护的探索，并取得一定效果，如陕西汉阳陵古墓、吉林洞沟壁画墓等。

从目前来看，徐显秀墓原址保护的效果是理想的，达到了设计的基本要求。但遗址的保护不可能通过一次工程解决所有问题，加强文物古迹的日常保养维护，重视文物本体和环境监测，做好预防性保护工作对于延长文物寿命至关重要。因此，墓葬原址保护的路还很长，需要更多地关注。

徐显秀墓的保护研究工作受到国家文物主管部门及当地政府的高度重视，如原国家文物局局长张文彬、单霁翔深入现场，视察指导工作。同时也凝聚着许多专家学者辛勤的汗水。在项目实施过程中，国家文物局文物保护科技专家组组长、中国文化遗产研究院王丹华研究员，国家文物局专家组成员、中国文化遗产研究院黄克忠教授级高级工程师不仅对项目实施给予热情指导，还多次赴现场指导解决科研与工程难题。

中国文化遗产研究院党委书记侯卫东研究员、副院长马清林研究员、王金华研究员以及中国文物信息咨询中心副总工程师王立平研究员等均提出诸多有价值的建议，为项目顺利实施起到积极作用。

中国国家博物馆铁付德研究员、中国古迹遗址保护协会郑军研究员、上海博物馆文物保护科技中心吴来明研究员、山东省博物馆孔庆生研究员、上海同济大学建筑与城市规划学院戴仕炳教授、北京国电水利电力工程有限公司冯水滨高级工程师、太原理工大学朱向东教授等都提出过很多宝贵建议。

敦煌研究院名誉院长樊锦诗研究员、院长王旭东研究员非常重视徐显秀墓的原址保护工作，原党委书记纪新民、原副院长李最雄研究员、保护研究所原副所长李云鹤研究员等对项目的实施给予大力支持。

兰州大学副校长安黎哲教授、生命科学学院副院长冯虎元教授十分关心徐显秀墓原址保护工作，并就原址保护提出了许多建设性的意见。马燕天博士、田恬博士、向婷硕士、刘贤德硕士等参与微生物调查研究工作。

陕西师范大学丝绸之路历史文化研究中心副主任沙武田教授、中国科学院寒区旱区环境与工程研究所陈拓研究员深入现场指导工作。

山西省文物局相关领导多次深入现场检查指导保护工作。局总工程师黄继忠研究员、文物处张元成处长以及原处长董养忠自始至终十分关注徐显秀墓的保护研究工作，多次深入一线指导。省考古研究所原所长张庆捷研究员、省博物院院长石金鸣研究员和渠传福研究员、省古建筑保护研究所副所长任毅敏均参与太原北齐壁画博物馆保护及研讨工作。

太原市文物局局长杨支军、原局长李钢、副局长刘军、副调研员谷立新以及规划财务处原处长周富年、文物处处长任红敏、博物馆处处长韩革等均给予大力支持，并亲临现场检查指导工作。

太原市文物考古研究所原所长李非研究员、副所长常一鸣研究员、李在清副研究员、刘晚香副研究员等均进行指导或直接参与保护工作。

在项目实施与本书编撰过程中，杭州源蕊科技有限公司董事长杨涛博士，敦煌研究院保护研究所范宇权研究员、张国彬副研究员、李燕飞副研究员、李波副研究员、付鹏馆员、杨韬馆员、徐瑞红助理馆员，敦煌研究院文物保护技术服务中心王亚玲工程师、孙军永修复师、吴海林修复师、张金虎修复师，太原北齐壁画博物馆刘岩馆员、温少杰馆员、罗克馆员等参与现状调查、前期研究、现场试验和工程实施等的部分工作，并在资料收集整理、制图中付出辛勤劳动。在此，我们对曾经关心、指导、支持和参与过太原北齐壁画博物馆文物保护、项目建设各项工作的领导、专家及所有人员一并表示衷心的感谢！

由于编辑时间紧迫，编者水平有限，书中遗漏甚至错误之处在所难免，敬请读者批评指正，以便进一步修订。

编 者
2016年3月

【彩版】

1.敦煌研究院领导检查指导工作

2.施工过程中的专家咨询

领导、专家检查指导工作

1.2011年保护工程实施前墓道

2.发掘清理后墓道

保护修复工作现场

1. 2012年6月26日施工人员对墓门附近壁画进行保护修复

2. 2012年7月3日施工人员对墓室壁画进行保护修复

保护修复工作现场

1.空鼓灌浆效果的无损检测

2.微生物取样

3.墓道土体植物根系的探地雷达探测

保护修复工作现场

锚固试验现场

1.监理检查工作

2.施工方进行自检

工程检查与自检

1.铁付德、汪万福、
　黄克忠（左—右）

2.汪万福（左2）、武光文（左3）、
　李铁（右2）、黄克忠（右1）

3.沙武田（前排左1）

工程中期专家现场调研

1.汪万福、黄克忠、
王丹华（左-右）

2.杨支军（左3）

3.汪万福（右3）、冯永滨（右2）

竣工验收专家现场调研

彩版九

前排:杨支军、冯水溪、王丹华、黄克忠、铁付德（左一右）

曹维明、郭桂香、张元成、黄继忠、李在清、汪万福、卜秀义、白雪冰、刘涛（左一右）

后排:刘岩、武光文、路易、

竣工验收专家合影

1.墓道顶部东侧裂隙（修复前）

2. 墓道顶部东侧裂隙（修复后）

3.墓道顶部西侧裂隙（修复前）

4.墓道顶部西侧裂隙（修复后）

墓道顶部修复前后对比

1.墓道东壁(锚固前)

2.墓道东壁(锚固后)

3.墓道东壁破损(修复前)

4.墓道东壁破损(修复后)

5.墓道东壁南侧(修复前)

6.墓道东壁南侧(修复后)

墓道东壁壁画修复前后对比

1.墓道东壁下侧酥碱（修复前）　　2.墓道东壁下侧酥碱(修复后)

3.墓道东壁下侧起甲（修复前）　　4.墓道东壁下侧起甲(修复后)

墓道东壁壁画修复前后对比

1.墓道东壁B区（修复前）

2.墓道东壁B区（修复后）

墓道东壁壁画修复前后对比

1.墓道西壁(锚固前)　　　　　　　　2.墓道西壁(锚固后)

3.墓道西壁上部破损(修复前)　　　　　4.墓道西壁上部破损(修复后)

5.墓道西壁上侧裂隙(修复前)　　　　　6.墓道西壁上侧裂隙(修复后)

墓道西壁壁画修复前后对比

1.墓道西壁C区(修复前)

2.墓道西壁C区（修复后）

墓道西壁壁画修复前后对比

1.墓道新坟(修复前)

3.天井下侧起甲(修复前)

2.墓道新坟(修复后)

4.天井下侧起甲（修复后）

墓道新坟、天井壁画修复前后对比

1.甬道砖砌体坍塌(加固前)

2.甬道砖砌体坍塌(加固后)

甬道砖体修复前后对比

1.甬道东壁污染(修复前)

2.甬道东壁污染(修复后)

甬道东壁壁画修复前后对比

1.甬道西壁边沿加固(修复前)

2.甬道西壁边沿加固(修复后)

甬道西壁壁画修复前后对比

1.甬道西壁破损(修复前)

2.甬道西壁破损(修复后)

甬道西壁壁画修复前后对比

1.墓室北壁东侧下部(修复前)

2.墓室北壁东侧下部(修复后)

墓室北壁壁画修复前后对比

1.墓室东壁地仗脱落(修复前)

2.墓室东壁地仗脱落(修复后)

墓室东壁壁画修复前后对比

1.墓室东壁颜料层粉化(修复前)

2.墓室东壁颜料层粉化(修复后)

墓室东壁壁画修复前后对比

1.墓室南壁上部裂隙(修复前)

2.墓室南壁上部裂隙(修复后)

墓室南壁壁画修复前后对比

1.墓室南壁西侧砖体破碎(修复前)

2.墓室南壁西侧砖体破碎(修复后)

墓室南壁砖体修复前后对比

1.墓室南壁(修复前)

2.墓室南壁(修复后)

墓室南壁壁画修复前后对比

1.墓室西壁颜料层起甲、粉化脱落(修复前)

2.墓室西壁颜料层起甲、粉化脱落(修复后)

墓室西壁壁画修复前后对比